隧道及地下工程理论与方法丛书

TOTAL SAFETY FACTOR METHOD
OF TUNNEL SUPPORT
STRUCTURE DESIGN
（2nd Edition）

隧道支护结构设计
总安全系数法

（第 2 版）

肖明清　著

人民交通出版社

北京

内 容 提 要

本书围绕隧道支护结构安全系数量化计算问题开展了系统研究,提出了总安全系数法的理论与技术体系,包括围岩自稳性分析方法、局部支护与系统支护判识、围岩压力设计值计算、多层支护结构的荷载结构模型与总安全系数计算、结构变形分析方法、支护强度-变形-时机一体化设计方法等;研发了检证总安全系数法的模型试验方法;介绍了总安全系数法在高速铁路隧道、多洞空间小净距隧道、超大跨度隧道等设计中的应用;基于总安全系数法探讨了隧道支护结构体系设计理念、支护方式选择、支护材料选用等问题。

本书可供从事隧道工程设计、施工、建设管理的工程技术人员以及科研人员使用,也可作为相关专业本科生、研究生的学习参考书。

图书在版编目(CIP)数据

隧道支护结构设计总安全系数法 / 肖明清著.

2版. — 北京:人民交通出版社股份有限公司,2024.

12. — ISBN 978-7-114-19896-0

Ⅰ. U455.7

中国国家版本馆 CIP 数据核字第 2024TP2219 号

隧道及地下工程理论与方法丛书
Suidao Zhihu Jiegou Sheji Zong Anquan Xishufa

书　名:**隧道支护结构设计总安全系数法**(第2版)
著 作 者:肖明清
责任编辑:张　晓　　高鸿剑　　李学会
责任校对:赵媛媛　　魏佳宁
责任印制:刘高彤
出版发行:人民交通出版社
地　　址:(100011)北京市朝阳区安定门外外馆斜街3号
网　　址:http://www.ccpcl.com.cn
销售电话:(010)85285857
总 经 销:人民交通出版社发行部
经　　销:各地新华书店
印　　刷:北京印匠彩色印刷有限公司
开　　本:720×960　1/16
印　　张:26.25
字　　数:429千
版　　次:2020年7月　第1版
　　　　　2024年12月　第2版
印　　次:2024年12月　第2版　第1次印刷　总第2次印刷
书　　号:ISBN 978-7-114-19896-0
定　　价:198.00元

作者简介
ABOUT THE AUTHOR

肖明清,博士,正高级工程师,一级注册结构工程师,全国工程勘察设计大师。现任中国铁建股份有限公司首席专家、中铁第四勘察设计院集团有限公司总工程师、水下隧道技术国家地方联合工程研究中心主任。长期从事隧道及地下工程的设计与研究工作,主持了多座水下隧道,以及包括我国首批高速铁路和城际铁路在内的山岭隧道与数百公里城市隧道的研究与设计,在隧道设计理论、方法、关键技术、工程实践等方面作出了开创性贡献。先后获国家科技进步奖二等奖3项,省部级和国家一级学会技术发明一等奖1项、科技进步特等奖3项和一等奖8项,出版专著10部,发表论文百余篇。获何梁何利基金"科学与技术进步奖"、詹天佑铁道科学技术最高奖。荣获"全国劳动模范""央企楷模""杰出工程师""湖北省特级专家"等荣誉称号。

隧 道 支 护 结 构 设 计 总 安 全 系 数 法 （第 2 版）

TOTAL SAFETY FACTOR METHOD
OF TUNNEL SUPPORT STRUCTURE DESIGN
（2nd Edition）

第2版
序一
FOREWORD

　　矿山法是我国山岭隧道的主要修建方法。进入21世纪以来,我国矿山法隧道的建设速度和规模位居世界首位,修建了一大批具有国际影响力的标志性工程,在工程勘察、设计理论与方法、工程材料、标准体系、风险管理、防灾救援、智能建造、不良地质处治技术等方面取得了全面的进步,形成了诸多原创性、前沿性、突破性的科研创新与技术攻关成果,为推动交通基础设施高质量建设提供了重要技术支撑。

　　由于隧道是修筑在天然地质体中的构筑物,设计条件和实际状态具有极大的不确定性,因此,目前包括我国在内的世界各国均是在工程实践基础上总结经验,以工程类比法为主开展支护结构设计,以致于无法直观判别设计的安全性与经济性。以安全系数分析为核心的支护结构量化设计理论、设计方法及施工技术是矿山法隧道科学设计、安全建造的迫切需求和亟待突破的技术难题,也是我国隧道技术高质量发展的突破方向。为此,肖明清及其团队在多年研究与应用的基础上,总结出版了专著《隧道支护结构设计总安全系数法》。该书的主要创新点有:

　　(1)创立了隧道支护结构设计总安全系数法。

　　创建了隧道临界稳定断面分析法和分区支护判别法,提出了隧道围岩压力设计值概念及其计算方法、喷锚支护和复合式衬砌的多层结构计算模型与总安全系数计算方法、与安全系数相对应的支护结构变形分析方法与监测标准;构建了围岩与多层支护允许变形匹配的支护结构"强度-变形-时机"一体化分析方法;研发了支护结构承载力模型试验新方法。由此,系统建立了以围岩自稳性与围岩压力认知为基础、支护体系构筑全过程安全系数分析为核心、支护变形分析与变形能力调控为支撑、围岩变形与多层结构协同承载控制为目标的隧道支护结构设计总安全系数法,为隧道支护结构设计由工程类比向量化分析转变

1

奠定了基础。

(2)创建了基于总安全系数法的隧道支护体系精细化设计技术。

以总安全系数法为基础,建立了包含国内外各种设计理念内涵的统一表达式,厘清了初期支护/二次衬砌承载主体的认知,实现了各种支护体系设计理念内涵的融合;提出了融合围岩特征、地应力与地下水的隧道标准支护分级方法和基于效能判识的支护体系优化设计方法,实现了地质环境、工程特征、经济效益三者协同的精细化设计。由此,实现了隧道支护体系的多要素协同优化和科学设计。

(3)创新了基于总安全系数法的隧道安全快速施工关键技术。

基于总安全系数法,揭示了锚岩承载拱在控制围岩变形与快速承载方面的关键功能,分析了不同支护构件与材料性能对施工安全性的影响,揭示了初期支护构筑过程安全状态演化规律,提出了初期支护分序施工方法,实现了单工序向多工序并行作业的转变,突破了矿山法隧道施工效率提升的技术瓶颈。由此,为隧道安全快速施工提供了一种新的技术。

《隧道支护结构设计总安全系数法》一书的出版,是我国矿山法隧道设计方法的重大突破,将对今后隧道设计起到重要的启发与借鉴作用。希望肖明清及其团队持之以恒、锐意进取,在隧道领域取得更多创新成果。

中国工程院院士

2024年10月

第2版

序二

FOREWORD

The study of the stability of surrounding rock and support structure design theories for underground engineering has a history of nearly a century, culminating in the development of tunneling methods such as the Tunnel man's ground classification by Karl Terzagi, the work on various rock mass classification systems, and the tunneling methods such as Sequential Excavation Method (SEM), New Austrian Tunneling Method (NATM), and the Norwegian Method. However, due to the complexities of underground engineering environments, support structure design largely remains in a state where "engineering analogy predominates, supplemented by calculations". In other words, in many cases, this practice could be more of an art than engineering. This makes it challenging to intuitively evaluate the safety and economic efficiency of designs. In terms of design philosophy, differing views on the primary load-bearing elements—whether the initial support or the secondary lining— have led to diverse approaches worldwide. For instance: Norwegian Method (Typically does not include secondary linings); UK and German (Treat the initial support as temporary); Japan (Considers the initial support as the main load-bearing structure, with the secondary lining serving as a safety reserve); China (Regards both the initial support and the secondary lining as joint load-bearing elements). These variations highlight the absence of a unified methodology for analyzing the safety factors of support structures.

The book *Total Safety Factor Method of Tunnel Support Structure Design* integrates traditional load structure methods with modern numerical analysis techniques, building on a comprehensive review of global tunnel design theories and practices. It offers a detailed and quantifiable set of design theories and methods for

1

analyzing the safety factors of support structures, focusing on key issues such as: whether a tunnel requires support, whether it needs systemic or local support, how to determine support capacity, the load structure model of each support structure layer, the calculation method and value of total safety factor of support structure, the deformation calculation method of support structure, the collaborative analysis method of support strength-deformation-timing, and the dynamic adjustment method of support parameters". Meanwhile, the author has successfully applied this method in numerous engineering designs and safety evaluations.

Key contributions and innovations of the book include:

1) Introducing the concept of "critical stable section of tunnel", and developing a calculation method for it. This provides a foundation for assessing the self-stability safety of surrounding rock and determining the excavation area for large section tunnels.

2) Proposing the concept of "design value of surrounding rock pressure" and establishing its calculation method, which serves as the basis for safety factor analysis of support structures. The book also introduces a method of design values of surrounding rock pressure of multi tunnels with small clear distance for the first time.

3) Breaking down the support structure system into multi-layer structures, such as anchor bolt-anchor rock bearing arch support layer, shotcrete support layer and secondary lining support layer, and sets up their calculation models. The models offer joint action calculation in separate set of calculations. Based on this, the book offers a method for calculating the total safety factor of multi-layer support structures and provides criteria for determining the overall safety factor.

4) Taking into account the variations in the strength growth of support materials, the pressure increase in surrounding rock, and variations excavation methods, the book develops a deformation analysis method and monitoring standards that correspond to the design safety factor. Furthermore, it constructs an integrated analysis method of "strength, deformation and timing" for support structures that matches the allowable deformation of surrounding rock and multi-layer support. It ensures that the supporting structures can work according

to "design criteria and objectives".

5) Developing a new experimental method for testing the bearing capacity model of support structures by treating the support structure and surrounding rock within the support range as an integrated whole.

6) Proposing a phased initial support method, which improves the construction progress of mining tunnels.

7) Creating a unified expression based on Total Safety Factor Method (TSFM), it containing various design concepts from around the world.

8) Establishing an optimization process for support system, support method, support components and support materials based on TSFM.

TSFM represents a significant breakthrough in tunnel design theory and practice, enabling quantitative analysis of support parameters centered on safety factors. I wholeheartedly recommend this book to professionals in the field of tunneling and underground engineering. I hope to see an extended version of this book that expands on application of this method beyond the examples of high speed rail tunnel and for general use in tunneling in various ground conditions.

Jamal Rostami

Professor, Timothy J. Haddon / Alacer Gold Chair in Mining Engineering
Director of Excavation Engineering and Earth Mechanics Institute (EMI)
Colorado School of Mines
Editor in Chief, Tunneling and Underground Space Technology journal (TUST)
Vice President of International Tunneling Association (ITA)
November 29, 2024

隧 道 支 护 结 构 设 计 总 安 全 系 数 法 （第 2 版）

TOTAL SAFETY FACTOR METHOD
OF TUNNEL SUPPORT STRUCTURE DESIGN
（2nd Edition）

序

FOREWORD

　　我国是世界上隧道工程规模最大的国家。目前已建成铁路隧道16331km,其中已投入运营的高速铁路隧道和城际铁路隧道4896km,已投入运营的公路隧道17236km,随后还有很大规模的在建和规划中铁路和公路隧道建设工程。我国隧道在"空、天、地"三位一体的综合勘察技术、设计理论、新型先进装备设备等方面已取得了长足的进步,正在向智能化方向发展。我国隧道技术各方面都处于世界先进水平,成绩可喜,但在发展中感到还存在许多不足的地方,譬如隧道支护结构设计目前还处在"工程类比为主、理论计算为辅"的阶段,极大制约了隧道修建技术的发展。

　　肖明清及其团队通过多年的工程设计、施工与研究,编著《隧道支护结构总安全系数设计法研究》一书,在系统总结国内外隧道设计理论与方法的基础上,对我国隧道支护结构设计方法中存在的主要问题进行系统剖析,提出隧道支护参数设计由"类比为主"转化为"计算为主"的思想,将现代数值分析方法与传统荷载结构模型分析方法的优点相结合,以"隧道是否需要支护、支护力取多大值、结构计算模型选择、安全系数计算方法与取值、支护结构变形量分析与支护参数动态调整方法、案例分析与探讨"为主线,形成了一整套精细化的分析体系。该设计系统较完善、周密、简洁,并且使用方便,非常实用,解决了过去模糊不清的设计局面。这套方法是具有一定开创性的成果,是设计理论和方法的提升,对今后隧道设计有较大引领作用。

　　愿肖明清及其团队继续刻苦钻研,务实创新,为推动隧道科技进步作出更大贡献。

中国工程院院士

2020年4月

隧 道 支 护 结 构 设 计 总 安 全 系 数 法 （ 第 2 版 ）

TOTAL SAFETY FACTOR METHOD
OF TUNNEL SUPPORT STRUCTURE DESIGN
（2nd Edition）

2007年7月,郑西高铁南山口隧道在施工过程中发生了长达109.3m的塌方,成为我国高速铁路隧道自2005年开始建设以来最大规模的塌方。由于当时正值我国大规模建设超大断面铁路隧道时期,因此事故分析会议提出了两个严峻的问题:初期支护究竟能够承受多大的荷载? 如何证明设计是安全的? 这两个问题直指隧道设计现状的痛点,也提出了初期支护承载能力及安全系数计算的问题。为此,作者经过十余年的研究和思考,于2017年提出了隧道支护结构设计总安全系数法的总体构想、技术路线和计算模型,又和研究团队经过2年多的努力,对总安全系数法进行了深化与完善。在此基础上,《隧道支护结构设计总安全系数法》(第1版)由人民交通出版社股份有限公司于2020年7月出版,该书初步建立了总安全系数法的理论与方法体系,对工程设计应用中的一些关键技术进行了系统研究。

自第1版专著出版以来,作者和团队仍持续开展总安全系数法的系统研究。受当时研究条件的制约,第1版中尚缺少物理模型试验与现场实测的验证,近些年对此进行了补充研究。同时,随着研究的深入和工程应用案例的增加,除了发现原设计理论中存在的一些不足需要完善外,还对该方法在多洞空间小净距隧道、初期支护分序施工技术等方面的推广应用开展了系列研究。此外,近几年来大型机械化施工和主动支护体系在隧道工程建设中得到了快速发展,总安全系数法如何与之结合,作者及团队进行了深入研究。在此基础上,经与人民交通出版社股份有限公司协商,希望以出版《隧道支护结构设计总安全系数法》(第2版)的方式,对该设计方法进行全面系统介绍,便于工程应用。

本书共分成12章。第1章是绪论,介绍了我国隧道与地下工程发展现状、隧道结构计算理论的发展、我国隧道支护结构设计方法现状与存在的问题、总安全系数设计法的技术思路等。第2章介绍了隧道临界稳定断面的概念、计算方法、案例分析,以及如何采用临界稳定断面分析方法来判断隧道是否需要支护。第3章介绍了无支护状态下隧道开挖围岩破坏区量化判识方法、潜在塌方区域分级评价标准、隧道需要采用局部支护还是系统支护的判别方法等。第4章介绍了现行围岩压力计算方法存在的问题、采用围岩压力设计值作为设计支护力的必要性与可行性、围岩压力设计值的计算方法、不同情况下围岩压力计算的案例等。第5章介绍了总安全系数法的结构计算模型、支护结构总安全系数计算方法与取值建议、全周设置系统锚杆支护体系和长短锚杆(索)组合锚固体系等特殊情况的结构计算方法、多种荷载作用下多层支护结构设计方法等。第6章介绍了基于总安全系数法的支护结构承载能力模型试验方法、试验结果及与理论计算的对比。第7章介绍了初期支护变形计算方法、变形监测控制值计算方法以及支护参数现场调整方法等。第8章介绍了保证支护结构按"设计意图工作"的"支护强度-支护变形-支护时机"一体化设计方法,并对该方法在软岩大变形隧道支护方案设计中的应用与现场测试进行了介绍。第9章以时速350km高速铁路双线隧道为例,采用总安全系数法对不同支护结构形式的适用性、二次衬砌承载能力、支护参数优化、Q法支护参数应用的安全性分析等研究成果进行了介绍。第10章基于总安全系数法,对既有铁路隧道和高速公路隧道的安全性进行了分析,并介绍了总安全系数法在隧道断面形状与支护参数优化、高地应力软岩大变形隧道支护参数计算、超大跨度隧道支护参数计算、初期支护分序施工方法等方面的应用研究。第11章基于采用总安全系数法,对当前几个热点和争议问题进行了探讨,包括设计理念、锚杆有无作用、复合式衬砌初期支护与二次衬砌承载主体区分、支护参数优化、预应力与非预应力支护体系选型、钢架设置与钢架保护层、喷射混凝土早期强度、支护类型选择等问题。第12章介绍了有待进一步研究的问题。

在总安全系数法研究和本书的编写过程中,中国工程院院士梁文灏、卢春房、何川,中国科学院武汉岩土力学研究所盛谦、陈健、朱泽奇、崔岚、付晓东、周永强,武九铁路有限责任公司王志坚,西南交通大学王明年,中国国家铁路集团有限公司赵勇、肖广智、田四明、唐国荣、林传年,同济大学刘学增,中铁十一局集团有限公司张旭东,青岛国信集团曲立清、李翔等专家都给予了悉心指导;中铁第四勘察设计院集团有限公司的光振雄、黄伟利、史娣、资谊、薛光桥、邓朝辉、龚彦峰、刘浩、蒋超、孙文昊、杨剑等领导和同事不仅为研究提供了极大的便利条件,而且对研究成果的完善提出了很好的建议;中铁第四勘察设计院集团有限公司隧道设计研究院王克金、陈立保、王少锋、谢壁婷等同事参与了部分计算与案例分析研究工作。在此一并表示感谢！此外，还要特别感谢我的研究助理徐晨，他不仅参与了深化与完善阶段的全部研究工作，完成了绝大部分计算工作，而且全程深度参与了本书的编写、制图与校对工作。

还需说明的是，本书在吸收前人研究成果的基础上，重点对隧道支护结构设计方法进行了理论与应用研究，并开展了模型试验和现场实测，取得了一定的成果。但在与现有设计规范的协调、结构耐久性对承载能力的影响等方面还有诸多问题有待今后进一步研究。此外，在本书的编写过程中，对作者以往发表的相关论文进行了校订，因此论文中与本书不符之处，以本书为准。

探索一个新的设计方法，无疑会存在理念先进性、方法科学性、参数合理性等诸多方面的质疑与讨论，同时由于作者水平有限，书中难免有差错、遗漏和不足，敬请专家和读者不吝赐教，多提批评、指导意见，以利修正。

肖明清
2024年10月

隧 道 支 护 结 构 设 计 总 安 全 系 数 法 （第 2 版）

TOTAL SAFETY FACTOR METHOD
OF TUNNEL SUPPORT STRUCTURE DESIGN
（2nd Edition）

目录
C O N T E N T S

隧 道 支 护 结 构 设 计 总 安 全 系 数 法 （第 2 版）

TOTAL SAFETY FACTOR METHOD
OF TUNNEL SUPPORT STRUCTURE DESIGN
（2nd Edition）

CONTENTS

第1章

▽

绪　　论

　　截至 2023 年底,我国(未统计港澳台地区)投入运营的铁路隧道长度达到 23508km[1]、公路隧道长度达到 30231.8km[2](图 1-1),并建成了一大批地铁隧道、水电隧洞和特殊硐室,已成为世界上隧道数量最多、建设规模最大的国家。

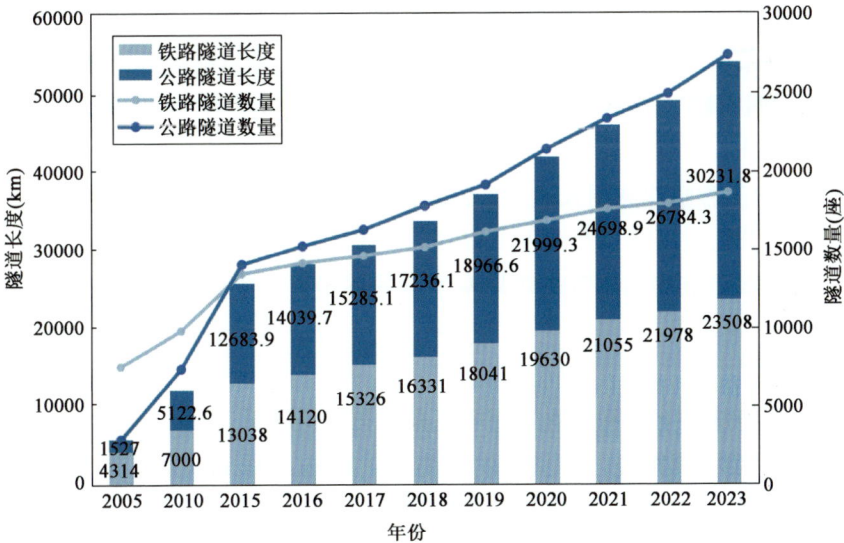

图 1-1　我国铁路和公路隧道建设规模(2005—2023 年)

在铁路隧道方面,我国已完全掌握20km级铁路隧道的修建技术,正在向修建30km及以上特长隧道发展。我国已经成功修建了9座20km以上的铁路隧道,最长的是32.69km青藏铁路关角隧道;在建长度超过20km的铁路隧道有6座,其中高黎贡山隧道长34.5km,易贡隧道长42.4km。已建的北京至张家口高速铁路八达岭地下车站,地下建筑面积约$3.6 \times 10^4 m^2$,是迄今为止世界上最大的高速铁路地下站,车站两端的渡线隧道开挖跨度为32.7m,是国内单拱跨度最大的暗挖铁路隧道[3]。

在公路隧道方面,由单洞双车道逐步向双洞四车道、六车道、八车道发展。贵州凯里市大阁山隧道为国内首座单洞双向四车道公路隧道,全长496m,最大开挖宽度22m,开挖高度18m,净宽18m;辽宁沈大高速公路金州隧道最大开挖宽度22.48m,最大开挖高度15.52m,净宽19.24m。

在水电工程方面,已建的金沙江溪洛渡水电站左、右岸地下厂房开挖尺寸为443.34m×31.9m×75.6m(长×宽×高),是目前世界上规模最大的水电站地下厂房[5];向家坝水电站右岸地下厂房开挖断面尺寸为255m×33.4m×85.5m(长×宽×高),是目前世界上已建成厂房跨度最大的地下水电站[6];白鹤滩水电站地下厂房跨度达到34m,高度达88.7m,长度超过450m,尾水调压井最大直径达48m,是世界上开挖断面和综合规模最大的地下厂房洞室群[7];已建锦屏二级水电站深埋水工隧洞群,最大埋深超过2500m,实测地应力超过100MPa,4条引水隧洞平行布置,长度均超过17km,是目前世界上规模最大的深埋长大洞室群[8];已建的金沙江溪洛渡水电站的导流洞,封堵段方圆形过流断面宽24.0m、高26.0m,是目前世界上单洞断面最大的水工隧洞[9];在建的新疆北部引水工程喀双隧洞长达283.27km,其长度堪称世界同类之最[10]。

与此同时,我国隧道及地下工程修建技术取得长足发展。在隧道勘察技术方面,随着高分航测遥感等先进勘察手段的逐步引入应用,以及无人机勘察技术水平的快速提升,逐步形成了"空、天、地"三位一体的综合勘察技术;在设计技术方面,各行业根据自身特点逐步形成了围岩稳定性评价与分级、隧道支护结构设计、特殊岩土及不良地质处理等方法与理论体系;在施工技术方面,钻爆法、浅埋暗挖法、明挖法、盾构法、TBM(Tunnel Boring Machine)法、沉管法等各种隧道修建方法均基本形成了完善的技术方法体系;在施工装备方面,三臂液压凿岩台车、三臂拱架安装机、湿喷机械手、全液压自行式仰拱栈桥、新型隧道衬砌台车、衬砌自动养护台车等一系列隧道专业设备的开发与应用,提升了我国钻爆法隧道施工的机械化水平。

作为当之无愧的隧道大国,在向隧道强国迈进的进程中,亟须系统提炼核心共性关键技术、扎实开展基础性理论研究。鉴于当前隧道支护结构设计的理论与方法尚不完备,仍停留在"以工程类比为主、计算为辅"的阶段,为此,依托多年科研攻关与工程实践,本书致力于推动隧道支护结构设计理论与方法创新,以期达到"以计算为主、工程类比为辅"的水平。

1.1 隧道结构计算理论的发展与分类

隧道是修建在地下的通道,通常由一条或若干条坑道(洞室)组成。隧道支护结构是在坑道(洞室)内对围岩进行加固与保护所形成的结构,也称为"衬砌"或"支护"。常用的支护结构类型有现浇混凝土(或钢筋混凝土)衬砌、装配式衬砌、锚喷支护、复合式衬砌等。

1.1.1 隧道结构计算理论的七个发展阶段

早期的隧道建设完全依据经验,19世纪初才形成相关理论并用于指导设计和施工。在隧道结构计算理论形成的初期,人们仿照地面结构的计算方法进行隧道结构计算。经过较长时期的实践,隧道结构受力变形的特点才逐渐被认识,并形成了考虑地层对结构受力变形约束的隧道结构计算理论。从20世纪中期起,计算机技术的出现和进步大大推动了岩土力学和工程结构等学科的进步,隧道的结构计算理论也因此有了较大的发展。总体来说,隧道结构计算理论的发展可大致分为以下七个阶段:

(1)刚性结构阶段

19世纪的地下建筑物大多是采用砖石材料砌筑的拱形圬工结构,这类建筑材料的抗拉强度很低,且结构物中存在较多的接触缝,容易产生断裂。为了维持结构的稳定,当时的地下结构截面厚度都很大,结构受力后产生的变形较小,因而最先出现的计算理论是将地下结构视为刚性结构的压力线理论。

压力线理论认为,地下结构是由一些刚性块组成的拱形结构,所受的主动荷载是地层压力,当处于极限平衡状态时,它是由绝对刚体组成的三铰拱静定体系,铰的位置分别假设在墙底和拱顶,其内力可按静力学原理进行计算。压力线假设的计算方法缺乏理论依据,一般情况都偏于保守。

(2)弹性结构阶段

19世纪后期,混凝土和钢筋混凝土材料陆续出现,并用于建造地下工程,使地下结构具有较好的整体性。因此,地下结构开始按弹性连续拱形框架进行内力计算。

弹性连续拱形框架内力按超静定结构力学方法计算,作用在结构上的荷载是主动的地层压力。这种计算方法建议考虑地层对结构产生弹性抗力的约束作用,由于有了较为可靠的力学原理为依据,至今在软弱地层中设计地下结构时仍时有采用。

(3)假定抗力阶段

地下结构是埋设在岩土内的结构物,与周围岩体相互接触,因此在承受岩体所给的主动压力作用产生弹性变形的同时,将受到地层对其变形的约束作用。地层对衬砌变形的约束作用力被称为弹性抗力,计算理论也随之进入了假定抗力阶段。

弹性抗力的分布是与衬砌的变形相对应的,抗力分布图形先后出现了直线形(三角形或梯形)和镰刀形等。

(4)弹性地基梁阶段

由于假定抗力法对抗力图形的假定有较大的随意性,人们开始研究将边墙视为弹性地基梁的结构计算理论,将隧道边墙视为支承在侧面和基底地层上的双向弹性地基梁,即可计算在主动荷载作用下拱圈和边墙的内力。

首先应用的弹性地基梁理论是局部变形理论。在20世纪30年代,苏联提出按局部变形地基圆环理论计算圆形隧道衬砌的方法,在20世纪50年代又将其发展为侧墙(直边墙)按局部变形弹性地基梁理论计算拱形结构的方法。随后被用于地下结构计算的是共同变形弹性地基梁理论,该理论以地层的物理力学特征为依据,并考虑各部分地层沉陷的相互影响,在理论上比局部变形理论有所进步。

(5)连续介质阶段

由于人们认识到地下结构与地层是一个受力整体,自20世纪以来按连续介质力学理论计算地下结构内力的方法也逐渐得以发展,依据弹性、弹塑性、黏弹性等本构模型,利用地层与衬砌之间的位移协调条件,得出了圆形隧道的弹性解、弹塑性解和黏弹性解。

(6)数值分析阶段

由连续介质力学建立的地下结构解析计算法难以应用于各种形状的断面,因而仅对圆形结构有了较多的研究成果。自 20 世纪 60 年代以来,随着计算机技术的推广和岩土介质本构关系研究的进步,地下结构的数值计算方法有了很大的发展。

(7)极限和优化设计阶段

一般来说,假定衬砌结构处于弹性受力阶段的计算方法,不能反映实际结构最终破坏时的极限承载能力。实际上,衬砌结构的最大受力截面发生裂缝并不意味着结构已经全部丧失承载能力,因此,按极限状态计算是地下结构计算理论发展的一个方向。同时,结构力学优化设计方法也逐步被引入地下结构设计中,以达到节省材料、降低造价的目的。

应该指出,上述七个发展阶段在时间上并没有截然的先后之分,后期提出的计算方法一般也不否定前期的研究成果。鉴于岩土介质的复杂多变,这些计算方法都各有其适用的范围,也都带有一定的局限性。总而言之,新方法的不断出现,意味着地下结构的计算理论将日益完善。

1.1.2　隧道结构计算方法的分类

按地层与衬砌相互作用考虑方式的不同,地下结构计算方法可大致分为两类:荷载-结构法和地层-结构法。数值计算法可分别归属于这两种方法。

认为地层对结构的作用只是产生作用在结构上的荷载(包括主动的地层压力和被动的地层抗力),以计算结构在荷载作用下产生的内力和变形的方法称为荷载-结构法。弹性连续框架法、假定抗力法和弹性地基梁法等都可归属于荷载-结构法。当软弱地层对结构变形的约束能力较弱时,地下结构计算常用弹性连续框架法,反之,可用假定抗力法或弹性地基梁法。假定抗力法和弹性地基梁法已形成了一些经典计算方法,按所采用的地层变形理论不同,又可分为局部变形理论计算法和共同变形理论计算法。

认为地层与结构一起构成受力变形的整体,并可按连续介质力学原理来计算结构和周边地层的计算方法称为地层-结构法。常见的关于圆形隧道的弹性解、弹塑性解和黏弹性解等都归属于地层-结构法。

荷载-结构法和地层-结构法都可按数值解计算,因为数值计算方法可以对许多复杂的岩土工程问题得到近似解。有限单元法、有限差分法、加权余量法、边界单元法等都归属于数值计算法。由于材料非线性、几何非线性、节理和其他不连续特征以及开挖效应等许多复杂的工程因素在有限单元法中都可得到适当的反映和考虑,故有限单元法是处理岩土工程和地下结构问题中发展最快的一种数值计算方法。

1.2 我国隧道支护结构设计方法的现状与问题

1.2.1 铁路隧道支护结构设计方法的现状

1)设计规范规定

《铁路隧道设计规范》(TB 10003—2016)[11]在隧道结构设计方法方面主要有以下规定:

(1)隧道结构可采用破损阶段法和容许应力法设计,采用极限状态法时应符合相关标准的规定。

(2)锚喷衬砌和复合式衬砌的初期支护,可按工程类比法确定设计参数;施工期间可通过监控量测进行修正。对地质复杂、大跨度、多线和有特殊要求的隧道,除采用工程类比法外,还应结合数值解法或近似解法进行分析确定。

(3)计算复合式衬砌时,初期支护应按主要承载结构计算;二次衬砌在Ⅰ～Ⅲ级围岩中可作为安全储备,Ⅳ～Ⅵ级围岩及符合规范规定的情形时宜按承载结构设计。

(4)隧道衬砌宜采用荷载-结构模型进行计算。结构抗裂有要求时,对素混凝土构件应进行抗裂验算,对钢筋混凝土构件应验算其最大裂缝宽度。

(5)初期支护及二次衬砌的设计参数,应根据隧道围岩分级、围岩构造特征、地应力条件等采用工程类比、理论分析确定。

(6)采用荷载-结构法计算隧道衬砌的内力和变形时,应考虑围岩对衬砌变形的约束作用,如弹性反力。弹性反力的大小及分布可根据衬砌结构形式、回填情况和围岩的变形性质等因素,采用局部变形理论进行计算。

(7)隧道衬砌按破损阶段检算构件截面强度时,根据结构所受的不同荷载组合,在计算中应分别选用不同的安全系数,并不应小于表1-1和表1-2所列数值。按所采用的施工方法检算施工阶段强度时,安全系数可采用表列"主要荷载+附加荷载"栏内数值乘以折减系数0.9计算。

混凝土和砌体结构的强度安全系数　　　　表1-1

材料种类		混凝土		砌体	
荷载组合		主要荷载	主要荷载+附加荷载	主要荷载	主要荷载+附加荷载
破坏原因	混凝土或砌体达到抗压极限强度	2.4	2.0	2.7	2.3
	混凝土达到抗拉极限强度	3.6	3.0	—	—

钢筋混凝土结构的强度安全系数　　　　表1-2

荷载组合		主要荷载	主要荷载+附加荷载
破坏原因	钢筋达到计算强度或混凝土达到抗压或抗剪极限强度	2.0	1.7
	混凝土达到抗拉极限强度	2.4	2.0

《铁路隧道设计规范(极限状态法)》(Q/CR 9129—2018)[12]在隧道结构设计方法方面主要有以下规定：

(1)隧道衬砌、明洞及洞门结构设计可采用以概率理论为基础的极限状态法设计。

(2)隧道衬砌结构设计时,应根据结构在施工、安装、运行及检修等不同时期可能出现的不同作用、结构体系和环境条件,分别按持久状况、短暂状况、偶然状况和地震状况进行设计。

(3)隧道设计应根据施工过程中的超前地质预报和现场揭示地质、监测信息开展信息化设计。

(4)围岩压力标准值及土压力标准值应根据围岩级别按规范中规定的公式进行计算,必要时应根据现场实测数据综合进行分析确定。

(5)围岩荷载计算时应考虑隧道所处的地形、地质条件、埋置深度、结构特征、工作条件、施工方法及相邻隧道间距等因素,也可依工程类比确定荷载。施工中如发现与实际不符,应及时修正。对地质复杂的隧道,必要时应通过实测数据综合分析确定荷载的代表值或计算值及其分布规律。

(6)锚喷衬砌和复合式衬砌的初期支护,可按工程类比法确定设计参数;施工期间应通过监控量测进行修正。对地质复杂、大跨度、多线和有特殊要求的隧道,除采用工程类比法外,还应结合数值解法或近似解法进行分析确定。

(7)计算复合式衬砌时,初期支护应按主要承载结构计算。

(8)隧道衬砌宜采用荷载-结构模型进行计算。结构抗裂有要求时,对素混凝土构件应进行抗裂验算,对钢筋混凝土构件应验算其最大裂缝宽度。

(9)初期支护及二次衬砌的设计参数,应根据隧道围岩分级、围岩构造特征、地应力条件等采用工程类比、理论分析确定。

(10)隧道衬砌计算时,应考虑围岩弹性抗力对衬砌变形的约束作用。弹性抗力的大小及分布可根据衬砌作用下的变形、回填情况和围岩的变形性质等因素,采用局部变形理论进行计算。

2)主要研究进展

(1)围岩稳定性评价和分级[13]

隧道开挖后,周边围岩不需要进行特别处理,而在一定时间内能保持不发生有害变异(如大变形、崩塌、掉块、挤入等)的自支护能力称为围岩稳定。通过对比国内外相关围岩分级,得到影响围岩稳定性的主要因素包括岩石坚硬程度、岩体完整程度、地下水状态、结构面状态及初始地应力状态等。依据铁路隧道对自稳跨度的相关科研成果,并参考其他行业相关文献,得到铁路隧道基于暂时稳定跨度(达到暂时稳定等级的最大跨度)的稳定性评价表(表1-3)。为提高和强化围岩定量分级,《铁路隧道设计规范》(TB 10003—2016)中的围岩分级方法引入了围岩基本质量指标BQ,并针对不同岩性细化了围岩弹性波速范围,同时提出了在基本围岩分级的基础上应根据地下水状态、围岩初始地应力状态对围岩级别进行修正。围岩级别共分为6级,其中Ⅲ、Ⅳ、Ⅴ级围岩又分别划分为两个亚级。

铁路隧道围岩稳定性评价 表1-3

围岩级别		各级围岩稳定性描述
基本级别	亚级	
Ⅰ	—	围岩稳定,无坍塌,可能发生岩爆
Ⅱ	—	暴露时间长,可能会出现局部小坍塌,破坏以掉块为主,侧壁稳定,层间结合差的平缓岩层顶部易塌落;暂时自稳跨度为17~20m
Ⅲ	Ⅲ₁	拱部无支护时可产生小坍塌,侧壁基本稳定,爆破振动过大时易塌;暂时自稳跨度为14~16m

续上表

围岩级别		各级围岩稳定性描述
基本级别	亚级	
Ⅲ	Ⅲ₂	拱部无支护时可产生小坍塌,侧壁基本稳定,爆破振动过大时易塌;暂时自稳跨度为 10～13m
Ⅳ	Ⅳ₁	拱部无支护时可产生较大的坍塌,侧壁有时会失去稳定性;暂时自稳跨度为 7～9m
	Ⅳ₂	拱部无支护时可产生较大的坍塌,侧壁有时会失去稳定性;暂时自稳跨度为 5～6m
Ⅴ	Ⅴ₁	围岩易坍塌,处理不当将出现大坍塌,侧壁经常出现小坍塌,浅埋时易出现地表下陷或塌穿至地表;暂时自稳跨度为 3～4m
	Ⅴ₂	围岩易坍塌,处理不当将出现大坍塌,侧壁经常出现小坍塌,浅埋时易出现地表下陷或塌穿至地表;暂时自稳跨度<3m
Ⅵ	—	围岩极易坍塌变形,有水时土、砂常与水一起涌出,浅埋时易塌穿至地表;无自稳性

(2)隧道施工全过程变形与稳定性控制技术[13]

由赵勇、张顶立等人组成的中国铁路隧道围岩稳定性课题组经过 10 余年努力,创新总结形成了隧道围岩变形控制综合修建技术,其核心思想是以围岩稳定性为前提,以围岩全过程变形控制为目标,以科学的支护措施为手段,实现了支护结构与隧道围岩结构的协同作用,从而充分发挥了围岩的自承能力,打造了安全、经济、快速、耐久的隧道稳定结构体系。

该研究成果认为隧道围岩由"浅层围岩"和"深层围岩"复合而成。"浅层围岩"是指隧道开挖后周边一定范围内丧失整体稳定性而无法实现长期自稳的松动区围岩,这部分围岩荷载需要及时支护;在此范围以外,整体稳定性较好,而且能够承担地层荷载的围岩称为"深层围岩"。若对深层围岩采取及时有效的支护和干预则可保持其稳定性。"深层围岩"由"结构层"和"荷载层"组成,并交替出现,如图 1-2 所示。在工程实践中,结构层是每组围岩稳定性的控制性岩层,如果第一组围岩的结构层能保持长期稳定,则浅层围岩范围不再扩大;反之任何结构层的失稳都将形成新一轮大范围的围岩失稳和破坏过程,表现为浅层围岩范围的扩大,直至发展到下一个结构层又达到一个新的相对稳定阶段。内

9

侧结构层的失稳通常伴随着一定范围内围岩的垮落和松动,本质上是拱结构轴线的外移,实现地层荷载向外侧更大范围的岩层传递,以达到新的平衡。

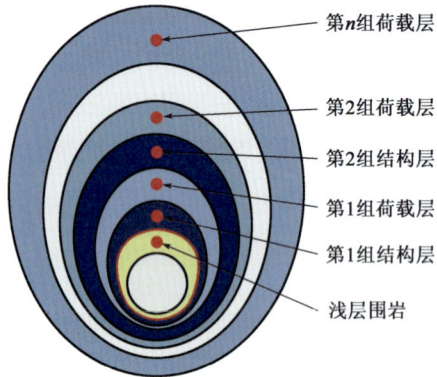

图1-2 隧道围岩结构特性

对于复合隧道围岩,其荷载主要由两部分组成,即浅层围岩的"给定荷载"和深层围岩的"形变荷载"。处于松动状态的浅层围岩所产生的荷载需要支护结构全部承担,处于相对稳定状态的深层围岩所产生的荷载大小则取决于对其结构层的控制水平及传力效果,对结构层变形控制越严则其荷载越大,反之亦然。根据支护方式和支护机理的不同,隧道支护体系对围岩的作用可划分为"支"和"护"两个方面。"支"指的是对浅层围岩施加支护力,支承浅层围岩的松动荷载和深层围岩传递过来的部分形变荷载,使得浅层围岩由原本的单向或双向应力状态转变为双向或三向应力状态。"护"是指改善围岩力学性能,增强围岩完整性,减小潜在浅层围岩的范围。相对而言,"支"的本质为协助围岩承载,是被动手段,对应作用于隧道表面的支护形式,而"护"的本质为调动围岩承载,是主动干预,对应于深入围岩内部的支护和加固方式。在整个支护体系中,超前支护、初期支护和二次衬砌支护结构协同工作,共同维护隧道稳定,但由于各自施作的时序性以及隧道开挖的时空效应,彼此间也有明确的分工。

①超前支护的核心作用是防止围岩的坍塌冒落,控制开挖面破坏的范围和程度,也是安全开挖和施作后期各项支护的前提,其主要作用为调动围岩承载。其中,超前锚杆的作用表现在两个方面,既加固围岩提高其自身力学性能,又支护浅层围岩。

②初期支护结构承担因开挖释放的全部附加荷载,是支护体系的主体,并

且与围岩成为一体,其本质是协助围岩承载。

③二次衬砌结构通常作为安全储备,但由于其往往具有一定的刚度,因此施作后将与初期支护分担部分荷载。

另外,由于围岩变形破坏过程的阶段性以及支护结构的差异性,支护系统的协同作用体现在多个方面,主要有支护结构协同、时空转化协同、接触状态协同和作用过程协同。

(3)高速铁路机械化大断面隧道设计方法

郑州至万州高速铁路(以下简称"郑万高铁")湖北段于2016年底开展了大规模机械化配套施工,针对我国高速铁路大断面隧道标准化施工大型机械化配套技术、大断面隧道掌子面超前支护设计方法、大断面隧道洞身支护结构设计方法、大断面隧道标准化施工工法及工艺和施工组织管理方法等课题开展了系统研究。在机械化配套设计方面,涵盖了超前支护、开挖、初期支护、二次衬砌四大作业区,按配置机械完善程度分为基本型配套和加强型配套;在施工工法设计方面,有全断面法和微台阶法;在掌子面稳定性评价方面,采用定性评价与定量评价相结合的方式,分为稳定、暂时稳定和不稳定三种;在超前支护设计方法方面,根据掌子面稳定性评价结果确定超前支护措施(包括掌子面喷射混凝土,打设超前小导管、管棚、掌子面锚杆,超前注浆等),并采用工程类比法、极限平衡法分析确定参数;在洞身支护设计方法方面,采用荷载-结构模型计算,浅埋、偏压段围岩压力按隧道相关设计规范公式值采用,深埋段根据对形变荷载的实测值确定。

1.2.2 公路隧道支护结构设计方法的现状

1)设计规范规定

《公路隧道设计规范》(JTG D70—2004)[14]在隧道结构设计方法方面主要有如下规定:

(1)荷载应根据隧道所处的地形、地质条件、埋置深度、结构特征和工作条件、施工方法、相邻隧道间距等因素确定。施工中如发现与实际不符,应及时修正。对于地质条件复杂的隧道,必要时应通过实地量测确定。

(2)在隧道结构上可能同时出现的荷载,应按满足承载能力和满足正常使用要求分别进行组合,并按最不利组合进行设计。

(3)Ⅰ~Ⅳ级围岩中的深埋隧道,围岩压力主要为形变压力,其值可按释放荷载计算,并规定了释放荷载计算方法;Ⅳ~Ⅵ级围岩中深埋隧道的围岩压力为松散荷载时,其垂直均布压力及水平均布压力可规定公式计算。

注:计算公式与《铁路隧道设计规范》(TB 10003—2016)相同。

(4)衬砌结构类型和尺寸,应根据使用要求、围岩级别、工程地质和水文地质评价、隧道埋置深度、结构受力特点,并结合工程施工条件、环境条件,通过工程类比和结构计算综合分析确定。在施工阶段,还应根据现场监控量测调整支护参数,必要时可通过试验分析确定。

(5)锚喷衬砌可采用工程类比法或数值计算,并结合现场监控量测进行设计。

(6)复合式衬砌可采用工程类比法进行设计,并通过理论分析进行验算。初期支护及二次衬砌的支护参数可参照规范中的表格选用,并应根据现场围岩监控量测信息对设计支护参数进行必要的调整。

(7)隧道结构应按破损阶段法验算构件截面的强度。结构抗裂有要求时,对混凝土构件应进行抗裂验算,对钢筋混凝土构件应验算其裂缝宽度。

(8)深埋隧道中的整体式衬砌、浅埋隧道中的整体式或复合式衬砌及明洞衬砌应采用荷载-结构法计算。深埋隧道中复合式衬砌的二次衬砌也可采用荷载-结构法计算。采用荷载-结构法计算隧道衬砌的内力和变形时,应通过考虑弹性抗力等体现围岩对衬砌变形的约束作用。弹性抗力的大小及分布,对回填密实的衬砌构件可采用局部变形理论计算确定。

(9)按破损阶段检算构件截面强度时,应根据不同的荷载组合,分别采用不同的安全系数,并应不小于表1-4和表1-5所列数值。检算施工阶段的强度时,安全系数可采用表列"永久荷载+基本可变荷载+其他可变荷载"栏内数值乘折减系数0.9计算。

混凝土和砌体结构的强度安全系数 表1-4

材料种类		混凝土		砌体	
荷载组合		永久荷载+基本可变荷载	永久荷载+基本可变荷载+其他可变荷载	永久荷载+基本可变荷载	永久荷载+基本可变荷载+其他可变荷载
破坏原因	混凝土或砌体达到抗压极限强度	2.4	2.0	2.7	2.3
	混凝土达到抗拉极限强度	3.6	3.0	—	—

钢筋混凝土结构的强度安全系数　　　　表 1-5

荷载组合		永久荷载+ 基本可变荷载	永久荷载+ 基本可变荷载+ 其他可变荷载
破坏原因	钢筋达到计算强度或混凝土达到抗压或抗剪极限强度	2.0	1.7
	混凝土达到抗拉极限强度	2.4	2.0

（10）Ⅰ～Ⅴ级围岩中，复合式衬砌的初期支护应主要按工程类比法设计，其中Ⅳ、Ⅴ级围岩的支护参数应通过计算确定，计算方法为地层-结构法。

（11）复合式衬砌中的二次衬砌，在Ⅰ～Ⅲ级围岩中为安全储备，并按构造要求设计；在Ⅳ、Ⅴ级围岩中为承载结构，可采用地层-结构法进行内力和变形计算。

（12）各级围岩的自稳能力宜根据围岩变形量测和理论分析来评定，也可按表 1-6 作出大致的评判。

公路隧道各级围岩自稳能力判断　　　　表 1-6

围岩级别	自稳能力
Ⅰ	跨度≤20m,可长期稳定,偶有掉块,无塌方
Ⅱ	（1）跨度 10～20m,可基本稳定,局部可发生掉块或小塌方; （2）跨度<10m,可长期稳定,偶有掉块
Ⅲ	（1）跨度 10～20m,可稳定数日至 1 月,可发生小～中塌方; （2）跨度 5～10m,可稳定数月,可发生局部块体位移及小～中塌方; （3）跨度<5m,可基本稳定
Ⅳ	（1）跨度>5m,一般无自稳能力,数日至数月内可发生松动变形、小塌方,进而发展为中～大塌方; （2）埋深小时以拱部松动破坏为主,埋深大时有明显塑性流动变形和挤压破坏; （3）跨度≤5m,可稳定数日至 1 月
Ⅴ	无自稳能力,跨度 5m 或更小时可稳定数日
Ⅵ	无自稳能力

注：1. 小塌方：塌方高度<3m,或塌方体积<30m³。
　　2. 中塌方：塌方高度 3～6m,或塌方体积 30～100m³。
　　3. 大塌方：塌方高度>6m,或塌方体积>100m³。

《公路隧道设计规范　第一册　土建工程》(JTG 3370.1—2018)[15] 在隧道结构设计方法方面主要有以下规定：

(1)应根据隧道所处的地形、地质条件、埋置深度、支护条件、施工方法、相邻隧道间距等因素确定围岩压力,可按释放荷载或松散荷载计算。在施工和实地量测中发现与实际不符时,应及时修正。

(2)在隧道结构上可能同时出现的荷载,应按满足承载能力和满足正常使用要求分别进行组合,并按最不利组合进行设计。

(3)深埋隧道松散荷载垂直均布压力及水平均布压力,在不产生显著偏压及膨胀力的围岩条件下,可按规定公式计算【注:计算公式与《铁路隧道设计规范》(TB 10003—2016)相同;有围岩 BQ 或[BQ]值时,对公式中体现围岩级别的因素进行了调整】。

(4)衬砌结构类型、支护参数应根据使用要求、围岩级别、工程地质和水文地质评价、隧道埋置深度、结构受力特点,并结合周边工程环境、支护手段、施工方法,通过工程类比和结构计算综合分析确定。在施工阶段,尚应根据现场监控量测结果调整支护参数,实行动态设计,必要时可通过试验分析确定。

(5)锚喷衬砌支护参数可通过工程类比或数值计算确定,并结合现场监控量测调整。采用工程类比法时,支护参数可按规范中的附表选用(注:表中规定了人行通道、汽车通道、两车道隧道在Ⅰ~Ⅲ级围岩中的支护参数)。

(6)复合式衬砌,可采用工程类比法进行设计,必要时,可通过理论分析进行验算。两车道隧道、三车道隧道支护参数可按规范中的表格选用。四车道隧道应通过工程类比和计算分析确定。在施工过程中应根据超前地质预报及现场围岩监控量测信息对设计支护参数进行必要的调整。

(7)隧道结构应按破损阶段法验算构件截面的强度。结构抗裂有要求时,对混凝土构件应进行抗裂验算,对钢筋混凝土构件应验算其裂缝宽度。

(8)深埋隧道中的整体式衬砌、浅埋隧道中的整体式或复合式衬砌的二次衬砌及明洞衬砌等宜采用荷载-结构法计算。深埋隧道中复合式衬砌的二次衬砌也可采用荷载-结构法计算。采用荷载-结构法计算隧道衬砌的内力和变形时,应考虑弹性抗力等因素。弹性抗力的大小及分布,对回填密实的衬砌构件可采用局部变形理论计算确定。

(9)按破损阶段检算构件截面强度时,应根据不同的荷载组合,分别采用不同的安全系数,并应不小于表1-7和表1-8所列数值。验算施工阶段的强度时,安全系数可采用表列"永久荷载+基本可变荷载+其他可变荷载"栏内数值乘折减系数0.9计算。

混凝土和砌体结构的强度安全系数 表1-7

破坏原因	混凝土			砌体		
	永久荷载+基本可变荷载	永久荷载+基本可变荷载+其他可变荷载	永久荷载或永久荷载+偶然荷载	永久荷载+基本可变荷载	永久荷载+基本可变荷载+其他可变荷载	永久荷载或永久荷载+偶然荷载
混凝土或砌体达到抗压极限强度	2.4	2.0	1.8	2.7	2.3	2.0
混凝土达到抗拉极限强度	3.6	3.0	2.7	—	—	—

钢筋混凝土结构的强度安全系数 表1-8

破坏原因	永久荷载+基本可变荷载	永久荷载+基本可变荷载+其他可变荷载	永久荷载+偶然荷载
钢筋达到计算强度或混凝土达到抗压或抗剪极限强度	2.0	1.7	1.5
混凝土达到抗拉极限强度	2.4	2.0	1.8

(10)复合式衬砌的初期支护应主要按工程类比法设计。必要时,支护参数可按规范中提供的地层-结构法计算确定,并按使用阶段和施工阶段分别验算。

(11)复合式衬砌中的二次衬砌与初期支护共同承担围岩压力及其他外部荷载时,可采用地层-结构法计算内力和变形,并可采用荷载-结构法验算,验算时荷载按上述第(3)条取值。

(12)围岩稳定性分析时,可采用有限元强度折减法验算施工过程中的围岩安全系数,可将初期支护施工后的围岩安全系数作为判断围岩稳定性的依据。

(13)各级围岩的自稳能力宜根据围岩变形量测和理论分析来评定,也可按表1-6作出大致的评判。

2)主要研究进展

在超大跨度公路隧道支护结构力学特性研究方面,杜守继[16]对软岩隧道围岩收敛曲线和衬砌受力变形曲线进行了研究,并分别对一次衬砌和二次衬砌的作用效果进行了评价。晏启祥等[17]以软岩小净距隧道为研究对象,重点分析了其在不同开挖方式下锚杆、喷射混凝土层和二次衬砌的受力特点,以及洞周围岩特征点变形和应力随施工的变化过程。来弘鹏等[18]以某隧道为依托进行了现场测试,对围岩压力、格栅钢架钢筋应力、初期支护和二次接触压力等变化规律及分布特性进行了研究。陈建勋等[19]对某隧道洞口围岩压力、钢架应力、喷射混凝土应力、纵向连接钢筋应力、锚杆轴力及拱部下沉进行了施工监测,并采用有限元法对隧道支护结构进行了计算分析,以了解浅埋偏压黄土隧道洞口段支护结构的受力状况。公路隧道方面对支护结构力学特性的研究多集中于两车道等跨度较小的隧道,且研究方法多以数值模拟为主,研究成果不尽一致,而对于单洞四车道的超大跨度隧道的变形规律与支护结构力学特性研究较少。

在超大跨度公路隧道支护结构设计参数研究方面,吴梦军[20]通过物理模型试验和数值模拟,对超大跨度隧道结构的应力和位移的发展规律进行了研究。曲海锋[21]基于荷载-结构理论,对超大跨度隧道的荷载模式、支护参数、断面形式进行了研究,提出了适用于超大跨度隧道荷载的"过程荷载"计算方法。黄成造等[22]基于荷载-结构法,采用遗传算法,综合考虑隧道变形和受力特点,并以工程造价为目标函数,建立了优化模型,通过对隧道实际的设计参数进行优化,提出了不同围岩条件下四车道隧道合理的支护参数。陈建勋[23]通过总结数十个软弱地层隧道初期支护中系统锚杆的受力和工程实际的变形情况,并结合理论分析,发现系统锚杆在软弱地层中加固围岩效果不明显,认为在软弱围岩中应取消系统锚杆,采用"钢架+锁脚锚杆(管)+喷射混凝土+钢筋网"的支护形式,该支护形式现已被广泛使用。

在双洞八车道隧道施工方法研究方面,郝哲[24]以金州公路隧道为依托,对大跨度隧道施工中的开挖变形、稳定监测和主动控制等若干问题进行了探讨,分析了最合理的围岩应力和变形特征,分析了一次支护的受力特征及最合适的二次衬砌时机,对主动控制的思想进行了完善。王应富等[25]利用有限元方法对四车道公路隧道的完整开挖过程进行了动态模拟研究,模拟开挖采用的双侧壁导坑法能够保证施工安全,对初期支护的剪力、围岩的变形、弯矩动态变化以及锚杆轴力进行了监控,提出了大跨度隧道施工容易出现的问题,并针对此问题指出了相应的解决措施。

综上,随着交通需求的不断增长,出现了越来越多的大跨度公路隧道,对大跨度公路隧道修建技术方面的研究成果也越来越多,设计方法也必定会逐步完善与成熟。

1.2.3 水电隧道及地下工程支护结构设计方法的现状

水电领域的隧道及地下工程主要涉及地下厂房洞室群、水工隧洞及其附属洞室两大类。与其他行业的隧道及地下工程相比,水电领域具有以下特点:

(1)洞室尺寸大且洞室尺寸变化幅度大,厂房跨度可达20~35m,高度可达60~90m,断面形状以高窄的城门洞形为主。

(2)由于洞室群布置多样、建设及运行管理条件各异,一般无法采用标准设计。

(3)为避免过于潮湿环境影响电站运行,一般设有十分庞大的防渗帷幕和排水系统。

(4)一般要求衬砌与围岩共同承担较大的内水压力,同时还有控制内水外渗的要求。

这些特点决定了水电隧道衬砌设计理念与方法有别于其他行业。目前主要采用的设计方法是工程类比法和数值分析法;在支护形式上多采用预应力锚索和长锚杆。

1.2.4 隧道支护结构设计方法中存在的问题

以下主要针对铁路和公路隧道设计规范,对目前我国隧道支护结构设计方法中存在的问题进行分析。

1)围岩稳定性分析方法中存在的问题

公路隧道设计规范中明确提出了各级围岩自稳能力判断表(表1-6),铁路隧道设计规范中虽未提出自稳能力判别表,但相关科研报告中提出了相关表格(表1-3)。由表1-3和表1-6可见,二者虽然在描述和具体数值上有所差别,但总的来说大同小异。这其中存在的主要问题有:

(1)没有体现断面形状的差异。

(2)没有体现埋深对自稳能力的影响,或者可以认为埋深对自稳能力的影响已经体现在地应力对围岩级别的修正上,但这种做法比较粗糙。

(3)没有提出与自稳能力相对应的安全系数。

(4)没有提出自稳能力的定量判据(如位移超标或围岩被压碎而失稳等),

只有定性判据。

常用的围岩稳定性分析方法有:传统有限元法、传统极限分析法、有限元强度折减法等。传统有限元法仅凭位移、应力及拉应力和塑性区大小不能确定地下工程的安全度和破裂面,致使地下工程设计无法进入严格的力学定量分析阶段[26]。传统极限分析法可以提供岩土材料整体失稳的判据,但这种方法需要事先知道岩土的潜在破坏面。对于一些比较简单的岩土工程问题,如均质材料中的边(滑)坡问题、地基承载力问题可以获得潜在破坏面,从而求出岩土工程的稳定安全系数或极限荷载。但由于隧道工程的复杂性,至今尚无法采用传统极限分析法求解稳定安全系数和极限荷载[26]。有限元强度折减法通过对岩土体强度参数的折减,使岩土体处于极限状态,因而自动生成破坏面而求得安全系数,不仅不需要事先找出潜在破坏面,反而可求得破坏面。该方法为隧道围岩稳定性提供了具有严格力学意义的定量指标,从而为隧道的设计计算提供了有力的技术支撑。但该方法得到的围岩稳定性安全系数实际上是材料的剪切(或受拉)强度储备能力,一般而言,隧道围岩的强度参数劣化并非整体性的,而是一个渐进性局部损伤(洞周围岩)至整体破坏的过程,目前对强度折减法的大多数研究均将围岩作为一个整体进行强度折减,实际上忽略了当围岩较好时洞周围岩作为承载或支护结构组成部分的可能性[27]。随着对隧道围岩稳定性分析理论研究的深入,需要及时将合适的分析方法纳入设计规范。

2)初期支护设计方法中存在的问题

铁路隧道设计规范提出初期支护设计参数应根据隧道围岩分级、围岩构造特征、地应力条件等采用工程类比、理论分析确定,但没有提出理论分析的具体方法。公路隧道设计规范提出复合式衬砌的初期支护应主要按工程类比法设计,必要时可按规范中提供的地层-结构法计算,但也没有提出采用地层-结构法时的安全判据。

由于初期支护主要采用工程类比法设计,支护参数没有明确的安全系数值,设计者往往无所适从,设计中随意性很大,缺乏科学性。表1-9和表1-10分别为两个地区双向四车道高速公路和双向六车道高速公路隧道支护参数设计情况。可见,由于采用工程类比法设计,支护参数选择的随意性很大,A地区明显强于B地区,喷射混凝土厚度相差1～2cm,锚杆密度相差25%～80%,二次衬砌厚度相差5～10cm。

不同地区双向四车道隧道支护参数对比表 表1-9

（设计时速100km、高速公路或一级公路）

围岩级别	衬砌类型	适用条件	初期支护						二次衬砌			
			喷射混凝土厚度(cm)		系统锚杆(m)				拱墙厚度(cm)		仰拱厚度(cm)	
					长度		间距(环×纵)					
			A地区	B地区	A地区	B地区	A地区	B地区	A地区	B地区	A地区	B地区
V级围岩	S5-3	V级围岩偏压	27	26	3.50	3.50	1.0×0.6	1.0×1.0	60*	50*	60*	50*
	S5-2	V级围岩浅埋	25	24	3.50	3.50	1.0×0.6	1.0×1.0	50*	45*	50*	45*
V级围岩	S5-1	V级围岩深埋	25	24	3.50	3.50	1.0×0.8	1.0×1.0	50*	45*	50*	—
IV级围岩	S4-2	IV级围岩浅埋	22	20	3.00	3.00	1.0×0.8	1.2×1.2	45*	40*	45*	40*
	S4-1	IV级围岩深埋	22	18	3.00	3.00	1.2×1.0	1.2×1.2	40	35	40	—
III级围岩	S3	III级围岩	12	10	3.00	3.00	1.2×1.2	1.5×1.2	35	30	—	—
II级围岩	S2	II级围岩	—	5	—	2.50	—	—	—	30	—	—

注:*代表钢筋混凝土,A地区无II级围岩设计参数。

不同地区双向六车道隧道支护参数对比表　　　　　表 1-10

（设计时速100km、高速公路或一级公路）

围岩级别	衬砌类型	适用条件	初期支护						二次衬砌			
			喷射混凝土厚度(cm)		系统锚杆(m)				拱墙厚度(cm)		仰拱厚度(cm)	
					长度		间距(环×纵)					
			A地区	B地区	A地区	B地区	A地区	B地区	A地区	B地区	A地区	B地区
V级围岩	S5-3	V级围岩偏压	29	28	4.00	4.00	1.0×0.6	1.0×1.0	70*	60*	70*	60*
	S5-2	V级围岩浅埋	29	28	4.00	4.00	1.0×0.6	1.0×1.0	60*	50*	60*	50*
	S5-1	V级围岩深埋	27	26	3.50	4.00	1.0×0.7	1.0×1.0	60*	50*	60*	50*
IV级围岩	S4-2	IV级围岩浅埋	25	24	3.50	3.50	1.0×0.8	1.0×1.0	55*	45*	55*	45*
	S4-1	IV级围岩深埋	25	20	3.00	3.50	1.0×1.0	1.0×1.0	50*	45*	50*	45*
III级围岩	S3-2	III级围岩（软岩）	23	13	3.00	3.00	1.0×0.6	1.0×1.0	45	40	—	—
	S3-1	III级围岩（硬岩）	19	10	3.00	3.00	1.0×0.6	1.0×1.0	45	40	—	—
II级围岩	S2	II级围岩	—	8	—	2.50	—	—	—	35	—	—

注：*代表钢筋混凝土，A地区无II级围岩设计参数。

20

3）二次衬砌计算中存在的问题

铁路隧道和公路隧道的设计规范中，均提出二次衬砌可采用荷载-结构法计算内力和变形，按破损阶段法计算安全系数[《铁路隧道设计规范（极限状态法）》（Q/CR 9129—2018）中采用分项系数的方式表达可靠性和安全性]。如《铁路隧道设计规范》（TB 10003—2016）规定，二次衬砌在Ⅰ～Ⅲ级围岩中可作为安全储备，Ⅳ～Ⅵ级围岩及符合规范规定的情形时宜按承载结构设计；《公路隧道设计规范》（JTG D70—2004）❶规定，复合式衬砌中的二次衬砌，在Ⅰ～Ⅲ级围岩中为安全储备，并按构造要求设计，在Ⅳ、Ⅴ级围岩中为承载结构，可采用地层-结构法进行内力和变形计算；《公路隧道设计规范 第一册 土建工程》（JTG 3370.1—2018）规定，复合式衬砌中的二次衬砌与初期支护共同承担围岩压力及其他外部荷载时，可采用地层-结构法计算内力和变形，并可采用荷载-结构法验算。但是，规范的这些规定存在以下问题：

（1）没有明确二次衬砌分担的围岩压力值的大小；

（2）二次衬砌作为"安全储备"时，"安全储备"值究竟取多少？这是无法确定的。

4）深埋隧道围岩压力计算方法中存在的问题

《铁路隧道设计规范》（TB 10003—2016）采用的深埋隧道围岩压力计算公式如下：

$$q = 0.45 \times 2^{S-1} \gamma \omega \tag{1-1}$$

$$\omega = 1 + i(B - 5) \tag{1-2}$$

式中：q——垂直均布压力（kN/m²）；

S——围岩级别；

γ——围岩重度（kN/m³）；

ω——宽度影响系数，按式（1-2）计算；

B——坑道宽度（m）；

i——B每增减1m时的围岩压力增减率：当$B<5$m时，取$i=0.2$；当$B>5$m时，取$i=0.1$。

《公路隧道设计规范 第一册 土建工程》（JTG 3370.1—2018）规定围岩

---

❶该规范已作废，现行规范版本为《公路隧道设计规范 第一册 土建工程》（JTG 3370.1—2018）。

压力可按释放荷载或松散荷载计算,当采用松散荷载计算时,其计算公式同式(1-1)和式(1-2),但宽度修正系数i按表1-11采用。

公路隧道围岩压力增减率i取值表   表1-11

隧道宽度B(m)	$B<5$	$5≤B<14$	$14≤B<25$	
围岩压力增减率i	0.2	0.1	考虑施工过程分导洞开挖	0.07
			上下台阶法或一次性开挖	0.12

《公路隧道设计细则》(JTG/T D70—2010)对围岩压力计算的规定如下:

(1)围岩松散压力为全部支护的压力总和,初期支护或二次衬砌进行内力计算时,采用适当的方法进行荷载分配。

(2)埋深较浅的隧道可只计松散压力;埋深较大的隧道除松散压力外,还应计入围岩的形变压力。

(3)松散压力可以采用与铁路隧道相同的计算公式,也可采用普氏公式计算。

(4)硬岩围岩强度比小于或等于4,软岩围岩强度比小于或等于6时,应考虑形变压力,按式(1-3)计算:

$$P_i = [(P_0 + c \cdot \cot\varphi)(1 - \sin\varphi)]\left(\frac{a}{R}\right)^{\frac{2\sin\varphi}{1-\sin\varphi}} - c \cdot \cot\varphi \qquad (1-3)$$

式中:P_i——作用在衬砌上任意一点的形变压力(kPa);

P_0——洞室深埋处原始地应力(kPa);

c——围岩的黏聚力(kPa);

φ——围岩的内摩擦角(°);

a——洞室的开挖半径(m);

R——洞室开挖后形成的塑性区半径(m)。

通过对比不同规范,发现在深埋隧道围岩压力计算方法方面存在以下问题:

(1)不同规范对围岩压力计算方法的规定不同。

(2)《公路隧道设计规范 第一册 土建工程》(JTG 3370.1—2018)规定围岩压力可按释放荷载或松散荷载计算,《公路隧道设计细则》(JTG/T D70—2010)中松散压力可采用式(1-1)和普氏理论计算,但两个规范的两种方法计算结果差别很大,用于结构设计时,其结果必然也差别很大。

（3）当按《公路隧道设计规范　第一册　土建工程》（JTG 3370.1—2018）采用释放荷载计算围岩压力时，由于荷载释放率没有明确的计算方法，导致计算结果差异较大；当按《公路隧道设计细则》（JTG/T D70—2010）计算形变压力时，由于没有明确塑性区半径的取值，而不同取值的计算结果差别极大，因此降低了该方法的适用性。

5）复合式衬砌结构设计理念中存在的问题

目前对于复合式衬砌初期支护与二次衬砌在承载中的作用，有多种设计理念[28]，具体为：

第一种理念：初期支护作为承载主体，二次衬砌仅作为安全储备或仅承受不大的荷载，代表性国家有日本。

第二种理念：初期支护作为临时结构，只需要满足施工期间的安全，二次衬砌作为承载主体，承受全部的围岩压力，代表性国家有德国、英国等欧洲国家。

第三种理念：初期支护和二次衬砌都是承载主体，初期支护和二次衬砌各承担一定比例的围岩压力，代表性国家有中国。

第四种理念：除特殊情况外，一般不需要二次衬砌，完全依靠初期支护承载，代表性国家有挪威。

显然，按上述不同设计理念得出的设计方案在经济性上会有较大差别，安全性上也可能有差别，究竟哪一种设计理念最合理是目前支护结构设计中经常争议的问题，也直接影响支护参数的选择。

6）复合式衬砌整体安全性评价困难

复合式衬砌由初期支护、二次衬砌及二者之间的隔离层组成。从结构的角度看，复合式衬砌是一个整体结构。但如上所述，初期支护采用工程类比法进行设计，二次衬砌采用荷载-结构模型按破损阶段法进行安全系数计算。由于二者采用的分析方法不同，难以统一评价整体结构的安全性。

1.3　隧道支护结构设计总安全系数法概述

1.3.1　隧道支护结构设计总安全系数法的提出

针对上述隧道支护结构设计方法中存在的主要问题，国内外专家学者已对隧道围岩的稳定性、支护与围岩的相互作用、各支护结构(构件)的承载机理、围岩承载拱、二次衬砌的荷载-结构模型等方面进行了大量的研究。从既有研究成果看,在隧道支护结构设计理论方面有两种趋势:一种趋势是抛弃荷载-结构法,仅采用以数值分析为主要手段的地层-结构法,且认为对地层的模拟越精细越好;另一种趋势是坚持荷载-结构法,认为荷载-结构法物理意义明确,简单实用,最为困难的是围岩压力的取值,因此通过大量的现场实测,力求得出作用于支护结构上的围岩压力,以便于支护结构的计算。

作者认为,"隧道结构"广义讲是"支护-围岩一体结构",而地层-结构法与荷载-结构法在理论和实践上又各有优缺点,为解决"隧道结构量化设计"问题,采用地层-结构法与荷载-结构法有机结合的方式应该是一个途径。具体而言,隧道作为一个特殊结构物具有其自身特点。在安全性方面,为实现"最为经济"的支护,首先要充分发挥围岩的自承载能力,如此才能充分减小需要"人工"补充的支护力(主要为围岩压力)。在围岩压力方面,除浅埋隧道外,相同条件下围岩压力一般随围岩变形的加大而减小,要减小支护量、提高经济性,就要充分减小作用于支护结构上的围岩压力,即允许围岩有适度的变形。在支护结构承载力分析方法方面,无疑应遵循结构设计原理的基本思想,就是以结构接近或达到破坏阶段作为研究对象,分析其极限承载能力和变形。通过采用与实际相符的精细化岩土本构模型和先进的数值分析手段对该阶段围岩状态进行分析,可以得出既满足安全要求又较为经济的隧道"设计支护力",进而采用荷载-结构法进行支护结构设计与安全性评价。在支护结构安全性评价方面,必须包括支护范围内围岩、初期支护与二次衬砌各自的贡献,形成"总安全系数"。也就是说,以隧道接近或达到破坏阶段为研究对象,采用地层-结构法与荷载-结构法相结合的方式,将围岩、荷载、支护结构进行有机整合,进而建立一个可以统一评价和计算隧道支护结构安全性的方法,即"隧道支护结构设计总安全系数法"。

1.3.2 隧道支护结构设计总安全系数法的技术思路

隧道支护结构设计必须考虑隧道是否需要支护,是系统支护还是局部支护,支护力如何计算,支护结构的内力、变形及安全性如何计算,计算结果与现场实测不符时如何优化调整,围岩与多层支护结构变形协调控制等问题。对于这些问题的解答如图1-3所示。总安全系数法采用的技术思路是:以隧道结构达到或接近破坏状态为研究对象,融合地层-结构法和荷载-结构法的优点,采用地层-结构法对开挖后围岩状态、变形进行分析,寻求安全性、经济性均满足要求的设计支护力;采用荷载-结构法对支护结构承载能力与变形进行计算;通过支护变形能力和支护时机调整,使支护结构按设计要求"工作",实现整体结构协同承载。从而将现代分析方法与传统分析方法的优点进行综合,实现支护参数的安全性评价与量化设计。

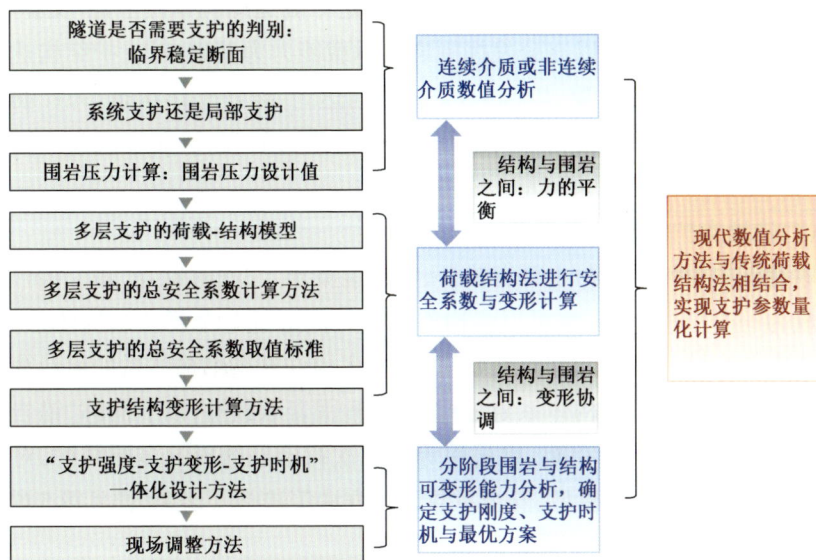

图1-3　总安全系数法的技术思路

1.3.3　该方法需要解决的关键技术问题

采用隧道支护结构设计总安全系数法进行隧道结构设计时,需要依次解决以下关键性技术问题:

（1）隧道是否需要支护的判别

隧道是否需要支护,即隧道在无支护状态下的稳定性分析。只有先了解围岩是否能够以规定的安全系数实现自稳,才能判别隧道是否需要支护。本书提出"临界稳定断面"的概念及计算方法,为判别"是否需要支护"提供了依据,详见第2章。

（2）系统支护还是局部支护

很多设计案例中,不管洞径大小与工程条件,均以系统、等强支护为主,科学性与经济性不足。当隧道开挖后洞周破坏区仅局部分布,可以采用局部支护的手段提高经济性。本书以无支护状态下围岩破坏区量化判识为基础,提出了隧道局部支护与系统支护判别方法,详见第3章。

(3)支护力取值

设计阶段如何确定支护力是一个需要解决的关键问题。以往研究表明,作用于支护结构上的围岩压力与地质条件、支护参数、支护时机、施工方法、施工水平等因素有关,导致实际围岩压力难以确定。隧道结构本质上是"支护-围岩一体结构",本书提出了以充分发挥围岩自承载能力为基础、以支护结构达到或接近破坏状态为研究对象、以围岩-支护共同达到"设计工作状态"为控制目标进行设计支护力取值的思想,并对其计算方法进行研究,进而解决实际围岩压力难以确定的问题,详见第4章。

(4)隧道支护结构计算模型

隧道支护构件(结构)主要有锚杆、喷射混凝土、二次衬砌等,每个构件既可以自成为一个结构体系,也可以多构件组合共同形成一个复杂结构体系,因此需要解决单个结构体系计算模型如何选取、多构件复杂结构体系如何计算等问题。本书将隧道支护结构体系划分成由锚杆-围岩承载拱(以下简称"锚岩承载拱")、喷射混凝土层(含钢架、钢筋网等)、二次衬砌层组成的多层结构,对单层结构和多层结构的计算模型、安全系数计算方法等进行了研究,详见第5章。

(5)隧道支护结构安全系数计算方法

既有设计规范对结构安全系数的计算方法均是针对整体结构中的单一构件,对于多层支护结构,其安全系数究竟该如何计算,是针对各层结构分别计算还是整体计算,是隧道设计中需要解决的关键问题。本书建立了多层结构整体计算模型,并与多层结构分别按单层结构计算的方法进行了对比,得出了多层结构总安全系数的计算方法,详见第5章。

(6)隧道支护结构总安全系数取值

对于多层支护结构,其安全系数的合理取值是多少、与一般单一结构相同还是不同等,也是隧道设计中需要解决的关键问题。本书从隧道工程自身的特点出发,提出了支护结构在施工期和运营期的总安全系数取值建议,详见第5章。

(7)总安全系数法计算模型检证试验研究

为直观、有效地验证支护结构的承载能力计算方法,研发了将支护结构和支护范围内的围岩作为一体、按"结构"试验方法进行加载的模型试验方法和大比尺模型试验系统,开展了毛洞、纯锚支护、喷层、二次衬砌、喷锚组合支护与复合式衬砌的承载能力试验,通过试验结果与理论计算对比,验证了本书提出的计算模型与多层支护结构总安全系数计算方法的合理性,详见第6章。

(8)支护结构变形计算方法与现场调整方法

隧道施工现场监测多为变形监测方式,多层支护结构的变形该如何计算;再者,由于现有地质勘察手段无法完全和准确获取围岩的物理力学指标,支护结构计算模型与计算参数也不可避免存在偏差,现场该如何结合变形监测结果对支护结构进行调整,这些都是需要解决的关键问题。本书从围岩压力增长特性、喷射混凝土弹性模量增长特性出发,提出全断面法、台阶法施工时支护结构变形计算方法以及变形与支护结构安全系数之间的相互关系,得出支护参数的现场调整方法,详见第7章。

(9)围岩与支护变形协调控制方法

在将围岩与支护结构的相互作用关系简化为作用力与反作用力关系的前提下,还必须解决围岩与多层支护结构变形协调的问题,尤其是在软岩大变形隧道中,如果不加以限制,围岩与多层支护结构难以实现协同承载。为此,以支护可变形能力与围岩允许变形量的匹配性为基础,本书提出了以支护时机和支护刚度调整为主要手段的"强度-变形-时机"一体化设计方法,详见第8章。

1.4 本书采用的计算参数与代表性隧道断面

1.4.1 主要计算参数

《铁路隧道设计规范》(TB 10003—2016)提出了各级围岩的物理力学指标,见表1-12。为节省篇幅,并便于编写,除特别注明外,本书采用的围岩物理力学指标按表1-12中的下1/3分位值取用,见表1-13。

铁路隧道设计规范中的各级围岩物理力学指标表　　表1-12

围岩级别	重度(kN/m³)	弹性抗力系数(MPa/m)	弹性模量(MPa)	泊松比	内摩擦角(°)	黏聚力(MPa)
Ⅱ	25~27	1200~1800	20~33	0.2~0.25	50~60	1.5~2.1
Ⅲ	23~25	500~1200	6~20	0.25~0.3	39~50	0.7~1.5
Ⅳ	20~23	200~500	1.3~6	0.3~0.35	27~39	0.2~0.7
Ⅴ	17~20	100~200	1~2	0.35~0.45	20~27	0.05~0.2

本书采用的各级围岩物理力学指标表 表 1-13

围岩级别	重度 （kN/m³）	弹性抗力系数 （MPa/m）	弹性模量 （MPa）	泊松比	内摩擦角 （°）	黏聚力 （MPa）
Ⅱ	25.67	1400	24.33	0.217	53.33	1.7
Ⅲ	23.67	733	10.67	0.267	42.67	0.967
Ⅳ	21.0	300	2.87	0.317	31.0	0.367
Ⅴ	18	133	1.33	0.383	22.33	0.1

1.4.2 代表性隧道断面

除特殊注明之外,本书主要采用的代表性隧道断面形式如图 1-4 和图 1-5 所示。这两张断面图仅用于断面形状说明,具体支护参数在各章节中另行说明。

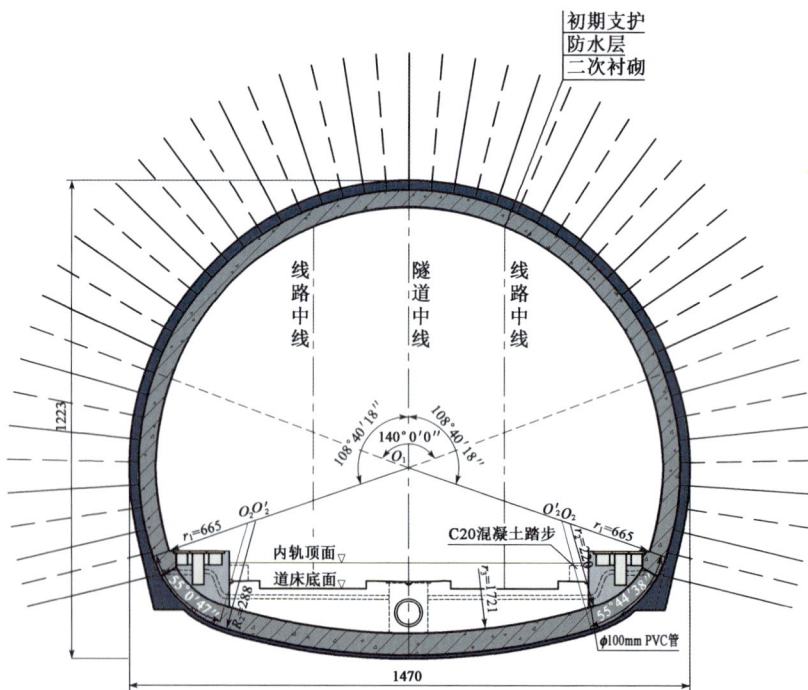

图 1-4 350km/h 高速铁路双线隧道断面(尺寸单位:cm)[29]

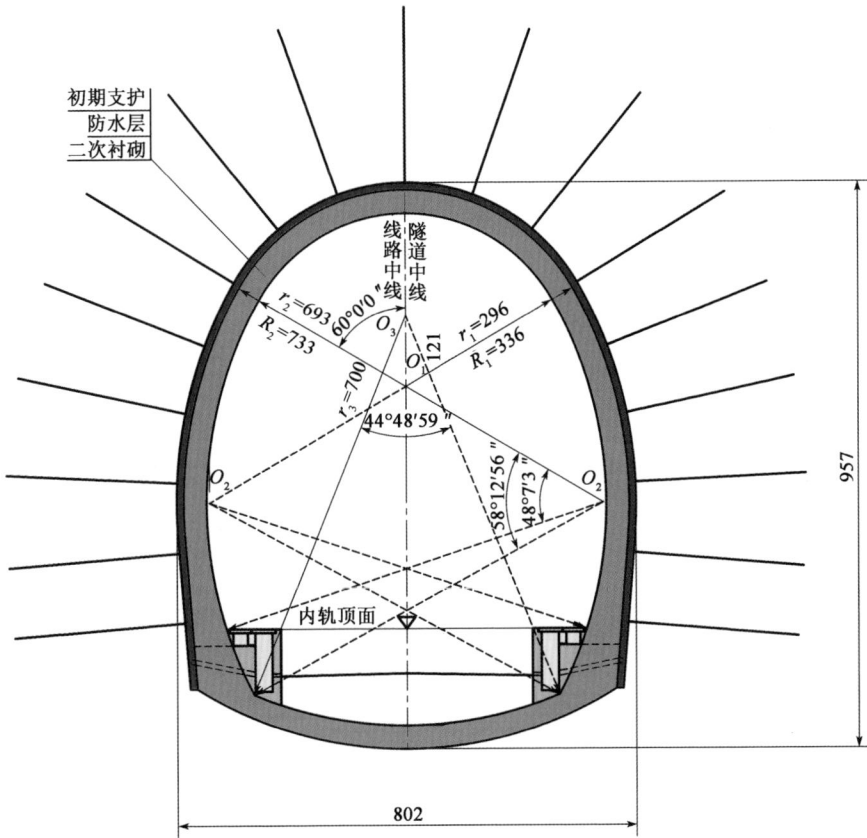

图1-5　160km/h客货共线铁路单线隧道断面(尺寸单位:cm)[30]

第2章

▽

隧道临界稳定断面计算
与支护必要性判断

自然界中广泛存在没有任何支护但能基本自稳的洞室,如溶洞、黄土窑洞等,这引出了隧道围岩稳定性与是否需要支护的理论研究问题。现代隧道支护体系理论认为围岩既是荷载的来源也是承载的主体,但由此发展的行业规范与设计方法鲜有涉及围岩自稳条件辨识与量化围岩在隧道稳定中所起的作用,以至于隧道开挖后是否需要支护多凭经验类比,不能定量得出支护体系的安全储备。本章提出隧道临界稳定断面的概念及基于临界稳定断面的隧道围岩稳定性分析方法,可量化分析围岩的自承载能力,并为支护体系定量设计提供一种新的思路。

2.1 隧道临界稳定断面

隧道围岩稳定性分析一直是隧道界关注的一个重点问题,由于隧道所赋存的工程环境和工程因素都会对围岩的稳定性造成影响,导致围岩的稳定性判别存在很大的困难,目前常用的围岩稳定性判别方法主要有依据规范的经验法和依靠计算的理论分析法。

在经验法方面,《工程岩体分级标准》(GB/T 50218—2014)、《岩土锚杆与喷射混凝土支护工程技术规范》(GB 50086—2015)等规范对各级围岩某一跨度区间的隧道自稳时间及可能出现的塌方程度进行了预测[31,32],但这类评价方法并没有给出明确的定量指标。在理论分析法方面,采用有限元解答时主要有两种方法:其一是在经典极限分析中引入离散方法,如有限元极限分析法、有限差分滑移线场法、有限元上/下限法等,该方法需事先知道材料中潜在的破坏面(或滑移面)位置与形态,极限计算理论解答求解不易,因此适用范围有限[26];另外一种方法是有限元强度折减法,自1975年提出以来取得了大量而丰富的研究成果[26,33,34],该方法将围岩作为一个整体进行强度折减,得到的围岩稳定性安全系数实际上是材料的剪切(或受拉)强度储备能力,忽略了当围岩较好时洞周围岩作为承载或支护结构组成部分的可能性。鉴于目前的围岩稳定性分析方法存在难以定量、使用不便或对洞周围岩作为支护利用方面的分析不足等问题,需要寻求新的分析方法。

由工程实践经验和相关理论研究成果可知:

(1)自然界广泛存在具有自稳能力的洞室,其洞室大小、形状与围岩特征、赋存环境息息相关,如图2-1所示。

a)石门隧道(公元63年)

b)黄土窑洞

c)太行山郭亮挂壁公路

d)世界最大溶洞之一猛犸洞

图2-1　自然界自稳的典型断面

（2）大跨洞室难以全断面成洞，所以一般需要分块开挖支护。

（3）隧道扩挖过程中围岩受力状态逐渐趋于恶化甚至垮塌。

（4）根据卡斯特纳方程，隧道断面越大塑性区也越大，洞周围岩应力集中越明显[26]。

（5）在毛洞自稳能力研究中，文献[35][36]中的研究均表明洞室的自稳能力和断面形状、大小密切相关。

（6）挪威法在支护参数选取时主要参考隧道等效尺寸 S 与围岩质量指标 Q 值[37]，相同 Q 值下，不同隧道跨度所需的支护代价大有区别。

可见，当围岩条件较好时，隧道尺寸小于一定值时无需系统支护。但当围岩较差时，小跨洞室锚喷支护可满足要求，而大跨洞室成洞的可行性甚至需要特别评估。也说明如果隧道断面不断扩大，围岩稳定性将逐渐降低直至失稳。

因此，本章提出隧道临界稳定断面的概念，认为自稳毛洞的周边一定范围内的围岩起到了承载结构的作用，当该部分围岩被开挖或者破坏，将对隧道的平衡状态产生影响导致围岩失稳或不能维持其原有断面形状。

如图 2-2a）所示，隧道临界稳定断面也就是与设计开挖断面中心埋深相同、几何形状相似、在无支护状态及考虑长期强度下降影响的前提下，围岩能够以安全系数 1.0 达到自稳且基本能够维持其原有形状的最大断面。临界稳定断面可用于判别所设计隧道在无支护状态下的围岩稳定性，以及临界稳定断面内的围岩（以下简称"断面内围岩"）作为支护结构组成部分的可能性。

当开挖断面小于临界稳定断面时，如图 2-2b）所示，可以认为断面内围岩对临界稳定断面起到了支护作用，可视为支护结构的一部分；当断面内围岩的安全系数满足设计要求时，认为围岩能够长期自稳，因而不需要系统的工程支护措施，否则需要补充支护达到设计所需要的安全系数。

当开挖断面大于临界断面时，如图 2-2c）所示，围岩不能自稳或者自稳安全系数小于设计安全系数，需要通过工程支护措施来满足设计对安全系数的要求。

本章提出的临界稳定断面分析法可以为不同断面大小的围岩自稳能力判识以及超大断面隧道分部开挖面积的确定提供依据，如图 2-3 所示。

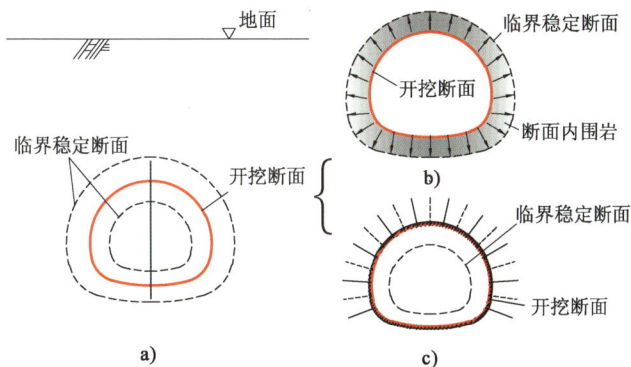

图 2-2 隧道临界稳定断面的概念示意图

图 2-3 隧道临界稳定断面的工程应用

2.2 临界稳定断面的计算方法

不同围岩(软岩、硬岩、裂隙围岩等)应采用不同的强度准则与相应的极限状态(临界稳定状态)计算方法,由于本章主要探讨临界稳定断面的计算方法,因此仅选用连续介质分析方法和以有限离散单元法(FDEM)为代表的连续-非连续方法两种方法进行分析。其中连续介质分析方法采用理想弹塑性材料并符合莫尔-库仑(Mohr-Coulomb)或者德鲁克-普拉格(Drucker-Prager)准则,连续-非连续分析方法采用黏结断裂模型,以节理单元张开或者剪切破坏为围岩破坏判别标准。

2.2.1 数值计算模型的建立

借助数值分析软件计算并判别围岩稳定性,得到临界稳定断面,计算模型如图2-4所示,具体步骤如下:

(1)建立有限元平面应变模型,并采用相应的本构模型。

(2)模型尺寸要满足圣维南定律的要求,即隧道与模型边界距离大于3~5倍的隧道跨度。

(3)通过位移边界和应力边界的组合模拟初始地应力场。

(4)保持设计开挖断面的形心位置不变,对开挖断面进行放大或缩小,得到若干与设计断面具有几何相似的断面,分别计算不同断面无支护开挖时围岩的受力特征与位移特征。

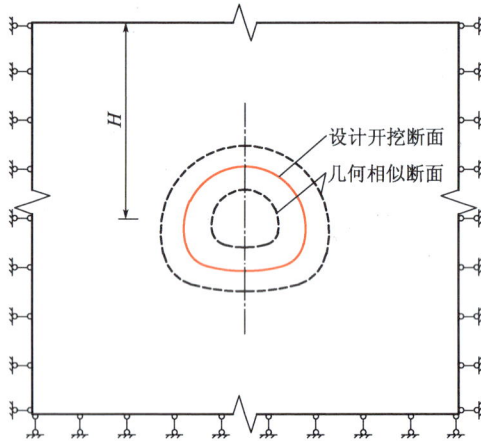

图2-4 临界稳定断面的有限元计算模型示意图

2.2.2 围岩稳定性的判据

1)连续介质分析方法判据

开挖断面逐渐扩大,洞周围岩的位移随之不断增大,受力状态也趋于恶化。

因此把临界稳定断面判别的原则确定为:不断扩大断面,直至某一断面率先达到任一稳定性判据时,即可表明该断面为临界稳定断面。

围岩的破坏形式主要有两种:一种是一般洞室岩体的破坏形式,属于受剪破坏,根据莫尔-库仑或者德鲁克-普拉格准则,当岩体内某一斜截面的剪应力超过破坏理论规定的滑动界限时,岩体发生屈服,屈服之后的岩体仍具有一定的承载能力,继续变形直至剪切极限破坏;另一种是受拉破坏,主要原因是软弱节理和裂隙对围岩的切割作用导致岩体的抗拉能力较差,尤其是隧道拱顶较平缓时可能出现拉裂破坏而垮塌。根据工程经验(维持原有断面形状的前提下不能发生大的破坏区)以及有限元方法求解的特点,隧道开挖稳定性有以下4种判据:

①有限元计算迭代求解不收敛[34];

②有限元计算的位移出现突变[34];

③超过极限剪应变的围岩深度超过一定的范围值;

④受拉破坏区深度超过一定范围值。

(1)基于极限剪应变的围岩稳定性判据

①极限应变判据

理想弹塑性材料的应力-应变曲线如图2-5所示,若采用应变表述,材料从弹性阶段进入塑性阶段时的应变称为弹性极限应变ε_y,刚进入塑性时不会破坏,但随着塑性发展,材料进入破坏阶段,此时应变达到了极限应变ε_f。采用极限应变作为岩土类材料破坏的依据更能反映材料破坏的过程,且应变为无量纲的变形参数,某一应力及环境条件下材料的极限应变值是反映其变形强度的常数,不存在尺寸效应[38-40]。

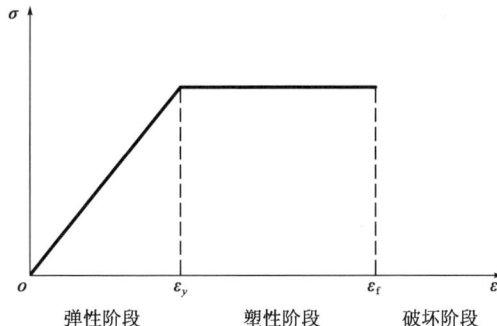

图2-5 理想塑性应力-应变曲线

②极限剪应变的求解

根据阿比尔的等[39]给出的极限应变的求解方法,采用数值分析软件对标准试件(尺寸为150mm×150mm×150mm)进行加载模拟(图2-6),约束试件底部径向位移,在顶部上表面施加竖直的均布荷载,逐级增加荷载,直到迭代求解不收敛。监测控制点的剪应变增量,加载试验收敛的临界状态时的剪应变即为该材料的单轴抗压条件下的极限剪应变。

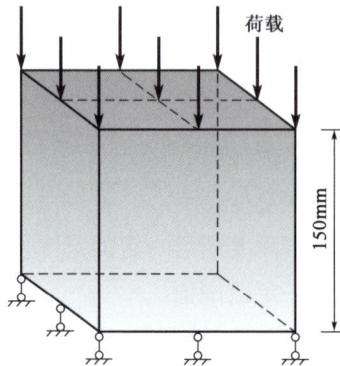

图2-6 极限剪应变计算模型

采用第1章表1-13中各级围岩物理力学指标,对Ⅱ、Ⅲ、Ⅳ、Ⅴ级围岩单轴受压条件下的极限剪应变的计算结果进行统计,见表2-1。

单轴受压极限剪应变的计算结果 表2-1

围岩级别	变形模量 E(GPa)	泊松比 ν	摩擦角 φ (°)	黏聚力 c (MPa)	极限剪应变 (‰)
Ⅱ	24.3	0.233	53.3	1.70	3.14
Ⅲ	10.67	0.283	42.7	0.97	5.77
Ⅳ	2.87	0.33	31.0	0.37	8.32
Ⅴ	1.33	0.417	22.3	0.10	6.64

在实际工程应用中,受周围岩土体侧压抑制,会出现较单轴条件下更高的极限应变,如三轴加载条件下岩土材料的极限应变具有围压效应,围压越大极限应变越大[40]。

FLAC^{3D}中弹性极限剪应变ε_y采用应变偏张量第二不变量$\sqrt{J'_2}$表示。

$$\varepsilon_y = \sqrt{J'_{2y}} = \frac{\varepsilon_{1y} - \varepsilon_{3y}}{\sqrt{3}} \qquad (2\text{-}1)$$

$$\varepsilon_y = \frac{1+\nu}{\sqrt{3}\,E}\frac{2c\cos\varphi + 2\sigma_3\sin\varphi}{1-\sin\varphi} = \frac{1+\nu}{\sqrt{3}\,E}\left[\sigma_c + \frac{2\sin\varphi}{1-\sin\varphi}\sigma_3\right] \qquad (2\text{-}2)$$

式中：ε_y——弹性极限剪应变(‰)；

$\quad\varepsilon_{1y}$——弹性极限最大主应变(‰)；

$\quad\varepsilon_{3y}$——弹性极限最小主应变(‰)；

$\quad\sigma_c$——单轴抗压强度(MPa)；

$\quad\sigma_3$——围压(MPa)；

其他符号意义见表2-1。

可知，弹性阶段的极限剪应变ε_y与σ_3呈线性关系，随着σ_3的增大而增大。

为了简化分析，假设同种材料极限剪应变ε_f与弹性极限应变ε_y满足一定的倍数关系，且在不同围压下为一定值，即：

$$\varepsilon_f = \psi\varepsilon_y = \frac{1+\nu}{\sqrt{3}\,E}\left[\sigma_c + \frac{2\sin\varphi}{1-\sin\varphi}\sigma_3\right]\psi \qquad (2\text{-}3)$$

式中：ψ——材料极限剪应变与弹性极限应变的比例关系系数。

有研究表明，低围压约束状态下的极限应变ε_f与单轴受压条件下的极限应变ε_c具有线性关系[41]，应变无量纲，采用‰表示，σ_3的单位为MPa，即：

$$\varepsilon_f = \varepsilon_c + k_\varepsilon\sigma_3 \qquad (2\text{-}4)$$

则k_ε可以表示为：

$$k_\varepsilon = \frac{2\sin\varphi}{1-\sin\varphi}\frac{\varepsilon_c}{\sigma_c} \qquad (2\text{-}5)$$

Ⅱ、Ⅲ、Ⅳ、Ⅴ级围岩三轴状态下极限剪应变增量与围压的线性关系k_ε计算结果见表2-2。

线性关系k_ε的计算结果　　　　　　　　表2-2

围岩级别	Ⅱ	Ⅲ	Ⅳ	Ⅴ
k_ε	2.48	5.49	13.51	28.60

③破坏区的分布特征与评价指标

如果采用极限应变判据,有限元计算时,提取隧道开挖后的径向力(小主应力),计算径向力作为围压下的岩体的允许极限应变值,如果该值小于围岩剪应变的计算结果,则判定该部分围岩已经进入破坏状态。竖向应力场为主时,破坏区位于边墙,如图2-7a)所示;水平应力场为主时,破坏区位于拱顶和隧底,如图2-7b)所示。

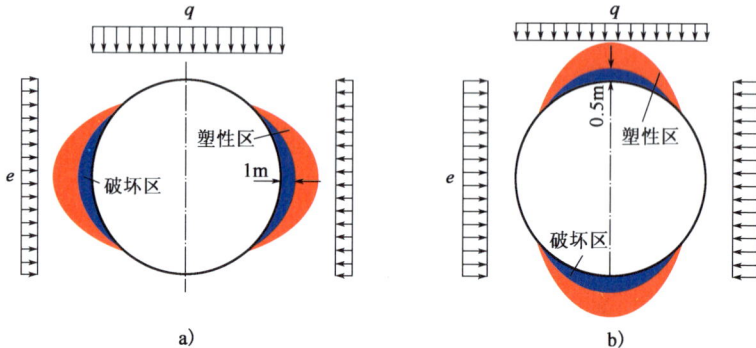

图2-7 极限应变破坏区分布

《铁路隧道设计规范》(TB 10003—2016)[11]、《公路隧道设计规范 第一册 土建工程》(JTG 3370.1—2018)[15]中指出,塌方高度大于6m,塌方体积大于100m³的塌方称为大塌方;塌方体积在30~100m³之间,塌方高度介于3~6m之间称为中塌方;塌方体积小于30m³,塌方高度小于3m称为小塌方。判定围岩失稳破坏的临界深度与断面大小及围岩条件等有关,本节做了简化分析,假设边墙破坏区域的最大深度超过1m,拱顶破坏区域的最大深度超过0.5m,则判定为不能维持原有断面形状,而隧底破坏区域原则上不会对隧道的稳定性带来影响,不作为失稳条件。

(2)基于张拉破坏的围岩稳定性判据

岩体的抗拉强度是评价岩体稳定性的重要指标,但岩体的抗拉强度难以测定,目前诸多研究均局限于岩块试件的测试,对实际工程的指导意义有限。霍克-布朗(Hoek-Brown)准则考虑了节理裂隙对岩体强度的影响,霍克(Hoek E)等[42-44]给出了广义非线性霍克-布朗准则与直线型莫尔-库仑准则的拟合与换算关系,如图2-8所示。图中,σ_1为大主应力,m_b为岩体的霍克-布朗常量;s、a为取决于岩体特征的常数;σ_{tM}为采用莫尔-库仑准则计算得到的抗拉强度;σ_{tH}为采用霍克-布朗准则计算得到的抗拉强度；σ_{cM} 为采用莫尔-库仑准则计算得到的抗压强度；σ_{cH} 为采用霍克-布朗准则计算得到的抗压强度；$\sigma'_{3\,max}$ 为小主应力等效区间上限，σ_t 为抗拉强度。

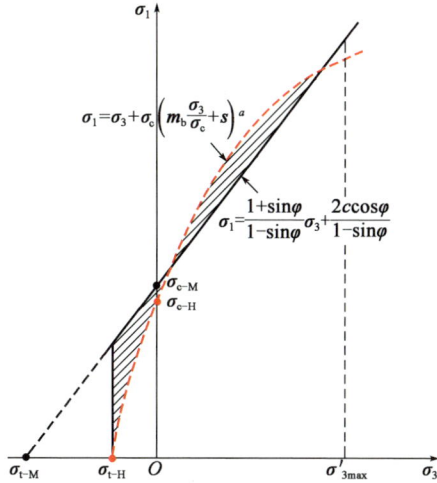

图2-8　广义霍克-布朗准则与等效莫尔-库仑准则拟合

由图2-8可知,采用莫尔-库仑准则计算单轴抗压强度($\sigma_{c\text{-}M}$)时的计算结果与霍克-布朗准则($\sigma_{c\text{-}H}$)差别不大,但是计算抗拉强度时往往会偏大,也即实际情况下因为节理裂隙的切割作用,围岩抗拉强度会进一步降低,因此有必要寻找考虑节理裂隙的围岩抗拉强度计算方法。

采用莫尔-库仑准则得到的单轴抗压强度 σ_c 和抗拉强度 σ_t 计算公式如下：

$$\sigma_c = \frac{2c\cos\varphi}{1-\sin\varphi} \tag{2-6}$$

$$\sigma_t = \frac{2c\cos\varphi}{1+\sin\varphi} \tag{2-7}$$

根据霍克-布朗准则[42],岩体的单轴抗压强度 σ_c 为：

$$\sigma_c = \sigma_{ci}s^a \tag{2-8}$$

岩体的抗拉强度 σ_t 为：

$$\sigma_t = -s\sigma_{ci}/m_b \tag{2-9}$$

则

$$\frac{\sigma_c}{\sigma_t} = m_i \quad (\text{GSI}=100) \tag{2-10}$$

或

$$\frac{\sigma_c}{\sigma_t} = -m_b \cdot s^{a-1} \quad (\text{GSI}<100) \tag{2-11}$$

其中：

$$m_b = \exp\left(\frac{\text{GSI} - 100}{28 - 14D}\right)m_i \tag{2-12}$$

$$s = \exp\left(\frac{\text{GSI} - 100}{9 - 3D}\right) \tag{2-13}$$

$$a = 0.5 + \frac{1}{6}\left[\exp\left(\frac{-\text{GSI}}{15}\right) - \exp\left(\frac{-20}{3}\right)\right] \tag{2-14}$$

式中：m_i——组成岩体的完整岩块的霍克-布朗常数；

   GSI——地质强度指标，该指标与岩体的结构特征和风化程度、表面粗糙性
   特征有关；

   D——扰动权重系数；

其他符号意义同前。

由式（2-8）可知，当GSI=100时，完整岩体的物理力学特性与岩块一致，岩体
的压拉强度比等于组成岩体的完整岩块的霍克-布朗常数m_i；当存在节理裂隙时，
压拉强度比与m_i相比会有一定的折减，折减系数η与GSI、D相关，即将式（2-11）
改写为式（2-15）。

$$\frac{\sigma_c}{\sigma_t} = -m_i s^{a-1}\exp\left(\frac{\text{GSI} - 100}{28 - 14D}\right) = -\eta m_i \tag{2-15}$$

绘制折减系数η与GSI、D的关系如图2-9所示，可知折减系数η位于1～
3.32之间，该值与扰动系数负相关，扰动系数越大，η越小；当GSI在30左右时，
η处于最大值，随着GSI的增大η逐渐趋于1。

根据文献[43]，结合隧道场地围岩岩性、围岩劣损特征、施工扰动特征，分
别选取参数m_i、GSI、D。本章对应 Ⅱ、Ⅲ、Ⅳ级围岩的岩体压拉强度折减系数η
以及抗拉强度σ_t进行了简化计算，结果见表2-3。

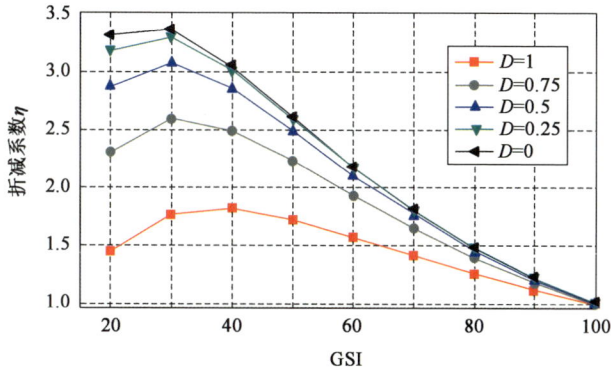

图2-9　折减系数 η 与 GSI、D 的关系

Ⅱ、Ⅲ、Ⅳ级围岩抗拉强度指标计算结果（单位：MPa）　　　表2-3

围岩等级	m_i	η	σ_c	σ_t
Ⅱ	20	1.5	10.25	0.34
Ⅲ	15	2.0	4.43	0.15
Ⅳ	10	3.0	1.31	0.04

根据各级围岩的抗拉强度控制指标，在有限元计算时，可以设置抗拉强度阈值，当抗拉强度超过 σ_t 时判定围岩破坏；当拱部围岩受拉破坏深度超过一定深度时判定围岩整体失稳，隧道底部围岩受拉破坏的深度可以适当增大。该范围值可根据断面大小与围岩条件自行确定，本章计算选取拱部围岩破坏极限深度0.5m，底部围岩破坏深度1.0m。

2）连续-非连续介质分析方法判据

（1）FDEM识别围岩破坏的判别标准

FDEM（Finite-discrete element method）是通过连续介质方法和非连续介质方法结合的方式研究岩石破坏和裂纹扩展的过程。该方法将模拟区域离散为三角形的有限单元，并在有限单元边界插入具有黏结性的四节点节理单元，将材料从连续状态到非连续状态的过程转化为节理单元的软化和失效（图2-10）。

针对裂纹尖端附近区域力学性质的变化，FDEM采用黏结断裂模型，将宏观裂纹出现之前的应力-应变曲线分为两部分，如图2-11所示。

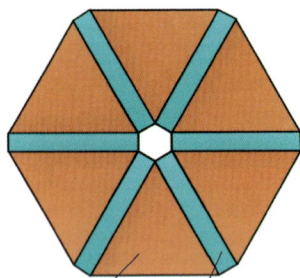

三角形单元　　四边形节理单元

图2-10　FDEM网格划分原理

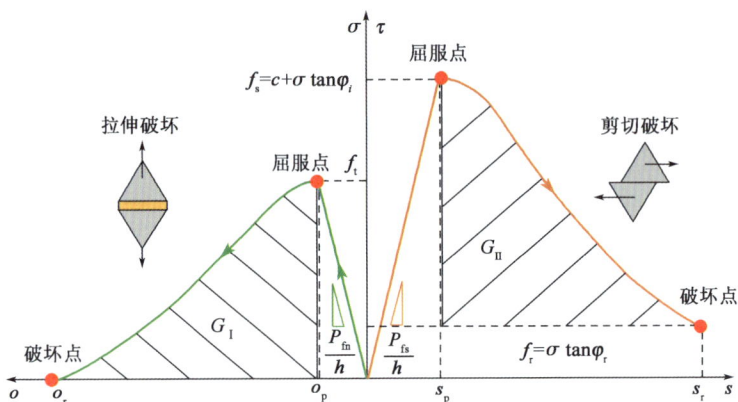

图2-11　FDEM中节理单元应力-应变关系

①峰值变形前——应变硬化阶段

$$\sigma = \frac{p_{fn}}{h} o \quad (o < o_p) \tag{2-16}$$

$$\tau = \frac{p_{fs}}{h} s \quad (s < s_p) \tag{2-17}$$

式中：p_{fn}、p_{fs}——节理单元的法向罚参数和切向罚参数；

　　　　o_p、s_p——节理单元法向和切向在屈服点的位移量；

　　　　h——FDEM网格尺寸。

②峰值变形后——应变软化阶段

$$G_\mathrm{I} = \int_{o_p}^{o_r} \sigma(o)\,\mathrm{d}o \quad (o_p < o < o_r) \tag{2-18}$$

$$G_\mathrm{II} = \int_{s_p}^{s_r} \tau(s)\,\mathrm{d}s \quad (s_p < s < s_r) \tag{2-19}$$

式中：G_I、G_II——节理单元的张拉破坏断裂能和剪切破坏断裂能；

o_r、s_r——节理单元法向和切向在破坏点的位移量。

当节理单元的应变量达到极限值后，单元体发生破坏。以张拉破坏为例，如图2-12所示，当节理单元张开位移量达到临界值o_p前，为弹性阶段；当张开量达到临界值时，表征微裂缝的损伤开始出现，材料进入软化阶段。此时，微裂缝的强度并不立刻下降到0，而是随着张开量的继续增大而减小，直到张开量达到极限位移o_r时，强度降为0，节理单元失效，宏观裂缝出现。根据围岩的破损深度与分布特征判别围岩稳定性的方法同前述章节连续介质分析方法。

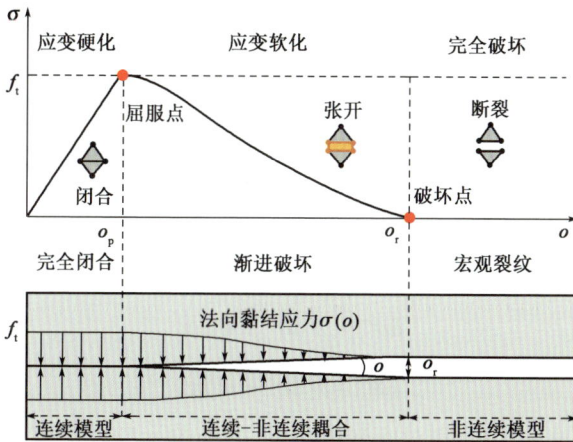

图2-12　节理单元启动-张开

（2）FDEM中围岩参数取值方法

FDEM计算所需的参数众多，根据参数获取的方式，可以分为三类[45]：

①力学参数：岩石的物理力学性质参数，包括密度ρ、弹性模量E、泊松比μ、黏聚力c、内摩擦角φ以及抗拉强度T_s。

②罚参数：三角形实体单元的罚参数p_n和p_s，以及四边形节理单元的罚参数p_{fn}和p_{fs}。

③断裂能参数：断裂能 G_I 和 G_{II}，为节理单元拉伸破坏和剪切破坏时的断裂能释放率。

其中，力学参数可以通过岩石力学基本试验获取，如单轴压缩和巴西劈裂试验。罚参数中，三角形单元的罚参 p_n 和 p_s 能够反映完整岩块在屈服前的变形特征，取值大小可以等于完整岩块的弹性模量 $E^{[46]}$，但节理单元的罚参以及断裂能参数无法通过岩石试验获取。当前关于 FDEM 参数标定的研究中，Deng 等人[47]通过数值模拟单轴试验和巴西劈裂试验并不断调整的方式获取节理单元罚参以及断裂能，但未能给出取值的理论依据。研究表明，隧道岩体破坏多以受剪破坏为主[48]，

因此，本节研究重点讨论 FDEM 中节理单元的剪切破坏，推导节理单元的罚参数 p_{fn} 和 p_{fs} 以及剪切断裂能 G_{II} 与岩石和岩体单元力学参数的关系表达式，FDEM 中围岩破坏参数取值具体步骤如下：

步骤1：均匀化等效岩体

均匀化理论将岩土材料中的结构面处理成具有一定厚度的软弱夹层，各向异性的岩体单元划分为各项同性的岩石单元和节理单元，如图 2-13 所示。为简化计算，本节仅考虑二维平面应力状况，单元的应力分量 $\boldsymbol{\sigma}$ 包括 $\{\sigma_x, \sigma_y, \tau_{xy}\}^T$，应变分量 $\boldsymbol{\varepsilon}$ 包括 $\{\varepsilon_x, \varepsilon_y, \gamma_{xy}\}^T$。节理和岩石之间的相对位移发生在节理单元内部，两交界面保持完全黏结。在节理的邻近区域，根据节理和岩石的体积比例，等效岩体单元的应力增量和应变增量满足：

$$d\boldsymbol{\sigma}^m = n^r d\boldsymbol{\sigma}^r + n^j d\boldsymbol{\sigma}^j \tag{2-20}$$

$$d\boldsymbol{\varepsilon}^m = n^r d\boldsymbol{\varepsilon}^r + n^j d\boldsymbol{\varepsilon}^j \tag{2-21}$$

式中，指标 m、r 和 j 分别对应岩体单元、岩石单元以及节理单元；参数 n^r 和 n^j 分别为岩石单元和节理单元各自的体积比例，如果假定的等效区域具有两个与节理平行的面，则参数 n^r 和 n^j 的取值分别为 $n^r = 1 - t/h$，$n^j = t/h$，其中，t 为节理单元的厚度，h 为整个等效区域的厚度。

步骤2：FDEM 破坏参数推导

a. 刚度系数

均匀化理论要求节理单元和等效岩体单元的屈服点和破坏点保持一致，即在节理单元达到屈服点和破坏点时，岩体单元也同时达到屈服极限和破坏极限。图 2-14 为岩石、节理和岩体单元的应力-应变曲线，其中，岩石单元采用弹

性本构,节理单元采用弹塑性本构,岩体单元采用理想弹塑性本构。根据阿比尔的等[39]的研究可以确定岩体单元的极限弹性应变ε_a^m和γ_a^m,极限塑性应变ε_b^m和γ_b^m,以及屈服时的强度f_t和f_s。将岩体单元在屈服点和破坏点的极限应变代入应力平衡方程式(2-20)和应变协调方程式(2-21),可求得节理单元在屈服点和破坏点的极限应变。

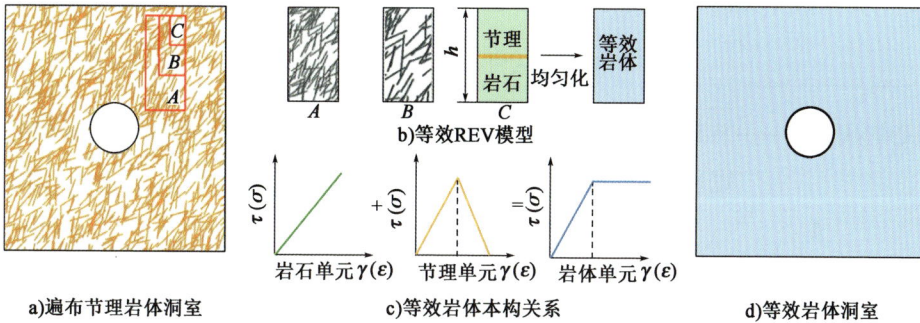

图2-13　均匀化等效岩体示意图

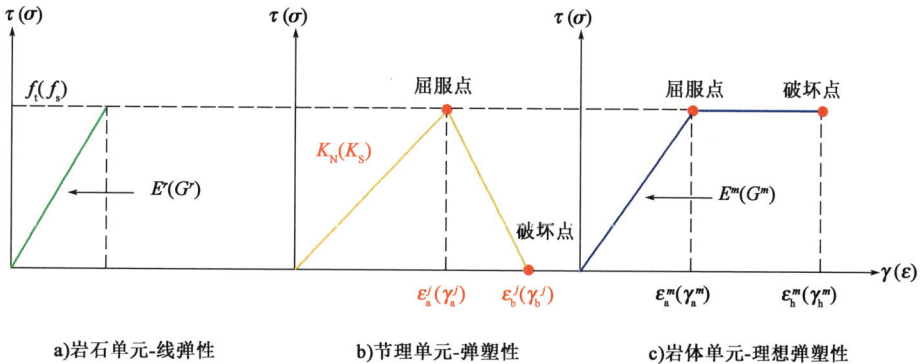

图2-14　岩石、节理和岩体单元本构关系

$$\varepsilon_a^j = \frac{h(E^r - E^m)}{E^r} \cdot \varepsilon_a^m \tag{2-22}$$

$$\gamma_a^j = \frac{h(G^r - G^m)}{G^r} \cdot \gamma_a^m \tag{2-23}$$

$$\varepsilon_b^j = h(\varepsilon_b^m - \varepsilon_a^m) + \varepsilon_a^j \tag{2-24}$$

$$\gamma_b^j = h(\gamma_b^m - \gamma_a^m) + \gamma_a^j \tag{2-25}$$

式中:h——岩体等效模型的宽度,在FDEM网格中即为网格尺寸;

E^m——工程岩体的弹性模量,由RQD岩体质量分级标准给出;

E^r——完整岩石的弹性模量,由室内单轴压缩力学试验测得;

G^m、G^r——工程岩体和完整岩石的剪切模量,计算公式为$G = E/(1 + \nu)$;

ν——工程岩体或完整岩石的泊松比。

b. 罚参数

将节理单元的线弹性阶段应力-应变关系写成刚度矩阵$[K^e]$的形式:

$$\mathrm{d}\boldsymbol{\sigma}^j = [K^e] = \begin{bmatrix} K_N & 0 \\ 0 & K_S \end{bmatrix} \mathrm{d}\boldsymbol{g} \tag{2-26}$$

式中:K_N、K_S——节理单元线弹性阶段的法向刚度和切向刚度系数。根据胡克定理,联立式(2-22)和式(2-23),可得:

$$K_N = \frac{f_t}{\varepsilon_a^j} = \frac{E^r E^m}{h(E^r - E^m)}, K_S = \frac{f_s}{\gamma_a^j} = \frac{G^r G^m}{h(G^r - G^m)} \tag{2-27}$$

FDEM中节理单元在峰前阶段的应力-位移曲线斜率即为岩体等效连续模型中节理单元的峰前刚度系数。因此,联立式(2-16)、式(2-17)和式(2-27)可得节理单元罚参数的求解公式:

$$p_{fn} = \frac{E^r E^m}{E^r - E^m} \tag{2-28}$$

$$p_{fs} = \frac{G^r G^m}{G^r - G^m} \tag{2-29}$$

上式给出了岩石和岩体基本力学参数与FDEM算法中节理单元罚参数p_{fn}和p_{fs}的转化关系。

c. 断裂能

FDEM中节理单元在屈服后的应变软化阶段可采用线性拟合[53],斜率与屈服前有所不同,曲线屈服后阶段所围面积为单元的断裂能,则节理单元剪切断裂能G_{II}的计算公式为:

$$G_{II} = f_s \frac{\Delta \gamma^j}{2} = f_s \frac{\gamma_b^j - \gamma_a^j}{2} \tag{2-30}$$

式中:$\Delta \gamma^j$为节理单元在屈服后阶段的位移变化量,联立式(2-23)、式(2-25)和式(2-30)可得:

$$G_{II} = \frac{hc^m \cos \varphi^m}{2\sqrt{3}(1 - \sin \varphi^m)} \left(\gamma_b^m - \frac{2c^m(1 + \nu^m) \cos \varphi^m}{\sqrt{3} E^m (1 - \sin \varphi^m)} \right) \tag{2-31}$$

上式给出了岩体力学参数与FDEM算法中节理单元断裂能的转化关系。

步骤3：不同围岩破坏参数取值

根据式（2-28）和式（2-29），可计算不同围岩等级下，FDEM中特征参数的取值范围。参考《铁路隧道设计规范》（TB 10003—2016），各级围岩的力学参数取值见表2-4[11]，完整岩石选取粗粒辉长岩试样室内测试数据为例，可计算节理单元的罚参和断裂能取值范围见表2-5。

各级围岩及完整岩块力学参数　　　　　表2-4

围岩等级	完整岩石		工程岩体			
	弹性模量 E^r（GPa）	泊松比 v^r	弹性模量 E^m（GPa）	泊松比 v^m	黏聚力 c^m（MPa）	内摩擦角 φ^m（°）
II	50	0.28	20 ~ 30	0.20 ~ 0.25	1.5 ~ 2.1	50 ~ 60
III	50	0.28	6 ~ 20	0.25 ~ 0.30	0.7 ~ 1.5	39 ~ 50
IV	50	0.28	1.3 ~ 6	0.30 ~ 0.35	0.2 ~ 0.7	27 ~ 39
V	50	0.28	< 1.3	0.35 ~ 0.45	< 0.2	20 ~ 27

注：完整岩石参数参考选取粗粒辉长岩试样室内测试数据。

各级围岩中节理单元力学参数　　　　　表2-5

围岩等级	刚度（GPa）		节理罚参（GPa·h）		剪切极限应变（‰）		剪切断裂能 G_{II}（J/m²）
	K_N	K_S	p_{tn}	p_{ts}	γ_a^f	γ_b^f	
II	333 ~ 750	133 ~ 333	33 ~ 75	13.3 ~ 33.3	0.30 ~ 0.36	0.43 ~ 0.52	15 ~ 26
III	68 ~ 333	26 ~ 133	6.8 ~ 33.3	2.6 ~ 13.3	0.36 ~ 0.37	0.52 ~ 0.54	7 ~ 15
IV	13 ~ 68	4.9 ~ 26	1.3 ~ 6.8	0.49 ~ 2.6	0.37 ~ 0.39	0.54 ~ 0.57	1.7 ~ 7
V	2 ~ 13	4.5 ~ 4.9	0.2 ~ 1.3	0.45 ~ 0.49	0.36 ~ 0.39	0.50 ~ 0.65	1.3 ~ 1.7

注：网格尺寸 h 选取0.1m。

2.2.3　围岩自承载安全系数

当开挖断面小于临界稳定断面时，认为断面内围岩对临界稳定断面起到了支护作用，可视为支护结构的一部分。考虑到隧道长期运营过程中围岩会受到地下水、运营环境等因素的影响而劣化，因此需要对围岩强度进行折减。当采用连续介质分析方法时,根据郑颖人等的相关研究,强度折减法得到的围岩安全系数需达到1.15以上[34],将临界稳定断面外部围岩按式(2-32)、式(2-33)进行强度折减,折减系数为1.15(该系数可以根据围岩的软化性能选取其他更合适的数值),断面内围岩作为支护结构时的安全系数也采用强度折减法计算,通过不断折减断面内围岩的强度,直至模型达到极限平衡状态,失稳判据采用本章2.2.2节提出的4种判据。

$$c' = \frac{c}{F_s} \tag{2-32}$$

$$\tan\varphi' = \frac{\tan\varphi}{F_s} \tag{2-33}$$

式中：c'——折减后的黏聚力(MPa)；

φ'——折减后的内摩擦角(°)；

F_s——强度折减系数。

围岩自稳性安全系数计算技术路线如图2-15所示。

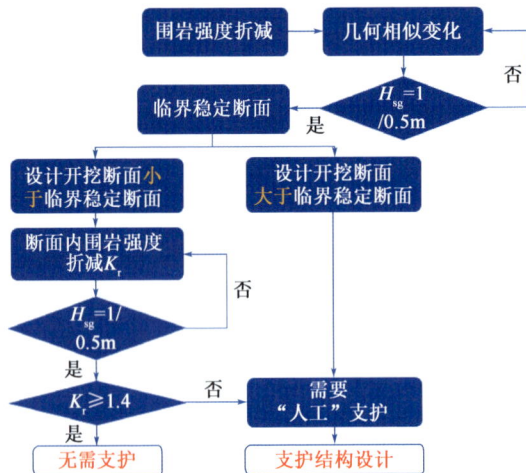

图2-15　围岩自稳性安全系数计算技术路线

具体计算步骤如下：

(1)建立有限元模型,将初始的围岩物理力学参数强度折减,无支护开挖设计轮廓面,计算至收敛。

(2)通过参数改变实现断面内围岩的强度折减,计算至新的平衡状态,求解所得断面内围岩的强度折减系数即为安全系数。

初步建议断面内围岩作为支护结构时的设计安全系数(强度储备)不宜小于1.40[26]。当断面内围岩的安全系数满足设计要求时,无需工程支护措施,仅需对局部围岩进行防护使其满足使用要求即可,否则需要补充工程支护措施。

2.3　临界稳定断面案例分析及与Q法的对比

2.3.1　两种典型铁路隧道断面选取

开挖轮廓面形状对围岩稳定性的影响较为显著,本章研究选取时速350km高速铁路双线隧道(以下简称"断面1")与时速160km单线铁路隧道(以下简称"断面2")两种典型的断面形式进行对比分析。断面1开挖跨度14.70m,高度12.38m,高跨比0.84;断面2开挖跨度8.34m,高度10.15m,高跨比0.82。两种断面形式分别如图2-16a)和图2-16b)所示。

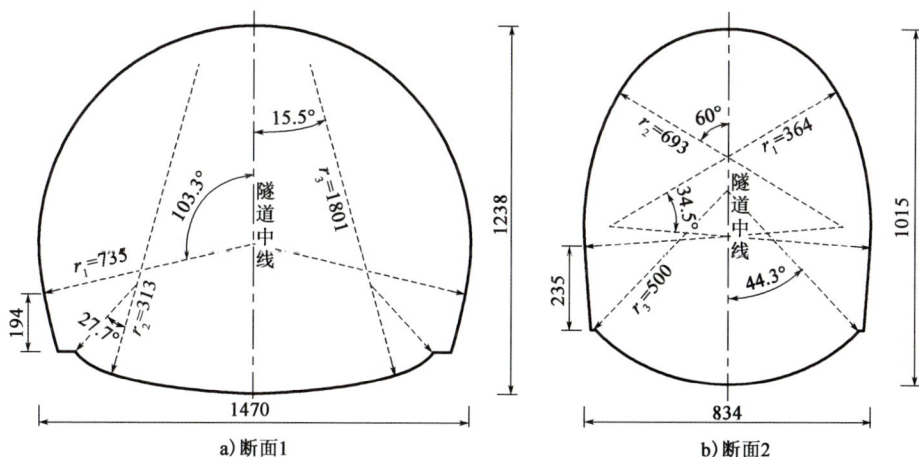

a)断面1　　　　　　　　　　　b)断面2

图2-16　临界稳定断面分析案例选用的铁路隧道断面示意图(尺寸单位:cm)

2.3.2　临界稳定断面与围岩自承载安全系数的计算结果与分析

1)计算结果

计算Ⅱ、Ⅲ、Ⅳ级围岩在200m、400m埋深下的临界稳定断面,场地以自重应力场为主,不考虑水平构造应力的影响,两种隧道的临界稳定断面与断面内围岩作为支护结构时的安全系数计算结果分别见表2-6和表2-7,其中,当设计开挖断面大于临界稳定断面时,围岩无法自稳,必须施加支护措施。

断面1计算结果   表2-6

| 围岩 | 200m埋深 | | 400m埋深 | |
等级	扩大系数/跨度	安全系数	扩大系数/跨度	安全系数
Ⅱ	7.50/110	2.24	1.95/28.70	1.40
Ⅲ	2.25/33.10	1.39	0.80/11.80	—
Ⅳ	0.40/5.90	—	0.20/2.90	—

注:扩大系数为临界稳定断面与设计开挖断面的几何相似比,跨度的单位为m。

断面2计算结果   表2-7

| 围岩 | 200m埋深 | | 400m埋深 | |
等级	扩大系数/跨度	安全系数	扩大系数/跨度	安全系数
Ⅱ	15.9/132	2.67	2.90/24.20	1.42
Ⅲ	4.00/33.40	1.55	0.95/7.90	—
Ⅳ	0.55/4.60	—	0.30/2.50	—

注:扩大系数为临界稳定断面与设计开挖断面的几何相似比,跨度的单位为m。

2)计算结果分析

在围岩失稳特征方面,断面1在Ⅱ级围岩200m埋深时的临界稳定断面的围岩失稳特征为拱部围岩张拉破坏,其他工况均由极限剪应变控制。

在围岩自稳能力方面,由表2-6和表2-7可知:

(1)相同围岩等级,埋深(或地应力)越大临界稳定断面越小,相应的围岩自承载安全系数也越小。因此在隧道开挖方法选择(全断面开挖或分部开挖)及支护参数选择时应该考虑埋深(或地应力)的影响。

(2)Ⅱ级围岩具有较强的自稳能力,400m埋深以内可以满足长期稳定性的要求,围岩的自承载安全系数均大于1.40,人为支护措施仅需要起到封闭围岩以及装饰效果即可。

(3)Ⅲ级围岩400m埋深时两种断面形式的隧道临界稳定断面略小于设计开挖断面,说明较大埋深的Ⅲ级围岩隧道需要一定的支护措施;Ⅲ级围岩200m埋深时,断面1的自承载安全系数略小于1.40,需要提供一定的支护力以满足设计要求,断面2的围岩自稳安全系数略大于1.40,无需支护。

（4）Ⅳ级围岩的自稳能力较差,临界稳定断面小于设计断面,隧道开挖后需要及时支护。

断面形状因素方面,以Ⅲ级围岩400m埋深为例,两种结构形式临界稳定断面无支护开挖后的塑性区与破坏区分布如图2-17所示。

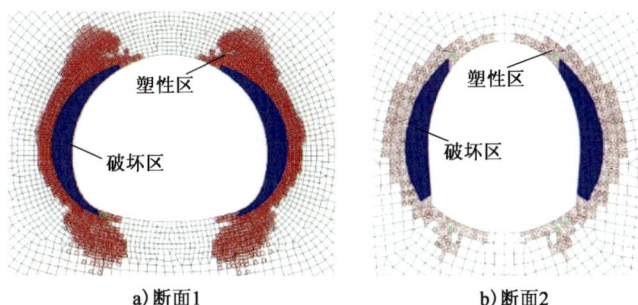

a）断面1　　　　　　　　b）断面2

图2-17　临界稳定断面塑性区与破坏区分布

断面1的临界稳定断面是设计开挖断面的0.8倍,即开挖跨度11.76m,断面2的临界稳定断面是设计开挖断面的0.95倍,即开挖跨度7.92m。可见,断面形状对围岩稳定性有一定影响,相同场地条件下,瘦高型的断面与接近圆形的断面相比围岩稳定性更差(仅针对本章研究所采用的计算参数而言)。

2.3.3　临界稳定断面跨度与 Q 法的对比

Bardon N[37]根据1250个地下结构物的施工记录整理给出了经验设计法,绘制了考虑岩石质量等级 Q 值与隧道等效尺寸 S 来选择支护参数的图表(图2-18),根据横轴 Q 值与纵轴 S 将支护参数表划分为9个不同类型的支护区,其中①区、②区无需系统支护,这两个区域边界最大的 S 值可以近似等效为本研究提出的临界稳定断面的尺寸,根据文献[13]我国铁路隧道围岩分级与 Q 值系统围岩分类的对应关系,得到了采用挪威 Q 法设计无需系统支护时的最大等效尺寸,见表2-8。

由表2-8可见,采用本章计算方法得到的临界稳定断面尺寸与挪威 Q 法得到的无需系统支护时的最大断面尺寸基本吻合。而且相对于挪威 Q 法,本章计算方法可以考虑隧道断面形状对临界稳定断面尺寸的影响,计算结果更为准确,也更具合理性。

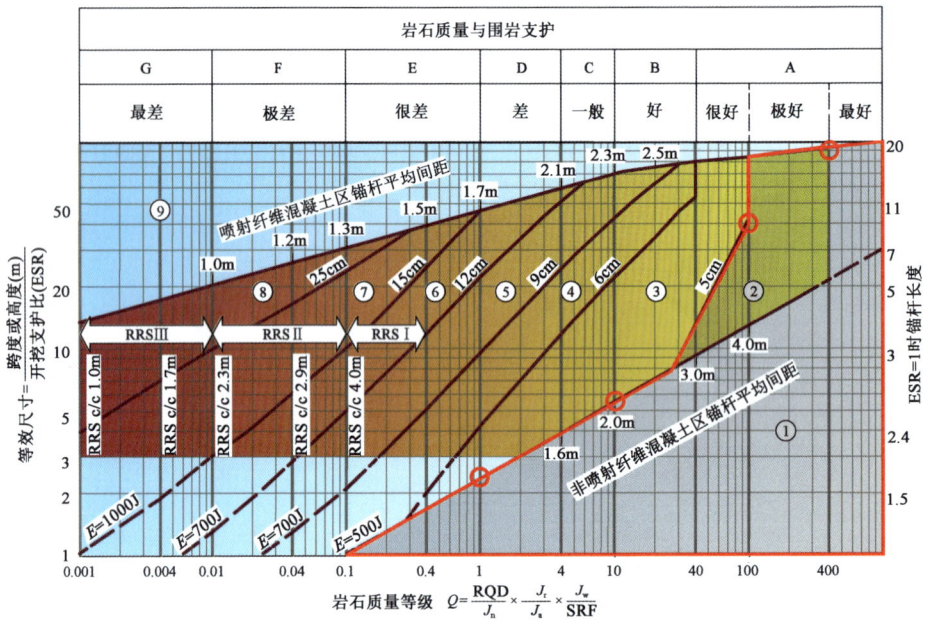

图2-18 Q法支护类型选取表与对应的无系统支护区域

临界稳定断面跨度与Q法无需系统支护时的最大断面尺寸对比　　表2-8

围岩等级	Q值范围	Q法等效跨度(m)	350km双线隧道临界稳定跨度(m)	160km单线隧道临界稳定跨度(m)
Ⅱ	400~100	35~100	29.3~112.3	24.2~132.6
Ⅲ	100~10	5.5~35	12.0~33.8	7.9~33.4
Ⅳ	10~1	2.3~5.5	3.0~6.0	2.5~4.6

2.4　深埋硬质岩隧道临界稳定断面及支护必要性分析

2.4.1　一般深埋硬质岩隧道开挖稳定性与支护措施

完整性较好的硬质岩(Ⅱ级围岩)隧道在一般埋深条件下仅需弱支护即能够满足设计要求。2005年,高速铁路隧道设计之初,时速350km高速铁路双线隧道(开挖跨度约15m)Ⅱ级围岩支护参数为:拱墙喷射混凝土厚度为8cm,拱部设置局部锚杆。经多座隧道实践后,在2008年的通用参考图中喷射混凝土厚度改为5cm(表2-9)。采用临界稳定断面法分析可以得出,400m、800m埋深时(自重应力场为主,$\lambda=0.3$),高速铁路双线隧道临界稳定断面的跨度分别为29.0m、14.3m。可见,隧道可以不支护或仅需局部支护,这与工程经验相符。

时速350km双线隧道Ⅱ级围岩支护参数表　　　　表2-9

项目	C25喷射混凝土		系统锚杆	二次衬砌厚度(cm)		
	部位/厚度(cm)		长度(m)/布置方式	拱墙	仰拱	底板
Ⅱ$_a$	拱墙/5		2.5/局部	35	—	30
Ⅱ$_b$	拱墙/5		2.5/局部	35	45	—

2.4.2　超大埋深硬质岩隧道开挖稳定性

随着隧道埋深的进一步增大,不少硬岩隧道或地下洞室发生了岩爆[49-50],因此,超大埋深硬岩隧道围岩稳定性同样面临巨大的工程风险。

关于深埋隧洞完整围岩的破坏形式,主要为岩爆和片帮,前者有明显的弹射现象,具有较高的初始动能,危害性更大;后者发生剥离,并没有初速度,如果片帮发生位置位于隧道拱顶或者拱肩,然后在自重作用下垮落,也会对正常的生产作业和生命财产安全造成危害。两种不同的破坏形式取决于岩体挤压变形过程中所累积的应变能的大小,弹性应变能则取决于洞周岩体在隧道开挖卸荷后的二次应力状态。

图2-19给出了不同围压情况下硬岩的破坏模式以及硬脆性岩石的霍克-布朗强度包络线和工程现场的强度包络线,图中横、纵坐标分别表示小主应力σ_3(围压)、大主应力与岩石抗压强度的比值。

原岩初始状态受地应力场挤压作用,处于自然平衡状态,当二次应力场中最大主应力σ_1持续增加,而最小主应力σ_3连续降低,围岩应力超过工程现场的强度包络线,围岩中的裂纹将沿着最大主应力方向扩展,一般表现为片帮和板裂破坏,如应力调整线路①;而最大主应力σ_1持续增加、最小主应力σ_3处于较高状态时,现场的强度包络线逐渐和霍克-布朗准则强度包络线趋于一致,围岩主要的破坏模式为剪切破坏,如应力调整线路②。

由此可知,高地应力硬岩隧道开挖,洞周围岩应力调整过程中,主要面临两种形式的破坏(图2-20),一种是轴向劈裂产生的拉张型板裂化破坏,另外一种是剪切楔形破坏。两种破坏模式根据不同的应力状态和围岩损伤模式具有不同的能量释放程度。

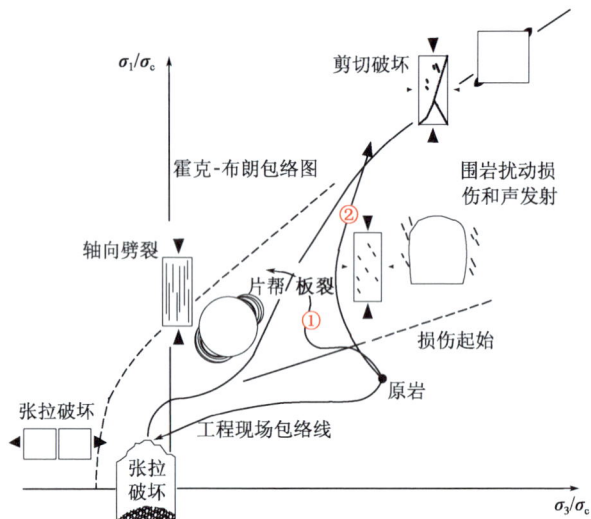

图 2-19　围岩应力路径与破坏形式[25]

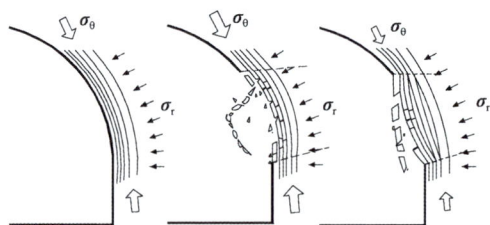

a) 张拉型板裂化破坏机制

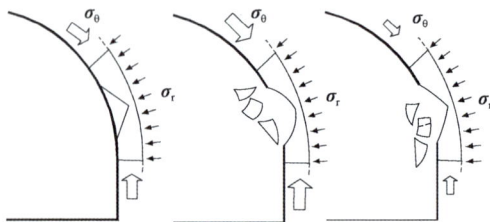

b) 剪切楔形破坏机制

图 2-20　两种典型的岩爆破坏机理[26]

按2.2节的方法进行计算,当埋深达到1500m、且不考虑构造应力时,Ⅱ级围岩条件下,时速350km高速铁路双线隧道的临界稳定断面的跨度为12.0m（$\lambda=0.3$）或7.2m（$\lambda=1.0$）,如图2-21所示。设计断面开挖后产生破碎区范围（图2-22）：$\lambda=0.3$,边墙区域最大深度1.5m;$\lambda=1.0$,洞周均匀分布深度1.0m,均面临局部失稳风险,需要支护,这与工程经验基本相符。

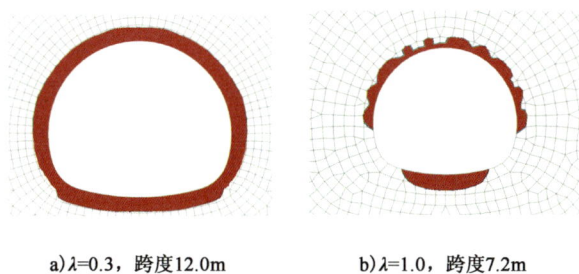

a)$\lambda=0.3$,跨度12.0m   b)$\lambda=1.0$,跨度7.2m

图2-21　不同侧压力系数下高速铁路双线隧道的临界稳定断面

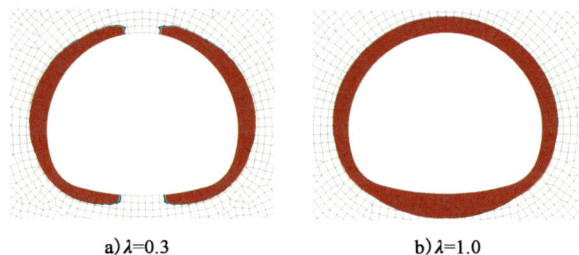

a)$\lambda=0.3$ b)$\lambda=1.0$

图2-22　不同侧压力系数下高速铁路双线隧道(跨度15m)开挖后破碎区范围

可见,采用临界稳定断面分析方法,可以得出超大埋深隧道Ⅱ级围岩也需要系统支护的结论,可以为超大埋深硬岩隧道坍方预测提供一种新的思路。

2.5　小　结

为定量评价隧道围岩的稳定性并指导支护设计,本章提出了隧道临界稳定断面的概念及基于临界稳定断面的隧道围岩稳定性分析方法,主要包括以下内容:

(1)提出了隧道临界稳定断面的概念,即与设计开挖断面中心埋深相同、几何形状相似、在无支护状态及考虑长期强度下降影响的前提下,围岩能够以安全系数1.0达到自稳的最大断面。临界稳定断面可用于判别所设计隧道在无支护状态下的围岩稳定性,以及临界稳定断面内的围岩作为支护结构组成部分的可能性。

(2)建立了有围压时极限剪应变指标及抗拉强度指标的计算方法,两种指标可以定量描述围岩的破坏情况,提高了围岩失稳判据选取的准确性;推导了界面单元力学参数与岩石单元及岩体单元力学参数的关系表达式;建立了岩体力学参数与围岩破裂算法参数转化关系;给出了不同等级围岩下以FDEM为代表的连续-非连续方法中罚参数、断裂能等围岩主要破坏参数的取值范围;解决了连续-非连续方法围岩破坏参数合理快速取值难的问题。

(3)建立了基于临界稳定断面的围岩自承载安全系数的计算方法,为围岩自稳能力判别、是否需要辅助支护的判别以及超大断面分部开挖面积的确定等提供了依据。

(4)对铁路隧道两种典型断面形式的分析结果表明,对围岩稳定性影响较大的是围岩级别、断面形状以及埋深(地应力)。因此在隧道开挖方法选择(全断面开挖或分部开挖)及支护参数选择时,应该综合考虑这些因素的影响。

(5)采用临界稳定断面分析方法,可以得出超大埋深(高地应力)硬岩隧道也需要系统支护的结论,可以为超大深埋硬岩隧道塌方预测提供一种新的思路。

第3章

局部支护与系统支护判识

当前很多设计案例中,不管洞径大小与工程条件,隧道均以系统、等强支护为主,其科学性与经济性不足。一般情况下,隧道开挖后洞周破坏区的空间分布呈现差异性,如围岩较好、地应力水平不高时,洞周仅出现局部的破坏区,可以采用局部支护、不等强系统支护或者仅加强不稳定块体的支护即可实现稳定,与系统等强支护相比可以显著提高经济性。本章以无支护状态下隧道开挖围岩破坏区量化判识为基础,建立了潜在塌方区域分级评价标准,提出了隧道局部支护与系统支护的判别方法,可以为隧道支护结构的量化设计与优化设计提供帮助。

3.1   潜在塌方区分级评价标准

隧道开挖后,洞周围岩根据受力形态形成了一系列潜在的塌方区,破坏区范围可以根据2.2.2节内容进行计算分析,圆形隧洞围岩松动区内滑裂面为一对对数螺线[26-27],如图3-1所示。破坏区的形成是隧道支护力的来源,也是需要支护的对象。

结合2.2.2节,研究确定将隧道开挖后边墙区域深度大于1m、拱部深度大于0.5m的破坏区作为隧道潜在塌方区域,并将此作为支护对象。当隧道需要支护时,支护类型包括系统支护和局部支护两种。基于隧道无支护开挖后的围岩破坏区分布特征,局部支护和系统支护的判识评价标准如图3-2所示。

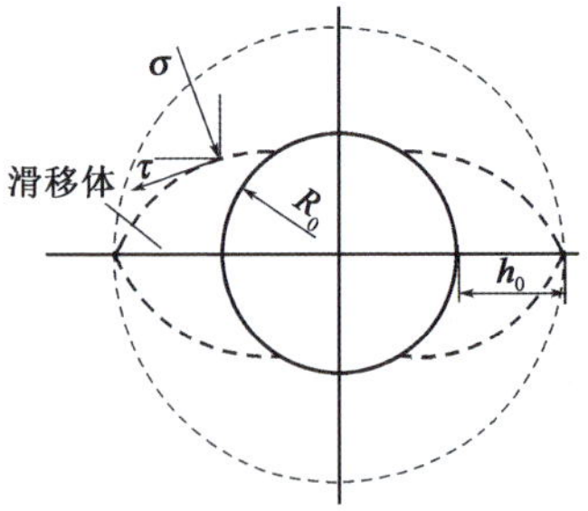

图 3-1 隧道滑移破坏区(当 $\lambda=1$)

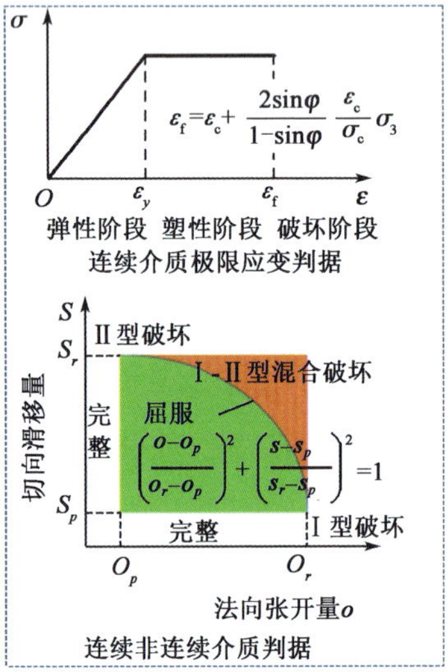

a)围岩破坏区量化判识

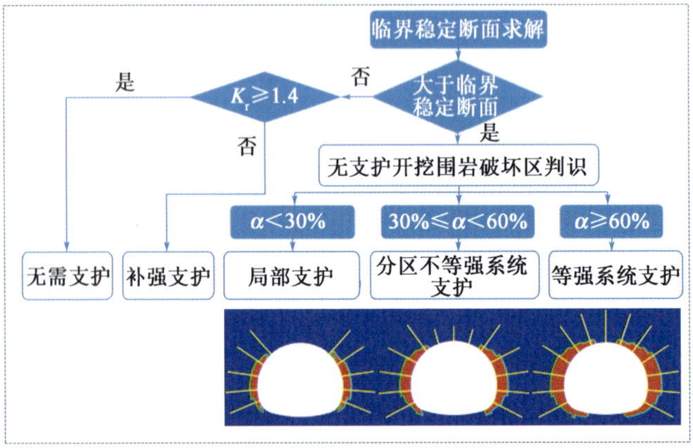

b)潜在塌方区域分级评价标准

图 3-2 局部支护与系统支护判识评价标准

局部支护和系统支护的划分和方法如下：

（1）当设计断面小于临界稳定断面，且临界稳定断面内的围岩视为支护结构采用强度折减法计算的强度安全系数不小于设计值（建议≥1.4）时，隧道无需支护。

（2）当设计断面小于临界稳定断面，但临界稳定断面内的围岩视为支护结构采用强度折减法计算的强度安全系数小于设计值时，需要补充支护提高长期稳定性，支护以封闭围岩、局部块体支护为主，支护时机可以相对滞后。

（3）当设计断面大于临界稳定断面且拱墙潜在塌方范围占比（指塌方范围沿拱墙的长度与拱墙轮廓线长度的比值）小于30%时，可以采用局部支护方案，支护需及时，避免破坏区进一步扩大。

（4）当拱墙潜在塌方范围占比在30%~60%之间时，可以采用分区不等强系统支护，即潜在塌方区采用较强的支护，其余区域采用较弱的支护。

（5）当拱墙潜在塌方范围占比大于60%时，可采用等强系统支护。

3.2　计算案例分析

开挖轮廓面形状对围岩稳定性的影响较为显著，本章研究选取时速350km高速铁路双线隧道的断面形状进行研究，如图2-16a)所示。

隧道开挖后的稳定性与地质条件、埋深（地应力）、断面形状、断面大小4个因素强相关。为简化分析，案例分析中仅以Ⅲ级围岩为例，着重对隧道埋深与断面人小两因素进行研究。Ⅲ级围岩物理力学参数按第1章表1-13取值。

3.2.1　不同开挖跨度影响

以400m埋深为例，逐渐扩挖隧道断面，保持开挖断面与第2章图2-16a)断面形状几何相似、中心埋深相同。采用2.2.2节所述的计算方法，对无支护开挖后的破坏区范围与相应的支护方式进行分析。

图3-3为在无支护状态下Ⅲ级围岩不同开挖跨度的破坏区分布特征。破坏区深度与开挖跨度关系如图3-4所示。开挖后破坏区以压剪破坏为主，开挖跨度越大，破坏区深度与范围均增大。

隧道洞周潜在塌方区域分布范围占隧道拱墙轮廓长度的比值与隧道开挖跨度的关系如图3-5所示。

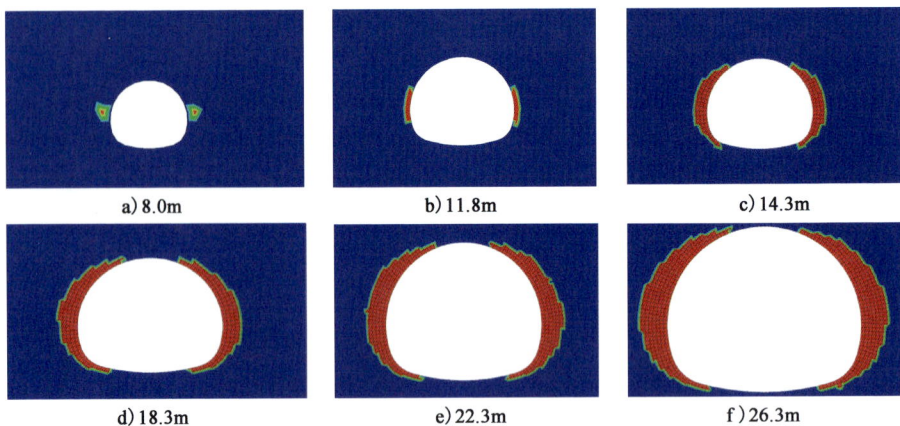

a) 8.0m　　　b) 11.8m　　　c) 14.3m

d) 18.3m　　　e) 22.3m　　　f) 26.3m

图3-3　隧道破坏区分布与跨度的关系

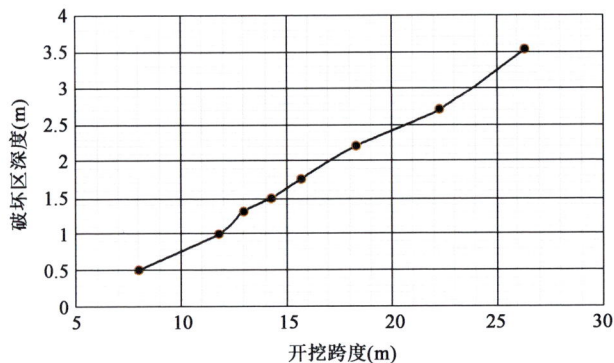

图3-4　隧道破坏区最大深度与跨度的关系

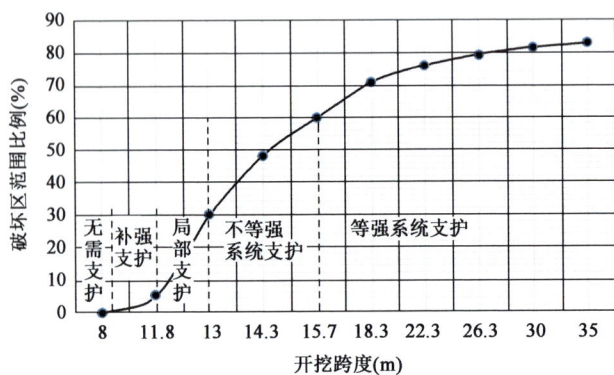

图3-5　洞周潜在塌方区域比例与跨度的关系

由图可知：

(1)隧道开挖后潜在塌方范围占比与隧道开挖跨度近似呈指数函数,先快速增大后缓慢减小,直至洞周形成贯通的破坏区。

(2)隧道开挖跨度小于8m时,设计断面小于临界稳定断面,且临界稳定断面内围岩视为支护结构时的强度安全系数≥1.40,隧道无需支护。

(3)隧道开挖跨度为8~11.8m时,设计断面小于临界稳定断面,无支护状态下洞周无潜在的塌方区域,但临界稳定断面内围岩视为支护结构时的强度安全系数小于1.40,应对围岩进行及时封闭或采用局部锚杆补强,防止因围岩劣化而失稳,提高长期安全性。

(4)当开挖跨度为11.8~13.0m时,潜在塌方范围占比小于30%,且主要位于隧道侧壁,仅需局部支护。

(5)当隧道开挖跨度为13.0~15.7m时,潜在塌方范围占比为30%~60%,主要位于侧壁与两侧拱腰,为满足经济性要求,可采用分区不等强系统支护,重点对潜在破坏区进行加固和支护。

(6)当隧道开挖跨度大于15.7m,隧道潜在塌方范围占比大于60%,需要采用等强系统支护。

3.2.2　不同隧道埋深影响

当不考虑构造应力场时,隧道埋深增大,自重应力越大,隧道开挖后洞周围岩稳定性越差。图3-6为Ⅲ级围岩不同埋深条件下的破坏区分布特征,图3-7为隧道洞周最大破坏区深度与埋深的关系曲线。

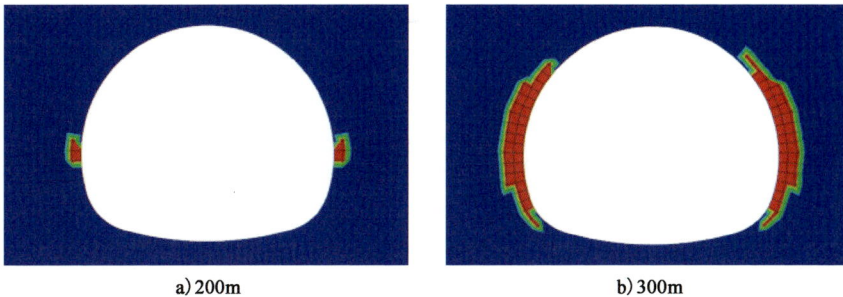

a)200m　　　　　　　　　b)300m

图　3-6

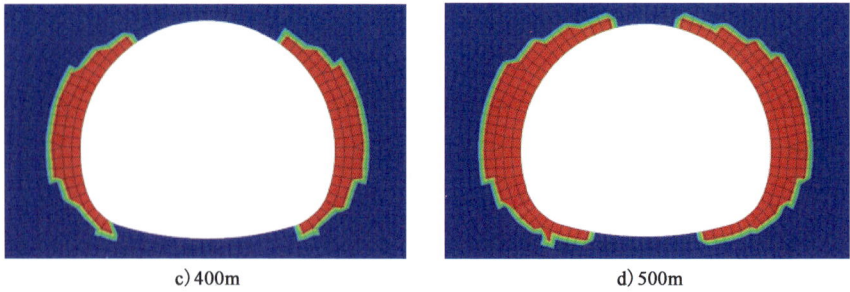

c) 400m   d) 500m

图3-6 隧道破坏区分布与埋深的关系

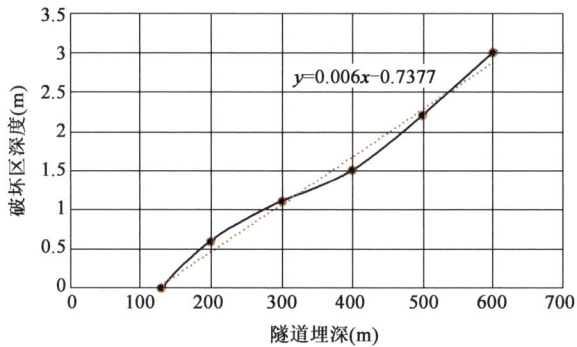

$y=0.006x-0.7377$

图3-7 隧道破坏区最大深度与埋深的关系

隧道洞周潜在塌方范围占比与隧道埋深的关系如图3-8所示。

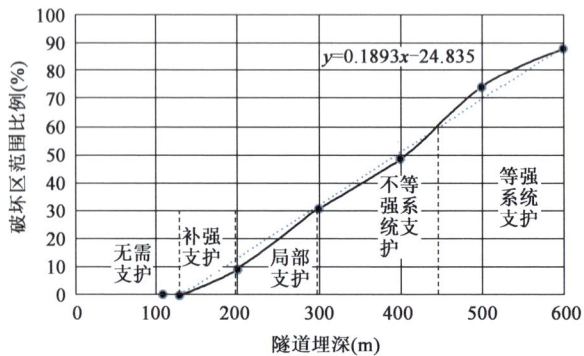

$y=0.1893x-24.835$

图3-8 隧道洞周潜在塌方区域比例与埋深的关系

由图可知：

(1)隧道开挖后的潜在塌方范围占比与隧道开挖跨度近似成正比关系。

(2)隧道埋深小于110m时，设计断面小于临界稳定断面，且临界稳定断面内围岩视为支护结构时的强度安全系数≥1.40，隧道无需支护。

(3)隧道埋深为110~130m时，设计断面小于临界稳定断面，无支护状态下洞周无潜在的塌方区域，但临界稳定断面内围岩视为支护结构时的强度安全系数小于1.40，应对围岩进行及时封闭或采用局部锚杆补强，防止因围岩劣化而失稳，提高长期安全性。

(4)当隧道埋深为130~295m时，潜在塌方范围占比小于30%，且主要位于隧道侧壁，仅需局部锚杆支护。

(5)当隧道埋深为295~450m时，潜在塌方范围占比为30%~60%，主要位于侧壁与两侧拱腰。为满足经济性要求，可采用分区不等强系统支护，重点对潜在破坏区进行加固和支护。

(6)当隧道埋深大于450m，隧道潜在塌方范围占比大于60%，需要采用等强系统支护。

3.3　小　　结

本章对隧道无支护开挖后围岩潜在破坏区的分布特征以及局部支护和系统支护的划分标准与方法进行了研究，得到以下结论：

(1)当围岩条件较好、地应力较低或者开挖断面较小时，可以在对隧道无支护开挖后围岩潜在破坏范围区进行分析的基础上，采用分区分级支护的方式来提高支护的经济性。建议将隧道开挖后边墙区域深度大于1m、拱部深度大于0.5m的破坏区作为隧道潜在塌方区域，并将此作为重点支护对象。

(2)隧道分级支护划分标准如下：

①当设计断面小于临界稳定断面，且临界稳定断面内围岩视为支护结构时的强度安全系数不小于设计值时，隧道无需支护。

②当设计断面小于临界稳定断面，但临界稳定断面内围岩视为支护结构时的强度安全系数小于设计值时，需要补充支护提高长期稳定性，支护以封闭围岩、局部块体支护为主，支护时机可以相对滞后。

③当设计断面大于临界稳定断面且拱墙潜在塌方范围占比小于30%,可以采用局部支护方案,支护需及时,避免破坏区进一步发展。

④当拱墙潜在塌方范围占比为30%~60%时,可以采用分区不等强系统支护。

⑤当拱墙潜在塌方范围占比大于60%时,可采用等强系统支护。

(3)研究了隧道断面大小与埋深两种因素对支护分级的影响,结果如下:

①以350km/h双线铁路隧道断面形状为例,对于Ⅲ级围岩、400m埋深,对应围岩长期自稳、围岩短期自稳、局部支护、不等强系统支护、等强系统支护的分级划分的临界开挖跨度分别为8.0m、11.8m、13.0m、15.7m。

②以Ⅲ级围岩、350km/h双线铁路隧道开挖断面为基准,研究了隧道埋深的影响。对应围岩长期自稳、短期自稳、局部支护、不等强系统支护、等强系统支护分级划分的临界隧道埋深分别为110m、130m、295m、450m。

第4章

隧道围岩压力设计值及其计算

围岩压力是隧道工程设计中一个极为重要的参数,其计算也是一个经典难题。由于地质条件的千变万化、施工水平的差别、支护参数的不同,即使围岩条件相同,围岩压力在时空上也具有变异性,导致实际围岩压力难以确定。隧道结构本质上是"支护-围岩一体结构",本章基于充分发挥围岩自承载能力,实现安全且经济的支护目标,以支护结构达到或接近破坏状态为研究对象,提出了采用围岩压力设计值作为设计支护力的思路,进而解决实际围岩压力难以确定的难题,并对相应的计算方法进行了研究。

4.1 现行围岩压力计算方法存在的问题

第1.2.4节中,对于目前铁路和公路隧道设计规范中深埋隧道围岩压力计算方法,以及两者之间的不同之处和应用中存在的问题,进行了介绍。下面以《铁路隧道设计规范》(TB 10003—2016)[11]为例,从结构设计原理、现场经验、国内外对比、隧道围岩压力全寿命期变化规律等方面对其围岩压力计算方法的不合理之处进行分析。

1)从结构设计原理角度分析

文献[11]中的围岩压力计算公式[式(1-1)]系根据成昆、贵昆、川黔等铁路共127座单线隧道417个施工塌方资料经统计得出的。该方法将深埋隧道的围岩压力按松散压力考虑,假定隧道开挖后不加约束便自由坍塌,将坍塌岩土体的重力作为确定围岩压力的依据。在统计分析时,以不同围岩级别塌方高度的"算术平均值"作为数学期望值进行回归分析。

根据结构设计原理,自由坍塌的荷载理论与当前喷锚组合支护的形变压力原理不符。此外,采用安全系数法设计时,要求采用最不利荷载与组合。采用概率极限状态法设计时,永久荷载采用概率分布的假设检验方法确定时,检验的显著性水平取0.05。显然,规范中以"算术平均值"为基础进行统计分析的方法与结构设计原理不符。

2)从现场实测经验角度分析

众多实测与现场经验表明,围岩压力除与隧道跨度相关外,还与埋深有关,埋深越大,围岩压力也相应增加。

蔡美峰院士在《岩石力学与工程》[49]一书中指出:实践表明,深部矿井的巷道(800~1000m)的地压大小、破坏范围都要比较浅的巷道更严重,需要有计入深度影响的简便地压估算公式,可以采用圆形巷道支护反力为0时(p_i=0)塑性区半径范围内的围岩自重。

关宝树教授在《隧道工程设计要点集》[54]一书中指出:

(1)形变压力主要体现在喷射混凝土或锚喷支护的接触压力上,根据国内外的现场实测,接触力既有径向应力,又有切向应力;对径向接触应力影响最大的因素是跨度,其次是埋深。

(2)日本在采用标准设计的基础上,要求根据现场监控量测数据并参考埋深来选择支护方式。

郑颖人院士在《地下工程围岩稳定分析与设计理论》[26]一书中指出:无论深埋隧洞,还是浅埋隧洞,只要隧洞与土体紧密接触都应采用形变压力进行计算,而形变压力显然与埋深相关。

3)与国外围岩压力计算方法对比

国际上比较有代表性的围岩压力计算公式有 Q 系统围岩压力和RMR系统围岩压力。

(1)Q 系统围岩压力计算公式 [37,55]

图4-1中阴影部分是巴顿(Barton)等人根据实测数据绘制的围岩压力的包络图,相应 Q 系统围岩压力计算公式如下:

$$q = \begin{cases} \dfrac{2.0}{J_r} Q^{-\frac{1}{3}} \times 0.1 & (J_r > 3) \\[3mm] \dfrac{2.0}{3J_r} Q^{-\frac{1}{3}} J_n^{\frac{1}{2}} \times 0.1 & (J_r < 3) \end{cases} \tag{4-1}$$

$$Q = \frac{RQD}{J_n} \times \frac{J_r}{J_a} \times \frac{J_w}{SRF} \tag{4-2}$$

式中:q——顶部围岩压力(MPa);

　RQD——岩体质量指标;

　J_n——节理组数;

　J_r——节理粗糙度影响系数;

　J_a——节理风化变异系数;

　J_w——节理水折减系数;

SRF——应力折减系数。

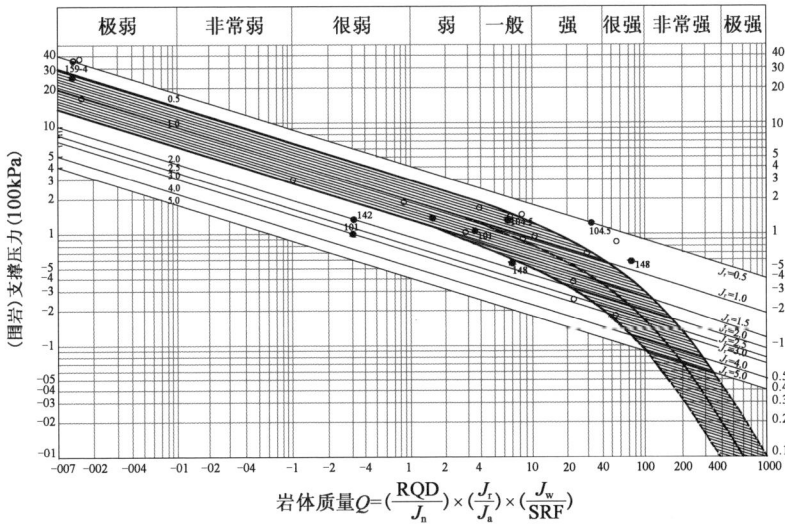

图4-1　Q系统围岩压力包络图

以上6个参数表述了影响地下洞室稳定性的3个主要因素:RQD/J_n表示岩体的节理化程度或者岩块的大小;J_r/J_a表示节理面的粗糙度和摩擦特点,反映块体之间的剪切强度;J_w/SRF表示主动应力条件。

Q系统围岩压力计算公式也体现了隧道跨度(高度)和埋深对地下洞室稳定性的影响。

SRF描述了隧道壁周边的应力与岩石强度之间的关系，可以从表4-1所示的描述中确定，其取值与隧道跨度、埋深等因素有关。由于Q值中包含SRF，因此围岩压力也与隧道跨度、埋深有关。

SRF应力折减系数取值标准 表4-1

应力折减因素				SRF
a) 与开挖方向交叉的软弱破碎带，当开挖时可能导致岩体松动				
A	含黏土或化学风化不完整岩石的软弱带在短区段内多次出现，围岩很松散（在任何深度上）；或者长区段破碎软弱围岩（在任何深度上）；挤压性围岩见K、L			10
B	在完好的无黏土岩层中，短区段内出现多个剪切带，围岩松散（任何深度）			7.5
C	含或不含黏土或化学风化不完整岩石的单一软弱带（深度≤50 m）			5
D	松动张开的节理，严重节理化或呈小块状等（在任何深度上）			5
E	含或不含黏土或化学风化不完整岩石的单一软弱带（深度>50m）			2.5
注：①如果软弱层只影响但不与地下洞室开挖相交，则将SRF的值降低25%~50%				
b) 完好的块状岩石为主，应力问题		σ_c/σ_1	σ_θ/σ_c	SRF
F	低应力，近地表，张开节理	>200	<0.01	2.5
G	中等应力，最有利的应力条件	200~10	0.01~0.3	1
H	高应力，非常紧实的构造，通常有利于稳定；也有可能不利于稳定，其取决于应力和节理面、软弱面的相对方向	10~5	0.3~0.4	0.5~2, 2~5
I	块状岩体中开挖1h之后产生中等板裂化	5~3	0.5~0.65	5~50
J	块状岩体中开挖几分钟内产生板裂及岩爆	3~2	0.65~1	50~200
K	块状岩体中开挖产生严重岩爆与位移突变	<2	>1	200~400
注：②对于强各向异性原始应力场（如有实测值）：当$5\leqslant\sigma_1/\sigma_3\leqslant10$时，将$\sigma_c$减少至$0.75\sigma_c$。 当$\sigma_1/\sigma_3>10$时，将$\sigma_c$折减至$0.5\sigma_c$，其中$\sigma_c$为无侧限抗压强度，$\sigma_1$和$\sigma_3$分别为大、小主应力，$\sigma_\theta$为最大切向应力（通过弹性理论估算）。 ③当隧道顶部埋深小于跨度时，建议SRF从2.5增加到5（见F）				
c) 挤压性围岩：在高地应力作用下，软弱围岩产生塑性变形		σ_θ/σ_c		SRF
L		轻度挤压岩石压力	1~5	5~10
M		严重挤压岩石压力	>5	10~20
注：④必须根据相关文献，即辛格（Singh）等（1992年），巴辛（Bhasin）和格里姆斯塔德（Grimstad）（1996年）确定的挤压性围岩条件				
d) 膨胀岩：化学膨胀活动取决于水的存在				SRF
N		轻微肿胀岩石压力		5~10
O		重型的膨胀岩压力		10~15

　　岩体中块体的形状和尺寸取决于节理的几何特征。节理组中节理近乎彼此平行并系统排布,不规则排布或间隙为几米的节理称为随机节理。表 4-2 根据节理组数和随机节理特征给出了 J_n 的参数值。节理组的定义取决于近乎平行节理之间的节理间距,也取决于地下洞室的跨度或高度。如果节理间距大于洞室跨度或高度,则由该特定节理组形成的岩石块体通常太大而不能脱落,该节理将被视为随机节理。因此,J_n 与洞室的跨度和高度具有一定的相关性,由于 Q 值中包含 J_n,因此,围岩压力也与洞室跨度和高度有关。

J_n 值

表 4-2

序号	节理组数	J_n
A	巨块状,没有或少量节理	$0.5 \sim 1.0$
B	一组节理	2
C	一组节理并有随机节理	3
D	两组节理	4
E	两组节理并有随机节理	6
F	三组节理	9
G	三组节理并有随机节理	12
H	节理在四组以上,严重节理化,岩石呈碎块状	15
J	破碎岩体,类土状	20

注:1. 隧道交叉口,使用 $3 \times J_n$。

　　2. 隧道洞口,使用 $2 \times J_n$。

（2）RMR 系统围岩压力 [55]

　　戈尔(Goel)和杰斯瓦(Jethwa)基于 RMR 指标给出的围岩压力计算公式如下(计算公式包含了埋深的影响)：

$$q = \frac{7.5B^{0.1}H^{0.5} - \text{RMR}}{20\text{RMR}} \tag{4-3}$$

$$\text{RMR} = R_1 + R_2 + R_3 + R_4 + R_5 + R_6 \tag{4-4}$$

式中：B——隧道开挖跨度(m)；

　　　H——隧道埋深(m)；

　　　R_1——岩块的单轴抗压强度(MPa)；

　　　R_2——岩石质量指标 RQD；

　　　R_3——结构面间距；

　　　R_4——结构面条件；

R_5——地下水条件；

R_6——结构面产状与工程走向的关系。

可见，国外的代表性围岩压力计算方法也将埋深作为影响因素之一。

4）从隧道围岩压力全寿命期变化规律角度分析

在不考虑偶然因素作用下，隧道围岩压力从施工至破坏全寿命期一般会经历以下4个阶段（图4-2）。

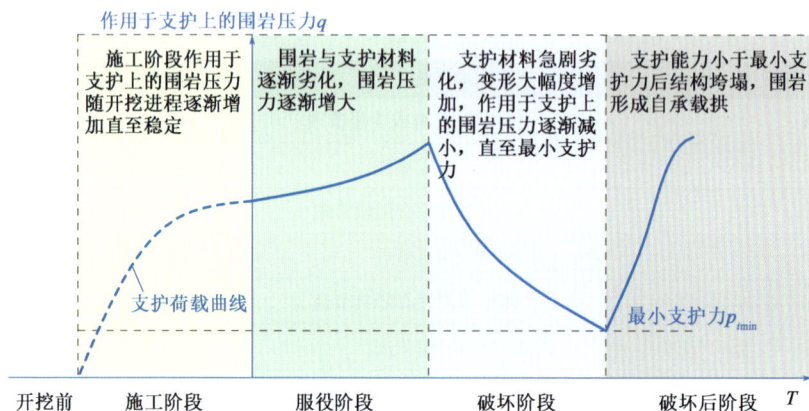

图4-2　隧道围岩压力全寿命期变化过程示意图

（1）阶段一：施工阶段。在施工阶段，随着隧道施工进程以及支护结构的施作，围岩与支护结构的相互作用力不停地调整，至施工完成后，围岩与结构的相互作用处于暂时平衡状态，围岩压力一般不是固定值，由支护与围岩协调变形确定，与地质条件、支护参数、支护时机、施工水平、材料性能等因素有关。

（2）阶段二：服役阶段。在服役阶段，受地下水、周边环境及各种运营因素作用，围岩与支护材料逐渐劣化（但支护结构的刚度变化不大），围岩压力呈现逐步增大的趋势。

（3）阶段三：破坏阶段。当支护结构达到使用寿命时，支护材料发生急剧劣化，支护刚度大幅度下降，支护变形大幅度增加，围岩塑性区急剧扩展，围岩自承载能力充分发挥，相应围岩压力逐步减小，直至支护与围岩处于极限平衡状态。当支护结构材料劣化至无法承受破坏前的围岩压力（即极限平衡状态对应的最小支护力 p_{imin}）时，支护结构发生垮塌。

（4）阶段四：破坏后阶段。支护结构垮塌后，围岩失去支承，由内往外逐步塌方,塌方高度逐渐加大,直至围岩自承载拱形成,围岩又处于新的暂时平衡状态。

显然,《铁路隧道设计规范》(TB 10003—2016)的围岩压力计算公式和普氏理论计算公式均采用阶段四对应的塌方高度,而该阶段的支护结构已不存在,因而采用该阶段的塌方高度作为围岩压力对于结构设计而言已无意义。

综上所述,现有铁路隧道设计规范中的围岩压力计算公式,与结构设计原理不符,与现场经验不符,没有考虑埋深(地应力)因素影响,与实际结构所处全寿命期的阶段不对应,因此存在不合理之处。

4.2 围岩压力设计值思想

4.2.1 采用围岩压力设计值作为设计荷载的必要性

围岩压力问题是隧道工程的一个经典难题,其计算理论经历了古典压力理论、松散体压力理论、弹塑性压力理论等三个阶段。尽管国内外对围岩压力的研究已有诸多成果,但由于岩土体性质、地应力、边界条件、施工过程等方面的复杂性和随机性,深埋隧道围岩压力的计算方法仍然存在很多困难,并形成了以下共识:根据"支护-围岩"共同作用原理,支护力(围岩压力)与围岩特性、围岩变形、支护刚度、支护时机等因素相关,不同工点有不同的值,难以采用一个定值来表达。

隧道结构本质上是"支护-围岩一体结构",采用安全系数法设计时,既要寻求"支护与围岩一体结构"的最不利工作状态,又要保证"支护"本身的荷载及组合采用最不利工况。根据新奥法原理,在围岩发生垮塌前,随着围岩变形的增大,围岩逐步发挥自承载能力,作用于支护上的"荷载"就越小。可见,在围岩垮塌前,每一个变形量都有一种"支护-围岩一体结构"与其对应,围岩变形量小,需要的支护更强,但此时的支护力也更大,因此并不意味着支护更安全。基于此,可以构建一种"支护-围岩一体结构"的设计工作状态,使其同时满足安全性与经济性两方面的要求。

一方面,为提高支护的经济性,必须充分发挥围岩的自承载能力,通过使围岩本身处于"最不利工作状态"来减小支护需要承担的荷载。也即应允许围岩有"充分适度"的变形,该"充分适度变形"可称为"围岩允许最大变形量",对应于围岩垮塌临界点的变形,此时需要支护承担的荷载对应"最小支护力 $p_{i\min}$"。另一方面,为保证支护的安全性,需要结合隧道工程的特点充分考虑计算参数的准确性、计算方法的精确性、施工中对变形控制的精准性和长期安全性等因素,使围岩的实际变形量小于"围岩允许最大变形量",相应支护结构承担的实际支护力要大于最小支护力。由于上述各种不确定性会导致实际支护力具有不确定性,因此需要引入"围岩压力设计值"(图4-3)概念,也即将最小支护力乘以"荷载不确定性调整系数"(以下简称荷载调整系数),该系数的大小需要根据具体工程的重要性、是否具有足够的工程经验、围岩特性、地质参数的准确性、施工可控性等因素综合确定,一般取 2.0~3.0,最小不应低于 1.4。显然,要使围岩压力设计值同时满足安全性与经济性两个要求,应协调支护的可变形能力与围岩的允许最大变形量,防止因支护可变形能力偏小(刚度过大)而使荷载过大,也要防止支护可变形能力过大(刚度过小)而使围岩因变形过大而垮塌,该部分内容详见第8章。

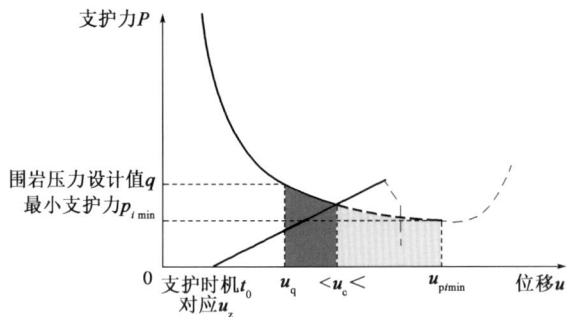

图4-3 基于新奥法原理的围岩压力设计值

因此,"围岩压力设计值"就是"支护-围岩一体结构"在"设计预定工作状态"下的最不利荷载,也即以隧道接近或达到破坏阶段为研究对象,以围岩允许变形量与支护可变形能力相协调为控制手段,得出可以同时满足安全性与经济性两个目标的支护结构设计需要的"假想"支护力。

以下采用一个比喻对围岩压力设计值理念做进一步说明(图4-4):A位于斜坡道上,其和坡顶之间有一根绳索连接,当A的力量足够大时,可以依靠自身力量保持平衡;当A的力量不足时,需要B提供一个推力才能保持平衡,但由于A需要根据B的推力大小来支付费用,因此,为减小支付费用,就要使B提供的推力最小,相应需要A自身尽最大能力。但A同时需要考虑其对自身力量的评估具有不确定性,比如与受力时间、心态、温度等有关,鉴于此,需要B提供的推力应有一定的冗余。该比喻中,A代表围岩,既是荷载的来源,又是承载结构之一;B代表支护,需要提供足够安全但又尽可能小的支护力。

图4-4　围岩压力设计值思想的比喻说明图

4.2.2　采用围岩压力设计值作为设计荷载的可行性

显然,只要围岩压力设计值具备安全性与经济性两个特征(即围岩压力设计值既要能够包络可能的实际围岩压力,又不能过于保守而影响经济性),就可用于设计,该种方式也是地面结构确定活载设计值的处理方法。表4-3为各国桥梁活载标准与实际最大荷载比值的平均值[56],由表可见,设计值既高于实际最大值,具有安全性,但又高出不多,具有经济性。

各国桥梁活载标准与实际最大荷载比值的平均值　　　　表4-3

国家	美国	德国	日本	英国	法国
K_f	1.408	1.418	1.274	1.364	1.631

4.3　围岩压力设计值计算方法

4.3.1　围岩压力设计值计算

由2.2.3节可知,当设计断面大于临界稳定断面,或者虽然设计断面小于临界稳定断面,但断面内围岩作为支护结构时的安全系数小于设计要求时,需要提供工程支护措施,相应需要得出支护力设计值(即围岩压力设计值)。

隧道结构本质上是"支护-围岩一体结构",基于围岩的最不利工作状态,隧道接近或达到破坏状态时维持围岩极限平衡状态所需的支护力可称为最小支护力 p_{imin}。对于工程支护措施而言,设计开挖断面以外的围岩均为其支护的对象,隧道开挖后,剪切破坏区、张拉破坏区不断发展,但由于支护措施对围岩的支撑作用,围岩不会失稳破坏,只有当破坏区围岩形成的松散荷载大于支护力时才能判定支护结构失效,也即维持松散荷载平衡所需的支护力就是最小支护力。设计中采用的围岩压力(也即围岩压力设计值)应大于最小支护力 p_{imin},即围岩压力设计值在最小支护力 p_{imin} 的基础上应具有一定的安全储备,使之尽可能包络施工期和服役期的实际围岩压力但又不过分保守影响经济性。为避免围岩压力过大或者过小,设计中需要合理调节施工步序、支护时机和支护刚度。

具体计算步骤如下:

(1)建立有限元等数值分析模型,采用折减系数1.15(该系数可以根据围岩的软化性能选取其他更合适的数值)将初始的围岩物理力学参数强度进行折减,开挖设计轮廓面,施加支护力,计算至收敛,并计算破坏区的范围。

(2)调整支护力,直至等于维持极限平衡破坏区范围内围岩重力平衡所需的抗力,即最小支护力 p_{imin}。进一步将拱部竖直荷载 p_{imin} 等效为均布荷载,记为 q_{min},水平荷载可通过竖直荷载与侧压力系数(或水平地应力系数)计算得到。

(3)将最小支护力乘以"荷载调整系数" k_f,调整后的取值不宜大于无支护状态下塑性区范围围岩自重荷载。

围岩压力设计值计算原理图如图4-5所示。

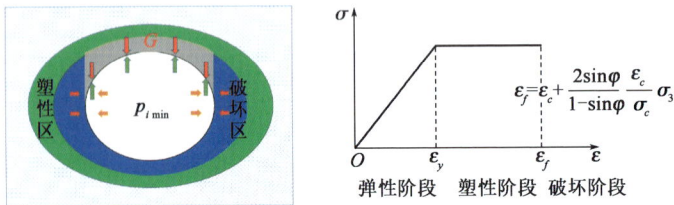

图4-5 围岩压力设计值计算原理图

$$q = k_f q_{imin} \tag{4-5}$$

式中: k_f——荷载调整系数,一般取2.0~3.0,且不低于1.4。

对于符合莫尔-库仑强度准则的围岩,塑性区范围可以按照鲁宾涅特方程

求解:

$$R_{pd} = R_0 \left\{ \frac{\left[p_0(1+\lambda) + 2c\cot\varphi \right](1-\sin\varphi)}{2P_i + 2c\cot\varphi} \right\}^{\frac{1-\sin\varphi}{2\sin\varphi}} \times$$

$$\left\{ 1 + \frac{p_0(1-\lambda)(1-\sin\varphi)\cos2\theta}{\left[p_0(1+\lambda) + 2c\cot\varphi \right]\sin\varphi} \right\} \tag{4-6}$$

式中:R_{pd}——隧道塑性区半径(m);

$\quad\lambda$——围岩侧压力系数;

$\quad p_0$——围岩初始应力(kPa),自重应力场为主时,$p_0=\gamma h$,h 为隧道埋深;

$\quad\gamma$——围岩重度(kN/m³);

$\quad c$——围岩黏聚力(MPa);

$\quad\varphi$——围岩内摩擦角(°);

$\quad\theta$——与隧道横轴的夹角(°);

$\quad R_0$——隧道开挖半径(m),断面非圆形时取当量圆半径。

围岩压力设计值计算时,可以根据具体的地质条件采用各种符合实际工程的本构模型,提高计算结果的准确性。围岩压力设计值的最大取值也可采用基于无支护状态下塑性区范围内围岩自重荷载的简便算法进行估算。

4.3.2　围岩压力设计值案例分析

1)案例一:隧道处于均质围岩中的案例

以时速 350km 高速铁路双线隧道(断面 1)和时速 160km 单线铁路隧道(断面 2)为例,当隧道处于均质围岩中时,不同围岩级别和不同埋深需要的设计支护力计算结果见表4-4(表中设计支护力取最小支护力的2.0倍),埋深200m与400m时隧道周边围岩破碎区范围见图4-6和图4-7。

均质地层设计支护力计算结果(单位:kPa)　　　　表4-4

断面形式	围岩等级	200m埋深	400m埋深
断面1	Ⅲ	13	43
	Ⅳ	109	231
断面2	Ⅲ	0	35
	Ⅳ	65	145

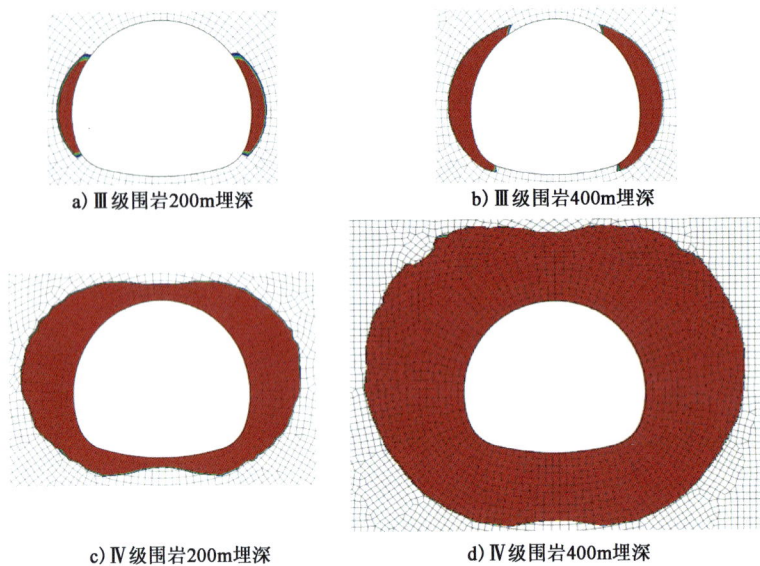

a) Ⅲ级围岩200m埋深

b) Ⅲ级围岩400m埋深

c) Ⅳ级围岩200m埋深

d) Ⅳ级围岩400m埋深

图4-6　断面1隧道周边围岩破碎区范围

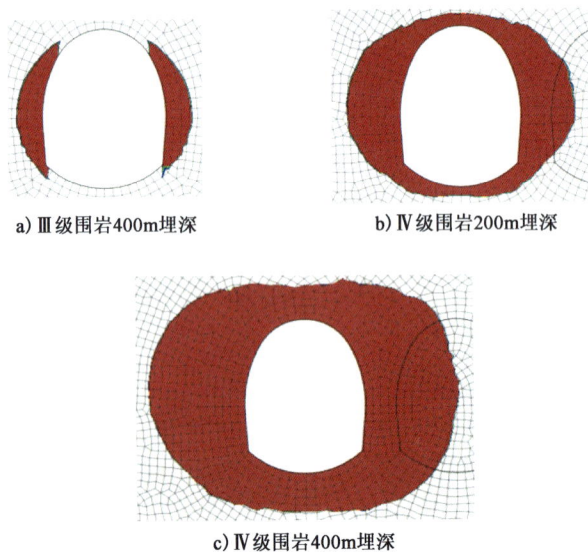

a) Ⅲ级围岩400m埋深

b) Ⅳ级围岩200m埋深

c) Ⅳ级围岩400m埋深

图4-7　断面2隧道周边围岩破碎区范围

2）案例二:隧道周边有断层时的案例

仍以时速350km高速铁路双线隧道（断面1）为例，隧道所处的地层为Ⅲ级围岩，隧道埋深为200m和400m，记为工况1、工况2；隧道所处地层为Ⅳ级围岩，隧道埋深为200m和400m，分别记为工况3、工况4。当隧道开挖范围外有一断层（断层的物理力学指标按表1-13中的Ⅴ级围岩取值），与断层破碎带的近接距离为5m，断层破碎带厚度为5m，呈30°倾角。接触面采用库仑滑移模型，滑移面的计算参数见表4-5。

接触面参数 表4-5

法向刚度（GPa）	切向刚度（GPa）	黏聚力（MPa）	内摩擦角（°）	抗拉强度（MPa）
1.5	0.3	0.1	8	0

极限平衡状态时工况1～工况4的破坏区计算结果如图4-8所示，拱部竖直荷载按外侧、内侧（分别为半个隧道跨度）各自平均的方式等效为梯形荷载，外侧、内侧分别记为q_1和q_2，水平荷载可通过竖直荷载与侧压力系数相乘的方法计算得到。

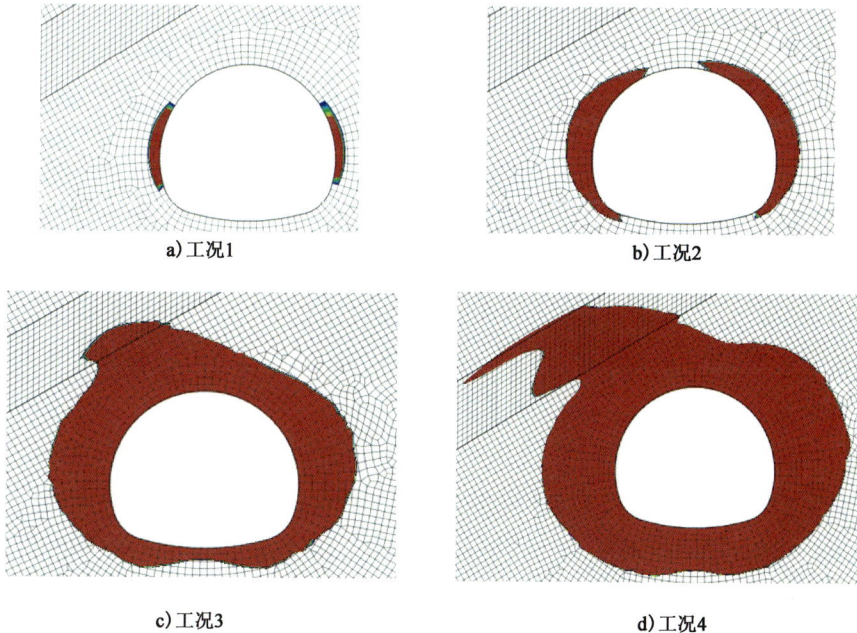

a）工况1

b）工况2

c）工况3

d）工况4

图4-8 近接断层破碎带破坏区分布

由图4-8可知,隧道近接断层破碎带会导致支护荷载出现明显的偏压作用,竖直围岩压力等效为梯形荷载后如图4-9所示,根据前述方法计算得到的设计支护力见表4-6,表中设计支护力取最小支护力的2.0倍。

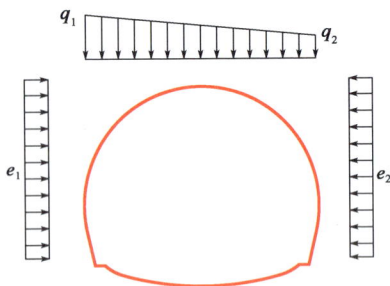

图4-9　近接断层破碎带隧道支护荷载的偏压作用

隧道周边有断层时设计支护力计算结果(单位:kPa)　　　　　　　表4-6

围岩等级	200m埋深		400m埋深	
	竖向荷载q_1	竖向荷载q_2	竖向荷载q_1	竖向荷载q_2
Ⅲ	11	11	48	61
Ⅳ	269	138	384	224

3)案例三:处于均质围岩中的小净距隧道案例

小净距隧道是指并行且净距较小、两洞结构彼此产生有害影响的隧道。由于小净距隧道中夹岩墙厚度远小于分离式隧道,同时在施工过程中多次受到扰动,使得围岩稳定性和支护结构受力较为复杂。

诸多学者对小净距隧道围岩压力进行了深入研究。在浅埋隧道方面,肖明清对浅埋小净距隧道围岩压力进行了探讨,首次提出了浅埋小净距隧道围岩压力的计算公式[57];舒志乐等对浅埋偏压小净距隧道的围岩压力进行了分析,推导了浅埋偏压小净距隧道围岩压力计算公式[58];上述方法被广泛应用并编入了《公路隧道设计细则》(JTG/T D70—2010)和《公路隧道设计规范　第一册　土建工程》(JTG 3370.1—2018)[59,15];在深埋隧道方面,刘继国、郭小红根据普氏理论经验公式对深埋小净距隧道的围岩压力计算公式进行了推导[60],该方法编入了《公路隧道设计细则》(JTG/T D70—2010),但该方法采用普式理论,与深埋分离式隧道采用塌落拱理论有所差别,于是《公路隧道设计规范　第一册　土建

工程》(JTG 3370.1—2018)对其计算公式进行了修订,使得小净距隧道与分离
式隧道围岩压力计算基础理论有了形式上的统一。《铁路隧道设计规范》(TB
10003—2016)没有提出小净距隧道围岩压力计算方法,仅有基于塌落拱理论的
单洞隧道围岩压力计算方法。上述深埋隧道围岩压力计算方法均存在4.1节所
述的问题。

　　本节运用围岩压力设计值的方法和思路探讨深埋小净距隧道围岩压力及
分布规律。选取的计算案例为时速160km单线铁路隧道,断面如图4-10所示。

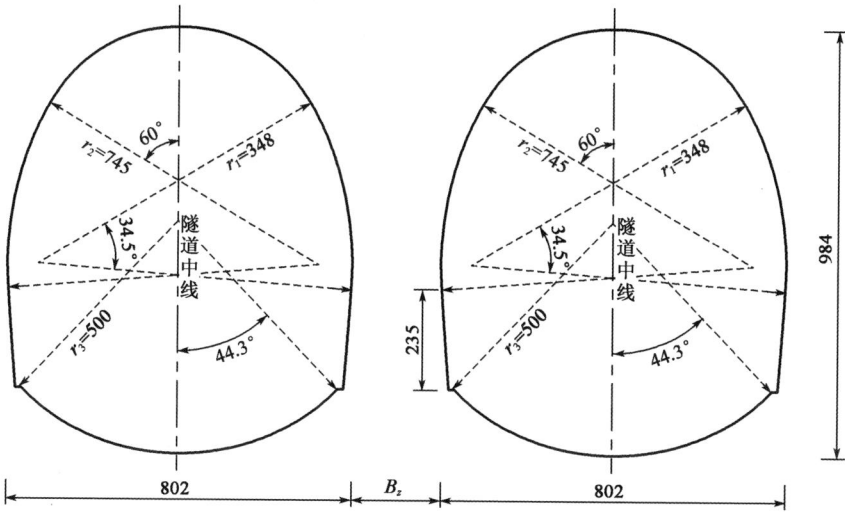

图4-10　时速160km单线铁路小净距隧道断面示意图(尺寸单位:cm)

B_z-净距

　　计算Ⅳ级围岩400m埋深条件下的围岩压力设计值,净距B_z分别为0
(仅为对比分析而设定的工况)、2m、4m、6m、8m(1B_t,B_t为隧道开挖宽度,下
同)、20m(2.5B_t)、40m(5B_t),分别记为工况1~工况7;计算净距为2m时
200m、300m、500m三种埋深工况,分别记为工况8~工况10;取单洞(也相
当于分离式隧道)埋深200m、300m、400m、500m作为对比,分别记为工况
11~工况14。

　　按照4.3.1节方法对工况11~工况14进行计算,得到的极限平衡破坏区如
图4-11所示,单洞隧道围岩压力设计值q的计算结果见表4-7(安全系数k取
2.0),为简化说明,本节内容只给出拱部竖直荷载计算结果(下同)。

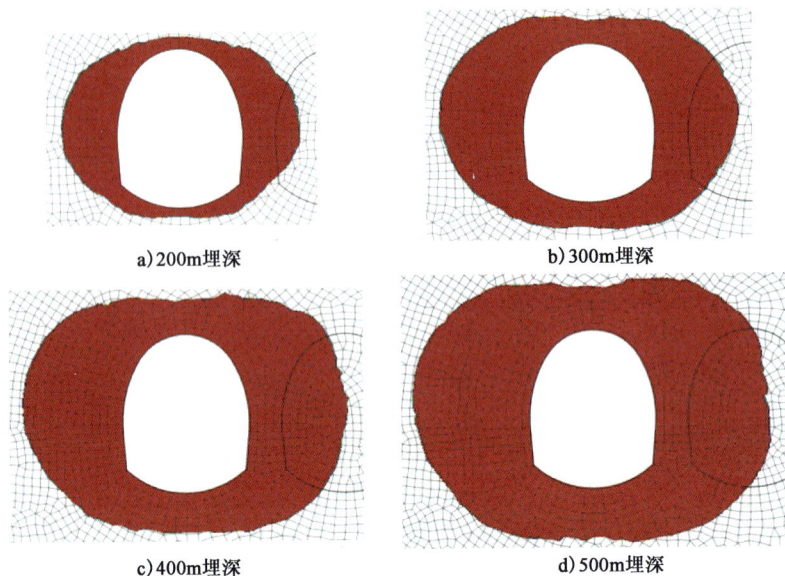

a) 200m埋深

b) 300m埋深

c) 400m埋深

d) 500m埋深

图 4-11　单线铁路隧道极限平衡破坏区

深埋单洞隧道拱部围岩压力设计值 q（单位：kPa）　　　　　　　　表 4-7

埋深(m)	200	300	400	500
q	65.1	111.3	144.9	168

　　计算得到工况 1～工况 10 极限平衡破坏区如图 4-12 所示,围岩压力设计值拱部荷载计算结果见表 4-8(安全系数 k 取 2.0)。

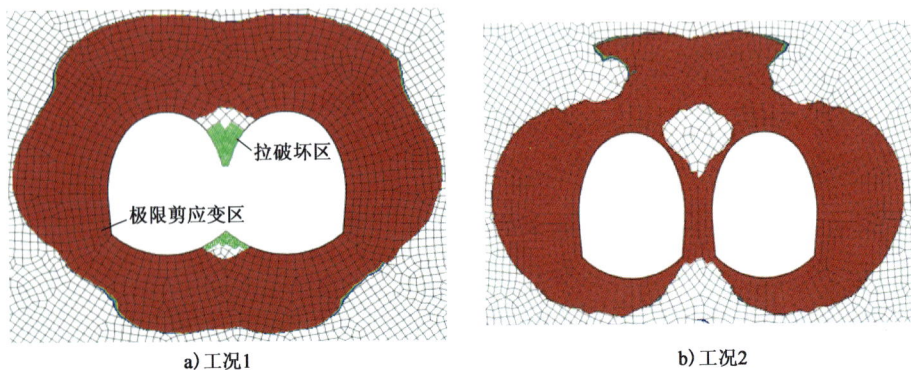

拉破坏区

极限剪应变区

a) 工况1

b) 工况2

图　4-12

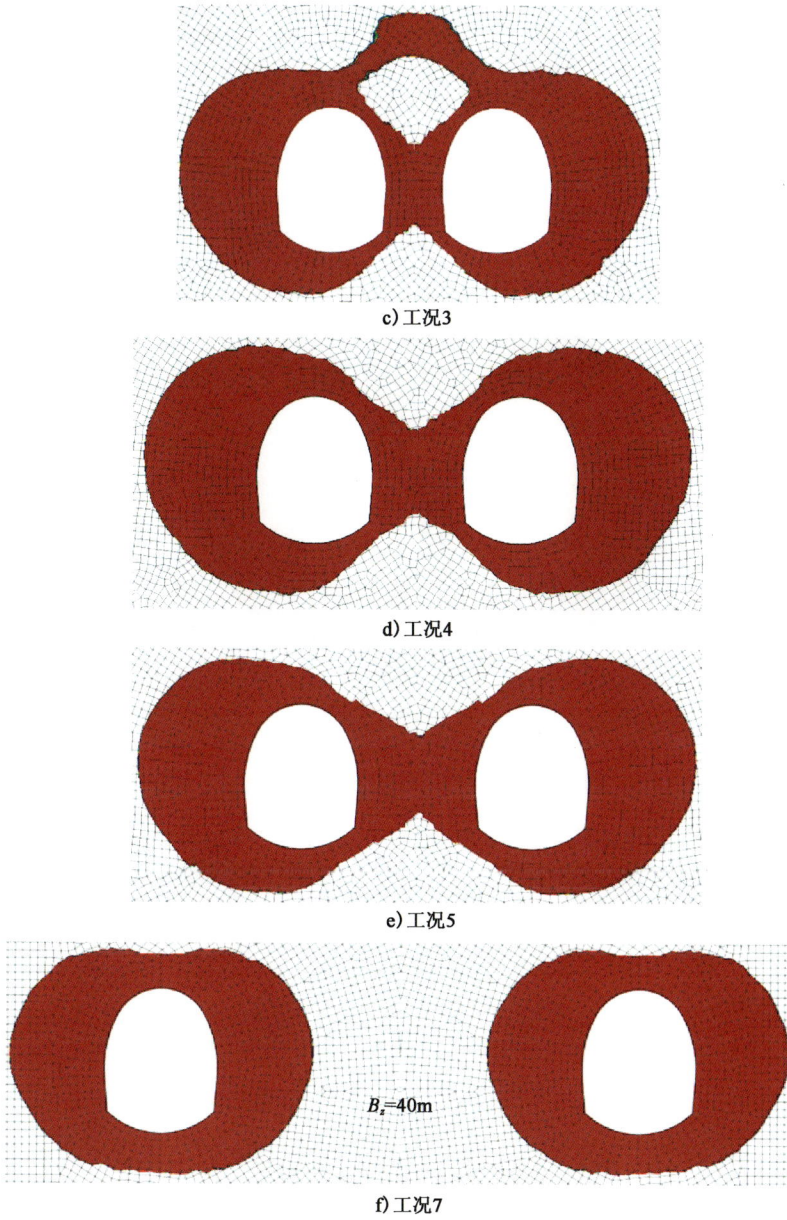

c) 工况3

d) 工况4

e) 工况5

B_z=40m

f) 工况7

图　4-12

g) 工况8   h) 工况9

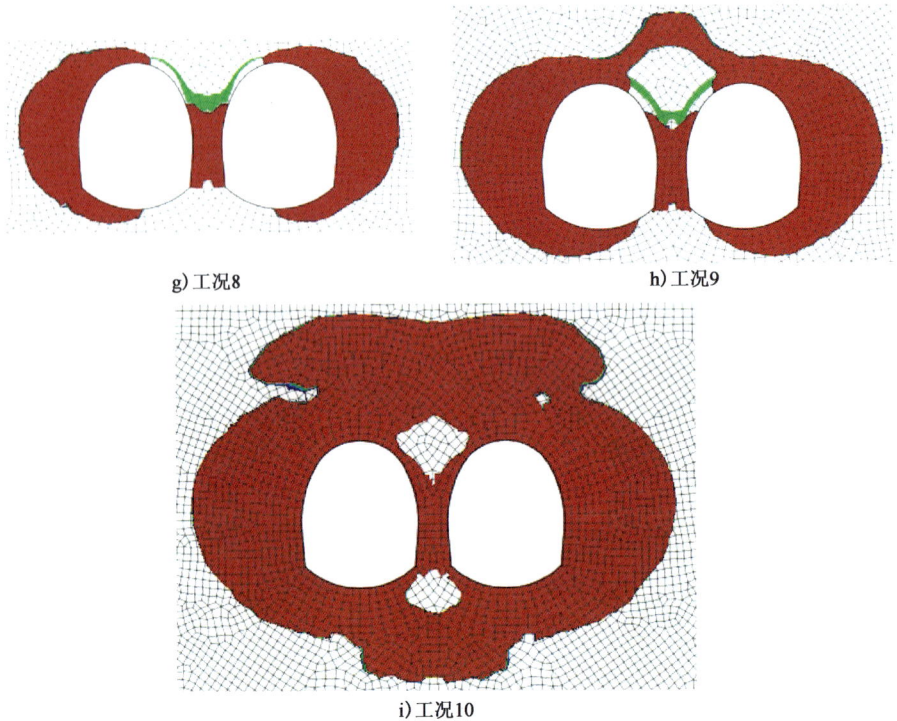

i) 工况10

图4-12   小净距隧道极限平衡破坏区分布

小净距隧道围岩压力设计值（竖直荷载，单位:kPa）   表4-8

工况	q_1	q_2	平均值	工况	q_1	q_2	平均值
1	325.5	325.5	325.5	6	157.5	157.5	157.5
2	178.5	325.5	252	7	149.1	149.1	149.1
3	151.2	201.6	176.4	8	88.2	44.1	66.15
4	157.5	90.3	123.9	9	126	172.2	149.1
5	159.6	94.5	127.05	10	352.8	371.7	362.25

注：q_1、q_2分别为竖直梯形荷载的外侧值、内侧值。

对比分析图4-12和表4-8计算结果，小净距隧道围岩压力设计值的分布形态与净距和埋深密切相关，共计3种分布形态：

（1）当埋深较小或者净距较大（但B_z<2.5B_1）时，q_1>q_2，如工况4、工况5、工况8；

(2)埋深增大或者净距减小，$q_1<q_2$，如工况 2、工况 3 和工况 9；

(3)当埋深较大或者净距很小时，$q_1\approx q_2$，如工况 1 和工况 10。

埋深相同的情况下（400m 埋深），改变净距，通过对比工况 1～工况 7，小净距隧道与单洞隧道围岩压力设计值比值 η 与净距的关系如图 4-13 所示。

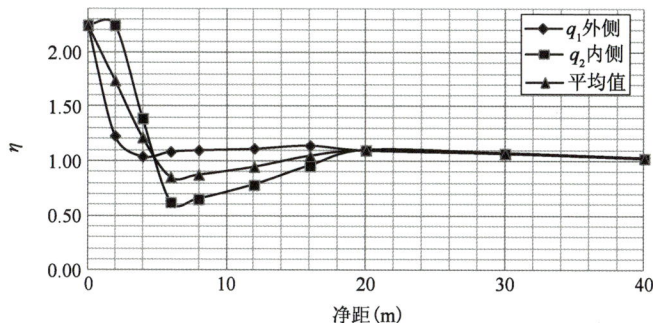

图 4-13 η 与净距的关系曲线

由表 4-8 和图 4-13 可知：

(1)不同净距时，小净距隧道与单洞隧道围岩压力设计值的比值 η 处于 0.65～2.25 之间；

(2)q_1 始终大于单洞隧道 q，且随净距由 0 增大至 4m 时（约 $0.5B_t$）迅速减小，当净距大于 4m 时，q_1 逐渐趋于 q，变化幅度在 10% 以内；

(3)q_2 随净距增大迅速减小，在净距为 6m 左右时（约 $0.75B_t$）出现极小值点，随后逐渐增大，在净距大于 20m 后（约 $2.5B_t$）趋于 q；

(4)净距大于 20m（约 $2.5B_t$）后，q_1 与 q_2 相当。

在净距相同的条件下（2m 净距），改变隧道埋深，对比工况 2、工况 8、工况 9、工况 10，小净距隧道与单洞隧道围岩压力设计值比值 ψ 与埋深的关系如图 4-14 所示。

由表 4-8 和图 4-14 可知：

(1)隧道埋深越大，围岩压力设计值越大；

(2)小净距隧道内外侧围岩压力设计值平均值与单洞隧道的比值及埋深呈正相关，且比值大于 1.0。

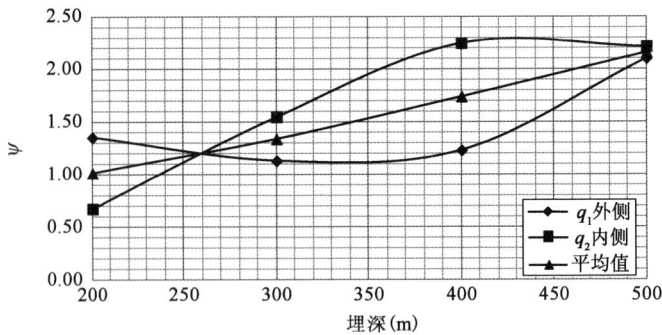

图4-14 ψ 与埋深的关系曲线

深埋小净距隧道水平围岩压力采用竖直荷载乘以侧压力系数计算得到,但受净距影响,隧道内外侧的侧压力系数采用不同的计算公式。

外侧:

$$e_1 = \lambda_1 q_1 \tag{4-7}$$

内侧:

$$e_2 = \lambda_2 q_2 \tag{4-8}$$

上述式中: λ_1 ——外侧压力系数;

  λ_2 ——内侧压力系数。

外侧压力系数 λ_1 取值与深埋单洞隧道侧压力系数相同,按本案例计算参数, $\lambda_1 = 0.5$;对于内侧压力系数,其大小与净距相关,当净距较小时,内侧中夹岩柱均处于破坏区,可按散体理论计算侧压力系数,假定滑动模式如图4-15所示,因此可以采用文献[11]的简化公式。

当 $\beta \geqslant 45° + \varphi_c/2$ 时,

$$\lambda_2 = \frac{\tan\beta - \tan\varphi_c}{\tan\beta[1 + \tan\beta(\tan\varphi_c - \tan\theta) + \tan\varphi_c\tan\theta]} \tag{4-9}$$

$$\tan\beta = \frac{h_{2\min}/\gamma + h}{B_z/2} \tag{4-10}$$

上述式中: φ_c ——计算内摩擦角(°);

  θ ——破坏区顶板土柱两侧摩擦角(°),根据规范规定Ⅳ级围岩可以取 $(0.7 \sim 0.9)\varphi_c$;

β——内侧假定破裂角($°$);

h——隧道高度(m);

h_{2min}——内侧竖直荷载等效土柱高度(m)。

当 $\beta < 45° + \varphi_c/2$ 时,近似取 $\lambda_2 = \lambda_1$。

计算结果见表4-9。

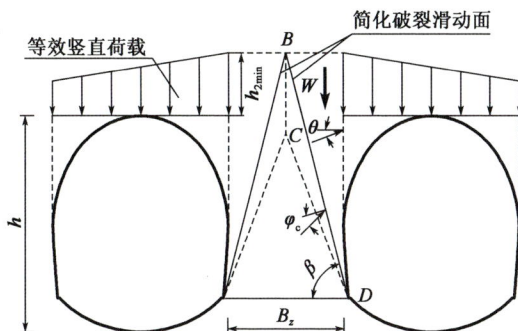

图4-15　小净距隧道中夹岩柱假定滑动模式图

W-滑移体自重力(kN)

小净距隧道侧压力系数计算结果　　　　　　　　　　表4-9

工况	1	2	3	4	5	6	7	8	9	10
λ_1	0.5									
λ_2	0	0.09	0.15	0.16	λ_1		0.15	0.12	0.1	0.08

4)案例四:多洞空间小净距隧道案例

多洞空间小净距隧道是指在同一场地密集修建两孔及以上叠(错)层的小净距隧道,如南京红山南路浅埋立体三洞隧道、青岛地铁敦化路站四洞群隧道、重庆轨道交通6号线光电园重叠段隧道、深圳地铁5号线和7号线双洞双层重叠隧道、八达岭地下车站四洞隧道群、重庆市快速路三纵线4座隧道与轨道交通5号线红岩村暗挖车站隧道组成的红岩村隧道群等,均为3洞室及以上小净距隧道工程,其在空间分布方面多以平行隧道为主,部分隧道呈叠层和错层状态。对于多洞空间小净距隧道,由于各孔洞之间净距较小,空间交互关系复杂,施工中相互影响大,工程案例较少,因此其支护结构量化设计是当前设计中的一大难题。

根据国内外施工经验,叠层隧道一般多采取"先下后上"的施工顺序,即先进行下层隧道施工,待二次衬砌施作并达到承载要求后方进行上层洞室开挖。但对于多孔叠层隧道,同一层隧道开挖顺序的合理性缺乏定量判别的依据,也未见相关可量化的设计方法。

综上所述,既有的设计方法和理论无法对多洞空间小净距隧道的施工顺序与支护参数进行量化设计和分析。本节以某高速公路隧道四洞小净距段为研究对象,探讨多洞空间小净距隧道围岩压力值计算方法。

(1)工程概况

该隧道全长6056m,由盾构法、钻爆法和明挖法三种工法组合修建。盾构段为双孔双层隧道,而隧道出口端为与地面段衔接采用四孔并行隧道,因此,盾构段与四孔并行隧道之间依次为双孔叠层隧道、叠层明挖隧道和四洞空间小净距隧道。四洞空间小净距段长约310m,整体布置如图4-16所示。

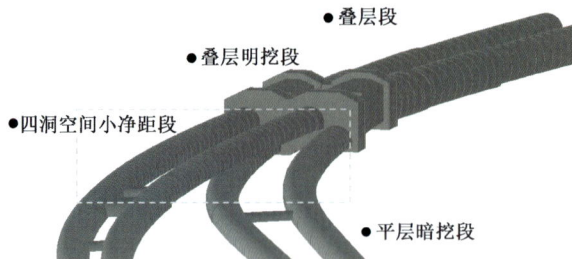

图4-16 隧道三维空间模型

四洞空间小净距隧道包含Z2线、Z线、Y线、Y2线(下文简称为1洞、2洞、3洞、4洞)。1洞和4洞内设两车道+3.0m硬路肩,开挖尺寸为16.19m×11.79m;2洞和3洞内设两车道+2.5m硬路肩,开挖尺寸为15.61m×11.41m。隧道采用喷锚组合支护复合式衬砌,二次衬砌采用排水型结构。四孔隧道最小净距2.2m,上层隧道覆土厚度19.12~58.05m,典型横断面如图4-17所示。上层隧道处于强~中风化泥质粉砂岩地层,下层隧道主要处于中风化泥质粉砂岩及中风化砂岩地层。地下水主要为基岩裂隙水,较发育,水位埋深为13.60~68.00m。

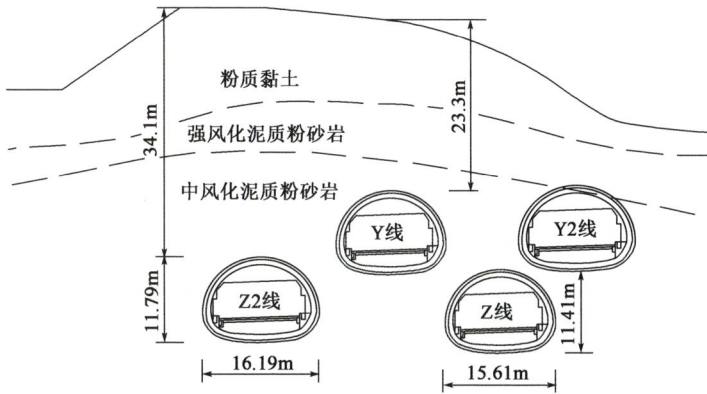

图4-17 四洞小净距位置关系示意图

（2）围岩物理力学参数

隧道场地围岩的物理力学参数见表4-10。

围岩物理力学参数 表4-10

围岩岩性	弹性模量 E（GPa）	泊松比 ν	摩擦角 φ（°）	黏聚力 c（MPa）
中风化灰岩	47.2/6.40	0.27	35	0.8
中风化砂岩	55.6/4.83	0.28	32	0.4
中风化泥质粉砂岩	15.7/1.30	0.29	30	0.27
强风化泥质粉砂岩	0.155	0.3	30	0.032
粉质黏土	0.059	0.32	18.7	0.026

注：弹性模量栏"/"左右两侧数值为修正前后值。

围岩的弹性模量指标对变形与应变具有决定性影响，而地质勘察报告中给出的弹性模量一般为完整岩块的弹性模量，无法真实反映出岩体的变形特征，因此需要给予修正。霍克-布朗准则为岩体物理力学参数提供了算法，换算后的参数见表4-10。

根据HOEK等的研究[61]，对于岩体的变形模量，当完整岩块的单轴抗压强度小于100MPa时，有：

$$E_m = \left(1 - \frac{D}{2}\right)\sqrt{\frac{\sigma_{ci}}{100}}10^{\frac{(GSI-10)}{40}} \qquad (4-11)$$

当完整岩块的单轴抗压强度大于100MPa时,有:

$$E_m = \left(1 - \frac{D}{2}\right) \times 10^{\frac{GSI - 10}{40}} \tag{4-12}$$

上述式中:GSI——围岩岩体地质强度指标;

$\quad\quad\quad$ D——扰动系数,按表4-11取值;

$\quad\quad\quad$ σ_{ci}——组成岩体的完整岩块的单轴抗压强度。

扰动系数 D 取值 表4-11

节理岩体描述	扰动系数 D 的取值
小规模爆破导致岩体引起中等程度破坏	0.7(爆破良好)
应力释放引起某种岩体扰动	1.0(爆破效果差)
很差的爆破导致坚硬岩石局部破损	0.8(爆破效果差)
软岩地区采用机械方式开挖,扰动较低	0.7(机械开挖)

(3)围岩压力设计值计算

由前述章节可知,总安全系数法与围岩压力设计值均以隧道接近或达到破坏状态为研究对象,基于此,在进行施工过程结构承载能力和安全系数检算时,4.3.1节围岩压力设计值计算方法也是适用的。

拟定各孔隧道开挖先后次序,对于四洞空间小净距隧道,按先下后上的顺序施工,每层中的隧道又按先难后易的原则施工。按照该原则,则有洞1→洞2→洞3→洞4(方案A)和洞1→洞2→洞4→洞3(方案B)两种方案(图4-18)。

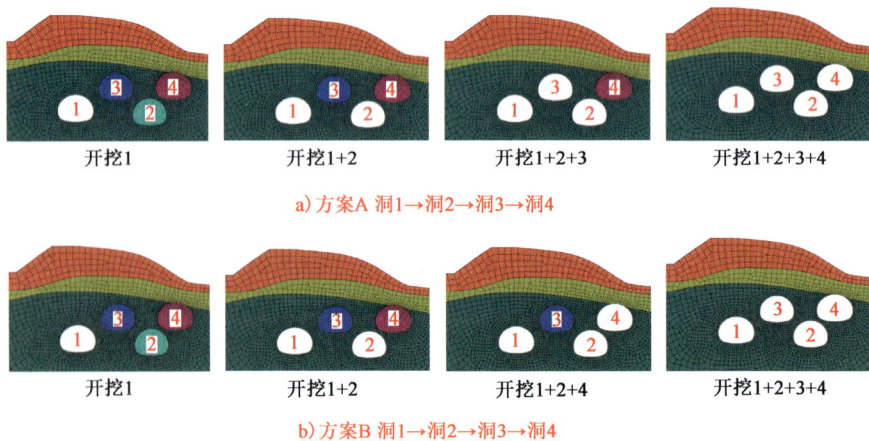

开挖1   开挖1+2   开挖1+2+3   开挖1+2+3+4

a)方案A 洞1→洞2→洞3→洞4

开挖1   开挖1+2   开挖1+2+4   开挖1+2+3+4

b)方案B 洞1→洞2→洞3→洞4

图4-18 两种开挖顺序分析模型

建立有限元模型,模拟不同的开挖阶段,通过不断调整支护力得到各开挖阶段支护力与破坏区自重相匹配而形成的极限平衡状态,根据破坏区分布形态计算围岩压力设计值,见表4-12。

各孔隧道在不同开挖顺序时的围岩压力设计值代号　　表4-12

孔号	开挖顺序			
	1	2	3	4
1洞	P11	P12	P13	P14
2洞	—	P22	P23	P24
3洞	—	—	P33	P34
4洞	—	—	—	P44

注:Pij,i代表洞室编号;j代表开挖步序。

两种开挖顺序下,各开挖阶段处于极限平衡状态下的围岩破坏形态与简化的荷载模型如图4-19～图4-23所示。

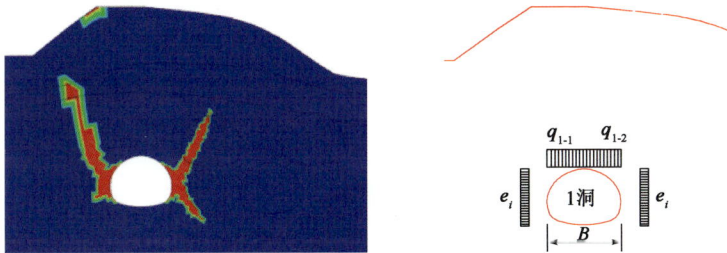

图4-19　$P11$受力模式图

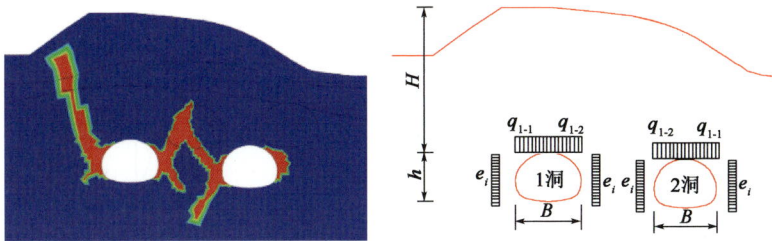

图4-20　$P12$、$P22$受力模式图

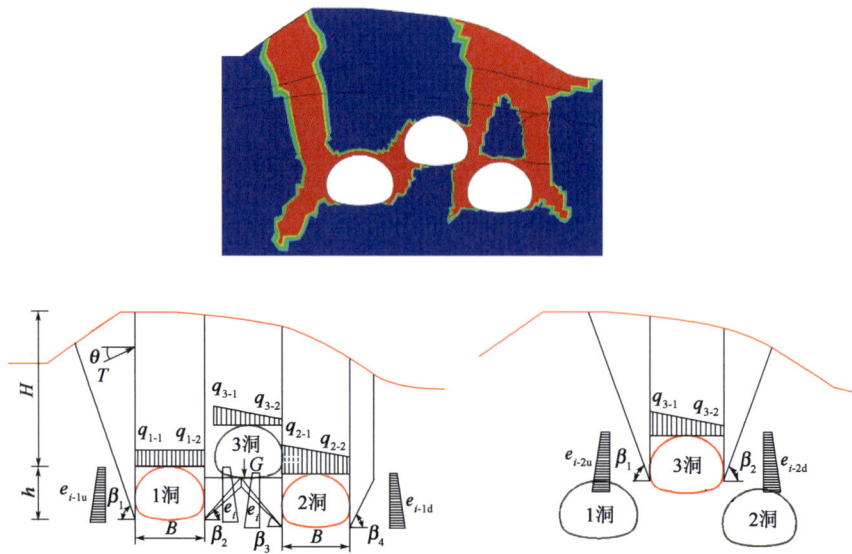

图 4-21　开挖与支护模式一 $P13$、$P23$、$P33$ 受力模式图

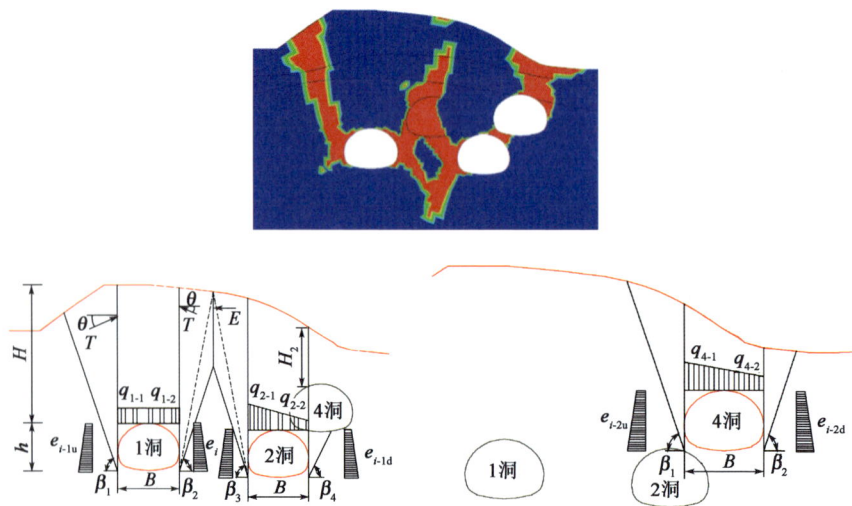

图 4-22　开挖与支护模式二 $P13$、$P23$、$P43$ 受力模式图

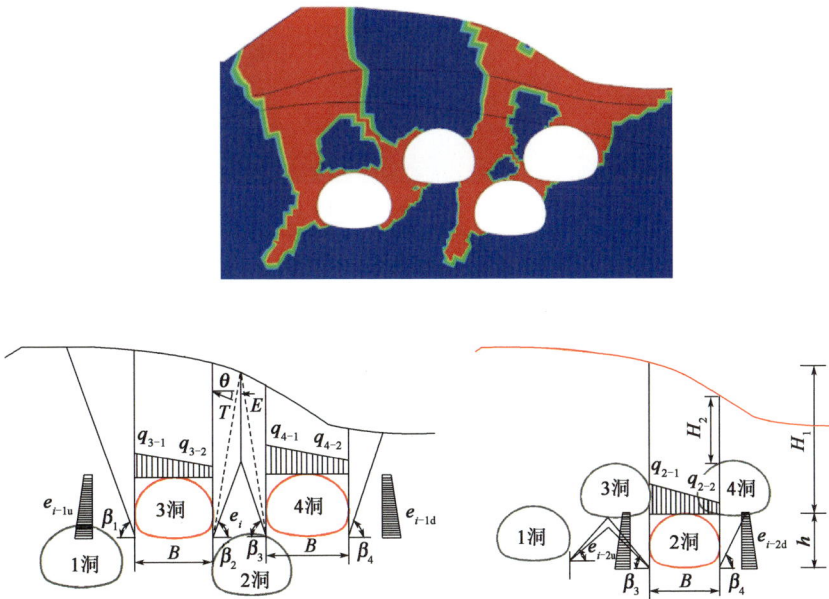

图4-23 $P14$、$P24$、$P34$、$P44$受力模式图

根据图4-19～图4-23,计算四孔隧道各阶段的围岩压力设计值,见表4-13。

四孔隧道各阶段的围岩压力设计值(单位:kPa) 表4-13

施工步序	荷载代号	荷载					
		竖向荷载		水平荷载			
		q_{i-1}	q_{i-2}	e_{i-1u}	e_{i-1d}	e_{i-2u}	e_{i-2d}
S1-1	P11	346.8	346.8	142.19	142.19	142.19	142.19
S1-2	P12	357	357	146.37	146.37	146.37	146.37
	P22	148.2	148.2	60.76	60.76	60.76	60.76
S1-3	P13	536.46	274.67	156.87	249.35	127.70	170.71
	P23	537.05	573.42	174.86	237.08	106.87	154.6
	P33	475.65	349.5	151.15	223.48	103.94	159.42
S2-3	P13-S2	357	357	146.37	146.37	146.37	146.37
	P23-S2	440.8	180.73	180.73	86.98	59.92	108.39

施工步序	荷载代号	荷载					
		竖向荷载		水平荷载			
		q_{i-1}	q_{i-2}	e_{i-1u}	e_{i-1d}	e_{i-2u}	e_{i-2d}
S2-3	P43-S2	311.9	162.56	94.61	115.57	30.3	74.98
S1-4	P14	536.46	274.67	156.87	249.35	127.70	170.71
	P24	726.41	321.5	176.43	239.59	59.92	108.39
	P34	457.7	479.8	120.15	139.86	89.42	137.15
	P44	311.9	162.56	94.61	115.57	30.3	74.98

注：S1表示开挖顺序方案A；S2表示开挖顺序方案B；竖向荷载与水平荷载均为梯形荷载；q_1为左侧荷载；q_2为右侧荷载；e_{1u}为左侧上部荷载；e_{1d}为左侧下部荷载；e_{2u}为右侧上部荷载；e_{2d}为右侧下部荷载。

4.3.3 不同强度折减系数对支护力的影响研究

上述计算中采用的围岩强度折减系数为1.15，但对于某些易软化的围岩，需要采用更大强度折减系数。以下采用折减系数1.3进行设计支护力计算，并与折减系数1.15做比较。

仍以均质围岩中的时速350km高速铁路双线隧道（断面1）和时速160km单线铁路隧道（断面2）为例，当围岩强度折减系数采用1.3时，Ⅳ级围岩不同埋深需要的设计支护力计算结果及与折减系数1.15的对比见表4-14（表中设计支护力取最小支护力的2.0倍），埋深400m时隧道周边围岩破碎区范围如图4-24和图4-25所示。

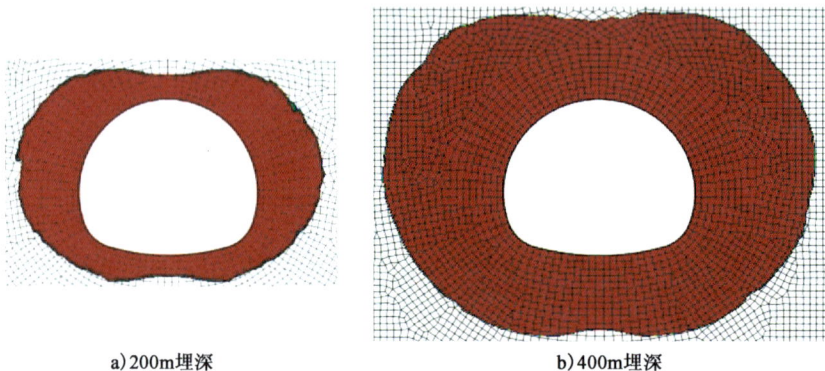

a)200m埋深　　　　　　　　　　　b)400m埋深

图4-24　断面1隧道极限平衡破坏区分布

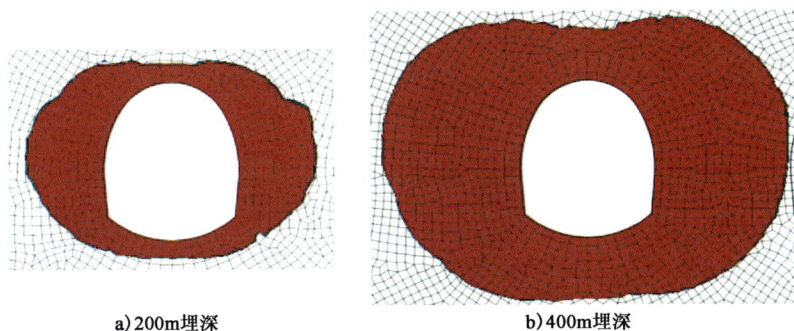

a) 200m埋深　　　　　b) 400m埋深

图4-25　断面2隧道极限平衡破坏区分布

由表4-14可知：

（1）当折减系数为1.3时，断面1围岩压力设计值相比1.15的折减系数工况高约45%；断面2围岩压力设计值相比1.15的折减系数工况高约35%。

（2）易软化围岩隧道设计时需要充分考虑其软化性能，否则可能导致计算围岩压力偏小而不安全。

不同强度折减系数设计支护力计算结果（单位：kPa）　　表4-14

断面形式	围岩等级	200m埋深			400m埋深		
		折减系数1.3	折减系数1.15	支护力比值	折减系数1.3	折减系数1.15	支护力比值
断面1	IV	159	109	1.46	336	231	1.45
断面2	IV	88	65	1.35	193.2	145	1.33

4.3.4　连续介质与连续-非连续介质计算结果对比

以IV级围岩200m埋深的时速350km高速铁路双线隧道为例，建立FDEM（有限离散单元法）模型，如图4-26所示，模型左右对称，尺寸为160m×160m，隧道位于模型中部，跨度为14.7m，断面高度为12.38m。模型采用渐变网格划分，在模型中部设置网格加密区，网格尺寸从模型中部到边界由小变大。将模型侧面设置为法向位移约束边界，底面设置为全约束边界。

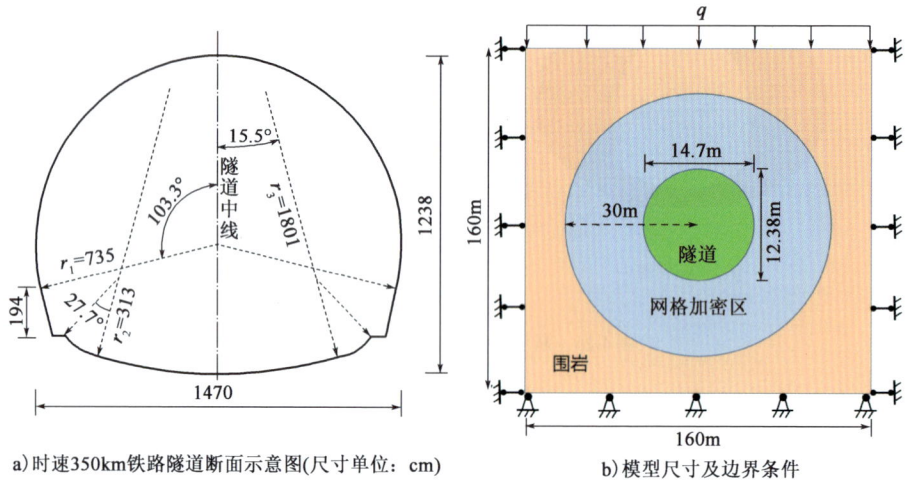

a)时速350km铁路隧道断面示意图(尺寸单位：cm)   b)模型尺寸及边界条件

图4-26　隧道模型示意图

FDEM中特征参数按照第2章表2-4和表2-5下1/3分位值取用,将围岩黏聚力c^m和φ^m进行强度折减,折减系数1.15,其余参数不变。

按照4.3.1节方法进行计算分析,当支护力分别为15kPa、45kPa、54kPa时,计算结果如图4-27所示。图4-27a)中的模拟结果显示,当支护力较小时,隧道拱顶位置裂纹贯通,大量岩块脱离岩体,产生大体积的贯通裂缝。同时,两侧边墙径向收敛变形,洞室周围围岩垮塌破坏。计算可得,15kPa支护力下隧道顶部破坏区重力等效均布荷载为71.3kPa,支护力显著小于重力荷载。当支护力增加到45kPa时,隧道开挖破坏区显著减小,隧道顶部破坏区的重力等效均布荷载减小至56.7kPa[图4-27b)],但此支护力仍较小,尚不能完全抵抗隧道开挖产生的破坏区所形成的重力。当支护力增大到54kPa时[图4-27c)],隧道洞周变形程度进一步降低,支护力与隧道顶部破坏区重力几乎一致,即最小支护力p_{imin}=54kPa。支护力调整与相应的破坏区等效荷载计算过程如图4-27d)所示。

将最小支护力乘以"荷载调整系数"k_t(取2.0),围岩压力设计值的竖向荷载为108kPa,水平荷载为54kPa(图4-28),计算结果与表4-4连续介质有限元计算结果基本一致。

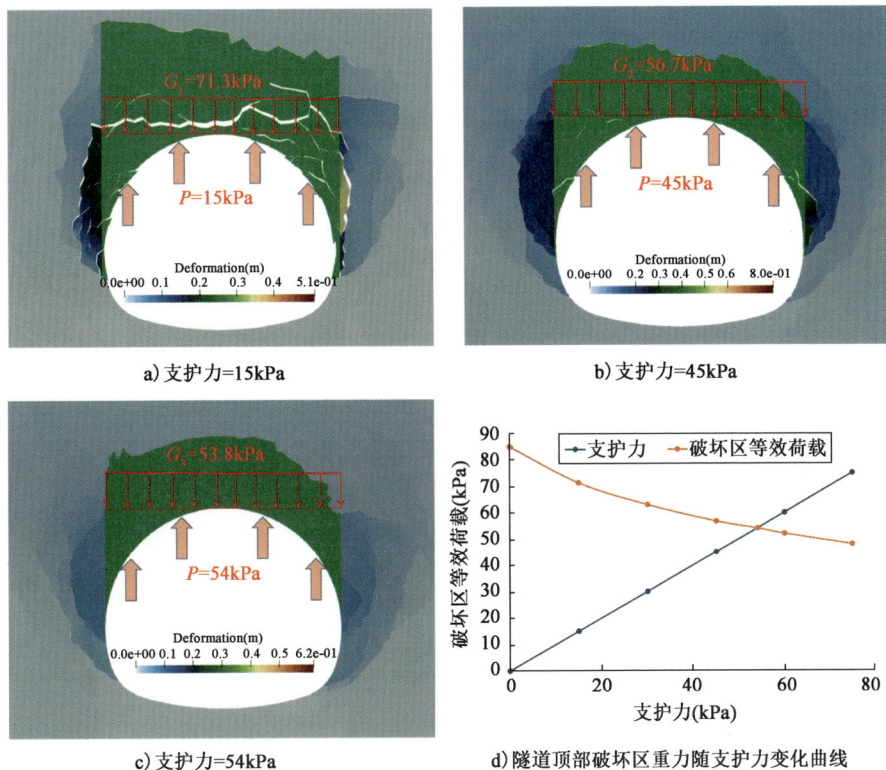

a) 支护力=15kPa

b) 支护力=45kPa

c) 支护力=54kPa

d) 隧道顶部破坏区重力随支护力变化曲线

图4-27　围岩压力设计值计算过程

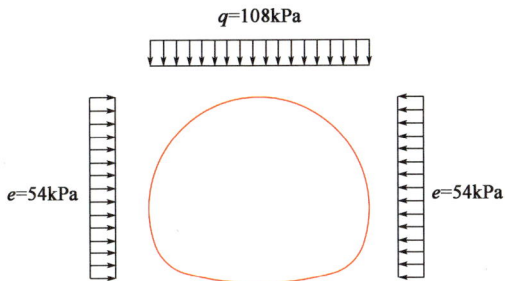

图4-28　围岩压力设计值分布

4.4 围岩压力设计值与隧道设计规范的对比

4.4.1 与均质围岩中的单洞隧道的对比

以时速350km高速铁路双线隧道为例(等效直径约为15m),采用表1-13中的计算参数,按4.3.1节计算方法得出不同埋深隧道围岩压力设计值,与《铁路隧道设计规范》(TB 10003—2016)(以下简称"铁路隧规")中的结果对比,见表4-15和图4-29。可见,Ⅲ级围岩在750m埋深范围内小于规范值,Ⅳ级围岩在大于250m埋深后即大于规范值,Ⅴ级围岩总是大于规范值。

计算案例围岩压力设计值对比表(单位:kPa)　　　　　　　　　　　表4-15

围岩压力设计值	Ⅴ级围岩 ($\lambda=0.7$)	Ⅳ级围岩 ($\lambda=0.5$)	Ⅲ级围岩 ($\lambda=0.4$)
400m埋深计算值	1172	231	43
800m埋深计算值	1938	448	90
按铁路隧规的计算值	259	150	83

注:1. λ 为侧压力系数。

　　2. 表中不同埋深的围岩压力计算值荷载调整系数 K_i 取2.0。

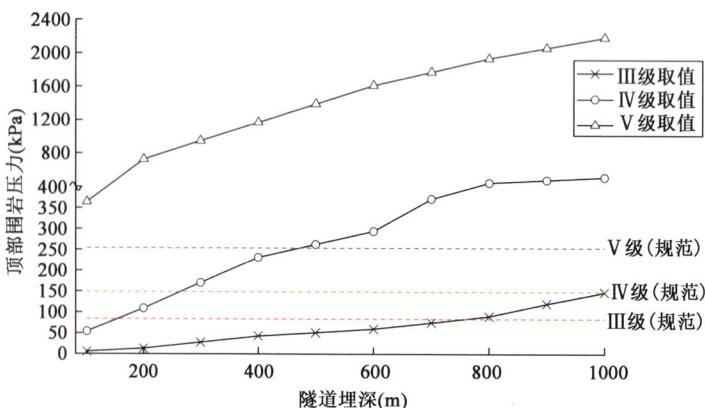

图4-29　计算案例围岩压力设计值对比图

4.4.2　与均质围岩中的小净距隧道的对比

1)设计规范提供的小净距隧道围岩计算方法

《公路隧道设计规范　第一册　土建工程》(JTG 3370. 1—2018)(以下简称"公路隧规")提供了深埋小净距隧道围岩压力计算方法,为便于与本书进行对比,特摘录如下:

(1)垂直压力

垂直压力由基本松散压力 q_1 和附加松散压力 q_2、q_2' 组成(图4-30)。

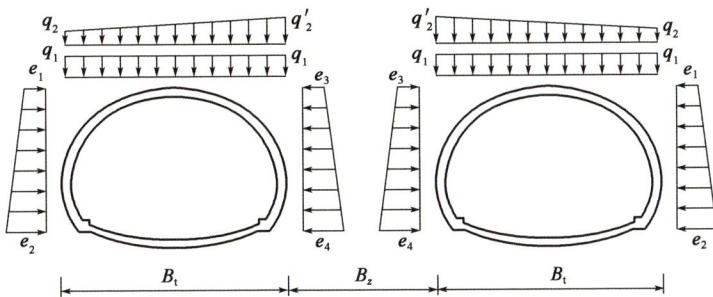

图4-30　小净距隧道荷载分布示意图

基本松散压力 q_1:单侧洞室形成的稳定平衡拱下部的围岩压力,假定其为均布荷载(kPa)。

附加松散压力 q_2、q_2':左右洞室共同形成的极限平衡拱下部围岩松散压力减去基本松散压力及中岩墙体承担的上部围岩压力后的荷载,假定其为梯形分布荷载(kPa)。

小净距隧道内外侧垂直压力按式(4-13)、式(4-14)计算。

外侧:

$$q_{外} = q_1 + q_2 = \gamma(h_{q1} + h_{q2}) \tag{4-13}$$

内侧:

$$q_{内} = q_1 + q_2' = \gamma(h_{q1} + h_{q2}') \tag{4-14}$$

小净距隧道形成的平衡拱一般介于以下两种极限状态之间。

情况一:隧道开挖方式不当,或中岩柱加固措施不合理,中岩墙承载能力较小。左右洞室的平衡拱范围逐渐扩大,最后在左右洞室的上方形成一个共同的平衡拱。此时不考虑中夹岩柱作用,以整个小净距隧道开挖宽度作为毛洞跨度的塌落拱曲线,为最不利情况,此时塌落拱高度按式(4-15)计算:

$$h_1^w = 0.45 \times 2^{S-1} \times [1 + i(2B_t + B_{np} - 5)] \tag{4-15}$$

情况二:加固后的中岩墙体形成了一个承载能力很强的柱体,阻止了岩柱体上方松散土体的下沉,减小了平衡拱的形成范围,仅在单侧洞室上方各自形成稳定的平衡拱,左右洞的平衡拱无影响。小净距隧道单洞结构计算的塌落拱曲线,是最理想的情形,塌落拱高度按式(4-16)计算:

$$h_{q1} = 0.45 \times 2^{S-1} \times [1 + i(B_t - 5)] \tag{4-16}$$

小净距隧道垂直压力按以下公式计算:

$$q_1 = \gamma h_{q1} = 0.45 \times 2^{S-1} \gamma [1 + i(B_t - 5)] \tag{4-17}$$

$$q'_2 = \gamma h'_{q2} = \gamma \left[\frac{4}{3}(h_1^w - h_{q1}) - \frac{P_z}{\gamma B_m} \right] \frac{B_{wp} + B_t}{B_m} \tag{4-18}$$

$$q_2 = \gamma h_{q2} = \gamma \left[\frac{4}{3}(h_1^w - h_{q1}) - \frac{P_z}{\gamma B_m} \right] \frac{B_{wp}}{B_m} \tag{4-19}$$

上述式中:S——围岩级别;

$\quad i$——开挖宽度每增减1m时的围岩压力增减率,可以按照表4-16取值,宽度大于14m时取0.12;

$\quad B_{wp}$——外侧边破裂面在水平方向的投影长度(m),可按式(4-20)计算:

$$B_{wp} = (H_t - H_w)\tan\left(45° - \frac{1}{2}\varphi_c\right) \tag{4-20}$$

$\quad B_{np}$——内侧边破裂面在水平方向的投影长度(m),可按式(4-21)计算:

$$B_{np} = \min\left[\frac{1}{2}B_z, (H_t - H_n)\tan\left(45° - \frac{1}{2}\varphi_c\right) \right] \tag{4-21}$$

$\quad H_t$——隧道开挖高度(m);

$\quad H_w$——洞室外侧破裂面与侧边开挖轮廓线交点的高度(m);

$\quad H_n$——洞室内侧破裂面在边墙上起始的高度(m);

$\quad \gamma$——围岩重度(kN/m³);

$\quad \varphi_c$——岩体的计算摩擦角(°);

$\quad B_t$——单侧隧道的开挖宽度(m);

B_m——小净距隧道单侧洞室可能坍塌的宽度,按式(4-22)计算;

P_z——中夹岩柱对上部岩体的支撑力(kN)。

说明:当$q_2<0$时,取$q_2=0$,当$q_2' < 0$时,取$q_2' = 0$。

围岩压力增减率取值表 表4-16

隧道宽度B(m)	$B<5$	$5\leqslant B<14$	$14\leqslant B<25$	
围岩压力增减率i	0.2	0.1	考虑施工过程分导洞开挖	0.07
			上下台阶法或者一次开挖	0.12

$$B_m = B_t + B_{wp} + B_{np} \tag{4-22}$$

上述符号示意如图4-31、图4-32所示。

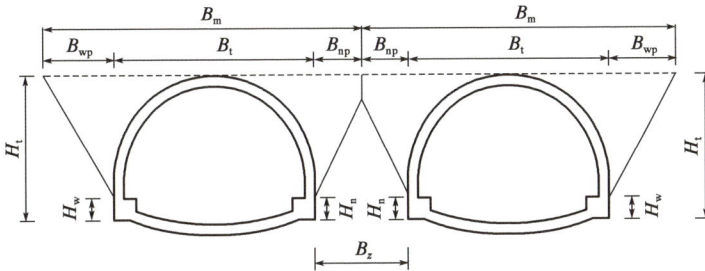

图4-31 小净距隧道荷载计算示意图($B_{zp}=0$)

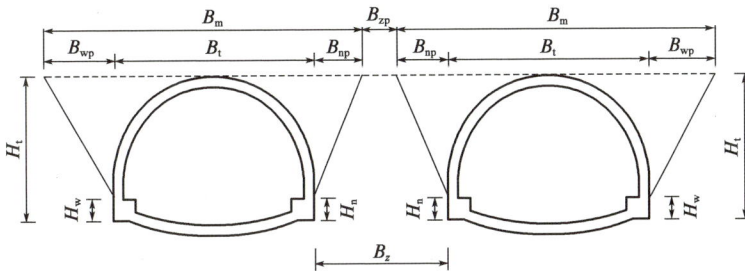

图4-32 小净距隧道荷载计算示意图($B_{zp}>0$)

对于小净距隧道的中夹岩柱,应考虑隧道支护结构(如预应力对拉锚索)的主动支护力对岩体抗压强度的提高效应,根据莫尔-库仑强度理论,其换算强度可按式(4-23)计算:

$$R_S^T = P_i \frac{1 + \sin\varphi}{1 - \sin\varphi} + R_S^b \tag{4-23}$$

上述式中:R_S^T——中夹岩柱岩体的换算强度(kPa);

$\quad\quad\quad R_S^b$——中夹岩柱岩体单轴抗压设计强度(kPa);

$\quad\quad\quad P_i$——支护结构对中夹岩柱的主动支护抗力(kPa);

$\quad\quad\quad \varphi$——中夹岩柱岩体内摩擦角(°)。

因此,中夹岩柱对上部岩柱的支撑力可按式(4-26)计算:

$$P_z = \frac{R_S^T B_{zp}}{K_z} \qquad (4\text{-}24)$$

式中:K_z——中夹岩柱的支撑能力的安全系数,一般取$K_z=2$;

$\quad\quad B_{zp}$——中夹岩柱有效承载宽度(m),按式(4-25)计算:

$$B_{zp} = B_z - 2B_{np} \qquad (4\text{-}25)$$

(2)水平侧压力

当围岩级别为 I ~ III 级时:

外侧:

$$e_{1\text{-}2}^i = \lambda(q_1 + q_2) \qquad (4\text{-}26)$$

内侧:

$$e_{3\text{-}4}^i = \lambda(q_1 + q'_2) \qquad (4\text{-}27)$$

当围岩级别为 IV ~ VI 级时:

外侧:

$$e_{1\text{-}2}^i = \lambda(q_1 + q_2 + \gamma h_i) \qquad (4\text{-}28)$$

内侧:

$$e_{3\text{-}4}^i = \lambda(q_1 + q'_2 + \gamma h_i) \qquad (4\text{-}29)$$

上述式中:$e_{1\text{-}2}^i$——外侧拱部及变强任意点水平方向围岩压力(kPa);

$\quad\quad\quad e_{3\text{-}4}^i$——内侧拱部及变强任意点水平方向围岩压力(kPa);

$\quad\quad\quad h_i$——计算点到拱顶的距离(m);

$\quad\quad\quad \lambda$——侧压力系数;

其余符号含义同前。

2)计算结果对比

根据公路隧规可得出4.3.2节中小净距隧道工况1~工况10围岩压力值和单洞隧道围岩压力值,见表4-17。

规范围岩压力计算结果（竖直荷载，单位:kPa）　　　　表4-17

| 工况 | 小净距隧道 | | 单洞隧道 |
	外侧荷载	内侧荷载	均布荷载
1	124.1	185.0	
2、8、9、10	125.0	187.5	
3	125.6	189.6	100.8
4	126.0	191.5	
5	110.7	136.3	
6、7	100.8	100.8	

由表4-17可知,按公路隧规得到的小净距隧道围岩压力具有以下特征:

①围岩压力与埋深无关;

②只有当$B_z>2B_{np}$时,中夹岩柱有效承载宽度$B_{zp}>0$,中夹岩柱才具有承载能力,所以随着净距的增大,小净距隧道围岩压力先增大后减小,当$B_z≈6m$时(约$0.75B_t$),围岩压力最大,$B_z≈9m$时(约$1.1B_t$),围岩压力趋于单洞隧道;

③围岩压力分布总是中间大两边小。

对比本书围岩压力设计值(表4-8)与按公路隧规计算方法得到的计算结果,可知二者不仅数值差别较大,而且分布形态也有很大差别,公路隧规计算方法得出的拱部围岩压力为"内侧大外侧小",而本节提出的计算方法得出的围岩压力形态与埋深和净距相关,共有3种分布形态。造成上述差别的主要原因是:

①公路隧规采用的荷载计算模型是基于塌落拱理论的塌方高度,因此是中间大两侧小。但如前所述,该塌方高度实际上是图4-2中的"破坏后阶段"的围岩压力,而该阶段的支护结构已不存在。对于结构设计而言,采用该阶段的塌方高度作为围岩压力已无意义。

②公路隧规没有区分内外侧压力系数的差别,则当两隧道的净距为0时,按公路隧规公式可以得出"内侧水平侧压力要大于外侧水平侧压力"的结论,而既然两隧道净距为0,则内侧压力也必定是0,这说明公路隧规公式存在不合理之处。

③本节提出的算法是基于结构刚好接近垮塌时的极限状态进行计算,与通用的结构设计原理一致,更具合理性。

4.5　相关因素对围岩压力设计值的影响与修正

由表4-15和图4-26可见,Ⅴ级围岩的压力设计值远远大于规范值,与现场不符,有其特殊原因,现对其分析如下。

101

4.5.1　空间效应对围岩压力设计值的影响与修正

以 V 级围岩为例,假设某段 V 级围岩埋深400m,长度为 L,其两侧为Ⅳ级围岩,且 V 级围岩与Ⅳ级围岩的交界面垂直于隧道轴线。采用三维弹塑性有限元方法对不同长度 L、不同洞径 D 情况下的围岩压力设计值进行了分析(计算模型见图4-33),并与整体处于 V 级围岩工况进行了对比,二者比值为 ξ,ξ 与洞径 D 和 V 级围岩区段长度 L 的关系如图4-34所示。

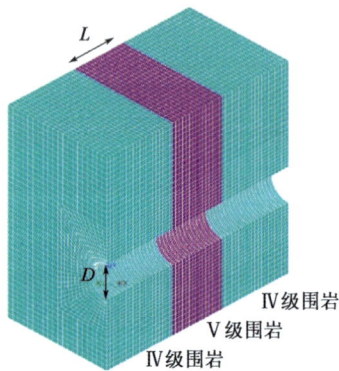

图4-33　围岩压力空间效应计算有限元模型

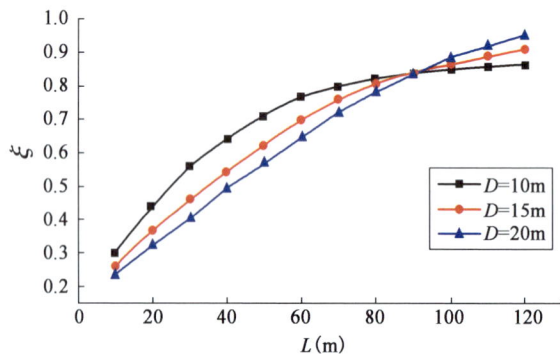

图4-34　V 级围岩总长度、洞径对围岩压力设计值的影响

由图4-34可见,随着 V 级围岩长度的增加,其围岩压力设计值越来越接近通长区段的 V 级围岩荷载。当 V 级围岩长度为10m时,折减系数在0.3以下;当 V 级围岩长度为20m时,折减系数为0.3~0.45;当 V 级围岩长度为90m时,折

减系数约为0.8。因此,围岩压力具有明显的空间效应,当现场出现大埋深、长区段的Ⅴ级围岩,必然会产生软岩大变形,这与工程经验是相符的。实际上,不仅Ⅴ级围岩具有空间效应,只要是力学指标低的围岩夹在力学指标高的围岩之间,就会产生空间效应。

4.5.2　超前注浆对围岩压力设计值的影响

对于长区段深埋Ⅴ级围岩,根据工程经验,这些地段施工中均十分艰难,一般均需要进行超前注浆加固,以改善施工和支护受力条件,这说明注浆加固可以减少支护力,现对围岩注浆加固对围岩压力设计值的影响进行分析。

采用第四强度理论,根据厚壁圆筒弹性解(拉麦公式)、弹塑性解(多姆克公式)、塑性极限状态解,计算注浆加固圈的承载能力P_z有不同的计算公式。由于是软弱围岩才需要超前注浆加固,而软弱围岩开挖后的塑性区较大,因此,注浆加固圈的承载能力建议采用塑性极限状态解,即按式(4-30)计算:

$$P_z = \frac{2}{\sqrt{3}} [\sigma] \ln \frac{h_z + R_0}{R_0} \tag{4-30}$$

式中:P_z——注浆加固圈的极限承载力(kPa);

$[\sigma]$——注浆圈的极限强度(kPa);

h_z——注浆圈的厚度(m);

R_0——隧道开挖半径,断面非圆形时取当量半径(m)。

以时速350km高速铁路双线隧道为例,假设注浆加固圈厚度为3m,侧压力系数$\lambda=1.0$,$[\sigma]$取2.6MPa(考虑围岩并非理想弹塑体,取极限强度为屈服强度的1.3倍)。采用式(4-26)作为加固圈的支护力,再按式(4-16)求解该支护力作用下的剩余塑性区高度h_{p1},将该剩余塑性区高度作为隧道支护结构的围岩压力设计值(图4-35)。

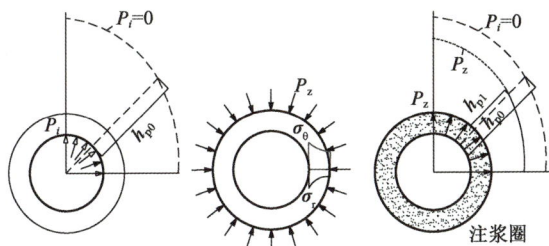

图4-35　考虑注浆加固圈的围岩压力设计值计算模型图

h_{p0}-无超前注浆时塑性区高度;h_{p1}-超前注浆后塑性区高度

按上述方法计算得到的修正后的 V 级围岩的压力设计值,在埋深为 400m 时约为图 4-35 计算值 h_{p0} 的 24.9%,埋深为 800m 时约为图 4-35 计算值 h_{p0} 的 30.2%,可见,注浆加固圈显著减少了围岩压力。

4.5.3 大埋深软弱围岩或隧底存在软弱地层时的影响

上述计算方法中,均认为底部的主动围岩压力为0,这是有其适用条件的。对于大埋深软弱围岩或隧底为软弱地层时,围岩表面收敛位移均呈现"底鼓值>两帮收敛值>拱顶下沉值"的分布规律。底鼓是造成矿井巷道失稳破坏的重要因素,由于巷道底板所处的部位特殊,工作面装岩出渣和材料运输使得底板支护加固滞后于两帮和顶拱数十米甚至数百米,而且巷道拱部常用的支护加固方法难以在底板支护加固中实现,导致底板暴露时间长,支护加固强度低,底板围岩(特别是2个底角附近围岩)由于应力高度集中而发生强烈的剪切滑移(图4-36),宏观表现为剧烈的底鼓变形,进而形成主动荷载[62]。底部主动荷载的具体计算方法有待今后进一步研究。

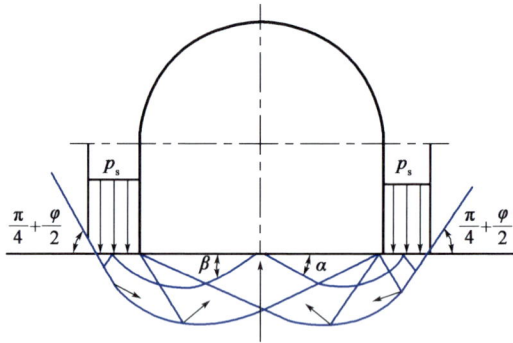

图 4-36 软弱围岩大埋深隧道底部产生主动荷载的原理

4.6 围岩压力设计值的安全性与经济性评价

4.6.1 安全性评价

1)按支护时机分析

从图4-37所示的支护时机对支护力的影响曲线可以看出,当支护力等于围

岩压力设计值 P_r 时,支护力的安全性只能包络围岩变形大于设计支护力所对应的位移(δ_1)的情况(图 4-37 中的支护时机 2 和支护时机 3),而施工中也可能出现"支护过早"引起支护力大于围岩压力设计值的情况(如图 4-37 中的支护时机 1),则在支护时机 1 中,当支护力达到 P_r 时(对应的围岩位移为 δ_2),支护强度已无法继续增加,进而产生塑性变形。此时,要进一步分析结构达到破坏状态时的变形能力(Δ)。随着变形的增加,围岩压力会下降,如果 $\Delta \geqslant (\delta_1 - \delta_2)$,则围岩压力设计值仍是安全的;如果 $\Delta < (\delta_1 - \delta_2)$,则围岩压力设计值是不安全的。因此,当 $\Delta < (\delta_1 - \delta_2)$ 时,不应简单认为是支护强度过弱,而应通过采取更为柔性的支护方式(如可缩式支护)或适当加大施工循环进尺长度等方法来避免"支护过早"的情况。

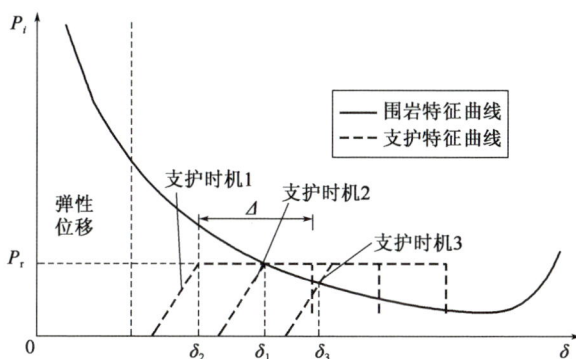

图 4-37　支护时机对支护力的影响

围岩压力设计值的算法中考虑了运营期围岩的劣化影响(围岩强度储备安全系数不小于 1.15),并设置了适当的荷载调整系数(一般为 2.0,最小不低于 1.4),只要不出现"支护过早",同样具有合适的安全性。

2)与现场实测值对比

(1)相关实测成果

结合铁路隧道采用大型机械化施工的案例,王明年等[63]在郑万高铁工程现场开展了大量的围岩压力与支护受力测试工作,并通过现场实测及文献调研方法,共获取国内 2000—2018 年间修建的 54 座隧道、205 个形变荷载监测断面数据样本(这些隧道主要分布在我国华北、华中、华东、华南以及西南地区,样本包括不同时间、施工工法、围岩级别、隧道跨度),其数据统计结果见图 4-38。将样本数据整理分析后拟合得到初期支护竖向形变荷载按式（4-31）计算（该公式采用回归分析，没有对围岩压力进行包络取值），水平形变荷载按式（4-32）计算，上述成果部分修正后纳入了《铁路隧道机械化全断面设计施工指南》（Q/CR 9575—2021）。

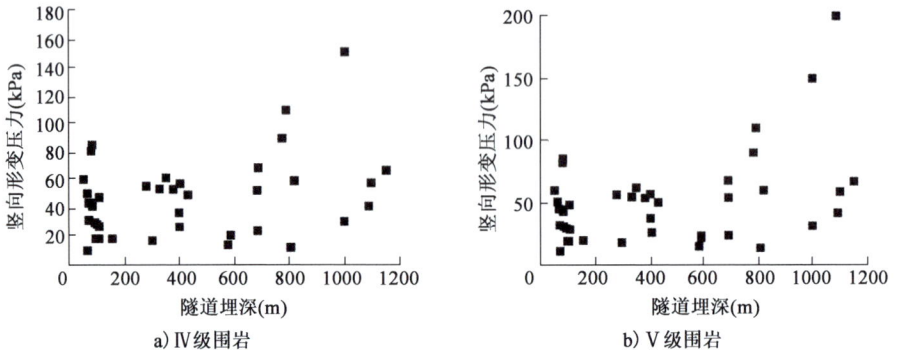

a）Ⅳ级围岩   b）Ⅴ级围岩

图4-38   Ⅳ、Ⅴ级竖向形变压力变化曲线[63]

$$q = \alpha \cdot K_c \cdot B \cdot e^{0.5S - \frac{15}{H}} \tag{4-31}$$

$$e = \lambda q \tag{4-32}$$

上述式中：q——竖向形变荷载（kPa）；

　　　　　e——水平形变荷载（kPa）；

　　　　　S——围岩级别；

　　　　　B——隧道跨度（m）；

　　　　　H——埋深（m）；

　　　　　λ——侧压力系数，见表4-18；

　　　　　α——修正系数，取1.2；

　　　　　K_c——施工水平影响系数，当采用大型机械化配套施工时，$K_c = 1$；当采用普通机械化施工时，$K_c = 1.03 \sim 1.15$（根据围岩级别进行取值，围岩级别越高，取值越大）。

侧压力系数表   表4-18

围岩级别	Ⅲ级	Ⅳ级	Ⅴ级
侧压力系数	<0.25	0.25 ~ 0.5	0.5 ~ 1.0

　　李鹏飞等[64]通过现场实测和调研分析,统计了44座隧道的91个监测断面的围岩压力,Ⅳ、Ⅴ级围岩压力/跨度与埋深的统计关系如图4-39所示。

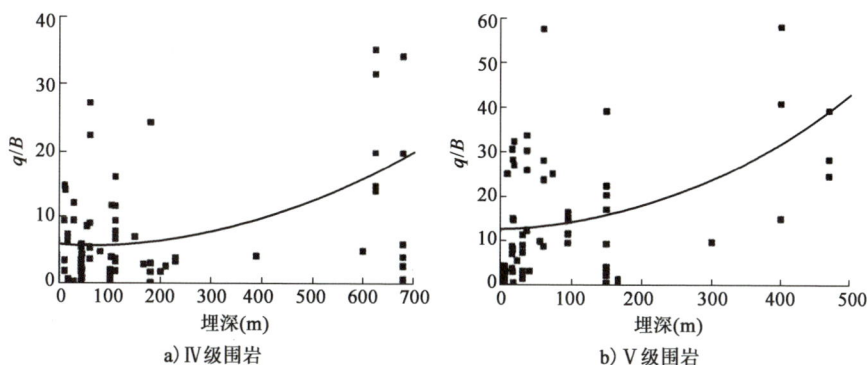

图4-39　Ⅳ、Ⅴ级围岩压力/跨度与埋深的统计关系[64]

(2)对比分析

　　整合文献[63]、[64]统计得到的围岩压力以及第9章宜兴铁路隧道开展的围岩压力现场测试结果,与围岩压力设计值进行对比分析。Ⅴ级围岩压力设计值考虑空间效应和注浆加固措施在长区段Ⅴ级围岩压力基础上乘以0.4的折减系数,Ⅳ、Ⅴ级围岩压力对比结果如图4-40所示。

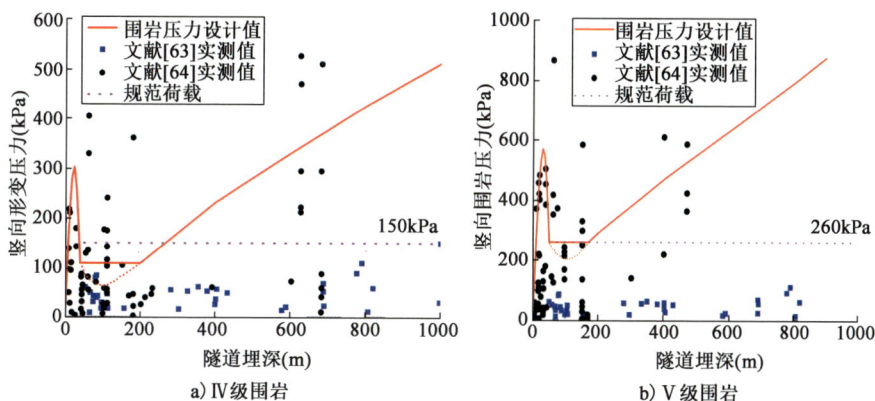

图4-40　Ⅳ、Ⅴ级围岩压力与埋深的设计值与实测值

由图4-40可知,总安全系数法的围岩压力设计值具有合适的安全性。

以200m和400m埋深为例,本书计算得到的围岩压力设计值与《铁路隧道设计规范》(TB 10003—2016)、Q法围岩压力公式以及按公式(4-31)计算结果的对比见表4-19。由表可见,对于Ⅳ级围岩200m埋深,本书计算值略小于公式(4-31)计算结果,埋深超过230m时,本书计算值将大于公式(4-31)计算结果;对于Ⅴ级围岩200m埋深和400m埋深工况,本书计算值大于公式(4-31)计算结果。

围岩压力设计值与相关规范及现场实测值对比   表4-19

围岩级别	围岩压力计算方法	200m埋深		400m埋深	
		竖向荷载(kPa)	与公式(4-31)结果比值	竖向荷载(kPa)	与公式(4-31)结果比值
Ⅳ级	铁路隧规公式	151.2	122.5%	151.2	118.0%
	Q法(按$J_r=1,J_n=9$计算)	158.7	128.6%	200	156.1%
	式(3-31)	123.4	100.0%	128.1	100.0%
	围岩压力设计值本书算法	109	88.3%	231	180.3%
Ⅴ级	铁路隧规公式	259.2	127.4%	259.2	122.7%
	Q法(按$J_r=1,J_n=9$计算)	342	168.1%	430.9	204.0%
	式(3-31)	203.4	100.0%	211.2	100.0%
	本书算法(考虑空间效应,折减系数0.3)	218.4	107.4%	351.6	166.5%

注:Ⅳ级围岩200m埋深时$Q=2$,400m埋深时$Q=1$;Ⅴ级围岩200m埋深时$Q=0.2$,400m埋深时$Q=0.1$。

4.6.2 经济性评价

围岩压力设计值的经济性评价采用两个指标:一是在设计支护力作用下的塑性区高度与无支护力时最大塑性区的比值,该比值不宜过小;二是设计支护力与最小支护力的比值,该比值不宜过高。

1)设计支护力作用下的塑性区高度

以400m埋深为例,采用围岩压力设计值作为设计支护力时,不同围岩级别、不同隧道洞径的实际塑性区高度与无支护时最大塑性区高度的对比见图 4-41（图中 V 级围岩按无限长并考虑了 3m 范围注浆加固圈的承载作用）。由图可知：

（1）隧道当量圆半径越大，塑性区高度的折减比例越小，支护力对塑性区扩展的控制作用越明显；

（2）Ⅲ、Ⅳ、Ⅴ级围岩当量半径小于 9m 时，采用所提出的围岩压力设计值作为支护力，可以将实际塑性区范围控制在最大塑性区的 67% ~ 95%，与最大塑性区范围较为接近，具有合适的经济性。

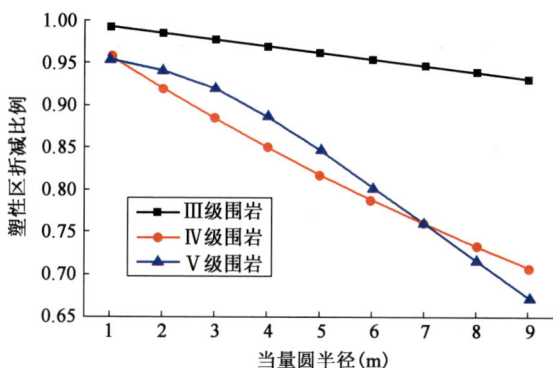

图 4-41　支护前后塑性区高度比值与当量圆半径的关系曲线

2）围岩压力设计值与最小支护力的比值关系

（1）最小支护力计算方法一

当 $\lambda = 1$ 时，圆形隧洞围岩松动区内滑裂面为一对对数螺线，假设松动区内强度已大大下降，可认为滑移岩体已无自承作用以致其全部重量由支护抗力 $P_{i\min}$ 来承担[26]，如图 4-42 所示，由此有：

$$P_{i\min} = \frac{\gamma(R_{\max} - R_0)}{2} \tag{4-33}$$

式中：$R_{\max}$——与 $P_{i\min}$ 相应的松动区半径。

由切向应力 $\sigma_\theta = P_0$ 确定松动半径 $R_{\max}$：

$$R_{\max} = R_0 \left\{ \frac{(P_0 + c\cot\varphi)(1 - \sin\varphi)}{(P_{i\min} + c\cot\varphi)(1 + \sin\varphi)} \right\}^{\frac{1 - \sin\varphi}{2\sin\varphi}} \tag{4-34}$$

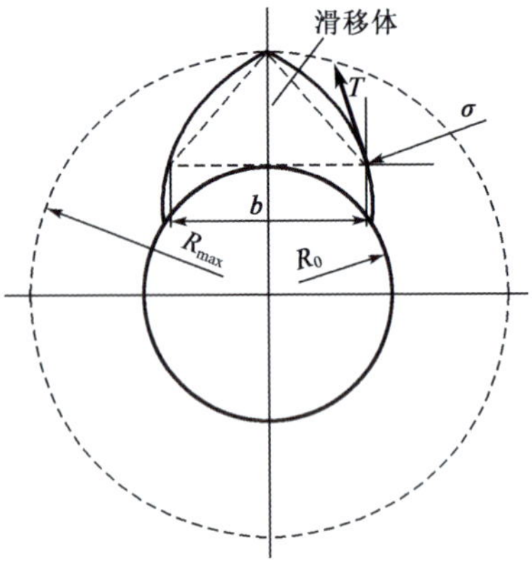

图 4-42 最小支护力计算方法一的计算图示

由式(4-33)和式(4-34)联立可以解出最小支护力。据此计算 400m、800m 埋深时不同当量半径隧道的围岩压力设计值与最小支护力的比值关系 $P_r/P_{i\min}$，如图 4-43 和表 4-20、表 4-21 所示。可知：

①隧道当量圆半径对Ⅲ、Ⅳ级围岩该比值的影响不大，分别在 3.30 和 3.00 左右；

②Ⅴ级围岩该比值关系与当量圆半径呈正相关，且始终大于 1，在常用隧道当量半径范围(3~8m)为 1.2~1.8(已考虑上述注浆加固圈影响)。可见，围岩压力设计值为最小支护力的 1.2~3.3 倍，具有合适的经济性。

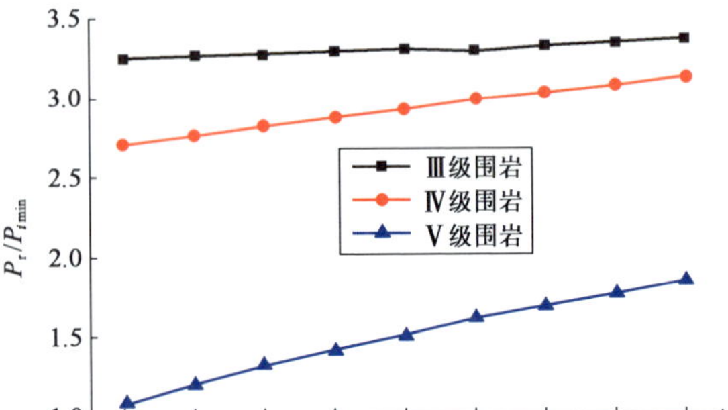

图 4-43 $P_r/P_{i\min}$ 与当量圆半径的关系曲线(埋深400m)

最小支护力—(c值无折减)与围岩压力设计值的比值(直径15m隧道) 表4-20

围岩级别	埋深400m			埋深800m		
	最小支护力(kPa)	简便算法荷载设计值(kPa)	荷载设计值/最小支护力	最小支护力(kPa)	简便算法荷载设计值(kPa)	荷载设计值/最小支护力
Ⅲ级	7	43	6.14	21.6	90	4.16
Ⅳ级	58	231	3.98	102	448	4.39
Ⅴ级	225	410	1.82	356	676	1.90

最小支护力—(c值折减70%)与围岩压力设计值的比值(直径15m隧道) 表4-21

围岩级别	埋深400m			埋深800m		
	最小支护力(kPa)	简便算法荷载设计值(kPa)	荷载设计值/最小支护力	最小支护力(kPa)	简便算法荷载设计值(kPa)	荷载设计值/最小支护力
Ⅲ级	14.5	43	2.96	30	90	3.00
Ⅳ级	76	231	3.04	122	448	3.67
Ⅴ级	252	410	1.63	380	676	1.78

（2）最小支护力计算方法二

最小支护计算方法二采用4.3节的围岩压力设计值算法,即在保证围岩强度储备安全系数为1.15的前提下,平衡隧道周边破碎区围岩自重所需的支护力即为最小支护力,围岩压力设计值取不低于最小支护力的1.4倍。也就是说,设计支护力为最小支护力的1.4倍以上,取值同样不是特别保守,具有合适的经济性。

4.6.3 围岩压力设计值总体评价

（1）采用"围岩压力设计值"作为设计支护力,为解决设计中无法预先获得实际围岩压力的问题提供了解决思路,有利于从设计角度将复杂的问题简单化。围岩压力设计值不是作用于支护上的实际值,只是一个用于结构计算的荷载名义值,其取值合理性可以采用安全性与经济性两个指标评价。

（2）围岩压力设计值可以采用基于强度折减法的最小支护力算法,也可采用基于无支护状态下塑性区围岩自重的方法进行估算。

（3）当软弱围岩的两端为较好围岩时,围岩压力具有空间效应,实际的围岩压力设计值要低于理论计算值,具体折减值与隧道洞径、软弱围岩的长度等因素有关;超前注浆加固圈有明显的承载作用,可以显著降低围岩压力设计值。

(4)围岩压力设计值算法考虑了围岩强度储备安全系数1.15,荷载调整系数取1.40倍以上(一般取2.0~3.0),只要合理调整支护刚度或支护时机(详见第8章),就具有合适的安全性。采用围岩压力设计值与按实测值回归得出的式(4-33)计算结果的对比也表明,围岩压力设计值具有合适的安全性。

(5)采用所提出的围岩压力设计值作为支护力,可以将实际塑性区范围控制在最大塑性区的67%~95%,且在最小支护力的基础上的调整系数宜为2.0~3.0,且不应低于1.4,此时具有合适的经济性。

第5章

▽

总安全系数法的结构计算模型
与计算方法

　　根据第4章得出围岩压力设计值后,隧道支护结构就可以采用荷载-结构法进行内力计算。由于隧道支护结构一般是由锚杆围岩承载拱(以下简称"锚岩承载拱")、喷射混凝土层、二次衬砌层组成的多层结构,因此需要分别建立单层结构和多层结构的计算模型。每层结构自身的安全系数可以采用破损阶段法计算,多层结构的总安全系数需要在考虑各层结构之间的变形协调与破坏次序之后,包含每层结构的贡献。又由于既有设计规范对结构安全系数的取值是针对整体结构中的单一构件,因此还需要考虑隧道工程自身的特点研究多层结构总安全系数的取值。

　　本章重点对支护结构的计算模型、总安全系数的计算方法、总安全系数的取值、特殊支护方式的计算方法等进行介绍。

5.1　隧道支护结构的主要设计内容

　　在确定隧道内轮廓断面后,隧道支护结构的设计主要包括结构形式、结构参数、建筑材料等内容。对于采用新奥法施工的隧道,结构形式一般分为喷锚组合支护和复合式衬砌两种。喷锚组合支护由喷射混凝土和锚杆组成,有时也包括超前加固。其中,锚杆的结构与材料参数主要包括锚杆/索的长度、间距、直径、材质等,喷射混凝土的结构与材料参数主要包括混凝土厚度、混凝土强度、钢架和钢筋网参数等。复合式衬砌由初期支护和二次衬砌以及二者之间的防水隔离层组成,一般初期支护的设计内容与喷锚组合支护基本相同,二次衬砌的结构和材料参数主要包括混凝土厚度、混凝土强度、钢筋强度与布置等。各种结构形式的主要设计内容详见图5-1。

本章主要对支护结构安全性的计算方法进行介绍。

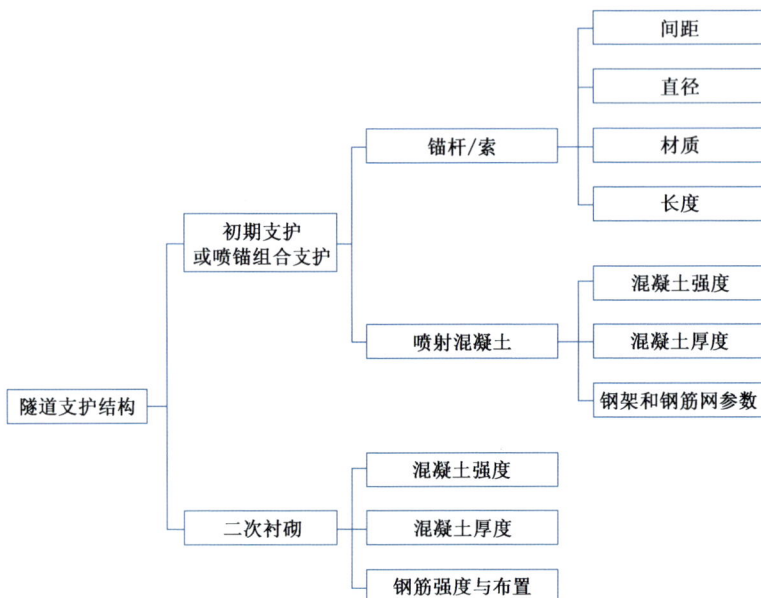

图5-1 隧道支护结构的主要设计内容

5.2 支护结构计算模型

5.2.1 支护结构分层

在总安全系数法中,将复合式衬砌隧道支护结构分为锚岩承载拱、喷射混凝土层(包括喷射混凝土、喷射钢纤维混凝土、钢架、钢筋网等,以下简称"喷层")、二次衬砌三层结构,将喷锚组合支护结构分为锚岩承载拱和喷层两层结构,每层结构及多层结构组合后的组合结构均有相应的荷载结构计算模型,分别如下。

模型一:锚岩承载拱的荷载结构模型。

模型二:喷层的荷载结构模型。

模型三:二次衬砌的荷载结构模型。

模型四:破损(坏)阶段复合结构模型。

各荷载结构模型中,围岩压力均取全部的围岩压力设计值。

5.2.2　模型一:锚岩承载拱的荷载结构模型

1)模型介绍

锚杆是深入围岩内部的支护构件,通过其抗拉作用,可以使锚杆加固范围内的一定厚度的围岩作为"结构层"进行承载,由此形成的"人工承载拱"称为"锚岩承载拱"。需要说明的是,承载拱效应仅是锚杆功效的一种,锚杆还有悬吊作用(将不稳定岩块悬吊在稳定岩体上)、抗剪作用(通过提高层状围岩层间抗剪强度使其形成组合梁,或通过提高裂隙面的抗剪强度使块状围岩形成整体)等,不在本章讨论范围内。

锚岩承载拱的荷载结构法计算模型见图5-2。模型中,围岩压力采用第4章中得出的围岩压力设计值;当锚岩承载拱的中心线长度与厚度的比值大于5时,可采用梁单元模拟,否则需要采用实体单元模拟。承载拱与地层相互作用采用无拉径向弹簧模拟,墙脚处采用竖向和水平向弹性支撑模拟。

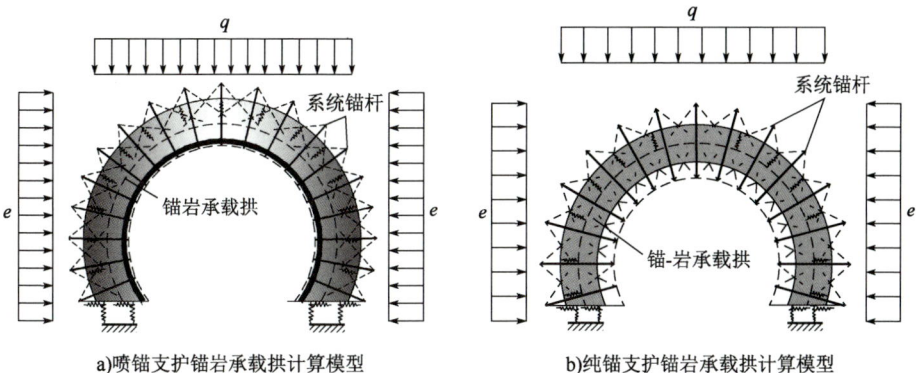

a)喷锚支护锚岩承载拱计算模型　　　　b)纯锚支护锚岩承载拱计算模型

图5-2　模型一:锚岩承载拱的荷载结构模型

115

2)模型参数

(1)承载拱厚度

当采用喷锚组合支护时,锚杆的外端头按一定角度往隧道内侧进行压力扩散(扩散角度应根据具体的地质条件选择,最大不超过45°),相邻锚杆压力扩散后的交点所形成的连线即为承载拱的外边线,承载拱内边线为喷层外表面或围岩内表面。

对于纯锚支护系统,由于围岩内表面无喷层约束,锚杆的内、外端头均按一定角度进行压力扩散,压力扩散叠合区的厚度即为锚岩承载拱厚度。

(2)承载拱材料强度

如图5-3所示,隧道开挖后,周边一定深度范围内的围岩进入塑性状态,无法承担后续增加的荷载。当采取喷层、锚杆等措施进行支护后,可增加塑性区围岩的侧限力,进而增加围岩继续承载的能力。按此机理,可得出锚岩承载拱范围内围岩材料的极限强度。当然,对于开挖断面小或者围岩强度高的隧道,周边围岩可能没有进入塑性状态,或者仅部分区域进入塑性状态,但为安全考虑,计算模型中不包含开挖后围岩从未塑性到其发展为塑性状态这部分的强度。

承载拱范围内围岩的极限强度仅考虑支护后增加的强度,按式(5-1)计算,即将锚杆与喷层、二次衬砌提供的支护力作为σ_3,进而根据莫尔-库仑强度准则得出围岩的σ_1(图5-4),将此σ_1作为承载拱本身的材料极限强度$[\sigma_c]$。

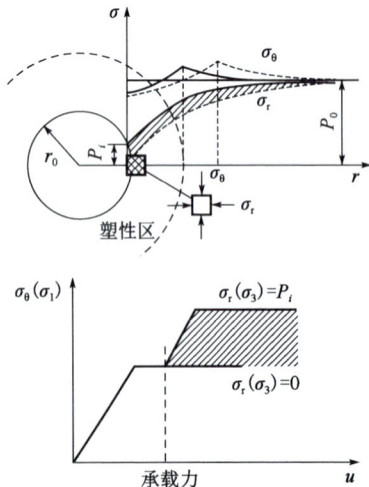

图5-3 塑性区围岩在支护力作用下的承载机理　　图5-4 锚岩承载拱材料强度计算模型图

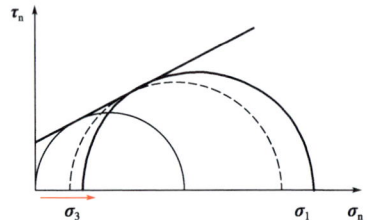

$$[\sigma_c] = \sigma_1 = 2c \cdot \tan\left(45^\circ + \frac{\varphi}{2}\right) + \sigma_3 \cdot \tan^2\left(45^\circ + \frac{\varphi}{2}\right) \quad (5\text{-}1)$$

$$c = \frac{0.35A_s f_y}{bs} + c_p \quad (5\text{-}2)$$

式中：c——承载拱围岩的采用锚杆加固后的黏聚力；

φ——承载拱围岩的内摩擦角；

A_s——锚杆的有效截面积；

f_y——锚杆的杆体强度（采用屈服强度）；

b、s——分别为锚杆的环向间距和纵向间距；

c_p——锚岩承载拱在塑性状态下的残余黏聚力。

式(5-2)中，将锚杆的抗剪强度折减了50%，是考虑锚杆与围岩共同发生剪切变形时，因局部应力集中引起围岩黏聚力的提高值不是均匀分布。c_p与围岩的力学特性以及应力状态有关，在整个承载拱范围内也非定值，本书除特别说明外，为简化计算，残余黏聚力 c_p 根据围岩特性采用不同的折减系数，其中Ⅲ、Ⅳ、Ⅴ级围岩分别取开挖前初始值的50%、70%、90%。对于有试验成果或取值依据的工程，c_p 应按实际情况取值。

3）安全系数计算方法

锚岩承载拱的安全系数按现行隧道相关设计规范[11,15]的破损阶段法进行计算。由于承载拱的厚度一般较大，其受力状态一般为小偏心，因此，可按规范采用下式计算：

$$K_1 N_z = \alpha b [\sigma_c] \quad (5\text{-}3)$$

式中：K_1——锚岩承载拱的安全系数；

N_z——构件验算截面的轴力；

α——轴向力偏心影响系数，

b——承载拱计算宽度；

$[\sigma_c]$——承载拱围岩的极限抗压强度，按式(5-1)计算。

当采用实体单元计算时，安全系数可近似采用抗压强度与最大主应力的比值。

4）侧限力 σ_3 的计算方法

侧限力 σ_3 由 σ_{31}（锚杆提供）、σ_{32}（喷层提供）、σ_{33}（二次衬砌提供）组成。施

工阶段可不计入σ_{33}。

对于注浆锚杆而言,锚岩承载拱作用的发挥程度,主要取决于锚杆杆体的弹性模量和锚固体的质量,计算见式(5-4),其中锚固质量影响系数ψ取值见式(5-5)。由式(5-5)可知,对于全长黏结型注浆锚杆,如砂浆锚固体的剪切刚度小于围岩自身剪切刚度或锚杆杆体的弹性模量小于锚固区围岩的抗拉弹性模量时,判定锚固无效。

$$\sigma_3 = (\sigma_{31} + \sigma_{32} + \sigma_{33}) \cdot \psi \tag{5-4}$$

$$\psi = \begin{cases} 0 & (G_g \leqslant G_r \quad E_{lb} \leqslant E_{lr}) \\[2mm] \dfrac{E_{lb} - E_{lr}}{E_{lb}} \cdot \dfrac{G_g - G_r}{G_g} & (G_g > G_r \quad E_{lb} > E_{lr}) \end{cases} \tag{5-5}$$

$$\sigma_{31} = \min\left[\frac{0.5T_1}{bs}, \frac{0.4T_2}{bs}\right] \tag{5-6}$$

$$\sigma_{32} = 0.5K_2 \cdot q \tag{5-7}$$

$$\sigma_{33} = 0.5K_3 \cdot q \tag{5-8}$$

上述式中: ψ——锚固质量影响系数;

$\quad G_g$——砂浆锚固体的剪切刚度;

$\quad G_r$——锚固体范围内原状围岩的剪切刚度;

$\quad E_{lb}$——锚杆杆体的受拉弹性模量;

$\quad E_{lr}$——锚固区范围内围岩的等效受拉弹性模量;

$\quad q$——围岩压力设计值,按第4章相关公式计算;

T_1、T_2——分别为锚杆的杆体强度和抗拔强度,计算方法详见图5-5;

K_2、K_3——分别为喷层、二次衬砌的安全系数(计算方法详见5.2.3节和5.2.4节);

$\quad b$、s——分别为锚杆的环向间距和纵向间距。

图5-5中,σ_{31}为锚杆提供的侧限力,f_y为锚筋杆体的极限抗拉强度(采用屈服强度),d为锚筋直径,f_{rb}为砂浆锚固体与地层间的极限黏结强度,d_g为砂浆锚固体的外径,l_g为锚筋与砂浆的锚固长度。

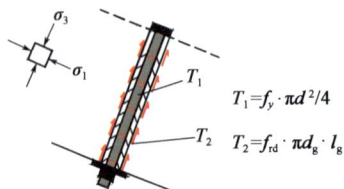

$$T_1 = f_y \cdot \pi d^2/4$$

$$T_2 = f_{rd} \cdot \pi d_g \cdot l_g$$

图5-5 σ_{31}计算方法示意图

需说明的是,σ_{31}、σ_{32}、σ_{33}在计算时均折减了

50%,这是基于以下原因:①考虑喷层、二次衬砌与锚岩承载拱之间的协同作用可能因为无法密贴而弱化;②锚杆提供的σ_{31}在锚岩承载拱中为非均匀分布;③考虑破坏次序的不利影响(详见后述),为整体结构的延性预留一定条件,防止先达到破损阶段的结构层因变形过大或多处破损时导致结构整体突然破坏。

5)锚杆各设计参数的说明

(1)各设计参数计算方法

如上所述,锚杆的设计参数包括锚杆的长度、间距、直径、材质等,其中锚杆的长度采用模型一计算,并满足最小长度要求(系统锚杆的长度不小于间距的2倍);锚杆的间距、直径和强度根据需要其提供的侧限力σ_{31}按式(5-6)和图5-5计算。

(2)硬岩地层局部锚杆最低强度要求

当地质条件好、围岩强度应力比大时,隧道周边围岩没有进入塑性或塑性区深度很小,仅需要采用局部锚杆来加固不稳定岩块,此时锚杆的作用是将不稳定岩块或隧道周边不稳定的围岩悬吊在外侧的稳定岩体上(图5-6),在侧墙部位则采用锚杆阻止岩块滑动。因此,锚杆拉拔力在竖直方向的分量应大于不稳定岩块的重力。

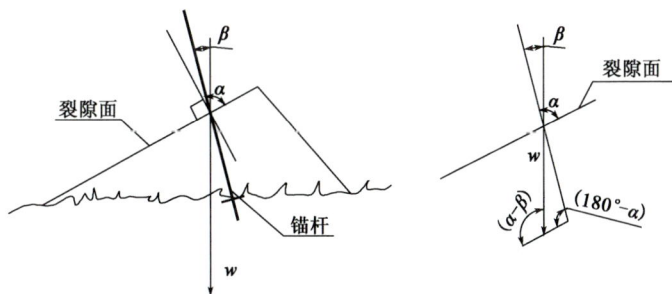

图5-6　悬吊锚杆的计算图示

5.2.3　模型二:喷层的荷载结构模型

1)模型介绍

喷层的荷载结构模型见图5-7。模型中,围岩压力采用第4章中得出的围岩压力设计值。喷层采用梁单元模拟,结构与地层相互作用采用无拉径向弹簧和

119

切向弹簧模拟。当仅拱墙部位设置喷层时,墙脚处采用竖向和水平向弹性支撑模拟。

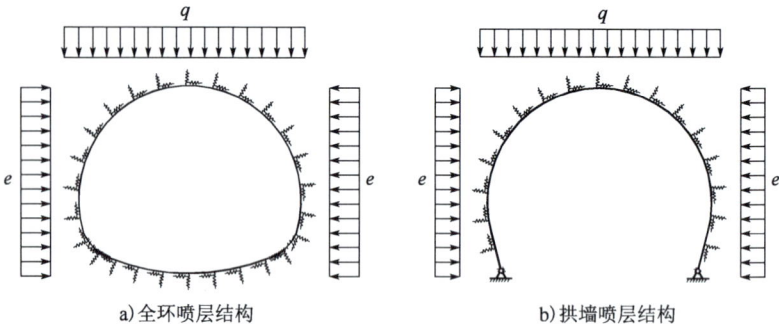

a)全环喷层结构　　　　　　　　b)拱墙喷层结构

图5-7　模型二:喷层的荷载结构模型

2)模型参数

喷层作为结构层的最小厚度不宜小于8cm[65],且应随着跨度加大而加大。

3)安全系数计算方法

求得喷层的内力后,结构安全系数K_2按现行隧道设计规范[11,15]的破损阶段法进行计算,当喷层内设置了钢筋网、钢架时,可按钢筋混凝土或型钢-混凝土组合结构计算。

4)以锚为主支护时喷层的计算

采用以锚为主支护方式时,喷层仅承担相邻两根锚杆内端头(即喷射混凝土壁面的锚杆垫板)按45°向围岩扩散后交点以下的锥体区域的围岩自重,喷层内力按多点支撑双向连续板计算(图5-8),喷层强度安全系数按规范采用破损阶段法计算。

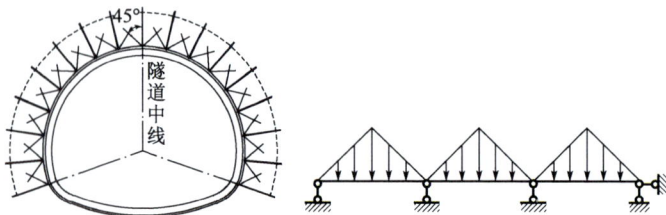

图5-8　以锚为主支护方式中喷层的荷载计算模型

5.2.4　模型三:二次衬砌的荷载结构模型

1)模型介绍

二次衬砌的荷载结构法计算模型见图5-9。模型中,围岩压力采用第3章中得出的围岩压力设计值,二次衬砌采用梁单元模拟,结构与地层相互作用在设置有防水板的部位采用无拉径向弹簧模拟,无防水板的部位采用无拉径向弹簧和切向弹簧模拟。当结构没有设置仰拱时,墙脚处采用竖向和水平向弹性支撑模拟。

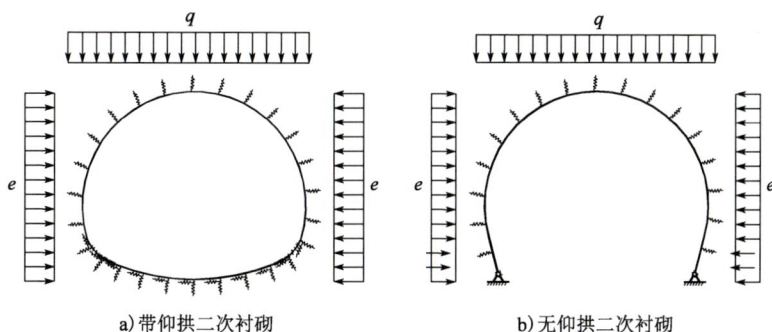

a)带仰拱二次衬砌　　　　　　　b)无仰拱二次衬砌

图5-9　模型三:二次衬砌的荷载结构模型

2)模型参数

二次衬砌的结构厚度应满足规范对其最小厚度的要求,一般小跨度隧道最小厚度为25cm,大跨度隧道最小厚度为30cm。

3)安全系数计算方法

求得二次衬砌的内力后,结构安全系数K_3按现行隧道设计规范[11,15]的破损阶段法进行计算,当二次衬砌内设置了钢筋、钢架时,可按钢筋混凝土或型钢-混凝土组合结构计算。

5.2.5　模型四:破损(坏)阶段复合结构模型

1)模型介绍

(1)喷层-二次衬砌复合结构模型

为模拟喷层、二次衬砌的先后受力次序,将计算模型分成两步。

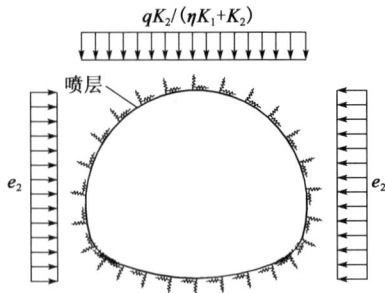

图5-10 喷层-二次衬砌复合结构第一步的
计算模型

第一步:喷层先期承受围岩压力计算模型。

喷层先于二次衬砌承受围岩压力时,其荷载结构模型与上述模型二相同,但对其围岩压力进行了修改,计算模型见图5-10。喷层承担的拱部围岩压力 q_2 按其与锚岩承载拱的刚度比进行分配,也可近似采用各自安全系数比进行分配,如式(5-9)、式(5-10)所示。

$$q_2 = \frac{qK_2}{\eta K_1 + K_2} \tag{5-9}$$

$$e_2 = \lambda q_2 \tag{5-10}$$

上述式中: q——围岩压力设计值;

K_1——锚岩承载拱的安全系数;

K_2——喷层的安全系数;

η——锚岩承载拱安全系数的折减系数,主要考虑锚岩承载拱与喷层的材料不同,发挥至各自极限强度所对应的变形不同,因而按变形协调考虑后对其进行折减,具体计算方法详见5.3.2节。

第二步:破损(坏)阶段复合结构模型。

破损(坏)阶段喷层-二次衬砌复合结构的荷载结构法计算模型采用上述模型二与模型三叠加(图5-11),但对围岩压力、二次衬砌与喷层之间的径向弹簧刚度进行了修改。围岩压力 Q 采用第3章中得出的围岩压力设计值的若干倍,按式(5-11)计算,二次衬砌与喷层之间的径向弹簧刚度 k 按式(5-12)计算。

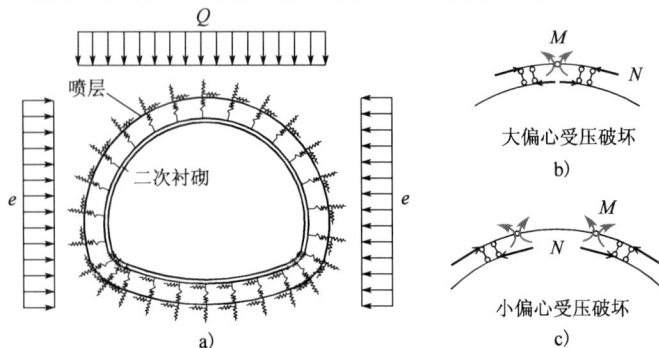

图5-11 喷层-二次衬砌复合结构第二步的计算模型

$$Q = K_d q \tag{5-11}$$

$$k = \frac{2E_1 E_2 A}{E_1 h_1 + E_2 h_2} \tag{5-12}$$

上述式中：K_d——喷层-二次衬砌复合结构整体破损阶段的荷载比例系数（即通过加大荷载值来使复合结构达到整体破损的荷载与设计荷载的比值，其内涵与安全系数相近但又不完全相同）；

      q——围岩压力设计值；

    $E_1、E_2$——分别为喷层、二次衬砌的弹性模量；

    $h_1、h_2$——分别为喷层、二次衬砌的厚度；

    A——接触单元的面积。

喷层-二次衬砌复合结构承载能力的计算过程为：

①喷层先期受力，与锚岩承载拱分担荷载 q。

②喷层、二次衬砌形成复合结构共同承载，不断增加荷载，并不断检算各截面的安全系数。

③当喷层或二次衬砌的某一个截面达到破损阶段（安全系数等于1.0），假设其可以维持破损阶段的承载力，并将破损区域的内力作为边界条件施加在破损位置，再继续增大荷载检算结构剩余承载力，其计算模型如图5-11b)、图5-11c)所示（分别对应大偏心受压破坏和小偏心受压破坏）。

④当喷层或者二次衬砌均达到最不利截面强度，或者二次衬砌出现三个以上的破损截面，即视其达到复合结构的极限承载力。

(2)锚岩承载拱-喷层-二次衬砌三层复合结构模型

采用与喷层-二次衬砌复合结构模型相同的方法，可建立锚岩承载拱、喷层、二次衬砌三层复合结构的整体承载力模型，但由于锚岩承载拱的安全性主要建立在喷层、二次衬砌的安全性上，随着喷层、二次衬砌达到整体破损状态而达到最大值（虽然可以通过增加锚杆强度提高锚岩承载拱的承载能力，但喷层和二次衬砌达到整体破损时，从结构的表观适用性来说已不适于继续承载，因此在设计承载力方面不宜再考虑锚岩承载拱的剩余强度），因此上述三层复合结构实际上可以简化为二层结构。

2)模型参数

复合结构模型中，各参数的取值方法同模型一~模型三。

3)安全系数计算方法

虽然采用复合结构模型可以得出复合结构整体破损阶段的荷载比例系数 K_d，但 K_d 的内涵与安全系数相近却又不完全相同。理论上的复合结构安全系数应该是各层结构只出现1个破损截面（当破损截面对称出现时为2个），而实际上可能是某层结构出现多个破损截面后另一层结构才出现破损，因此，不能将 K_d 完全等同于复合结构的安全系数，但可以近似表征结构的设计承载能力。

5.2.6 各模型的相互关系

1)不同支护形式的计算模型选择

喷锚组合支护（或初期支护）方案的类型一般有以下三种。

支护方案一：无系统锚杆支护结构，即初期支护主要由喷层组成，不设置系统锚杆，仅设置局部锚杆防止施工期掉块。

支护方案二：喷锚组合支护结构，即初期支护由喷层和系统锚杆共同组成。

支护方案三：以锚为主支护结构，即围岩压力全部由系统锚杆-围岩承载拱承担，锚杆之间的局部松散荷载（锥形，见图5-8）由薄的喷层承担。

对于支护方案一，喷层的结构组成（喷射混凝土、钢架、钢筋网等）、材料选择与尺寸参数等可仅采用模型二计算。

对于支护方案二，锚杆的长度、间距、强度采用模型一计算，喷层的计算采用模型二计算。此外，模型一中喷层提供的 σ_{32} 和二次衬砌提供的 σ_{33} 需要采用模型二和模型三计算。

对于支护方案三，锚杆的设计参数采用模型一计算，薄的喷层采用局部模型计算。

对于复合式衬砌，其结构类型可由上述三种支护方案中的任一种支护方案与二次衬砌组成，其中二次衬砌可仅采用模型三计算，但其强度对模型一的安全系数有影响。

2)相互关系一：模型一、模型二、模型三的相互关系

如上所述，不同支护方案需要一个模型或多个模型联合计算，而且模型一中的 σ_3 由 σ_{31}（锚杆提供）、σ_{32}（喷层提供）、σ_{33}（二次衬砌提供）组成，因此，模型一、模型二、模型三是既相互独立又相互关联的，如图5-12所示。

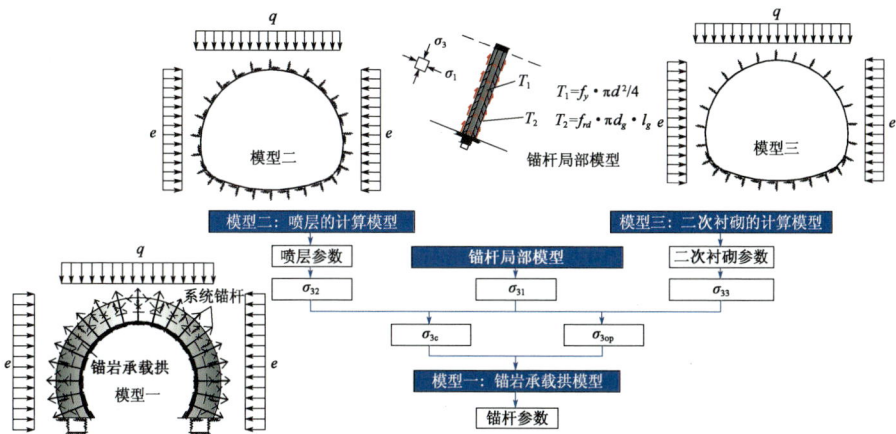

图 5-12　模型一～模型三的相互关系图

3)相互关系二:复合结构模型与分层结构模型的相互关系

采用各分层结构的计算模型(模型一、模型二、模型三)可以得出各分层结构(锚岩承载拱、喷层、二次衬砌)的安全系数,但无法得出各层结构的破坏次序。由 5.2.5 节中复合结构承载能力的计算过程可知,复合结构计算模型可以得出各层结构的破坏次序,为每层结构的强度设计提供了直观指导。

5.2.7　锚杆所能发挥的极限承载能力分析

1)从锚杆全寿命期受力变化过程分析

锚杆从施作到服役期结束,其受力变化过程如下:

(1)锚杆打设,施加预应力,杆体承受预拉力。对于普通砂浆锚杆,该阶段杆体无应力。

(2)锚杆施作完成,随着锚杆孔填充砂浆逐步硬化和隧道开挖逐步推进,锚杆随同锚岩承载拱和喷层共同承担围岩压力,直至围岩压力稳定后,锚杆受力也达到稳定状态。此时,锚杆主要通过锚岩承载拱因轴力产生的泊松效应而受力(假设锚岩承载拱按标准的偏心受压柱的承载方式受力,忽略连续介质对承载拱内外侧产生的应力差异的影响)。该阶段,锚杆的平均应变 ε_L 和最大应力 σ_L(假设最大应力为平均应力的 2 倍)按以下公式计算:

$$\varepsilon_L = \mu \frac{N}{bhE_0} + \frac{P}{AL} \qquad (5\text{-}13)$$

$$\sigma_L = 2\mu \frac{NE_g}{bhE_0} + \frac{P}{A} \qquad (5\text{-}14)$$

上述式中:μ——锚岩承载拱围岩的泊松比;

N——锚岩承载拱在计算断面的轴力;

b——锚岩承载拱的宽度;

h——锚岩承载拱的高度;

E_0——锚岩承载拱的弹性模量;

E_g——锚杆的弹性模量;

P——锚杆预应力;

A——锚杆截面积;

L——锚杆长度。

(3)运营过程中,围岩和材料逐步劣化,围岩压力逐渐增加,锚岩承载拱和喷层、二次衬砌的变形逐渐加大,锚杆仍主要通过锚岩承载拱因轴力产生的泊松效应而受力。该阶段锚杆的平均应变和最大应力按式(5-13)和式(5-14)计算,但轴力采用该阶段的轴力计算值代替。

(4)至服役期结束,支护结构材料性能快速劣化,隧道变形快速增加,锚岩承载拱、喷层和二次衬砌逐渐达到极限承载能力,结构整体处于临界失稳状态。该阶段,锚杆的平均应变和最大应力随着隧道变形而持续增加,可近似采用无支护状态下锚杆两端围岩的变形值来计算(详见8.3.2节)。

(5)喷层和二次衬砌因多处开裂或裂损而破坏,失去稳定性和承载能力,此时,如果锚岩承载拱的承载能力极大(也即其单独承载能力大于三层结构在临界失稳状态时的承载力之和),则围岩压力全部转为锚岩承载拱承担,隧道仍可维持一段时间的稳定;如果锚岩承载拱的承载能力较小(也即其单独承载能力小于三层结构在临界失稳状态时的承载力之和),则隧道发生垮塌。

由上述过程和8.3.2节分析的结果可知,只要喷层和二次衬砌具有适当的延性,则锚杆可以发挥全部承载能力。由于隧道结构处于周边围岩约束的环境中,因此,在接近破坏状态时,是允许少数几个截面达到破损(或塑性)状态的,此时结构的延性就能得到体现。

2)施工工序对锚杆承载力的影响

施工中,根据不同管理要求,锚杆可能按先喷后锚(先喷射混凝土至设计厚度,再打设锚杆)或喷-锚-喷(即先初喷,再打设锚杆,再复喷至设计厚度)的次序施工。由于锚杆孔填充砂浆和喷射混凝土均存在一个硬化过程,不同的施工次序会影响锚杆在施工期间的受力大小,但只要整个结构具有适当的延性,则在接近破坏状态时,锚杆就能发挥全部承载能力。

5.2.8　对组合拱计算模型的探讨

1)模型介绍

(1)整体结构的荷载结构模型

上述模型一和模型二是将锚岩承载拱和喷层作为两个独立的结构层处理,实际上喷层与围岩之间可以传递剪应力,只要剪切强度足够,二者可以作为一个整体结构,即由围岩、喷层两种不同材料组成的组合结构。并采用与模型一相同的处理方法,将锚岩承载拱与喷层作为一个组合结构拱,因此提出组合拱计算模型(图5-13)。

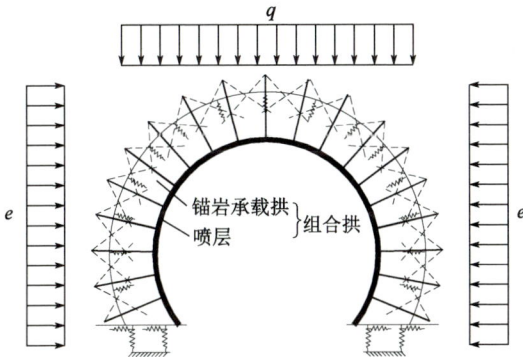

图5-13　组合拱计算模型

(2)结构断面模型

组合拱包括围岩和喷层两部分,是两种不同材料的组合。因此,应将锚岩承载拱按照高度相同、刚度等效原则进行处理,即将矩形截面等效为T形截面,如图5-14所示。

127

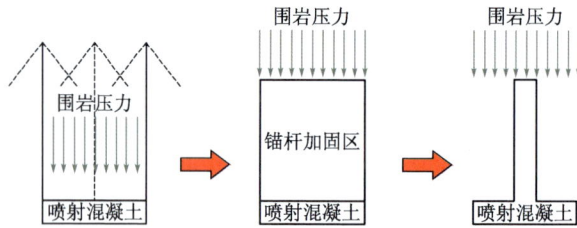

图5-14　组合拱结构断面模型

（3）组合拱厚度

锚杆的外端头按一定角度往隧道内侧进行压力扩散（扩散角度应根据具体的地质条件选择，最大不超过45°），相邻锚杆压力扩散后的交点所形成的连线即为组合拱的外边线，组合拱内边线为喷层内表面。

2）组合拱的安全系数计算方法

（1）应力分布

结构内力求取后，按照材料力学的平截面假定，此构件（偏心受压）在线弹性范围内可以分为弯矩和轴力两种受力模式的叠加，其中轴力引起的截面应力分布按应变相同的方式计算，即围岩和喷层的应力按弹性模量比确定，如图5-15所示；因弯矩引起的截面应力分布按平截面假设计算，如图5-16所示。

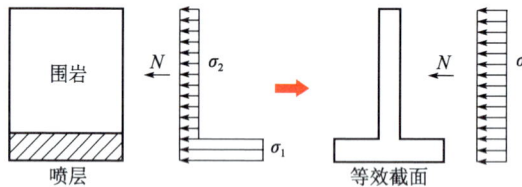

图5-15　轴力引起组合拱截面的应力分布

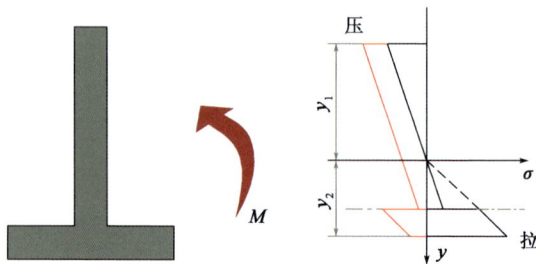

a)正弯矩偏心受压

图　5-16

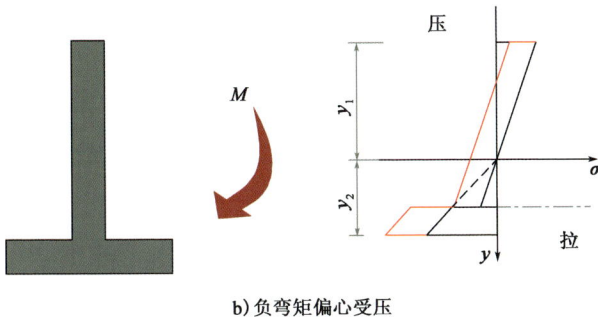

b) 负弯矩偏心受压

图5-16　偏心受压引起组合拱截面的应力分布

（2）安全系数计算

目前,现行隧道设计规范中,既没有T形截面偏心受压构件安全系数的计算方法,也没有不同材料组合结构安全系数的计算方法。因此,本书近似采用以下方式处理：

$$K = \frac{[\sigma]}{\sigma_{max}} \tag{5-15}$$

式中：$[\sigma]$——围岩或喷射混凝土的极限强度；

　　　σ_{max}——截面计算应力。

$[\sigma]$取值方法如下：

①当安全性为内侧喷射混凝土控制时,采用喷射混凝土的极限强度校核,当喷层内设置有钢架时,按应变相同的原则进行强度等效。

②当安全性为外侧围岩控制时,可采用有侧限力作用下围岩的抗压极限强度校核,其中侧限力即为按模型二计算喷层极限承载能力所对应的围岩压力,围岩抗压极限强度按式（5-1）计算。

3）计算结果对比

以时速350km高速铁路双线隧道深埋Ⅳ级围岩现行支护参数为例,分别对200m、400m、600m、800m、1000m五种埋深下支护参数的安全系数进行计算。

深埋Ⅳ级围岩支护参数如下：喷层采用C25混凝土,厚度25cm;4肢格栅钢架的钢筋直径为25mm,间距1.0m;锚杆直径22mm,环纵向间距为1.2m×1.2m,长度3.5m,极限承载力193kN。

该支护方案为喷锚组合支护,其安全系数由喷层和锚岩承载拱共同提供。

计算得到的喷层安全系数、锚岩承载拱安全系数、初期支护(喷层+锚岩承载拱)安全系数以及组合拱安全系数与隧道埋深的关系见图5-17。可见,喷层安全系数与锚岩承载拱安全系数之和与组合拱安全系数基本相当。

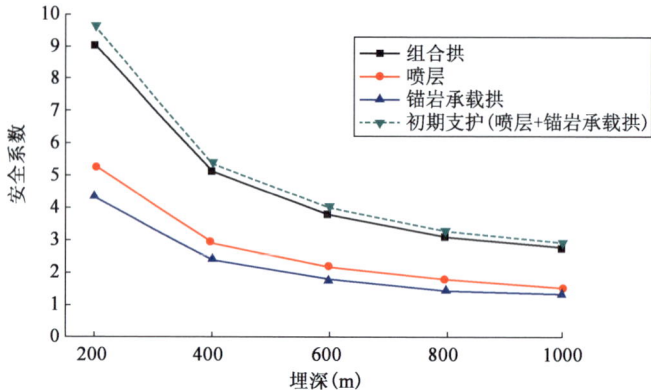

图5-17　Ⅳ级围岩支护参数的安全系数与隧道埋深关系

4)组合拱模型安全系数计算方法存在的问题

上述采用组合拱模型进行围岩与喷层组合结构安全性计算的方法,并非标准的破损阶段安全系数法,实际上相当于修正的容许应力法,常规容许应力法是将计算应力与材料的容许应力进行对比,只要材料容许应力高于计算应力就满足安全要求,而该方法将材料的极限强度作为容许应力值,再将极限强度与计算应力的比值作为安全系数。该处理方式得到的是最大应力处的安全系数,实际上不符合破损阶段法的安全性计算方法,只能算是修正的容许应力法,与本书所述的总安全系数法在理论上存在不可协调的矛盾。

今后,如能得出围岩-喷射混凝土组合结构基于破损阶段法的安全系数计算方法,则组合拱模型仍有深入研究的必要。

5.3　总安全系数计算方法

5.3.1　多层支护结构总安全系数计算方法

1)总安全系数计算的假设条件

复合式衬砌的承载结构由两层(承载拱+二次衬砌、喷层+二次衬砌)或三层

(承载拱+喷层+二次衬砌)结构组成。假设每层结构均为理想弹塑性材料和线弹性结构,当其中一个结构层的某一截面先达到破损阶段时,可以继续保持该强度,直至喷层或者二次衬砌各有一个截面达到破损阶段,或者二次衬砌出现2～3个(荷载和结构均对称时为3个,否则为2个)破损截面时,才达到整体结构设计强度。

2)总安全系数计算公式

(1)采用非预应力锚杆的支护结构

当采用非预应力锚杆支护时,按上述方法分别计算锚岩承载拱、喷层、二次衬砌的安全系数后,支护结构总安全系数的下限值可以近似计算如下。

施工阶段(无二次衬砌):

$$K_c = \eta K_1 + K_2 \tag{5-16}$$

运营阶段:

各支护构件的耐久性均满足要求时:

$$K_{op} = \eta K_1 + \xi K_2 + K_3 \tag{5-17}$$

当某一类支护构件或多类支护构件的耐久性不足时:

$$K_{op} = \alpha_1 \eta K_1 + \alpha_2 \xi K_2 + \alpha_3 K_3 \tag{5-18}$$

上述式中:K_1、K_2、K_3——分别为锚岩承载拱(模型一)、喷层(模型二)、二次衬砌(模型三)在承受全部围岩压力设计值时的安全系数;

α_1、α_2、α_3——分别为各支护方式的因耐久性不足引起的承载能力修正系数,与支护材料的损伤演变机制和使用年限相关,当无相关研究资料时,按照百年使用寿命,α_1可取0.3～0.9,α_2可取0.5～0.9,α_3可取0.8～1.0;

η——锚岩承载拱与喷层、二次衬砌共同承载阶段因变形能力不同引起的安全系数的修正系数,当内层结构(喷层、二次衬砌)的可变形能力大于外层结构(锚岩承载拱)的剩余可变形能力时,取1.0,否则应根据变形协调进行折减;

ξ——喷层承载力调整系数(即修正系数),详见下述。

(2)采用预应力锚杆(索)的支护结构

对于先行施加预应力锚杆(索)的支护结构,应根据锚杆的实际受力过程,

将 K_1 分为3个阶段:仅预应力 P_0 作用时、预应力施加完成后至喷层施工前、与喷层和二次衬砌共同承载阶段,分别记为 K_{11}、K_{12}、K_{13}。同时考虑材料的耐久性,计入耐久性下降引起的残余强度修正系数。由于二次衬砌一般在初期支护稳定后施作,因此含预应力主动支护体系的总安全系数可采用下式计算。

施工阶段总安全系数:

$$K_c = K_{11} + K_{12} + \eta K_{13} + K_2 \tag{5-19}$$

运营阶段总安全系数:

各支护构件的耐久性均满足要求时:

$$K_{op} = K_{11} + K_{12} + \eta K_{13} + \xi K_2 + K_3 \tag{5-20}$$

当某一类支护构件或多类支护构件的耐久性不足时:

$$K_{op} = \alpha_{11} K_{11} + \alpha_{12} K_{12} + \alpha_{13} \eta K_{13} + \alpha_2 \xi K_2 + \alpha_3 K_3 \tag{5-21}$$

上述式中:α_{11}、α_{12}、α_{13}——锚杆不同受力阶段因耐久性不足引起的承载能力修正系数,可取 $0.3 \sim 0.9$;

其余符号含义同上。

需要说明的是,在总安全系数相同的前提下,理论上存在多种支护参数方案。由于不同支护方案中各层结构的强度与刚度存在差异,因而各层结构并非总是同时达到最不利截面强度,因此上述公式得到的总安全系数是整体结构的最小安全系数,实际承载能力一般会高于上述计算结果。

3)模型一(锚岩承载拱)安全系数的修正系数 η

一般情况下,喷层和二次衬砌采用混凝土材料,其材料性质接近,极限应变相差不大,但锚岩承载拱的围岩性质不仅自身变化范围大,与混凝土的差别也较大。当喷层、二次衬砌达到破损阶段时,锚岩承载拱可能并未达到破损阶段,这一方面是由各层结构在施工期和服役期先后受力次序不同所造成,另一方面是由不同材料的极限应变差异造成的。也就是说,要考虑多层结构的变形协调问题。

根据"理想弹塑性材料和线弹性结构"的假设,锚岩承载拱安全系数的修正系数 η 可以考虑围岩和喷层共同承载阶段两者材料在极限应变方面的差异,即当喷层的破损阶段极限应变小于锚岩承载拱抗压强度增长值 $\Delta\sigma_1$ 与围岩弹性模量 E_0 之比时，将二者的比值作为锚岩承载拱安全系数的折减系数。计算方法如式(5-22)所示。

$$\eta = \begin{cases} \dfrac{\varepsilon_u E_0}{\Delta\sigma_1}, \varepsilon_u < \dfrac{\Delta\sigma_1}{E_0} \\ 1, \varepsilon_u \geqslant \dfrac{\Delta\sigma_1}{E_0} \end{cases} \tag{5-22}$$

式中：ε_u——喷层混凝土的极限应变；

　　　E_0——锚岩承载拱的弹性模量；

　　$\Delta\sigma_1$——锚岩承载拱在喷层、二次衬砌共同承载阶段，在该阶段径向支护力 σ_3 作用下的抗压强度提高值，按式(5-1)计算。

4)模型二(喷层结构)安全系数的修正系数 ξ

尽管喷层与二次衬砌的结构材料相近，但二者的断面形状可能不同，如喷层仅在拱墙部位设置，为非封闭结构，而二次衬砌为全断面设置，为封闭结构，由于断面形状的不同，可能出现如下情况。

(1)各层结构的第一破损截面不是相继出现

采用模型四可以得出各层结构的先后破坏次序。

当喷层与二次衬砌的第一破损截面不是相继出现时(在对称结构对称荷载作用下，第一破损截面也可能为对称出现，则为表达方便，也视为一个破损截面)，如果是二次衬砌先出现破损，需要二次衬砌出现第二破损截面后喷层才出现第一破损截面，则因为不允许二次衬砌出现多个破损截面(二次衬砌位于最内侧，出现多个破损截面时往往认为结构已破坏)，从而使得喷层的承载力没有充分发挥，需要折减其安全系数。

以时速160km单线铁路隧道为例，建立复合模型，不断增加外荷载。当外荷载为1000kPa时，二次衬砌墙脚出现破坏，形成塑性铰，继续增大荷载至1600kPa，二次衬砌仰拱破坏，当外荷载为1700kPa时，喷层边墙位置出现受压破坏，三个阶段复合结构模型的内力如图5-18～图5-20所示。

如果喷层先出现破损，但由于二次衬砌的强度很高，需要喷层出现第二破损截面后二次衬砌才出现第一破损截面，而因为二次衬砌没有出现破损则往往认为结构还未破坏，相当于高估了喷层的承载能力，也需要对其安全系数进行折减。

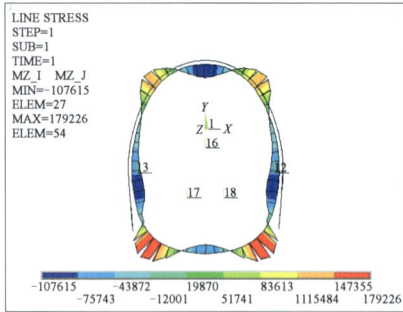

a) 弯矩图（单位：N·m）　　　　b) 轴力图（单位：N）

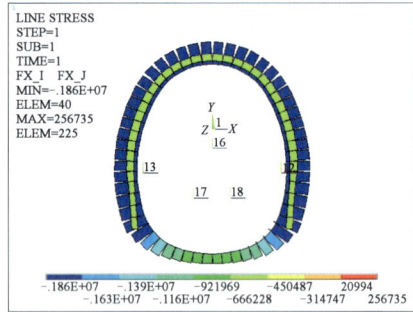

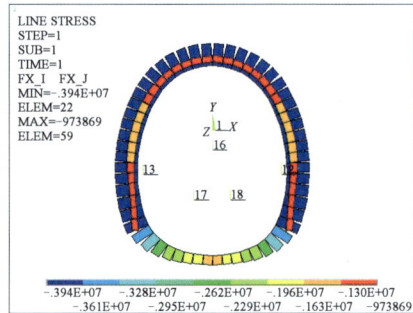

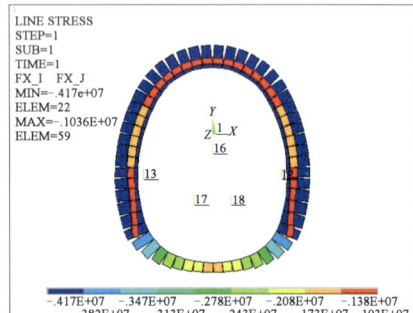

图 5-18　外荷载为1000kPa时复合模型内力图

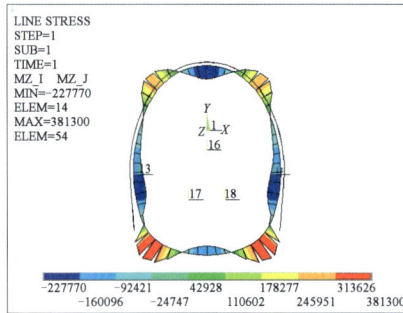

a) 弯矩图（单位：N·m）　　　　b) 轴力图（单位：N）

图 5-19　外荷载为1600kPa时复合模型内力图

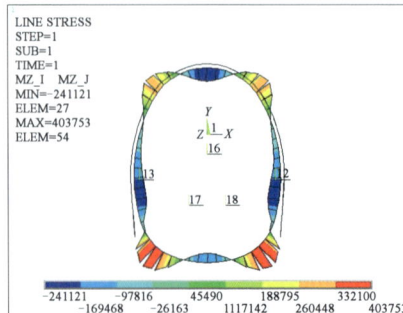

a) 弯矩图（单位：N·m）　　　　b) 轴力图（单位：N）

图 5-20　外荷载为1700kPa时复合模型内力图

以时速350km高速铁路双线隧道为例,建立复合模型,不断增加外荷载,当外荷载为1400kPa时,喷层拱顶出现小偏心受压破坏,破坏区逐渐扩展为拱顶大范围区域,直至当外荷载为2000kPa时,二次衬砌拱顶区域才出现小偏心受压破坏,两阶段复合结构模型的内力如图5-21、图5-22所示。

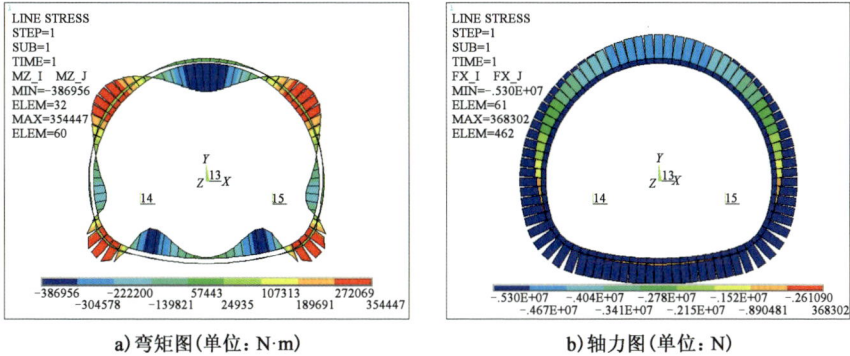

a)弯矩图(单位：N·m)　　　　b)轴力图(单位：N)

图5-21　外荷载为1400kPa时复合模型内力图

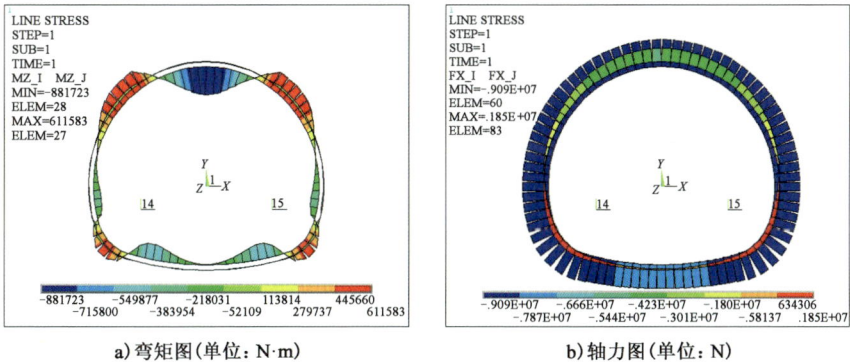

a)弯矩图(单位：N·m)　　　　b)轴力图(单位：N)

图5-22　外荷载为2000kPa时复合模型内力图

大量的计算经验表明,只要喷层与二次衬砌的第一破损截面的受力形态相同(即均为小偏心受压或大偏心受压),即使取 $\xi = 1.0$,计算结果的误差也不大。

(2)喷层结构在施工期和服役期的受力形态不同

计算发现,对于某些断面形状,喷层采用模型二计算时为大偏心受压,但采用模型四(复合结构模型)计算时为小偏心受压,得出的安全系数差别较大,且小偏心受压时的安全系数要高于大偏心受压。此时,可近似采用复合结构整体破损阶段的荷载比例系数 K_d 来作为总安全系数,相应 $\xi > 1.0$。由于 K_d 要高于各单层结构承载力之和,为安全考虑,也可以不考虑受力形态改变后的安全系数变化,即,取 $\xi = 1.0$。需要说明的是,对于无二次衬砌的喷锚组合支护,如果喷层单独计算时为受拉安全系数控制,则说明断面形状不合理,有条件时最好调整断面形状。

(3)考虑支护时机和可变形能力的折减系数

一般情况下,二次衬砌是在初期支护变形收敛稳定后施作。当二次衬砌需要提前施作时,需要对相同荷载作用下喷层与二次衬砌的变形能力进行计算分析,分别记为 u_2 和 u_3,并将两者的变形差异作为喷层折减的依据。计算方法见式(5-23)。

$$\xi = \begin{cases} \dfrac{u_3}{u_2} & (u_3 < u_2) \\[2mm] 1 & (u_3 \geq u_2) \end{cases} \tag{5-23}$$

5.3.2 复合结构承载力与总安全系数的对比

1)复合结构破损次序对总安全系数的影响

5.2.5节已提出可以采用复合结构整体破损阶段的荷载比例系数 K_d 来表征多层结构的实际承载能力,其与总安全系数法计算结果的对比可分为以下三种情况:

第一种情况:当喷层与二次衬砌同时达到最不利截面强度,则: $K_d = K_2 + K_3$。

第二种情况:当喷层先于二次衬砌达到设计强度,但由于二次衬砌位于其内侧,喷层不会整体失稳,可以继续承载,直至二次衬砌最不利截面达到破损阶段,此时, $K_d > K_2 + K_3$。

第三种情况:二次衬砌先于喷层达到最不利截面强度,需要二次衬砌第一破损区继续发展或形成新的破损区时,喷层才能达到破损阶段,此时, $K_d > K_2 + K_3$。

对于第三种情况,由于二次衬砌有多个破损区,虽然可以继续承载,但会超出结构设计对正常使用适用性的要求(如对于高速铁路隧道,拱墙部位的破损区可能因列车振动作用而发生掉块),因此应通过断面形状的调整或喷层与二次衬砌强度的匹配来控制二次衬砌第一破损区的位置,使之不出现在拱墙部位。对于第二种情况,也应合理控制喷层与二次衬砌的强度匹配,防止因喷层破坏区过大而使二次衬砌出现突然的脆性破坏。

因此,合理的设计方案应是喷层与二次衬砌基本同时达到最不利截面强度,其荷载比例系数K_d基本等于或略高于K_2+K_3,当高于K_2+K_3较多时,应调整设计参数或断面形状。

2)荷载比例系数K_d与总安全系数下限值的对比

大量计算结果表明(表5-1):

(1)总安全系数法得到的承载力介于复合结构第一个破坏截面的荷载与整体破坏荷载之间。

(2)K_d略高于K_2+K_3时,表明喷层与二次衬砌具有较好的强度搭配。

(3)K_d高于K_2+K_3较多时,明显可以看出支护参数不匹配,一般为二次衬砌过强或初期支护过弱。

不同计算方法得出的承载力对比(单位:kPa)　　　　　表5-1

结构形式	围岩级别	总安全系数计算公式$(K_2+K_3)q$	模型四计算方法($K_d\cdot q$)		破坏次序
			第一破坏荷载	极限破坏荷载	
350km/h双线铁路隧道	IV	1900	1400	2000	喷层拱顶(小偏心)先于二次衬砌拱顶(小偏心)
	V	2000	1800	2100	喷层拱顶(小偏心)先于二次衬砌墙脚(小偏心)
160km/h单线铁路隧道	III	1050	1000	1700	二次衬砌墙脚(小偏心)先于喷层边墙(小偏心)
	IV	1900	1500	2300	喷层墙脚(小偏心)先于二次衬砌墙脚(大偏心)
	V	1600	1200	1700	喷层墙脚(小偏心)先于二次衬砌边墙(小偏心)
160km/h单线铁路隧道(加宽)	III	1100	1000	1800	喷层拱顶(小偏心)先于二次衬砌拱顶(小偏心)
	IV	1700	1600	2300	喷层墙脚(小偏心)先于二次衬砌墙脚(小偏心)
	V	2300	2000	3000	喷层墙脚(小偏心)先于二次衬砌边墙(大偏心)

结构形式	围岩级别	总安全系数计算公式$(K_2+K_3)q$	模型四计算方法$(K_d \cdot q)$		破坏次序
			第一破坏荷载	极限破坏荷载	
三车道公路隧道	Ⅲ	1400	1100	1400	喷层(小偏心)先于二次衬砌(大范围小偏心)
	Ⅳ	1450	1000	1500	喷层(小偏心)先于二次衬砌(大范围小偏心)
	Ⅴ	1600	1200	1800	喷层(小偏心)先于二次衬砌(大范围小偏心)
三车道公路隧道(加高)	Ⅲ	1300	1100	1400	喷层(小偏心)先于二次衬砌(大范围小偏心)
	Ⅳ	1450	900	1600	喷层(小偏心)先于二次衬砌(大范围小偏心)
	Ⅴ	1550	1200	1900	喷层(小偏心)先于二次衬砌(大范围小偏心)

注:表中各结构形式详见第7章。

可见,总安全系数下限值计算方法和复合结构整体破损阶段的荷载比例系数K_d计算方法,共同为整体结构的优化设计提供了一个目标函数,最为经济的情况应是实际承载能力接近总安全系数计算值,并根据造价、可实施性等因素进行选择。

5.4　总安全系数取值

5.4.1　总安全系数取值建议

1)结构设计中的安全性要求

《工程结构可靠性设计统一标准》(GB 50153—2008)[66]明确规定:结构的设计、施工和维护应使结构在规定的设计使用年限内以适当的可靠度且经济的方式满足规定的各项功能要求。并规定结构满足下列功能要求:

①能承受在施工和使用期间可能出现的各种作用。

②保持良好的使用性能。

③有足够的耐久性能。

④当发生火灾时,在规定的时间内可保持足够的承载力。

⑤当发生爆炸、撞击、人为错误等偶然事件时,结构能保持必需的整体稳固性,不出现与起因不相称的破坏后果,防止出现结构的连续倒塌。

条目①、④、⑤是对结构安全性的要求,条目②是对结构适用性的要求,条目③是对结构耐久性的要求。

同时《建设工程勘察设计管理条例》规定"工程勘察、设计应当与社会、经济发展水平相适应",因此,结构安全性和耐久性的保障目标也不宜定得过高。

隧道作为一个结构物,显然也应满足上述要求,但除此之外,还应充分考虑隧道工程施工作业空间相对较小、服役期间维护困难等特点,加强支护结构的可实施性,并适当提高安全标准。

2)总安全系数取值需考虑的因素

对于单一构件,仅考虑主要荷载时,现有隧道设计规范[11,15]要求:钢筋混凝土结构受压破坏的安全系数不低于2.0,混凝土受拉破坏的安全系数不低于2.4;素混凝土结构受压破坏的安全系数不低于2.4,受拉破坏的安全系数不低于3.6。

对于多层结构的复合式衬砌,其由初期支护、二次衬砌及二者之间的隔离层组成,采用安全系数法设计时,总安全系数应包含初期支护和二次衬砌各自的贡献。总安全系数取值应主要考虑以下因素。

(1)结构特点

由于初期支护和二次衬砌并非理想密贴结构,且由于各自的材料特性和变形能力不同,因此,其总安全系数应比单一结构大。

(2)荷载与计算模型特点

隧道荷载及计算模型的不确定性比地面结构大,安全系数也应相应加大。

(3)工程特点

隧道工程具有荷载离散性大、结构尺寸和形状与设计差异相对较大、结构施作条件相对较差、施工质量控制难度相对较大等特点,这客观上要求隧道的安全系数必须比地面结构的高。

（4）施工质量差异大

受隧道施工环境条件制约，隧道施工质量的差异性相对较大。导致差异性的因素有强度的保证率低，断面实际形状与设计形状差异性大，开挖对围岩的损伤严重等，而设计参数取值没有考虑这些因素的影响，只有通过安全系数差别来体现。

综合考虑以上因素，复合式衬砌的总安全系数应高于单一结构，同样，对于喷锚组合永久支护，其总安全系数也应高于单一结构。

3）运营期总安全系数取值的建议

根据大量的计算并综合考虑隧道工程的结构特点、荷载与计算模型特点、工程特点、施工质量等主要因素，提出以下初步建议。

（1）仅考虑主要荷载时

仅考虑主要荷载时，总安全系数比单一结构构件的安全系数高出50%（随着总安全系数设计法应用经验的丰富，可进一步优化安全系数取值），具体取值如下。

①复合式衬砌

当二次衬砌采用钢筋混凝土时，建议总安全系数不低于3.0；当二次衬砌采用素混凝土时，建议总安全系数不低于3.6。

该安全系数取值按混凝土受压破坏或钢筋达到计算强度来确定，因此设计中应尽量防止出现"混凝土受拉破坏"为承载力控制条件，否则隧道总安全系数应适当提高，当因断面形状不合理使混凝土出现受拉破坏时，宜调整断面形状。

②喷锚组合永久支护

当喷层采用钢纤维混凝土或设有钢架时，其延性相对较好，建议总安全系数不低于3.0；当喷层采用素混凝土时，建议总安全系数不低于3.6。

（2）采用"主要荷载+附加荷载"组合时

采用"主要荷载+附加荷载"组合时，总安全系数取值可比"仅考虑主要荷载时"减小15%～20%。

4）施工期总安全系数取值的建议

与地面结构不同，隧道初期支护（或喷锚组合支护）从开始施工就承受围岩压力、爆破振动等荷载，并随着后续开挖的进行，围岩压力逐渐增加，同时喷射混凝土和锚杆砂浆的强度也会因硬化和龄期增长等原因逐渐提高，二者的增长速度可能不同。因此，必须保证施工期间支护结构具有合适的安全性。

我国铁路和公路行业的隧道设计规范均对施工阶段的强度安全系数做出了规定,要求施工阶段的安全系数不低于1.53。

综上,当喷层采用钢纤维混凝土或设有钢架时,建议施工期总安全系数不低于1.8;当喷层采用素混凝土时,建议施工期总安全系数不低于2.1。

5)设计应用中对总安全系数调整的建议

在实际设计中,建议结合具体情况对总安全系数进行调整。

(1)根据结构重要性调整

不同用途的隧道对安全性要求也不同,总安全系数应根据结构重要性进行调整。如高速铁路隧道的安全系数可高于普速铁路,大跨度隧道安全系数可高于小跨度隧道等。

(2)根据围岩条件调整

隧道工程地质条件多变,目前还难以完全掌握所有围岩的全部特性,因此,当隧道处于水稳性差、蠕变特性明显、膨胀性强等围岩中时,其安全系数可适当提高。

(3)根据施工质量控制水平调整

不同施工单位的技术水平、施工装备水平不同,相应对施工质量的控制水平也不同,设计中应根据施工单位对施工质量控制水平适当调整安全系数,当施工质量控制水平弱,安全系数需要适当提高。

(4)根据工程耐久性调整

《工程结构可靠性设计统一标准》(GB 50153—2008)规定,结构的设计、施工和维护应使结构在规定的设计使用年限内以可靠且经济的方式满足规定的各项功能要求。总安全系数法,就是要保证隧道在整个服役期内的安全系数不低于设计规定值。

对于复合式衬砌,初期支护无法在服役期进行检查与维护,且会受到地下水的侵蚀,如果不能保证初期支护的耐久性,则由于初期支护劣化所损失的安全系数应在总安全系数中加以考虑。

5.4.2　不同支护结构类型的安全系数要求

如1.2.4节所述,国内外目前存在四种设计理念,不同设计理念对各分层结构的安全系数要求不同。

第一种理念:初期支护作为承载主体,二次衬砌仅作为安全储备或仅承受不大的荷载。理论上,该设计理念可按只有初期支护的单一结构处理,安全系数不低于3.0。对于二次衬砌,如为钢筋混凝土结构时,理论上要求的安全系数可为0;如为素混凝土结构,安全系数不低于0.6。为安全考虑,不管是钢筋混凝土结构还是素混凝土结构,建议二次衬砌的安全系数不低于0.6。

第二种理念:初期支护作为临时结构,只需要满足施工期间的安全,二次衬砌作为承载主体,承受全部的围岩压力。理论上,该设计理念可按只有二次衬砌的单一结构处理,二次衬砌的安全系数可按现有规范要求采用,即不低于2.0(钢筋混凝土)或2.4(素混凝土)。尽管初期支护仅作为临时结构,但为满足施工期间的安全,一般要求不低于1.8。因此该设计理念在刚完工阶段的总安全系数$K \geqslant 3.8$(钢筋混凝土)或4.2(素混凝土)。

第三种理念:初期支护和二次衬砌都是承载主体,各承担一定比例的围岩压力。按照该理念,在保证施工安全所要求的初期支护最小安全系数为1.8的前提下,剩余安全系数应根据初期支护和二次衬砌二者的承载能力比来确定。

第四种理念:除特殊情况外,一般不需要二次衬砌,完全依靠初期支护承载。该理念可按只有喷锚组合支护的结构处理,安全系数不低于3.0(钢筋混凝土)或3.6(素混凝土)。

上述各设计理念所需安全系数的汇总见表5-2,表中β为K超出1.8时初期支护所需要增加的安全系数比例。

不同设计理念所需的安全系数建议值　　　　　　表5-2

结构材料		理念一	理念二	理念三	理念四
二次衬砌为钢筋混凝土时	初期支护	3.0	1.8	$1.8+1.2\beta$	3.0
	二次衬砌	0.6	2.0	$1.2(1-\beta)$	—
二次衬砌为素混凝土时	初期支护	3.0	1.8	$1.8+1.8\beta$	3.6
	二次衬砌	0.6	2.4	$1.8(1-\beta)$	—

注:表中安全系数取值未考虑耐久性对初期支护(喷锚组合支护)的影响。

5.5　特殊情况的计算方法

5.5.1　全周设置系统锚杆的支护体系计算

当隧道处于高地应力环境或底部存在软弱地层时,仰拱部位可能存在主动荷载,经常在仰拱部位设置锚杆进行处理,此时锚岩承载拱应采用封闭结构计算模型,如图 5-23 所示。

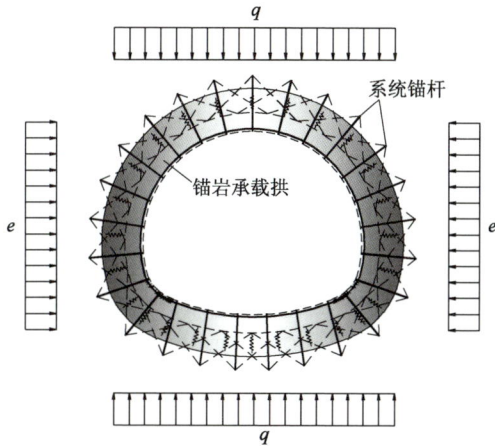

图 5-23　全环布置系统锚杆的锚岩承载拱计算模型

5.5.2　长短锚杆(锚索)组合锚固体系的计算

在高地应力软岩大变形隧道和超大跨度隧道设计中,经常采用预应力锚索和锚杆组合的锚固体系,其中锚杆又可分为长系统锚杆与短系统锚杆组合、长系统锚杆与临时短锚杆组合、仅采用长系统锚杆或仅采用短系统锚杆等形式,锚杆可采用预应力锚杆或非预应力锚杆。不同锚固体系的计算模型应根据各构件的作用综合考虑。

1)高地应力软岩大变形隧道

在高地应力软岩大变形隧道中,由于开挖后地应力调整时间长,围岩变形时间长。因此,可将预应力锚索的预加轴力近似作为超前支护处理(类似于超前注浆),即在隧道周边施加预支护力,再采用数值分析方法或理论公式求解塑性区范围,将塑性区围岩的自重考虑适当放大系数后作为围岩压力设计值。

长系统锚杆是锚岩承载拱的主要组成部分,其长度和间距决定了锚岩承载拱的厚度。

短锚杆包括短系统锚杆和临时短锚杆两种。当采用短系统锚杆时,其作用:一是维持预应力锚索和长系统锚杆施工期间的安全;二是通过短锚杆的悬吊作用和喷层的支护作用,共同保证预应力锚索和长系统锚杆之间局部围岩的稳定,起到加强局部稳定的构造作用;三是提高内层围岩(即短系统锚杆区内的围岩)的残余强度。当采用临时短锚杆时,其作用仅是维持预应力锚索和长系统锚杆施工期间的安全。

图5-24为高地应力软岩大变形隧道采用预应力锚索与长系统锚杆组合锚固体系时的计算模型。

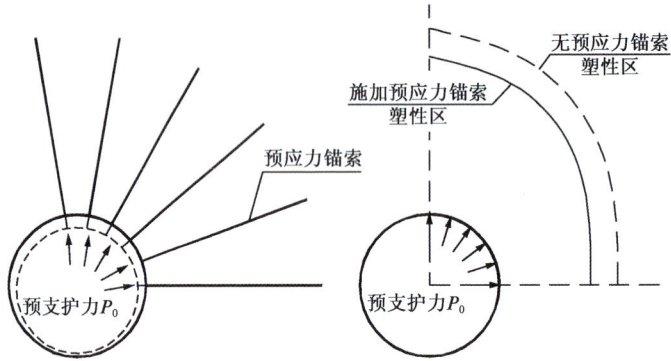

a)预应力锚索折减围岩压力原理图示

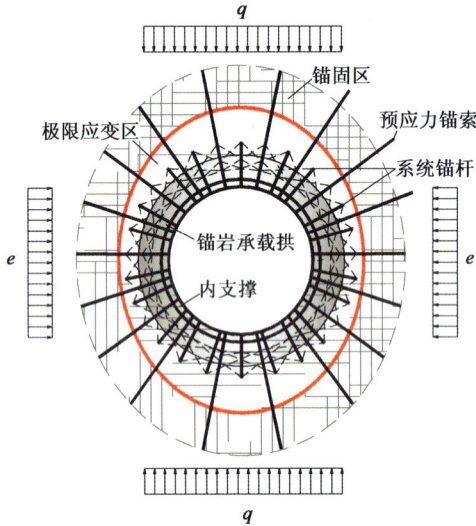

b)组合锚固体系计算模型

图5-24　高地应力软岩大变形隧道组合锚固体系的计算模型

2)一般地应力环境的超大跨度隧道

在一般地应力环境中修建超大跨度隧道,一般采用分部开挖的方式。当长锚索布置于每个开挖分部的跨度端部时,其主要作用是代替内支撑,将各分部的围岩压力转移至深部围岩,起到"减小结构跨度"的作用(图5-25)。当长锚索采用类似系统锚杆的布置方式时,除具有代替内支撑的作用外,也具有减少围岩塑性区、降低围岩压力设计值的作用,也有作为锚岩承载拱支护结构的作用(图5-26)。

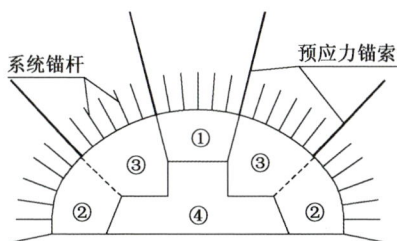

图5-25　一般地应力环境的超大跨度隧道
　　　　锚固体系的计算模型一

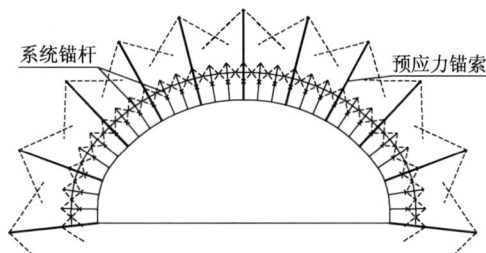

图5-26　一般地应力环境的超大跨度隧道锚固体系的
　　　　计算模型二

短系统锚杆和长系统锚杆的作用同上。

5.5.3　局部设置系统锚杆的计算

当隧道局部区域的围岩压力明显高于其他部位,或存在特殊的层理或节理面时,经常采用局部布置系统锚杆的方式。如偏压隧道在高山侧设置局部系统锚杆,水平层状岩层中仅在拱部和底部设置锚杆,黄土地层竖直节理发育仅在边墙部位设置锚杆等。此种情况下,由于系统锚杆无法形成完整的锚岩承载拱,不是一个完整结构,不能与喷层、二次衬砌共同形成多层支护体系,因此需另行研究计算方法。建议采用5.2.8节所述的组合拱模型进行计算,其中,设置有局部锚杆的部位采用围岩与喷层两种材料组成的组合结构,无锚杆部位采用单一的喷层结构,如图5-27所示。

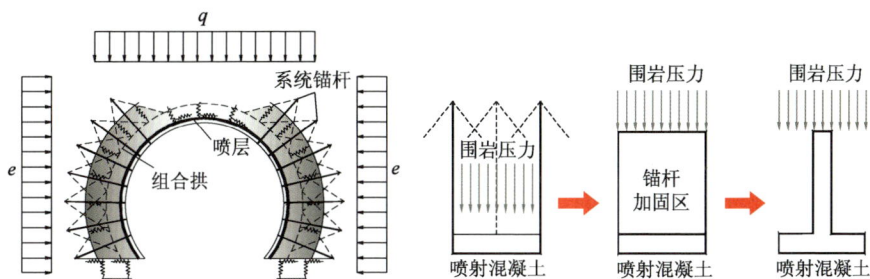

图5-27　局部设置系统锚杆的计算模型

5.6 初期支护耐久性对安全系数的影响

5.6.1 初期支护耐久性的相关规定

1）设计规范

（1）《铁路隧道设计规范》（TB 10003—2016）

《铁路隧道设计规范》（TB 10003—2016）中有关初期支护耐久性的主要规定有[111]：

①喷射混凝土的强度等级应满足耐久性要求，且强度等级不低于C25。

②混凝土宜选用低水化热、低C_3A含量、低碱含量的水泥和矿物掺合料、引气剂等，当有侵蚀性地下水经常作用时，所用混凝土和水泥砂浆均应具有相应的抗侵蚀性能。

③钢筋混凝土中由水泥、矿物掺合料、骨料、外加剂和拌和用水等引入的氯离子总含量不应超过胶凝材料总量的0.10%；潮湿环境中混凝土中的碱含量应不超过3.0kg/m³；混凝土中的三氧化硫含量不应超过胶凝材料总量的4.0%。

④喷射混凝土应优先采用硅酸盐水泥或普通硅酸盐水泥，喷射混凝土中的骨料粒径不宜大于16mm，钢纤维喷射混凝土中的骨料粒径不宜大于10mm。

⑤锚杆杆体材料应符合国家、行业相关标准的规定，砂浆锚杆用的水泥砂浆强度等级不应低于M20。

⑥喷射混凝土中可根据需要掺加外加剂，其性能应对混凝土的强度及其与围岩的黏结力基本无影响，对混凝土和钢材无腐蚀作用。

（2）《公路隧道设计规范　第一册　土建工程》（JTG 3370.1—2018）

《公路隧道设计规范　第一册　土建工程》（JTG 3370.1—2018）的相关规定如下[15]：

①喷射混凝土的强度等级应满足耐久性要求，且强度等级不低于C20。

②当有侵蚀性水作用时，所用混凝土和水泥砂浆均应采用具有抗侵蚀性能的水泥和集料配置，其抗侵蚀性能的要求视水的侵蚀特征确定。

③不应使用碱活性集料配置混凝土。

④喷射混凝土应优先采用硅酸盐水泥或普通硅酸盐水泥，也可采用矿渣硅

酸盐水泥。

⑤喷射混凝土中的粗集料应采用坚硬耐久的碎石或卵石,石子粒径不宜大于 16mm,喷射钢纤维混凝土中的石子粒径不宜大于 10mm;集料级配宜采用连续级配,细集料应采用坚硬耐久的中砂或粗砂,细度模量宜大于 2.5,砂的含水率宜控制在 5% ~ 7%。

⑥砂浆锚杆杆体材料宜采用 HRB400、HRB500 热轧带肋钢筋。

⑦喷射混凝土中可根据需要掺加添加剂,其性能应对混凝土的强度及其与围岩的黏结力基本无影响,对混凝土和钢材无腐蚀作用。

(3)其他规范对锚杆砂浆保护层的规定

《建筑边坡工程技术规范》(GB 50330—2013)[67]和《岩土锚杆与喷射混凝土支护工程技术规范》(GB 50086—2015)[32]均要求即使地下水没有侵蚀性,耐久性锚杆的砂浆保护层厚度也不应小于 20 ~ 25mm。

2)高速铁路隧道通用参考图

高速铁路隧道通用参考图[29]中有关耐久性要求如下:

(1)钢架的保护层厚度为外侧 4cm、内侧 3cm。

(2)锚杆的砂浆保护层厚度为 10 ~ 15mm。

可见,现有铁路和公路隧道设计规范以及通用参考图中对初期支护耐久性的规定较少,且没有考虑地下水对喷射混凝土和锚杆砂浆的溶蚀侵蚀。

5.6.2　地下水对喷射混凝土耐久性的影响

1)地下水对混凝土的侵蚀机理

地下水对混凝土及钢筋混凝土的侵蚀性强弱取决于水中 H^+、SO_4^{2-} 等离子以及 CO_2 的含量。地下水的侵蚀性可分为 3 类:分解性侵蚀、结晶性侵蚀和分解结晶复合性侵蚀。

(1)分解性侵蚀

分解性侵蚀是指酸性水对水泥的氢氧化钙与碳酸钙进行溶解,使得混凝土分解破坏,其反应式为:$Ca(OH)_2+2H^+ \Longrightarrow Ca^{2+}+2H_2O$;当水中含有较多侵蚀性 CO_2 时,水的溶解能力增强,使碳酸钙溶解,其反应式为:$CaCO_3+H_2O+CO_2 \Longrightarrow Ca^{2+}+2HCO_3^-$。

（2）结晶性侵蚀

结晶性侵蚀是指水中过量的SO_4^{2-}渗入混凝土体内，与水泥的某些成分发生水化作用，形成易膨胀的结晶化合物，使混凝土胀裂破坏。如形成石膏和硫酸铝，其体积将分别增大1.5倍和2.5倍。为了防止SO_4^{2-}对混凝土的破坏作用，在SO_4^{2-}含量高的情况下可采用抗硫酸盐的水泥。

（3）分解结晶复合性侵蚀

分解结晶复合性侵蚀是指水中Ca^{2+}、Mg^{2+}、Zn^{2+}、Fe^{2+}、Al^{3+}等阳离子含量过高，而对混凝土的一种复合破坏作用。如$MgCl_2$与混凝土中结晶的$Ca(OH)_2$反应后，容易对混凝土造成破坏，其反应式为：$MgCl_2+Ca(OH)_2 \Longrightarrow Mg(OH)_2+CaCl_2$。

2）流动的地下水对开裂混凝土耐久性的影响

澳大利亚学者基于菲克第二定律（Fick's second law），研究了裂缝渗漏水对混凝土耐久性的影响，并进行了案例分析[68]。

在案例分析中，假设地下水中钙离子浓度为2mmol/L，裂缝宽度为0.3mm，混凝土内的扩散系数为$0.4×10^{-9}m^2/s$，所得结果经整理和回归分析后如图5-28所示。对裂缝为固定边界和移动边界的对比如图5-29所示。可见，当裂缝两侧的混凝土内的钙离子扩散至裂缝后，裂缝宽度逐渐变窄，但不能被完全稀释，裂缝内的钙离子浓度逐渐增加，扩散梯度逐步减小，流失速度逐渐减小。可以看到，20年后裂缝每一侧大约有10cm的劣化区。也就是说，如果裂缝不经维护处理，20年后将会形成20cm范围的劣化区，这对结构耐久性影响较大。

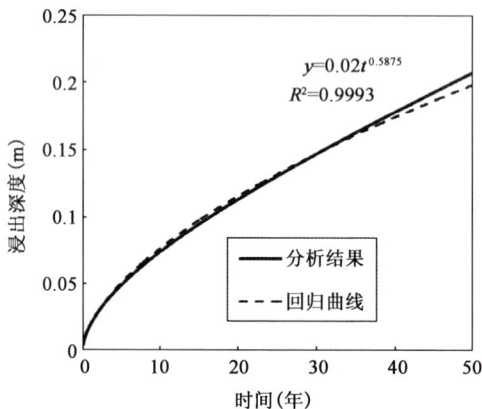

图5-28　钙离子流失深度与时间的关系

5.6.3　耐久性对总安全系数的影响与对策

如上所述,地下水对喷射混凝土和锚杆的耐久性均有影响(图5-30),但尚缺少影响程度的定量化研究。因此,在总安全系数设计法中也无法定量考虑耐久性的影响,建议设计中采取以下对策进行处理:

(1)根据地下水发育程度设计相应的支护参数。

(2)采取注浆堵水等措施减少流经喷射混凝土的地下水量。

(3)如果不能保证初期支护的耐久性,则由初期支护劣化所损失的安全系数应在总安全系数中加以考虑。

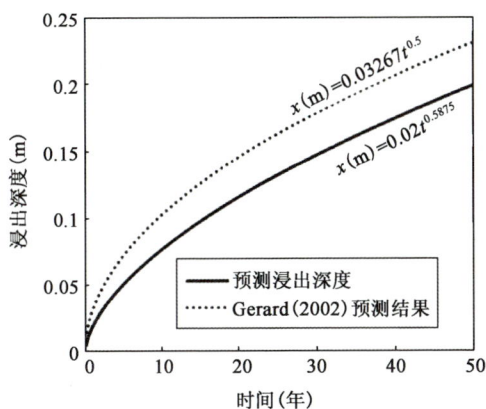

图5-29　裂缝不同边界条件钙离子流失深度与时间的关系　　图5-30　地下水对喷射混凝土的溶蚀侵蚀

5.7　总安全系数法的支护结构设计与方案比选流程

采用总安全系数法设计时,在满足施工期和服役期总安全系数的要求下,锚岩承载拱、喷层、二次衬砌可以有多种参数组合方式,形成多个设计方案。每个设计方案的计算中,由于各计算模型之间有相互影响,因此需要大量的迭代逼近计算。完成各设计方案的参数计算后,具体选择哪一个方案,还需综合考虑经济性、可实施性、耐久性、低碳节能等因素。

在经济性方面,需综合考虑材料成本、人工机械成本、时间成本等因素的影响,合理的设计方案应该是造价相对较低的方案。

在可实施性方面,必须保证初期支护各组成部分不能超过现有施工技术和施工装备的施工水平,如锚杆过长、喷层厚度过大会引起现场施工困难、施工安全性下降等问题;锚杆长度过短,需要的锚杆数量多,会造成施工时间加长、进度减慢;如果设计中采用的支护构件过多,需要配套很多的施工设备,并会延长施工时间,也不是十分合理的方案。因此,合理的设计方案应该与施工单位的施工能力相协调,也就是说,从可实施性来说,对应不同施工单位可能有不同的设计方案。

在变形协调控制方面,需要结合围岩与支护结构的可变形能力进行分析,具体方法见第8章。

在耐久性方面,应该选择本身耐久性好、耐久性措施容易实现也容易监控的方案。

在低碳节能方面,应选择材料用量少、总碳排放量低、有利于环保与节能的方案。

具体的支护结构设计与方案比选流程见图5-31。

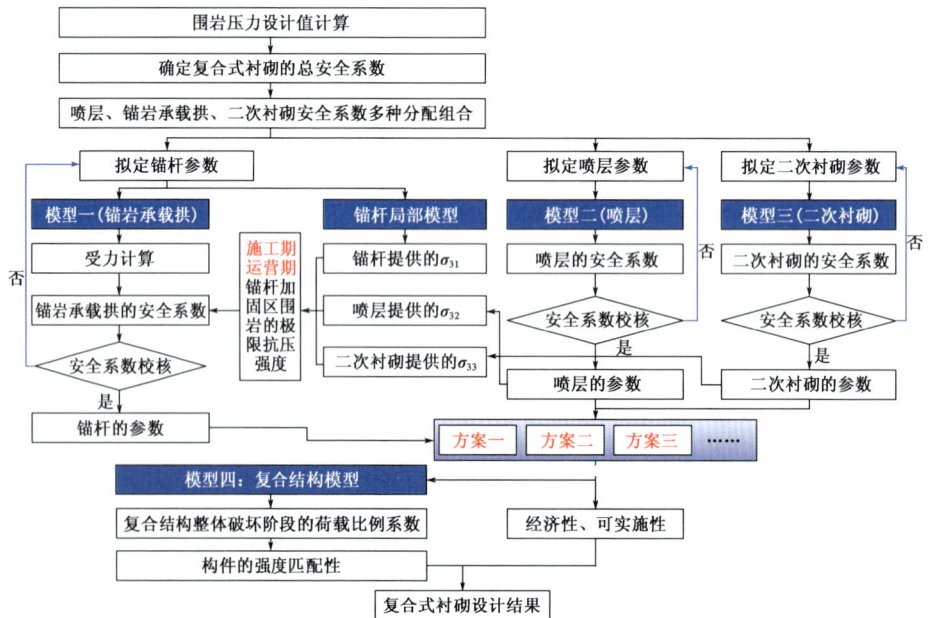

图5-31　总安全系数设计法的结构设计与方案比选流程

5.8　多种荷载作用下的隧道支护结构设计方法研究

5.8.1　隧道荷载

铁路隧道设计规范和公路隧道设计规范对隧道荷载的规定略有差别。

1)铁路隧道荷载

《铁路隧道设计规范》(TB 10003—2016)规定的荷载有:

(1)主要荷载

主要荷载包括恒载和活载,其中恒载包括结构自重、结构附加恒载(包括设备荷载)、围岩(地层)压力、土压力、浅埋隧道上部及破坏棱体范围内的设施及建筑物荷载、混凝土收缩和徐变的影响、静水压力及浮力、基础变位影响力;活载包括与隧道立交的铁路列车荷载及其动力作用、与隧道立交的公路车辆及其动力作用、隧道内列车荷载及其制动力、渡槽流水压力(设计渡槽明洞时)。

(2)附加荷载

附加荷载包括隧道内列车冲击力、温度变化的影响、灌浆压力、冻胀力、风荷载、雪荷载、气动力、落石冲击力。

(3)特殊荷载

特殊荷载包括施工荷载(施工阶段的某些外加力)、人防荷载、地震荷载等。

2)公路隧道荷载

《公路隧道设计规范　第一册　土建工程》(JTG 3370.1—2018)规定的荷载有:

(1)主要荷载

主要荷载包括围岩压力、土压力、结构自重、结构附加恒载、混凝土收缩和徐变的影响力、水压力、公路车辆荷载、人群荷载、立交公路车辆及其所产生的冲击力和土压力、立交铁路列车活载及其所产生的冲击力和土压力、立交渡槽流水压力等。

(2)附加荷载

附加荷载包括温度变化的影响力、冻胀力、落石冲击力。

（3）特殊荷载

特殊荷载包括施工荷载、地震力。

5.8.2　多种荷载作用下的隧道支护结构设计方法

前述章节均是针对复合式衬砌结构或喷锚组合支护结构仅承受围岩压力时的总安全系数计算方法，但隧道除承受围岩压力外，还承受了其他荷载，因此，支护结构的设计需要考虑多层结构承受多种荷载的计算问题。目前，该问题在设计理论上还有待于进一步研究，以下仅是一个粗略的处理方法。

1）荷载分类

除按规范要求进行主要荷载、附加荷载、特殊荷载进行分类外，还要区分这些荷载是作用于全结构体系还是仅作用于部分结构层（单层结构或两层结构）。同时，既要考虑结构接近破损（坏）状态时的荷载状态，又要考虑服役期正常使用的荷载状态。下面以铁路隧道为例对其进行说明。

（1）全结构体系承受的主要荷载

不管是服役期还是结构接近破损（坏）状态时，全结构体系承受的主要荷载包括围岩压力、土压力、浅埋隧道上部及破坏棱体范围内的设施及建筑物荷载、服役期产生的基础变位影响力、与隧道立交的铁路列车荷载及其动力作用、与隧道立交的公路车辆及其动力作用、隧道内列车荷载及其制动力等。

（2）服役期各分层结构承受的主要荷载

初期支护的恒载包括结构自重、围岩（地层）压力、土压力、浅埋隧道上部及破坏棱体范围内的设施及建筑物荷载、混凝土收缩和徐变的影响、静水压力、基础变位影响力；活载包括与隧道立交的铁路列车荷载及其动力作用、与隧道立交的公路车辆及其动力作用、隧道内列车荷载及其制动力、渡槽流水压力（设计渡槽明洞时）。

二次衬砌承受的恒载包括结构自重、结构附加恒载（包括设备荷载）、围岩（地层）压力、土压力、浅埋隧道上部及破坏棱体范围内的设施及建筑物荷载、混凝土收缩和徐变的影响、静水压力及浮力、基础变位影响力；活载包括与隧道立交的铁路列车荷载及其动力作用、与隧道立交的公路车辆及其动力作用、隧道内列车荷载及其制动力、渡槽流水压力（设计渡槽明洞时）。

（3）附加荷载和特殊荷载

附加荷载和特殊荷载也需要区分是全结构体系作用还是分层结构作用，是结构接近破损(坏)状态时作用还是服役期作用,在此不再赘述。其中对结构设计影响最大的是人防荷载和地震荷载,可不作用于结构接近破损(坏)状态时。

2)二次衬砌结构参数安全系数计算方法

以二次衬砌为例(图5-32),对其结构安全系数与设计参数的计算方法进行说明:

(1)首先将结构接近破损(坏)状态时全结构体系承受的主要荷载(或主要荷载+附加荷载)代替"围岩压力设计值",再按前述方法确定各层结构的设计参数与总安全系数,需要达到总安全系数建议取值的要求。

(2)将结构接近破损(坏)状态时二次衬砌承受的荷载进行组合(包括全部的围岩压力设计值),并根据需要调整或不调整二次衬砌的结构参数,使其满足步骤(1)中二次衬砌所需要的安全系数要求。

(3)将服役期二次衬砌承受的荷载进行组合,并采用步骤(2)中的结构参数,验算其是否满足步骤(1)中二次衬砌所需要的安全系数要求,同时还需要满足二次衬砌作为单一结构时规范对其安全系数的要求(此时二次衬砌可能不承受围岩压力或仅承受部分围岩压力)。

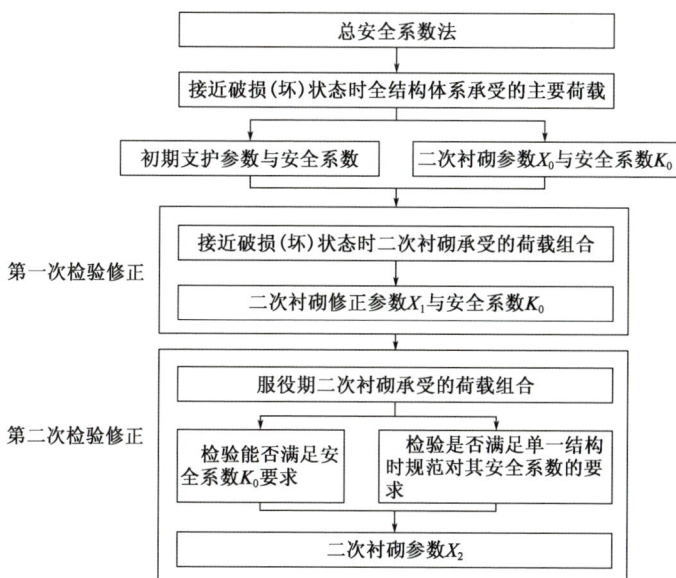

图5-32 多种荷载作用下二次衬砌结构设计方法流程图

第6章

▽

基于总安全系数法的支护结构
承载能力模型试验研究

以往隧道模型试验以模拟开挖影响范围内全部围岩的小比例尺岩土试验为主,锚杆、喷层、二次衬砌及不同支护组合的支护作用和承载能力难以量化分析。通过研发将支护结构和支护范围内的围岩作为一体、按"结构试验"进行加载的模型试验方法和大比例尺模型试验系统,可以"真实"体现支护结构本身的承载能力;通过开展毛洞、纯锚支护、喷层、二次衬砌、喷锚组合支护、复合式衬砌的承载能力试验,可以获取各工况加载破坏全过程受力与变形特征。结果表明,总安全系数法可以较为准确地预测结构破损位置和状态,承载能力计算值比试验值小10% ~ 33%,有效验证了总安全系数法计算模型和多层结构总安全系数计算方法的合理性。

6.1 围岩-支护结构整体承载力模型试验方法

在总安全系数法中,将复合式衬砌隧道支护结构分为锚岩承载拱、喷层、二次衬砌三层结构,并给出了三层结构单独承载与组合承载时的安全系数计算方法,本章采用结构加载试验,揭示喷层与锚岩承载拱的承载机理,并验证总安全系数法计算模型和多层结构总安全系数计算方法的合理性。

6.1.1　模型试验系统设计

　　试验系统主要由反力架、模型箱和液压千斤顶组成,正面设有玻璃观察窗,如图6-1和图6-2所示。模型台架总体尺寸为4.10m×0.99m×3.80m(长×宽×高),内含尺寸为2.08m×0.45m×1.98m(长×宽×高)的模型箱。液压千斤顶设两套液压油源,可实现左右与上部千斤顶独立伺服加载,最大荷载1MPa,水平千斤顶和竖向千斤顶行程分别为15cm和63cm。

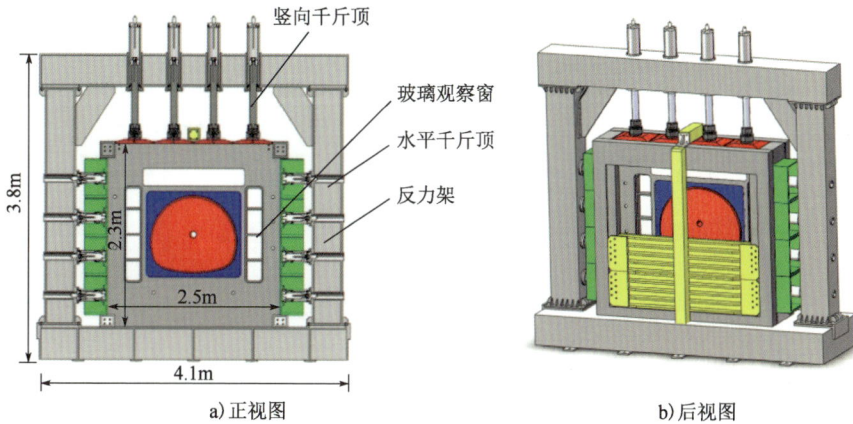

a) 正视图　　　　　　　　　　　　b) 后视图

图6-1　台架

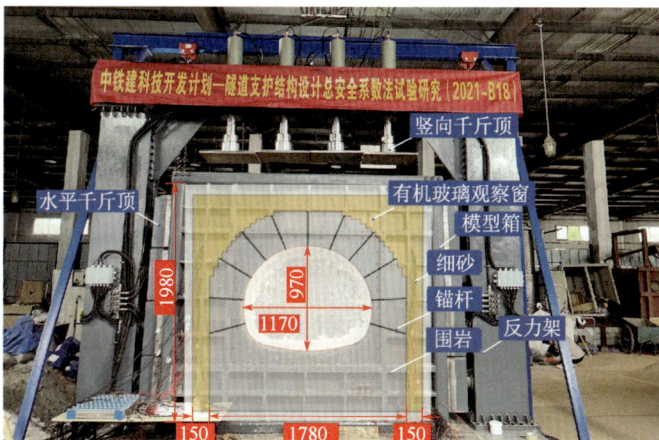

图6-2　试验装置(尺寸单位:mm)

本试验重点研究锚岩承载拱、喷层、二次衬砌单独与组合承载作用,通过加载试验手段,获取其在破损阶段的承载能力和力学行为,并验证其设计方法。试验以时速350km高速铁路双线隧道结构断面为模拟对象,试验中执行相似第二准则,相似比1:12.5,试验隧道外轮廓断面宽1.17m,高0.97m。在试验中将围岩直接填筑形成拱结构,在结构内部施加锚杆材料,在洞周施作喷层、二次衬砌。锚杆为梅花形布置,拱结构厚度与锚杆长度均为36cm。为了达到更好的传力效果,在拱结构外围布置细砂,如图6-3所示。

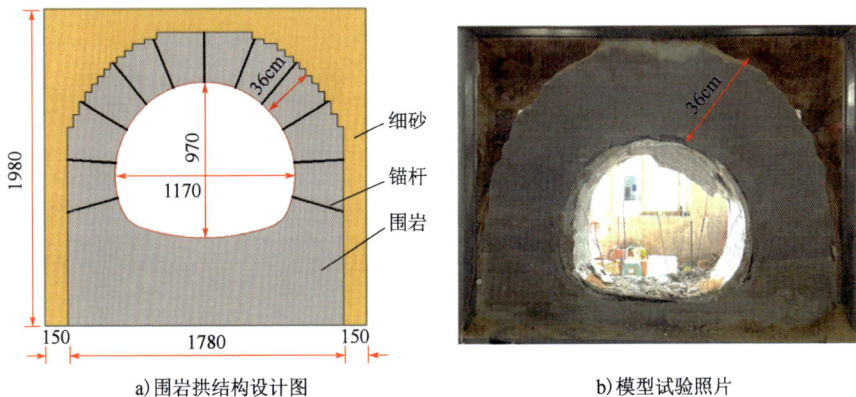

a)围岩拱结构设计图   b)模型试验照片

图6-3 围岩填筑示意图(尺寸单位:mm)

需要说明的是,在研究和分析各工况受力、变形和承载能力特征时,试验和总安全系数法理论计算结果均以"试验隧道"为研究对象,不进行"高速铁路原型隧道"相似比换算。

6.1.2 试验工况与组合

本次试验开展了毛洞、纯锚支护、喷层、二次衬砌、喷锚组合支护与复合式衬砌共计10种工况的承载能力试验,试验工况见表6-1。

模型试验工况   表6-1

序号	工况	参数
1	毛洞	—
2	系统锚杆	36cm@17.6cm(环向)×17.6cm(纵向)
3	加密系统锚杆	36cm@11.3 cm(环向)×11.3cm(纵向)

续上表

序号	工况	参数
4	喷层	2cm
5	加厚喷层	4cm
6	二次衬砌	4cm
7	喷锚组合支护:喷层+系统锚杆	以上组合
8	加密系统锚杆喷锚组合支护:喷层+加密系统锚杆	以上组合
9	复合式衬砌:喷层+系统锚杆+二次衬砌	以上组合
10	加密系统锚杆复合式衬砌:喷层+ 加密系统锚杆+二次衬砌	以上组合

为研究系统锚杆支护锚岩承载拱的计算模型,本试验设置3种试验工况,工况1:毛洞,无支护,作为基础对比试验;工况2:系统锚杆,锚杆环、纵向间距为17.6cm×17.6cm,沿隧道纵向设置3排;工况3:加密系统锚杆,锚杆环、纵向间距为11.3cm×11.3cm,沿隧道纵向设置4排。如图6-4所示。

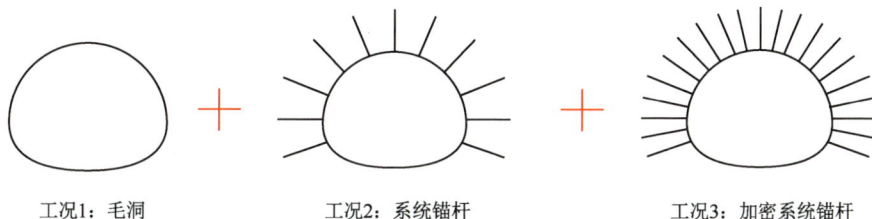

工况1:毛洞　　　　工况2:系统锚杆　　　　工况3:加密系统锚杆

图6-4　系统锚杆试验工况示意图

为研究喷层结构的计算模型,本试验设置3种试验工况,分别为毛洞、2cm喷层和4cm喷层工况,分别记为工况1、工况4、工况5。同时,为研究喷层与围岩界面黏结效应对承载力的影响,设计了工况6,即二次衬砌工况,该工况的二次衬砌厚度为4cm,材料与喷层相同,但在二次衬砌与围岩之间设置了塑料隔离层。如图6-5所示。

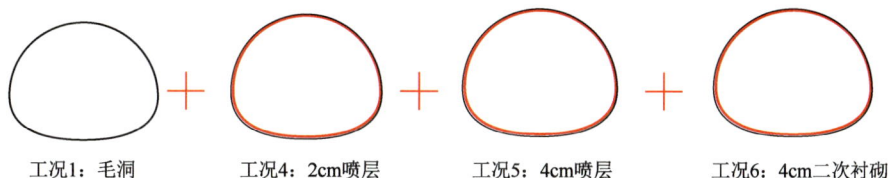

工况1:毛洞　　　工况4:2cm喷层　　　工况5:4cm喷层　　　工况6:4cm二次衬砌

图6-5　喷层试验工况示意图

157

为研究喷锚组合支护的承载特征并验证喷锚组合支护总安全系数计算方法,本试验设置3种工况,工况1:毛洞;工况7:喷锚组合支护,锚杆环纵向间距为17.6cm×17.6cm,沿隧道纵向设置3排,喷层厚度为2cm;工况8:加密系统锚杆喷锚组合,锚杆环纵向间距为11.3cm×11.3cm,沿隧道纵向设置4排,喷层厚度为2cm。如图6-6所示。

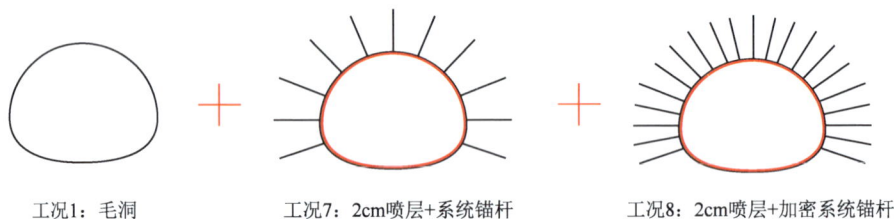

图6-6 喷锚组合支护试验工况示意图

为研究验证多层支护结构的总安全系数计算方法,本试验设置3种试验工况,工况1:毛洞;工况9:复合式衬砌,系统锚杆环、纵向间距为17.6cm×17.6cm,沿隧道纵向设置3排,喷层厚度为2cm,二次衬砌厚度为4cm;复合式衬砌(加密锚杆),锚杆环纵向间距11.3cm×11.3cm,沿隧道纵向设置4排,喷层厚度为2cm,二次衬砌厚度为4cm。如图6-7所示。

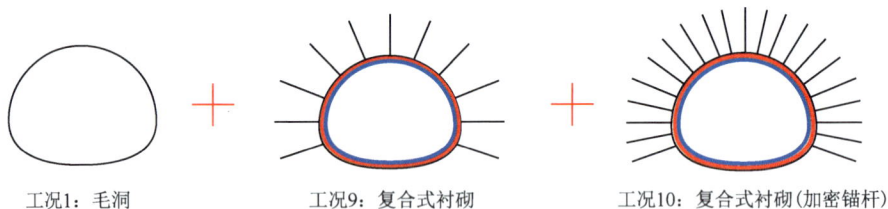

图6-7 多层支护结构试验工况示意图

6.1.3 试验材料与力学参数

试验材料主要包括围岩、喷层(二次衬砌)、细砂和锚杆材料,为获取相关的物理力学指标,依次开展了围岩材料的单轴抗压与直剪试验、喷层(二次衬砌)材料的单轴和三轴加载试验、锚杆杆体的拉伸试验、锚杆锚固效果的拉拔试验、细砂的三轴试验等。

1)围岩材料

围岩材料由重晶石、细砂、粉煤灰、机油、松香酒精按照12.66:6.32:4.75:

1.5：1的比例组成。本试验针对围岩材料制备了直径50mm、高100mm的标准圆柱体试样和直径61.8mm、高20mm的恒重环刀样,分别开展单轴抗压试验与直剪试验,从而得到围岩材料的物理力学参数,试验曲线如图6-8与图6-9所示。

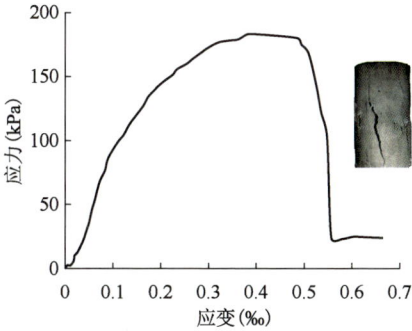

图6-8　围岩材料应力-应变曲线

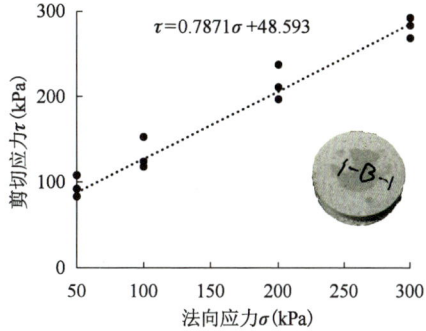

图6-9　围岩材料τ-σ拟合直线

2）喷层材料

喷层材料主要采用速凝石膏,混有重晶石与河砂,并掺入少量减水剂与甲基纤维素以增加材料的保水性和黏稠性。材料配比为重晶石：河砂：石膏：水：减水剂：甲基纤维素 = 146：36.5：200：81：2：1。

本试验针对喷层材料制备了直径50mm、高100mm的圆柱体试样开展单轴试验和三轴试验,从而获取喷层材料的物理力学参数,试验曲线如图6-10和图6-11所示。

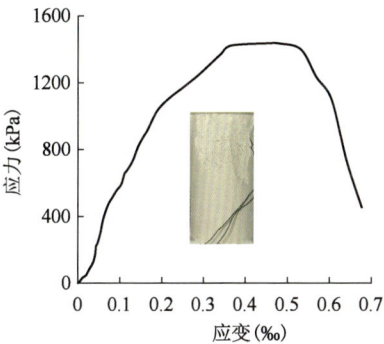

图6-10　喷层材料的单轴加载试验曲线

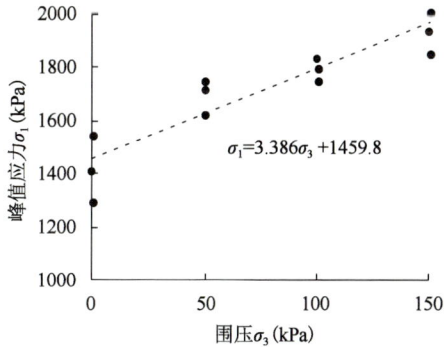

图6-11　喷层材料σ_1-σ_3拟合直线

3）锚杆材料

锚杆包含锚杆杆体与锚固体两部分。锚杆杆体主要由抗拉强度、弹性模量控制。通过万能试验机分别对3mm直径的锌棒、ABS（丙烯腈-丁二烯-苯乙烯）管和PVC（聚氯乙烯）管进行拉伸试验获取应力-应变曲线，如图6-12～图6-15所示，得到3种材料的弹性模量、屈服强度和极限强度，见表6-2。由于围岩的弹性模量为1.39GPa，锚杆材料弹性模量小将无法体现变形差异（在实际工程中，锚杆杆体与围岩变形模量也存在数量级上的差异），故选取3mm锌棒作为锚杆材料，计算得到锚杆杆体材料的弹性模量、抗拉刚度和极限抗拉强度等参数。

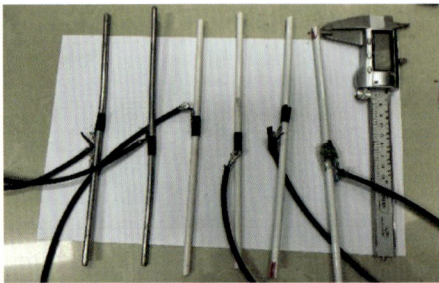

图6-12　锌棒、ABS管、PVC管照片

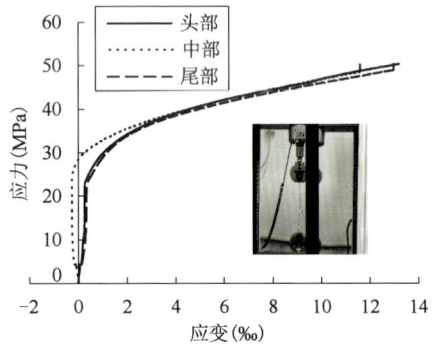

图6-13　3mm锌棒的应力-应变曲线

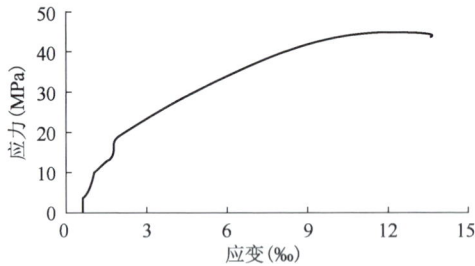

图6-14　3mmABS管的应力-应变曲线

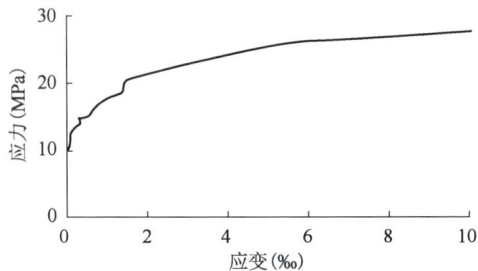

图6-15　3mmPVC管的应力-应变曲线

锌棒、ABS 管、PVC 管材料参数　　　　　　　　　表 6-2

材料	弹性模量(GPa)	屈服强度(MPa)	极限强度(MPa)
3mm 锌棒	10.9	30	50
3mm ABS 管	3.2	15	43
3mm PVC 管	1.7	15	25

锚固质量直接决定了围岩的成拱效应,常用的锚固剂有石膏、水泥砂浆、环氧树脂 AB 胶等,本节通过万能试验机开展锚杆拉拔试验测试锚固效果,要求抗拔强度不低于杆体抗拉强度。

对单根锚杆的锚固系统进行室内拉拔试验。试验步骤如图 6-16 所示,首先用塑料桶装填所选的围岩材料,分层夯实,填筑过后成孔,刮糙清孔,然后放置锚杆材料并注入黏结剂,黏结剂材料选用石膏、水泥砂浆、环氧树脂 AB 胶等材料,待黏结剂固化达到强度,进行拉拔试验,通过试验机获取力与位移数据,并绘制拉拔曲线。

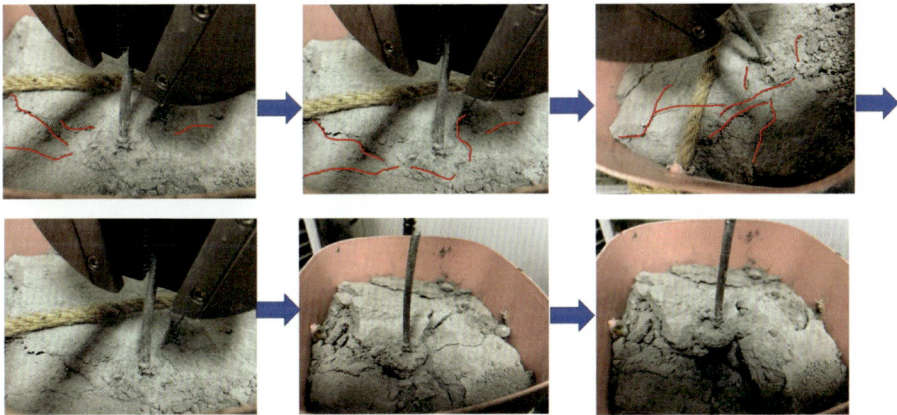

图 6-16　拉拔试验步骤图

锚杆的破坏形态主要有 2 种,锚杆拔出破坏与岩土体剪切破坏,如图 6-17 所示。对于石膏、水泥砂浆等水化胶结材料,由于模型试验锚杆直径较小,在拉拔试验中杆体直接脱出,锚固无效;植筋胶和环氧树脂 AB 胶可以实现有效锚固,锚杆杆体率先屈服,最终围岩发生锥形剪切破坏随锚杆一起拔出。为保证有效锚固,模型试验锚杆黏结剂选用环氧树脂 AB 胶。

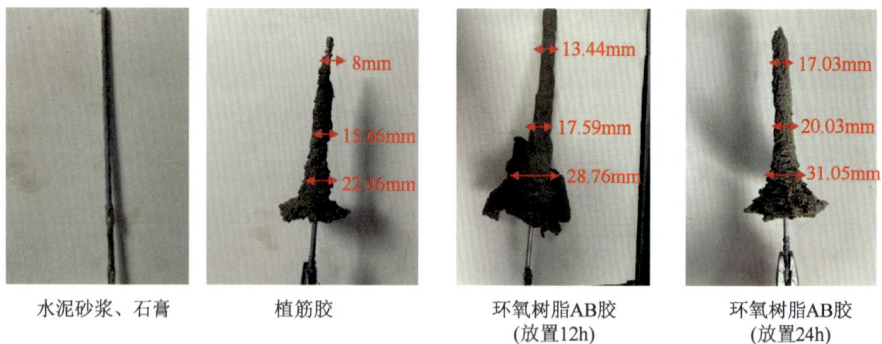

| 水泥砂浆、石膏 | 植筋胶 | 环氧树脂AB胶
(放置12h) | 环氧树脂AB胶
(放置24h) |

图6-17　不同黏结剂对应的锚杆破坏形态比较

锚杆拉拔荷载-位移曲线如图6-18所示，当拉拔力约为200N时锚杆杆体发生屈服，拉拔力约410N时围岩发生剪切破坏并随锚杆一起拔出。

4）钢丝网

喷层中配置钢丝网（图6-19），钢丝网采用304不锈钢，网丝直径为1mm，网格间距为20mm×20mm。

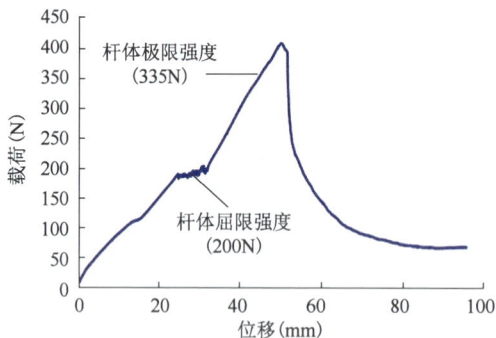

图6-18　锚杆拉拔试验

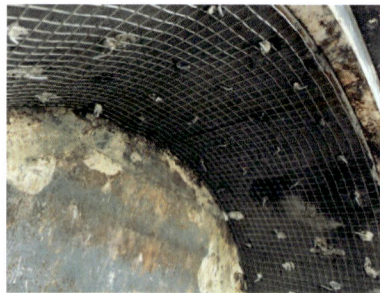

图6-19　钢丝网

5）细砂

传力砂选用精筛圆粒细砂，依据土工试验规程，首先将细砂样通过2mm筛网，依照模型试验测得细砂密度，制备直径为38mm、高度为76mm的等密度圆柱体试样，分别在围压为0kPa、50kPa、100kPa、150kPa和200kPa下以0.5%/min的剪切应变速率进行不固结不排水剪试验（图6-20），直至试样轴向应变达15%，得到细砂应力-应变曲线（图6-21）。

图6-20　细砂三轴试验

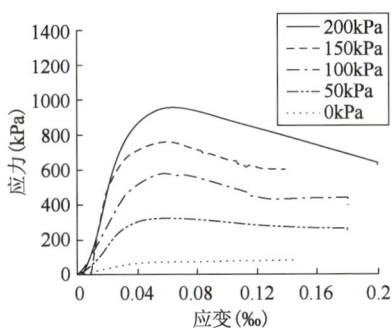

图6-21　不同围压下细砂的应力-应变曲线

　　拟合得到不同围压下的最大主应力 σ_1 与最小主应力 σ_3 之间的关系（图6-22），根据式（6-1）可以反算得到细砂的黏聚力 c_s 和内摩擦角 φ_s。细砂的变形模量 E_s 与围压 σ_3 具有强相关性，理论计算时可按照外部荷载的1/2作为围压计算相应的变形模量，通过应力-应变曲线获取。弹性抗力系数 K 根据式（6-2）计算，并根据模型试验中细砂厚度与细砂三轴试验试件高度关系进行换算。

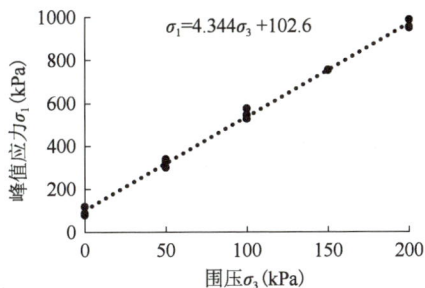

图6-22　σ_1-σ_3 拟合直线

$$[\sigma_c] = \sigma_1 = 2c_s \cdot \tan\left(45° + \frac{\varphi_s}{2}\right) + \sigma_3 \cdot \tan^2\left(45° + \frac{\varphi_s}{2}\right) \tag{6-1}$$

$$K = \frac{E}{(1 + \mu)r_0} \tag{6-2}$$

式中:c_s——细砂的黏聚力;

φ_s——细砂的内摩擦角;

E_s——细砂的弹性模量;

μ——细砂泊松比;

r_0——隧道半径。

模型试验材料物理力学参数见表6-3。

模型试验材料物理力学参数 表6-3

类型	密度 ($g \cdot cm^{-3}$)	黏聚力 (kPa)	内摩擦角 (°)	弹性模量 (GPa)	单轴抗压 强度 (MPa)	泊松比	屈服强度 (MPa)	极限强度 (MPa)
围岩	2.23	46.0	38.20	1.39	0.186	0.36	—	—
喷层	2.30	396.8	32.96	5.09	1.00	0.29	—	—
细砂	1.75	24.6	38.74	—	0.079	0.30	—	—
锚杆	7.14	—	—	9.20	—	0.30	30	50

注:喷层材料抗压强度为设计强度,取圆柱体单轴抗压强度试验值的70%。

6.1.4　监测布置方案

为了有效揭示围岩与不同支护组合的破坏规律,本节设计了试验监测系统,采用静态信号测试分析仪进行连续采样,监测内容包括围岩应力应变、喷层结构内外侧应变、锚杆应力应变、隧道位移与围岩破裂全景等。

1)围岩应力应变监测

采用应变砖和土压力盒进行围岩内部应力应变监测。其中,应变砖采用围岩材料制作,其上贴有应变片(BE120-3CA)。沿隧道轴向0.225m位置处布设一个监测断面,总计布设27个土压力盒,16个应变砖,具体布设位置如图6-23所示。

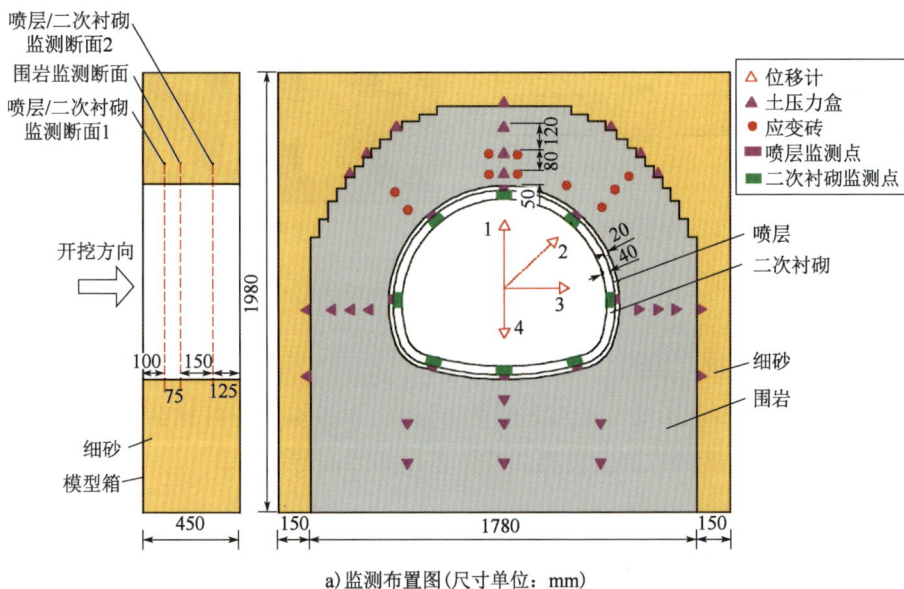

a) 监测布置图(尺寸单位：mm)

b) 监测元件(从左到右依次为：应变砖、位移计、土压力盒)

图6-23　监测布置图

2) 喷层结构内外侧应变监测

在隧道轴向0.125m处布设1个断面监测喷层的内外侧应变,如图6-24a)所示。具体方法为采用喷层材料预制与结构厚度等厚的试块,其内外两侧粘贴应变片(BE120-3AA),如图6-24b)所示,预制试块在喷层施作后,切孔放入,并填充石膏提高界面之间的黏结力,共设8个点位,加载过程中实时监测喷层内外侧应变,根据平截面假定计算得到喷层的轴力与弯矩分布。二次衬砌的应变监测元件布置方案与喷层相同。

165

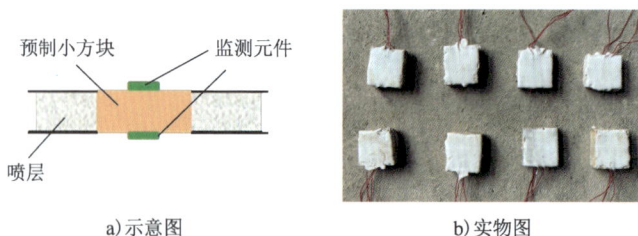

a)示意图　　　　　b)实物图

图6-24　预制试块及其监测原理图

3)锚杆应力应变监测

在拱顶、拱肩和边墙共设置6根测力锚杆,单根测力锚杆粘贴3处应变片,可以获取两侧端部和中部的应变。具体布设如图6-25所示。

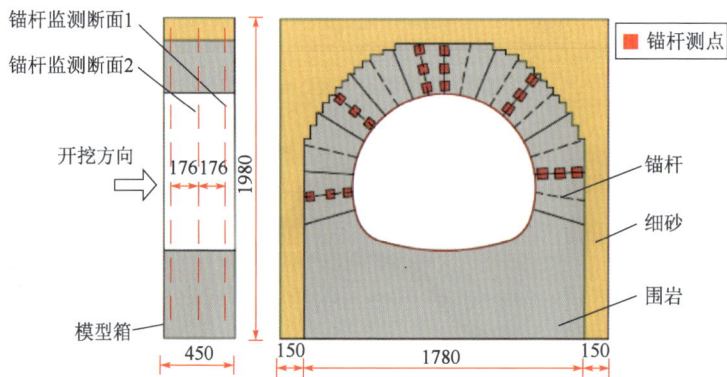

a)锚杆监测分布图(尺寸单位:mm)

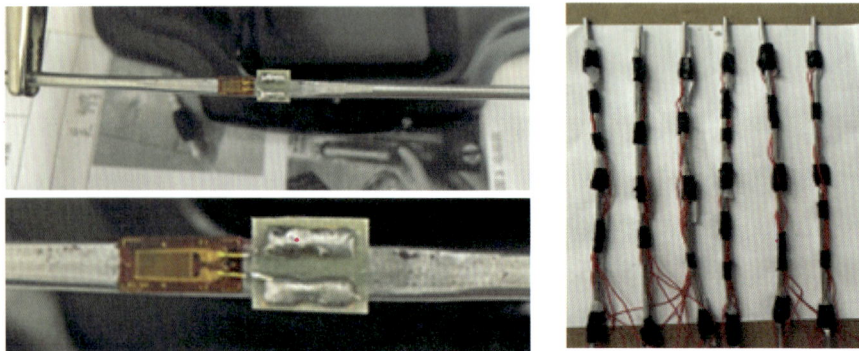

b)锚杆实物图

图6-25　锚杆监测布置图

4）隧道位移监测

隧道位移监测位置主要在拱顶、拱腰、拱底及拱肩45°方向，共布设7个位移传感器，量程0～30mm，以向洞内收敛变形为正值，向洞外变形为负值，如图6-26所示。

图6-26　位移传感器布置图

5）围岩破裂全景监测

利用单反相机和全景拍摄云台对隧道内部进行360°全方位拍摄，利用拍摄的照片生成全景图像，根据实际隧道长度与像素长度，计算得到每像素实际长度，如图6-27所示。最后找到全景图像中的某一裂缝，得到其起点像素坐标与终点像素坐标，计算裂缝的像素长度，再将裂缝的像素长度与每像素实际长度相乘即得到裂缝实际长度，裂缝宽度计算方法同长度类似。最后统计裂缝数目和相应的长度和宽度，在软件中绘制相应的云图。

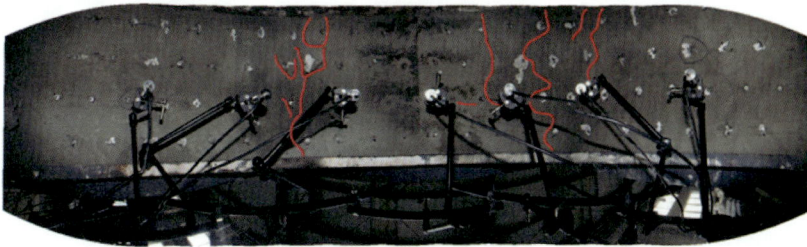

a)全景拍摄

图　6-27

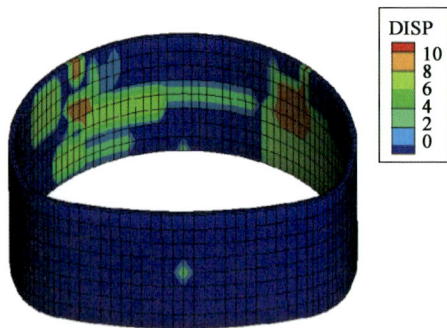

b) 位移云图

图6-27　围岩破裂全景监测

6.1.5　试验步骤

（1）试验前准备

①制备围岩、喷层、二次衬砌、传力细砂、防水层等试验材料。

②采用高密度聚苯乙烯泡沫按照隧道内轮廓尺寸制作隧道模具。

③制备应变砖与喷层/二次衬砌测试块，并粘贴应变片，应变片采用硅橡胶保护。

④制备测力锚杆，分别在各根锚杆上部、中部和下部贴上应变片，应变片采用硅橡胶保护。

（2）围岩填筑

制作模型时，分层填筑夯实，每层高度大约5cm，为减小围岩材料、细砂与箱体之间的摩擦力，在箱体内壁涂抹黄油。分层填筑围岩，当填筑高度比拱墙略高时，采用阶梯型填筑上部拱结构，围岩上部拱结构分13级台阶填筑，踢面高为4cm，踏面长约4~8cm。围岩拱填筑完成后，两侧填筑传力细砂。围岩填筑过程如图6-28所示。

a) 箱体内部涂抹黄油　　　　b) 分层填筑并夯实　　　　c) 用环刀测夯实度

图　6-28

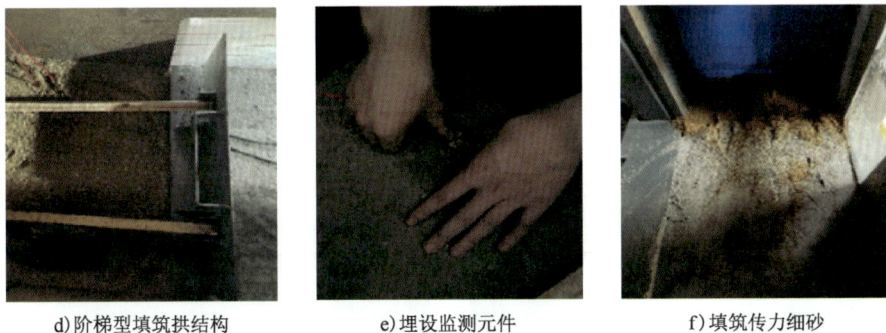

| d)阶梯型填筑拱结构 | e)埋设监测元件 | f)填筑传力细砂 |

图6-28　围岩填筑过程

（3）施加锚杆

在隧道模具上按照锚杆的间距定位好所有锚杆的具体位置，并进行标记。将隧道模具放入模型箱中，在标记位置预埋定位铁管，填筑相似材料，待相似材料即将覆盖铁管时，拔出铁管形成孔洞，向孔中注入环氧树脂AB胶并插入锚杆。施加锚杆过程如图6-29所示。

| a)锚杆定位 | b)埋设隧道模具
(可热熔材料) | c)预埋定位铁管 |

| d)拔出铁管形成孔洞 | e)注入环氧树脂AB胶并插入锚杆 | f)施作锚杆垫片 |

图6-29　施加锚杆过程

169

（4）隧道内轮廓成型

本试验为非开挖试验，不考虑施工方法的影响，因此在围岩填筑之前预先放置与隧道大小一致的高密度聚苯乙烯泡沫模具，模具周边用光滑薄膜包裹，围岩填筑完成后，放置12h，待围岩略干，用热风枪将泡沫模具融化，隧道成型，如图6-30所示。

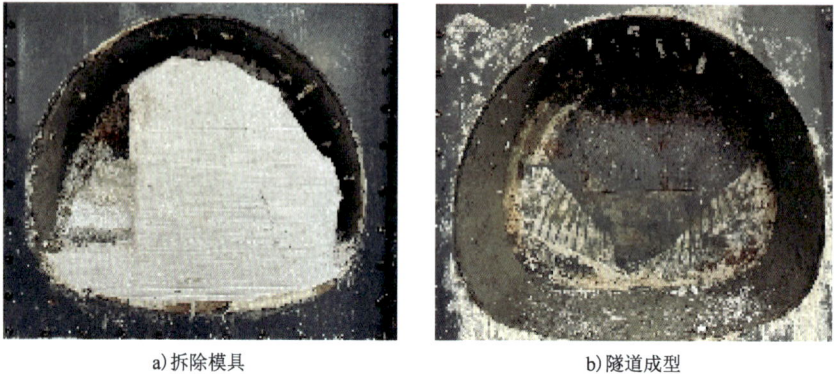

a）拆除模具   b）隧道成型

图6-30　隧道成型

（5）喷层施作

隧道成型后开始施作喷层，由于围岩材料中含有粉煤灰，在其表面直接涂抹喷层材料比较困难，因此，先用注射器喷一圈厚度约1mm的石膏。固定钢丝网，支模填充喷层材料，拆模后将预制好的粘有应变片的预制试块填充至喷层内部。喷层施作过程如图6-31所示。

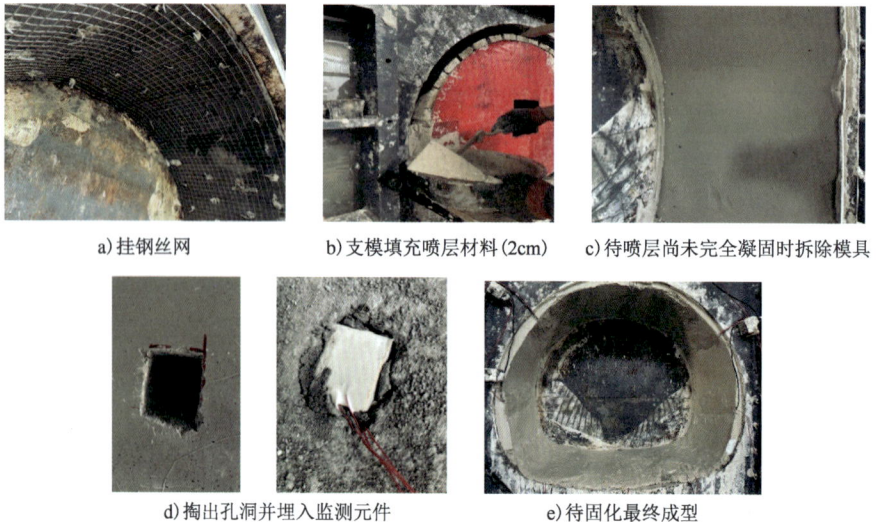

a）挂钢丝网   b）支模填充喷层材料（2cm）   c）待喷层尚未完全凝固时拆除模具

d）掏出孔洞并埋入监测元件   e）待固化最终成型

图6-31　喷层施作过程

（6）二次衬砌施作

为了模拟二次衬砌的受力特征，在二次衬砌与围岩材料之间设置防水隔离层，因此在施作二次衬砌前，根据隧道的尺寸裁剪塑料膜，并在喷层的表面均匀涂抹黄油后铺设塑料膜。支模填充二次衬砌材料，待二次衬砌成型后，在监测位置挖孔并埋设监测元件。二次衬砌施作过程如图6-32所示。

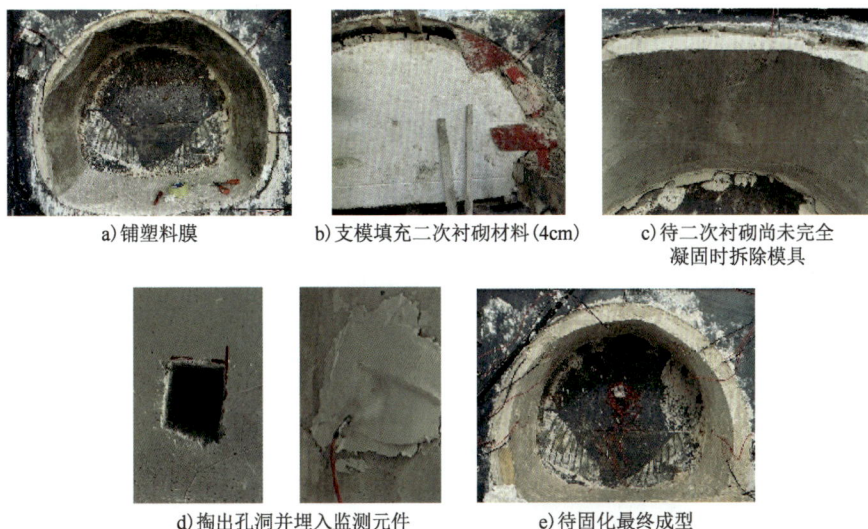

a)铺塑料膜　　　b)支模填充二次衬砌材料(4cm)　　　c)待二次衬砌尚未完全凝固时拆除模具

d)掏出孔洞并埋入监测元件　　　e)待固化最终成型

图6-32　二次衬砌施作过程

（7）模型加载方法

为模拟真实的应力环境，模型顶面和侧面同时加载，侧压力系数取0.44，伺服控制，顶面从0.05MPa压力开始施加，每次增加0.02MPa（部分工况加载过程中按0.01MPa），每级荷载维持10min，加载至洞室完全垮塌，试验结束。

6.2　模型试验结果分析

6.2.1　系统锚杆支护承载能力分析

1)试验目标

本节基于总安全系数法理论体系，开展毛洞与不同间距系统锚杆支护下的大尺寸隧道模型试验,采用结构加载试验方式再现锚岩承载拱破坏全过程,监测分析锚岩承载拱受力和变形特征,揭示系统锚杆支护的力学作用机理,获取锚岩承载拱的承载能力。通过模型试验与总安全系数法理论计算承载能力并对比分析,验证总安全系数法锚岩承载拱计算分析理论的合理性。

2)模型试验中的承载能力定义

本试验采用梯度加载方式,如无明确表述,以下荷载值均取相应破坏荷载的前一级荷载。根据对破坏特征演变的归纳总结,隧道结构的破损演变一般分为3个阶段:①隧道不能维持既有断面形态,开始发生浅层局部破坏,承载能力和结构刚度无显著降低,此时的荷载定义为完整状态临界荷载。②当破坏区进一步扩大和加深,开始影响承载拱的完整性与断面形态,此时的荷载定义为承载拱设计荷载,对应锚岩承载拱的设计承载能力。③继续加载直至垮塌,此时的荷载定义为极限荷载,对应锚岩承载拱的极限承载能力。

3)破坏状态与破坏荷载

3种工况随加载的破坏特征演变如图6-33～图6-35所示。

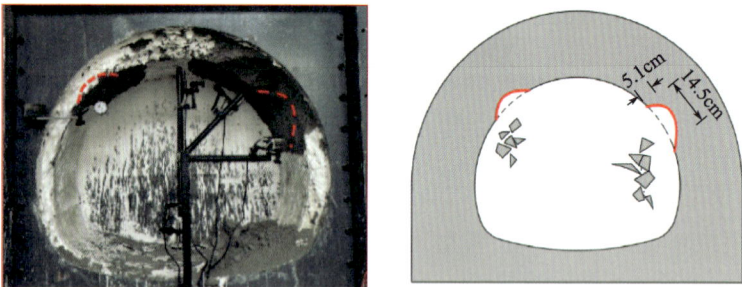

a)竖向荷载为90kPa

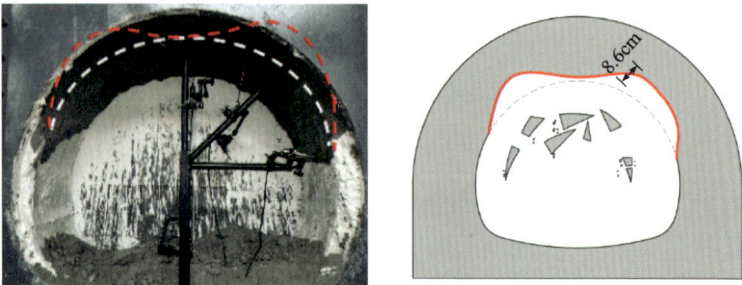

b)竖向荷载为150kPa

图6-33　毛洞破坏试验现象

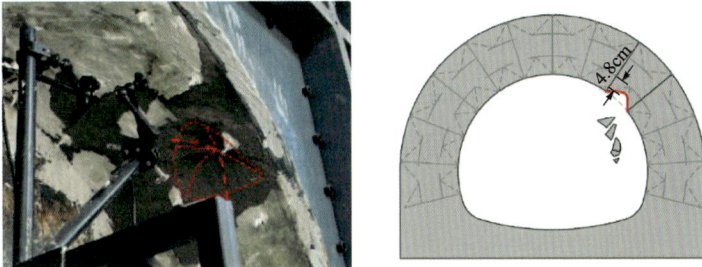

a) 竖向荷载为170kPa

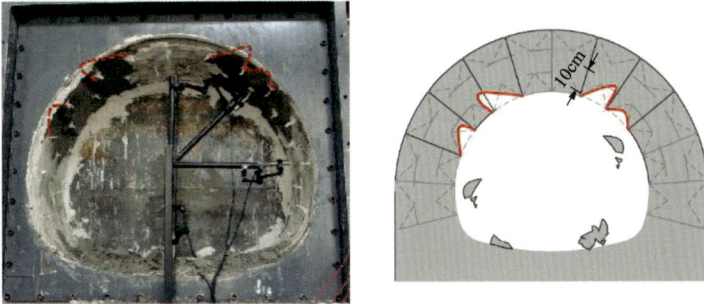

b) 竖向荷载为230kPa

图6-34　锚岩承载拱破坏试验现象

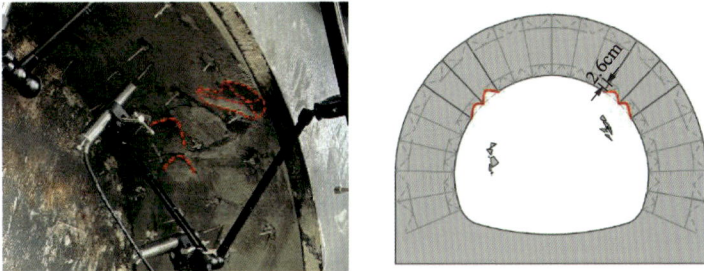

a) 竖向荷载为210kPa

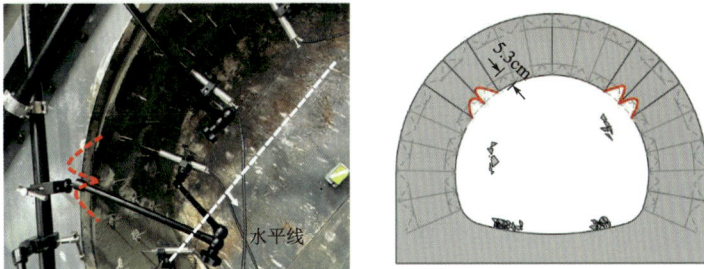

b) 竖向荷载为280kPa

图6-35　加密锚岩承载拱破坏试验现象

工况1：当竖向荷载达到90kPa时，右拱肩位置处围岩发生压剪破坏，形成楔形破坏区，破坏区沿隧道纵向通长分布，环向宽度约14.5cm，深度约5.1cm；当竖向荷载达到150kPa时，破坏范围加深并扩大至拱部，最大破坏深度8.6cm；当竖向荷载达到170kPa时全部垮塌。因此，完整状态临界荷载试验值、设计荷载试验值、极限荷载试验值分别为80kPa、130kPa、150kPa。

工况2：当竖向荷载达到170kPa时，右拱肩处锚杆之间的围岩出现斜向裂缝，并开始出现锥形破坏，锥形体位于锚杆之间约50°楔形角范围内，深度小于5cm，此时锚杆对内部围岩仍具有约束作用；当荷载达到230kPa时，破坏区进一步扩大，破坏区局部深度达8～10cm，部分锚杆外露，丧失对破坏区内部围岩的约束作用，破坏区成为承载拱薄弱环节，整体刚度显著降低，位移将出现突变；当竖向荷载达到260kPa时全部垮塌。因此，完整状态临界荷载试验值、设计荷载试验值、极限荷载试验值分别为160kPa、220kPa、250kPa。

工况3与工况2的破坏过程基本一致，当竖向荷载达到210kPa时，左右拱肩处同步形成了锥形破坏，荷载达到280kPa时，破坏区进一步扩大，荷载加至380kPa时全部垮塌。因此，完整状态临界荷载试验值、设计荷载试验值、极限荷载试验值分别为200kPa、270kPa、370kPa。

综上所述，工况2和工况3在锚杆支护作用下得到的承载力相比工况1均有明显提高，提高部分可以计为锚杆的支护效果试验值，其中承载拱的设计荷载提高值可表征锚岩承载拱的设计承载能力（安全系数 $K = 1.0$），而极限荷载的提高值可表征锚岩承载拱的极限承载能力。计算结果列于表6-4中。

锚岩承载拱承载能力试验结果   表6-4

序号	试验工况	完整状态临界荷载（kPa）	设计承载能力（kPa）		极限承载能力（kPa）	
			试验设计荷载	试验设计承载能力	试验极限荷载	试验极限承载能力
1	毛洞	80	130	—	150	—
2	系统锚杆	160	220	90	250	100
3	加密系统锚杆	200	270	140	370	220

由表6-4可知：①相对工况1，工况2、工况3的完整状态临界荷载试验值、设计荷载试验值、极限荷载试验值均有较大幅度提高，说明锚杆加固围岩的承载作用是显著的。②锚杆长度相同时，锚杆间距越小，承载能力越大，且设计承载能力与极限承载能力差值也越大，"延性"破坏特征越明显。

4)锚岩承载拱变形与受力特征

（1）变形特征

图6-36给出了3个方案拱顶位移与荷载的关系，由图6-36可知：①在相同荷载作用下，锚杆可以提高隧道变形能力，且锚杆间距越小，隧道变形能力越大。②3种工况下，垮塌前隧道的极限变形分别为4mm、22mm、26mm，说明锚杆显著提高了隧道的"延性"。

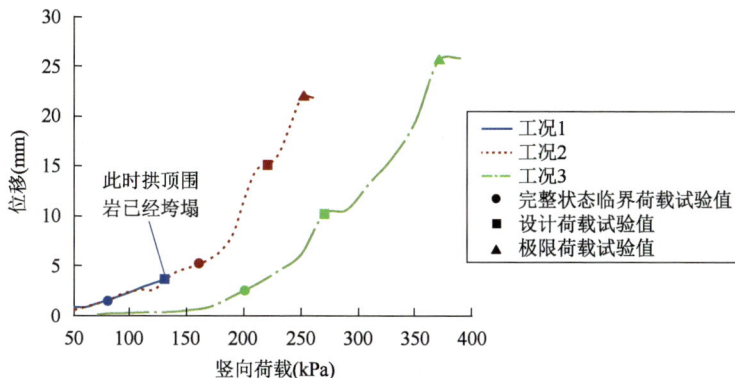

图6-36　不同工况下荷载-位移曲线

（2）应力特征

图6-37和图6-38分别为锚岩承载拱拱顶中心位置的径向应力和切向应力变化曲线。在相同荷载下，切向应力和径向应力均表现为工况1<工况2<工况3，切向应力提高主要源自承载拱刚度增大，径向应力增加则表明锚杆显著增加了围岩的侧限力，调节了围岩应力状态，进而提高了围岩自身抗压强度与承载能力。

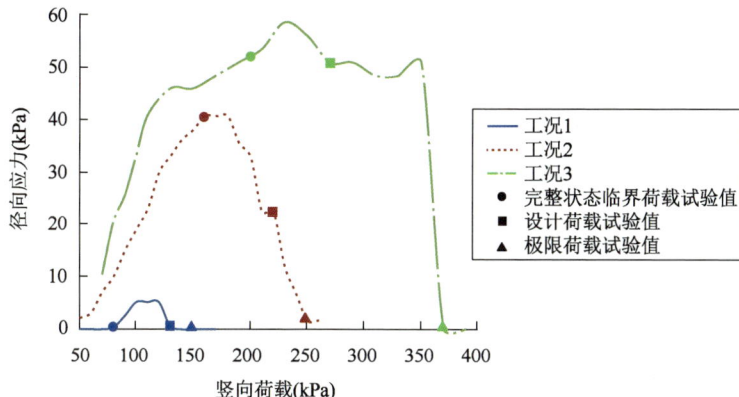

图6-37　承载拱拱顶中心位置径向应力

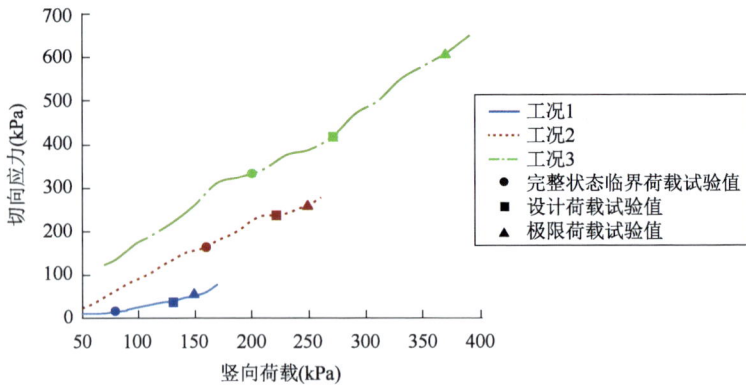

图6-38 承载拱拱顶中心位置切向应力

（3）锚杆轴力

图6-39和图6-40分别给出了锚岩承载拱在设计承载状态与极限承载状态时各位置的锚杆轴力值。

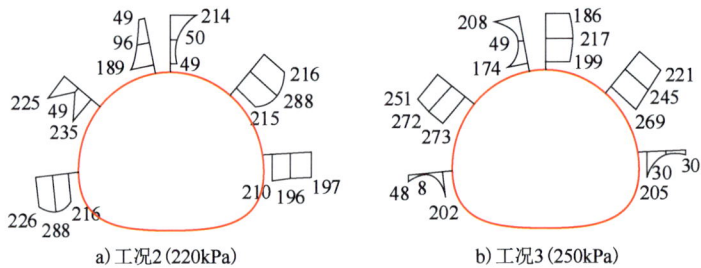

a) 工况2（220kPa）

b) 工况3（250kPa）

图6-39 锚岩承载拱在设计承载状态时各位置的锚杆轴力（单位：N）

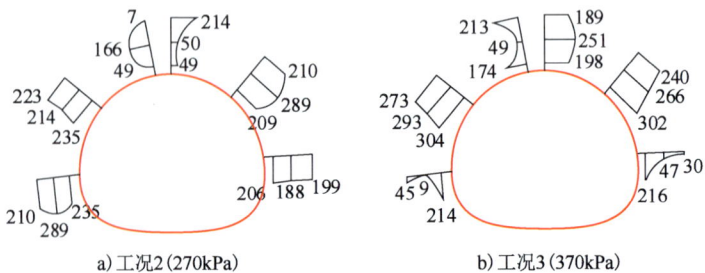

a) 工况2（270kPa）

b) 工况3（370kPa）

图6-40 锚岩承载拱在极限承载状态时各位置的锚杆轴力（单位：N）

由图6-39和图6-40可知：①当达到设计承载能力时，各锚杆所受最大轴力为189～288N，即各锚杆所受最大拉应力为26.7～39.1MPa，根据锚杆材料的拉伸试验结果可知,锚杆杆体的屈服强度为30MPa,极限抗拉强度为50.3MPa,即锚杆基本达到了屈服强度,并发挥了极限抗拉强度的53.1%~77.8%。②当达到极限承载能力时,锚杆轴力略有增加,但未达到极限状态。分析其原因,主要由于洞周围岩缺乏径向支撑,陆续发生垮塌,因此锚杆没有充分发挥径向的约束作用。

5)试验与理论结果对比

(1)设计承载能力计算值

根据第5章所述理论计算方法,建立锚岩承载拱的荷载结构模型,其计算参数见表6-5。

锚岩承载拱荷载结构模型计算参数　　　　　　　　　表6-5

工况	锚杆环向、纵向间距 (m)	锚岩承载拱厚度 (m)	锚杆直径 (mm)	围岩弹性模量 (GPa)	围岩黏聚力 (kPa)	围岩内摩擦角 (°)	锚杆极限抗拉强度 (MPa)	锚杆抗剪强度 (MPa)
工况2	0.176	0.201	3	1.39	46.0	38.2	50	35
工况3	0.113	0.258						

在设计承载能力方面,工况2锚岩承载拱厚度经换算为0.201m,当外荷载为65kPa时,弹性抗力系数为18.2MPa/m,弯矩和轴力计算结果如图6-41所示,控制截面位于拱肩,在轴力和负弯矩作用下内侧率先受压破坏(小偏心受压破坏),安全系数$K = 1.0$;工况3锚岩承载拱计算厚度经换算为0.258m,当外荷载为100kPa时,弹性抗力系数为26.7MPa/m,弯矩和轴力计算结果如图6-42所示,控制截面位于拱肩,安全系数$K = 1.0$。

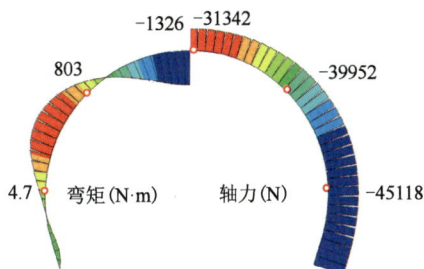

图6-41　外荷载为65kPa时工况2锚岩承载拱弯矩和轴力

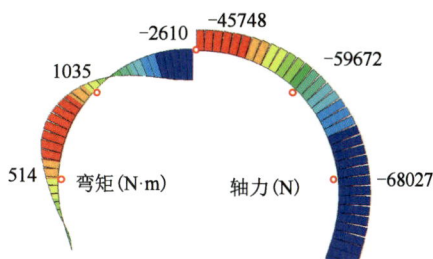

图6-42　外荷载为100kPa时工况3锚岩承载拱弯矩和轴力

当锚岩承载拱变形不受约束，且围岩破坏具有一定延性特征时，锚杆强度可以得到充分发挥，可以计算出工况2和工况3的极限承载能力分别为77kPa和141kPa。

（2）计算与试验对比

锚岩承载拱承载能力的试验与理论计算结果见表6-6。

锚岩承载拱承载能力的试验与理论计算结果　　　　　　　　表6-6

工况	承载能力	试验结果（kPa）	总安全系数法计算结果（kPa）	相差百分比（%）
工况2	设计承载能力	90	65	27.8
	极限承载能力	100	77	23.0
工况3	设计承载能力	140	100	28.6
	极限承载能力	220	141	35.9

由表6-6可知，相比于试验结果，在设计承载能力方面，工况2、工况3的理论计算结果分别小27.8%和28.6%；在极限承载能力方面，工况2、工况3的理论计算结果分别小23.0%和35.9%。试验与理论计算结果存在差异，除了参数取值和计算模型存在误差外，也与计算选取的锚岩承载拱有效厚度相关，计算中锚岩承载拱的厚度取0.201m（工况2）和0.258m（工况3），忽略了锚岩承载拱外边界至围岩外边界的围岩承载作用。整体而言，总安全系数法理论计算结果偏于安全，且不过于保守，应用于实际工程结构设计是合适的。

在最不利截面位置和破坏形态方面，由图6-34、图6-35和图6-41、图6-42对比可知，试验与理论计算结果基本一致，承载拱结构率先发生破坏的位置均在拱肩，均表现为内侧围岩的压剪破坏特征，表明总安全系数法锚岩承载拱理论可以较为准确地预测结构的破损位置和状态。

6）小结

本节开展了大尺寸隧道模型试验，获取了毛洞与不同间距系统锚杆支护的承载能力，并将试验结果与总安全系数法理论计算结果进行了对比分析，主要结论如下：

（1）在设计承载能力方面，理论计算结果比试验结果分别小27.8%和28.6%；在极限承载能力方面，理论计算结果比试验结果分别小23.0%和35.9%。总体来看，计算值与试验值的差异较小，理论计算结果偏于安全，且试验与理论计算得出的锚岩承载拱破坏位置、形态基本一致,说明采用总安全系数法理论进行系统锚杆支护设计是合理的。

(2)模型试验结果显示,相比于无支护毛洞状态,隧道设置锚杆后的承载力均有较大幅度提高,且锚杆间距越小,可变形能力越强,"延性"破坏特征也越明显,说明锚杆加固围岩的承载作用是显著的。

(3)模型试验的加载破坏过程显示,锚杆能有效地与围岩协同承载,锚杆受力后,对岩体有径向挤压锚固作用,锚杆两侧形成受压锚固区域,相邻锚杆之间的锚固区域相互交错叠加,形成可有效承载的锚岩承载拱,显著发挥洞周一定范围内围岩的"结构作用",提高了隧道整体承载力。

(4)当试验达到设计承载能力时,锚杆基本达到了屈服强度,并发挥了极限强度的53.1% ~ 77.8%,因此在保证锚固质量的前提下,可以较充分地发挥锚杆的作用。

6.2.2　喷层与二次衬砌承载能力分析

1)试验目标

本节依托上述大型隧道结构模型试验系统,开展不同厚度喷层与二次衬砌的隧道模型加载试验。通过喷层、二次衬砌破坏全过程分析,并结合围岩和喷层的受力监测数据,量化分析喷层与二次衬砌的设计承载能力。通过对比分析模型试验与总安全系数法理论计算结果,验证喷层结构设计方法的合理性。

2)模型试验中的承载能力定义

为便于分析,对毛洞、喷层和二次衬砌各结构的承载能力及其对应的结构状态进行了定义:①将毛洞仅出现局部坍塌的前一级荷载,定义为毛洞设计荷载;将毛洞发生整体垮塌的前一级荷载,定义为毛洞极限荷载。②将喷层或二次衬砌出现第一条裂缝时的前一级荷载,定义为结构设计荷载;将整体结构发生整体垮塌的前一级荷载,定义为结构极限荷载。③将结构与毛洞的设计荷载之差定义为结构设计承载力,与最不利截面安全系数 $K = 1$ 相对应;将结构与毛洞的极限荷载之差定义为结构极限承载力。

3)破坏状态与破坏荷载

4种工况的破坏特征演变如下。

工况1：当竖向荷载达到90kPa时，右拱肩位置处围岩发生压剪破坏，局部小范围掉块，形成楔形破坏区；当竖向荷载达到150kPa时，拱顶一定深度围岩出现突然坍塌并与左右拱肩的坍塌区贯通（图6-43），其前一级荷载（130kPa）即为毛洞设计荷载；当继续加载至170kPa时，毛洞整体垮塌，其前一级荷载（150kPa）即为毛洞极限荷载。

图6-43 毛洞破坏试验现象

工况4：当竖向荷载达到250kPa时，左拱肩喷层处出现较明显剥落，钢丝网呈扭曲状，如图6-44a)所示，判定为达到设计荷载状态，取230kPa为结构设计荷载；继续加载至350kPa时，发生整体垮塌，取其前一级荷载（330kPa）作为结构极限荷载。

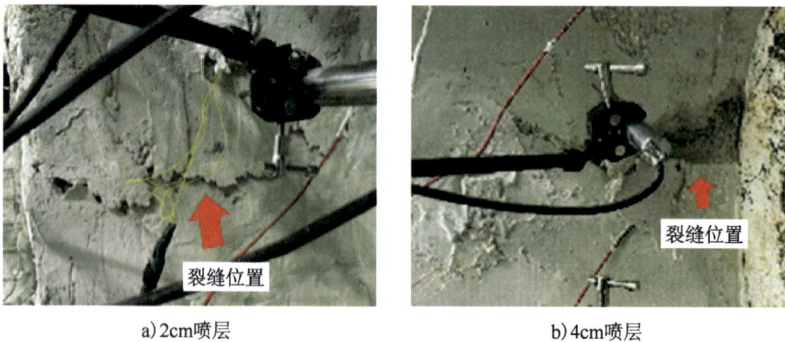

a) 2cm喷层　　　　　　　　　　　　　　b) 4cm喷层

图6-44 喷层破坏试验现象

工况5：破坏过程与工况2基本相同。结构设计荷载和结构极限荷载分别为270kPa和510kPa，如图6-34b)所示。

工况6：当竖向荷载达到270kPa时，二次衬砌出现破裂，有明显裂缝。当竖向荷载为430kPa时,整体坍塌。因此结构设计荷载和结构极限荷载分别为250kPa(图6-45)和410kPa。

图6-45　4cm二次衬砌破坏试验现象

上述试验结果及结构设计承载力见表6-7。

喷层试验承载力　　　　　表6-7

序号	试验工况	设计承载能力(kPa)		极限承载能力(kPa)	
		试验设计荷载	试验设计承载能力	试验极限荷载	试验极限承载能力
1	毛洞	130	—	150	—
2	2cm喷层	230	100	330	180
3	4cm喷层	270	140	510	360
4	4cm二次衬砌	250	120	410	260

4)变形与受力特征

(1)拱顶位移

图6-46给出了前三种工况下拱顶位移与竖向载荷的关系。由图6-46可知,在相同荷载作用下,毛洞位移最大,喷层厚度越大位移越小。3种工况的隧道最大位移分别为4mm、25mm和34mm,说明喷层厚度增大,提高了隧道围岩与喷层整体结构的延性。

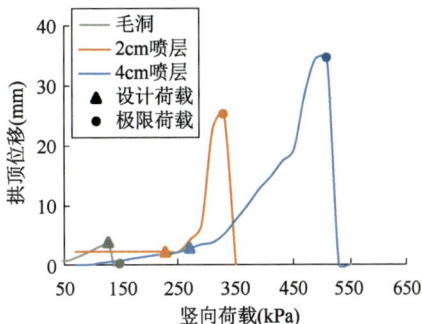

图6-46　喷层拱顶位移

（2）围岩（拱）应力

图6-47和图6-48分别为隧道的围岩径向（小主应力）和切向（大主应力）应力变化曲线。对于拱肩位置，在同一试验荷载下（以130kPa为例），2cm喷层工况下的围岩径向应力较毛洞提高了49.5%，4cm喷层工况下的围岩径向应力较毛洞的提高了9.8倍（图6-47）。2cm喷层工况下的围岩切向应力较毛洞提高了81.3%，4cm喷层工况下的围岩切向应力较毛洞提高了3.2倍（图6-48）。对于拱顶位置，2cm与4cm喷层工况下的径向应力分别为毛洞的1.73倍和4.95倍，切向应力分别为毛洞的1.66倍和25.79倍。由此可见，喷层厚度越大，洞周围岩的切向应力越大，隧道的成拱效应越显著；喷层厚度越大，围岩的径向应力也相应增加，进而提高了围岩强度和围岩的自承载能力。

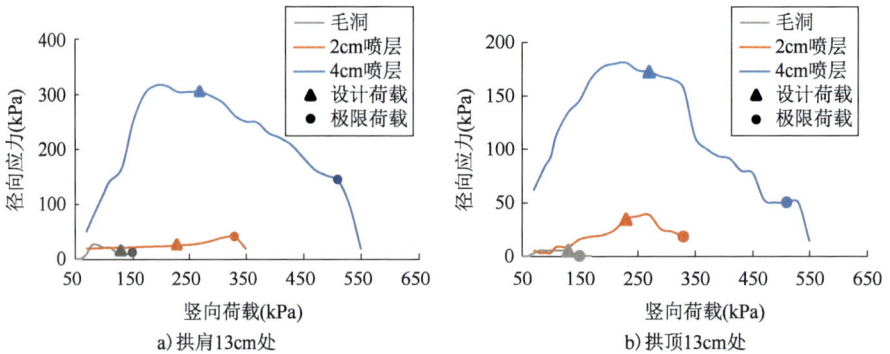

a）拱肩13cm处　　　　　　　b）拱顶13cm处

图6-47　隧道围岩径向应力

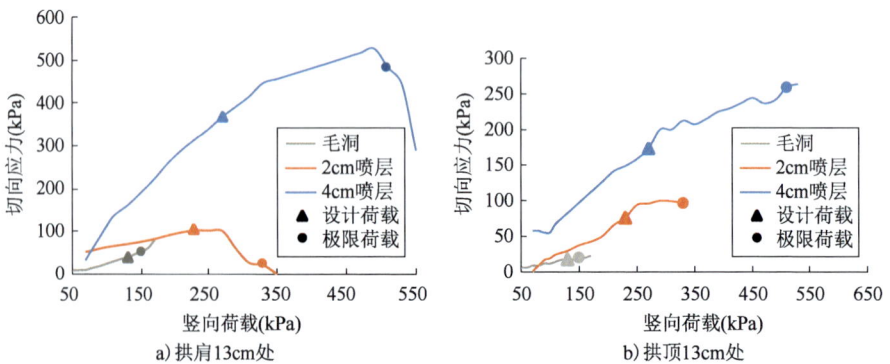

a）拱肩13cm处　　　　　　　b）拱顶13cm处

图6-48　隧道围岩切向应力

（3）喷层内力

喷层内力由设计荷载下的喷层内外侧应变监测值计算得到，轴力与弯矩通过式(6-3)和式(6-4)计算得出。

$$N = \frac{E(\varepsilon_{内} + \varepsilon_{外})bh}{2} \tag{6-3}$$

$$M = \frac{E(\varepsilon_{内} - \varepsilon_{外})bh^2}{12} \tag{6-4}$$

式中：b——单位长度，取1；

　　　h——喷层厚度；

　　　E——喷层弹性模量；

$\varepsilon_{内}$、$\varepsilon_{外}$——分别为喷层内外侧应变。

由图6-49可知，不论是2cm喷层还是4cm喷层，喷层受力均以轴向压力为主，弯矩很小，轴力最大处均位于左拱肩，喷层破坏时表现为压溃破坏。由此可见，由于喷层与围岩黏结，二者之间可传递剪力，从而将围岩传递至喷层的荷载主要转化为喷层轴力，喷层处于小偏心受压状态，进而充分发挥材料强度和承载能力。

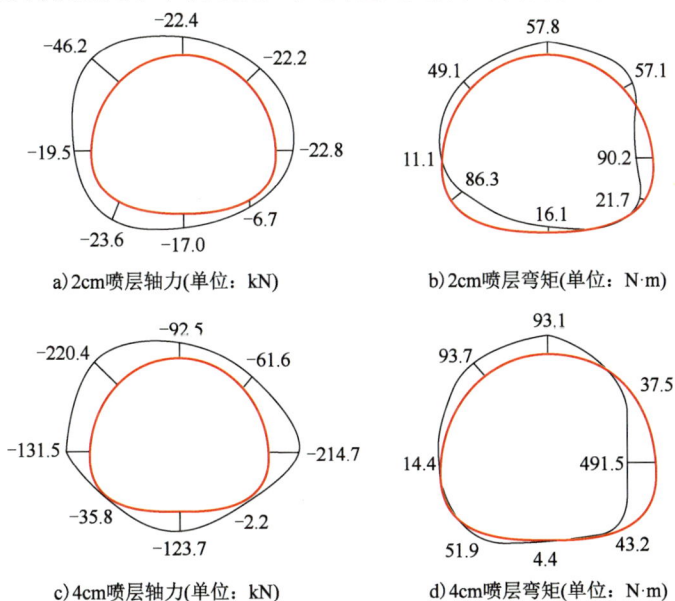

a) 2cm喷层轴力(单位：kN)　　　b) 2cm喷层弯矩(单位：N·m)

c) 4cm喷层轴力(单位：kN)　　　d) 4cm喷层弯矩(单位：N·m)

图6-49　设计荷载下喷层内力

5) 二次衬砌受力及其承载力

(1) 二次衬砌工况位移

图6-50为二次衬砌工况与4cm喷层工况拱顶位移图，由图可知：①在结构

达到设计承载能力前,在相同的竖向荷载作用下,4cm喷层工况的位移相对较小。

图 6-50　拱顶位移

②二者极限位移基本相同,约为34mm。

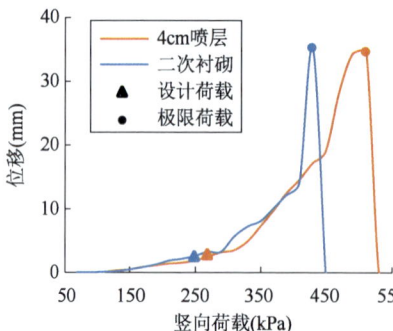

（2）二次衬砌工况围岩应力

图 6-51 和图 6-52 分别为隧道拱肩外侧约 13cm 处的围岩径向（小主应力）和切向（大主应力）应力变化曲线。由图可知,相同荷载作用下,4cm喷层工况下围岩的径向应力和切向应力显著大于二次衬砌工况。说明喷层与围岩之间的剪切效应能更好地发挥喷层的作用,提供更大的支护力。

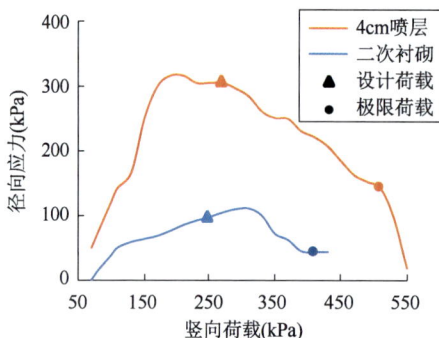

图6-51　隧道拱肩外侧约13cm处围岩径向应力

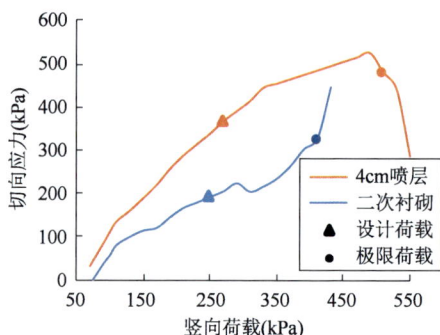

图6-52　隧道拱肩外侧约13cm处围岩切向应力

（3）二次衬砌内力

图 6-53 为设计荷载（250kPa）下二次衬砌的内力图,由图可知,在相同厚度（4cm）下,二次衬砌所受轴力明显小于喷层,偏心距较喷层工况略有增加。

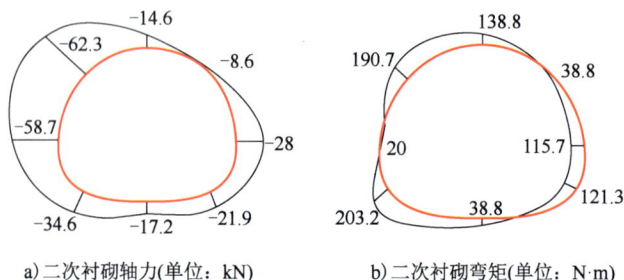

a）二次衬砌轴力（单位：kN）

b）二次衬砌弯矩（单位：N·m）

图 6-53　设计荷载下二次衬砌内力

（4）喷层与二次衬砌承载力试验值对比

由于喷层与围岩之间能够传递剪力，而二次衬砌与围岩之间不传递剪力，因此在相同厚度情况下，喷层的承载力要高于二次衬砌，相同厚度喷层的设计承载能力和极限承载能力分别比二次衬砌工况高16.7%、38.5%。

6)试验与理论结果对比

（1）设计承载能力计算值

隧道喷层结构采用第5章的荷载-结构模型进行内力计算，将安全系数$K=1$时的承载能力作为设计承载能力；当喷层结构控制截面达到破损状态时，假设其可以维持破损阶段的承载力，并将破损区域的内力作为边界条件施加在破损位置，再继续增大荷载，直至出现第二个控制截面破坏时作为结构的极限承载力，其计算模型如图6-54所示（分别对应大偏心受压破坏和小偏心受压破坏）。

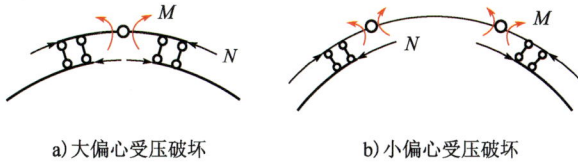

a)大偏心受压破坏　　　　　　　b)小偏心受压破坏

图6-54　喷层破损阶段计算模型

由于喷层背后为围岩和传力细砂组成的复合地层，弹性抗力系数难以采用试验方法直接获取，故采用三维有限差分软件建立计算分析模型，模型尺寸与参数均与模型试验一致，在洞周施加均布径向荷载q（本计算取100kPa），计算边墙部位的变形值Δu，则弹性抗力系数按照式（6-5）计算，算得弹性抗力系数为310.63MPa/m，切向抗力系数取径向抗力系数的1/3。

$$K = \frac{q}{\Delta u} \tag{6-5}$$

根据5.2.3节建立的喷层的荷载结构模型，可以得到喷层安全系数$K_2=1$时的设计承载力。

由于在喷层支护下，外侧围岩拱的承载能力也相应提高，其提高部分也需要计入总承载能力提高值。建立围岩拱在喷层作用下的计算模型如图6-55所示。将外侧围岩拱采用梁单元模拟，围岩拱与地层相互作用径向采用无拉弹簧模拟，墙脚处采用竖向和水平向弹性支撑模拟。采用现行《铁路隧道设计规范》(TB 10003)破损阶段法进行安全系数计算，取$K=1$时的承载能力作为围岩拱的设计承载能力。

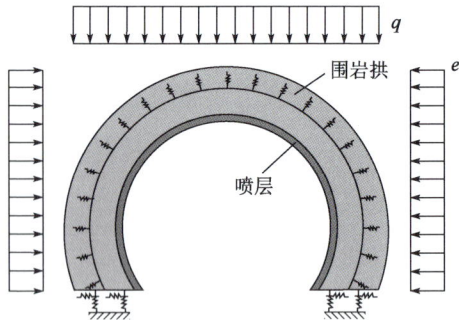

图6-55 围岩拱在喷层作用下的计算模型
e-水平荷载

围岩拱在喷层支护抗力作用下强度提高,其抗压强度 σ_c 按式(5-1)计算,式中 σ_3 取喷层的承载能力计算值的50%(主要考虑接触力的不均匀性和剪应力对围岩强度降低效应)。分别计算工况4、工况5围岩拱的承载能力,与 $\sigma_3 = 0$ 时的计算结果差值可以记为工况4、工况5的围岩拱承载能力提高值。叠加喷层的承载能力和围岩拱的承载能力提高值即为理论计算的设计承载能力,计算结果见表6-8。

承载能力计算结果   表6-8

工况	项目	设计荷载					极限荷载				
		喷层单独承载(kPa)	二次衬砌单独承载(kPa)	锚岩承载拱		总承载(kPa)	喷层单独承载(kPa)	二次衬砌单独承载(kPa)	锚岩承载拱		总承载(kPa)
				计算值(kPa)	折减系数 η				计算值(kPa)	折减系数 η	
4	2cm喷层	35	—	38	1	73	60	—	66	1	126
5	4cm喷层	65	—	43	0.84	108	111	—	121	1	232
6	4cm二次衬砌	—	47	43	0.95	90	—	69	75	1	144

(2)喷层的承载能力对比

试验结果与理论计算结果见表6-9,根据表可知,2cm喷层工况下的理论结果比试验设计承载力小27.0%,4cm喷层工况下的理论结果比试验设计承载力小22.9%。2cm喷层与4cm喷层工况下的试验结果均比理论结果大,且理论与试验结果的差别较小,表明总安全系数法喷层计算模型可以表征实际的承载能力,并具有一定的安全余量。

设计荷载下试验结果与理论结果对比　　　　表6-9

工况	承载能力类别	试验值(kPa)	理论计算值(kPa)			计算误差(%)
			喷层/二次衬砌单独承载	围岩承载拱提高值	总承载能力	
2cm喷层	设计承载能力	100	35	38	73	27.0
	极限承载能力	180	60	66	126	30.0
4cm喷层	设计承载能力	140	65	43	108	22.9
	极限承载能力	360	111	121	232	35.6
4cm二次衬砌	设计承载能力	120	47	43	90	25.0
	极限承载能力	260	69	75	144	44.6

（3）喷层内力分布对比

喷层以小偏心受压为主,弯矩较小,因此主要对喷层的轴力进行对比。理论计算结果如图6-56所示。对比试验结果与理论结果(图6-49与图6-56),从轴力分布形态上看,试验得到的最大轴力位于拱肩,而理论最大轴力位于拱顶,虽稍有差别,但两者均在拱部区域内(试验中受各种因素影响,轴力不对称),并且轴力从拱肩往拱腰直至拱底均呈现减小趋势,总体分布特征较为吻合。

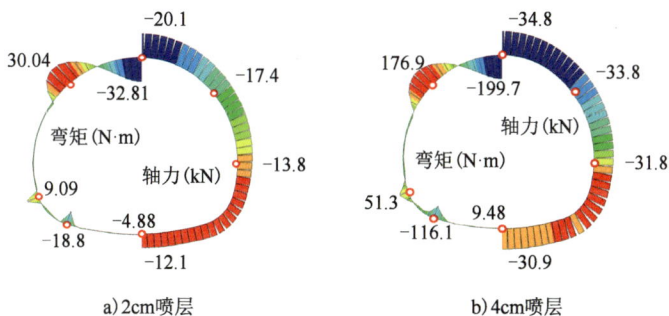

a)2cm喷层　　　　　　b)4cm喷层

图6-56　喷层内力理论计算结果

在内力量值方面,考虑到试验中受各种因素影响,轴力不对称,为便于与理论计算结果的对比,取拱部区域试验值的平均值作为轴力试验值。从图6-49a)和图6-56a)可以看出,2cm喷层工况下,拱部轴力试验值为30.3kN(平均值),理论计算结果拱顶为20.1kN,拱肩为17.4kN,试验结果分别比理论结果大33.7%和42.6%。4cm喷层工况如图6-49c)和图6-56b)所示,拱部轴力试验值为

124.8kN(平均值),理论计算结果拱顶为34.8kN,拱肩为33.8kN,试验结果比理论结果分别大72.1%和72.9%。

通过上述对比可知,试验与理论计算虽然在量值上存在一定的误差(主要受喷层结构应变监测精度等因素影响),但分布特征基本相符,且破坏特征均表现为拱部的受压破坏。这说明总安全系数法理论可以较为准确地反映喷射混凝土支护的破坏特征和承载能力,且具有一定的安全余量。

7)小结

本节开展了大尺寸隧道模型试验,分析了喷层的承载机理和支护作用,得到了毛洞与不同厚度喷层以及二次衬砌的承载能力,与总安全系数法的理论计算结果进行了对比,主要结论如下:

(1)喷层与围岩之间的密贴和黏结是发挥喷层承载能力的关键,其径向和切向作用可分别采用径向弹簧(无拉)和切向弹簧模拟。喷层受力状态为小偏心受压,能充分发挥材料的抗压强度,提高支护承载能力。试验中,喷层的设计承载力与极限承载力比二次衬砌分别提高了16.7%和38.5%。

(2)2cm喷层工况与4cm喷层工况的设计承载力试验值比总安全系数法理论结果分别高出27.0%、22.9%,表明总安全系数法的喷层计算模型可以表征实际的承载能力并具有一定的安全余量。

(3)从喷层轴力形态上看,试验与理论计算结果总体分布特征较为吻合。从喷层轴力量值上看,试验与理论计算结果在拱部区域较为接近,且试验结果小于理论结果,表明总安全系数法在喷层(或二次衬砌)本身的理论承载力计算方面是合理的。

需要说明,本试验为结构加载试验,随着荷载逐步增加,因喷层受力导致的围岩的σ_3也逐渐加大,进而提高了围岩的自承载力,因而承载力计算值与试验值比较时,需要考虑围岩自承载力的提高值。而实际隧道开挖为卸载过程,随着围岩变形的增加,围岩的σ_3逐渐减小,直至与喷层支护抗力实现平衡,因此,实际隧道的喷层(无锚杆支护)承载力计算时,不应计入因喷层提供σ_3后围岩的承载力增加值。

6.2.3 喷锚组合支护承载能力分析

1)试验目标

本节依托上述大型隧道结构模型试验系统,并基于总安全系数法理论体系,开展毛洞与不同锚杆间距的喷锚组合支护下的大尺寸隧道模型试验,采用结构加载试验方式研究喷层-锚岩承载拱破坏全过程,监测分析喷层-锚岩承载拱受力和变形特征,揭示喷锚组合支护的力学作用机理,获取其承载能力。通过模型试验与总安全系数法理论计算承载能力的对比分析,验证总安全系数法喷锚组合支护计算分析理论的合理性。

2)模型试验中的承载能力定义

为便于分析,此处对毛洞、喷锚组合支护的承载能力及其对应的结构状态进行定义:①在试验中,将毛洞仅出现局部坍塌但整体稳定性较好时所承受的前一级荷载,定义为毛洞设计荷载;将毛洞发生整体垮塌的前一级荷载,定义为毛洞极限荷载。②将喷锚组合支护中喷层出现第一条裂缝时的前一级荷载,定义为结构设计荷载;将结构发生整体垮塌的前一级荷载,定义为结构极限荷载。③将喷锚组合支护与毛洞的设计荷载之差定义为试验设计承载能力,表示喷层的承载能力以及喷层对围岩承载能力的提高值,该承载能力与隧道总安全系数法理论中喷锚组合支护 $K_c = 1$ 时的理论设计承载能力相对应;将结构与毛洞的极限荷载试验值之差定义为结构极限承载力。

3)破坏状态与破坏荷载

3种工况的破坏特征演变如下。

工况1:当竖向荷载达到90kPa时,右拱肩位置处围岩发生压剪破坏,局部小范围掉块,形成楔形破坏区,但仅浅层局部破坏,承载能力和结构刚度无显著降低;当竖向荷载达到150kPa时,拱顶局部深度范围出现突然坍塌并与左右拱肩的坍塌区贯通,其前一级荷载(130kPa)即为毛洞设计荷载;当竖向荷载继续增大至170kPa时,隧道整体垮塌(见图6-57),其前一级荷载(150kPa)即为毛洞极限荷载试验值。

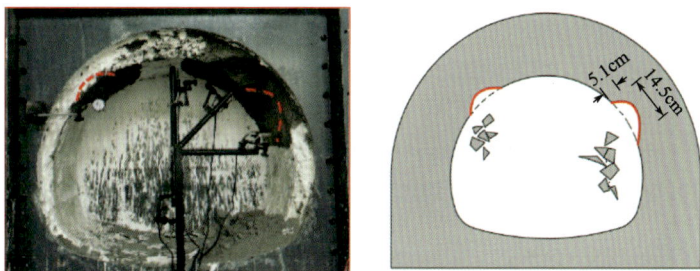

a)90kPa
图 6-57

b)150kPa

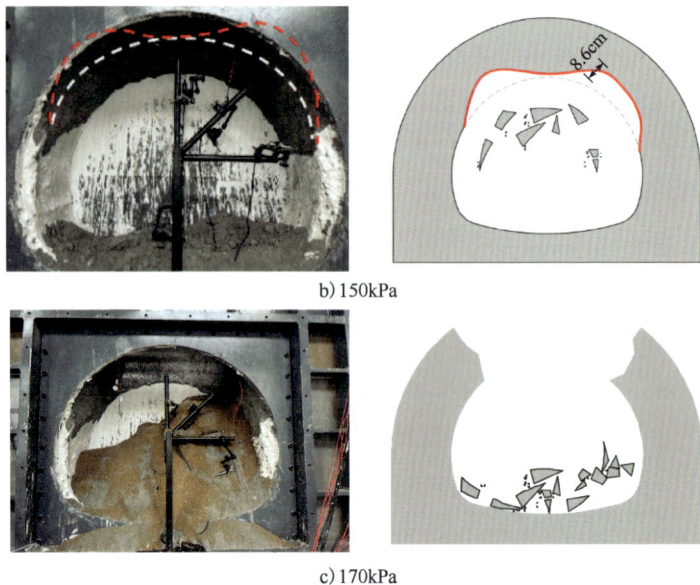

c)170kPa

图6-57　毛洞破坏试验现象

工况7：当竖向荷载为310kPa时，左拱肩喷层出现一条明显裂缝，并有细小喷层碎屑脱落，此时判断为破坏状态，即其前一级荷载（290kPa）为支护结构设计荷载，通过与毛洞设计荷载相减得到喷锚组合支护的试验设计承载能力为160kPa；当荷载达到450kPa时，喷层裂缝扩展，裂缝增多，最终破坏垮塌（见图6-58），其前一级荷载（430kPa）即为极限荷载，与毛洞极限荷载相减得到喷锚组合支护的试验极限承载能力为280kPa。

工况8：破坏现象与前述工况7类似，结构设计荷载为330kPa，通过与毛洞设计荷载相减得出其试验设计承载能力为200kPa；极限荷载为610kPa，与毛洞极限荷载相减得到试验极限承载能力为460kPa（见图6-59）。

a)290kPa

图　6-58

b) 310kPa

c) 450kPa

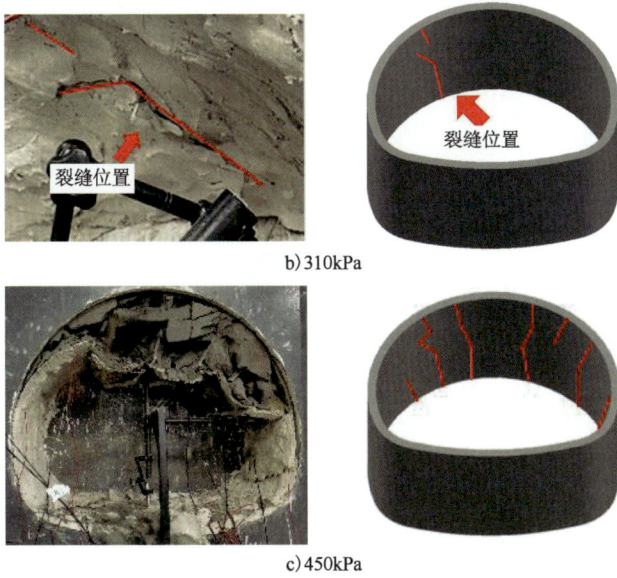

图6-58 喷锚组合支护破坏试验现象

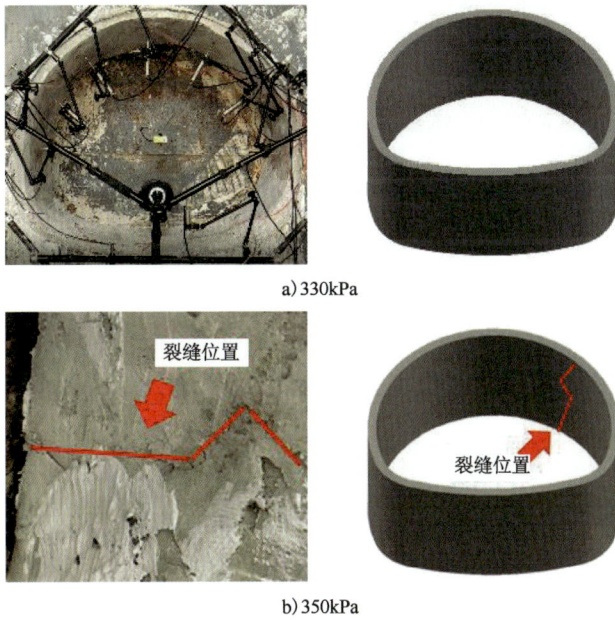

a) 330kPa

b) 350kPa

图 6-59

c)630kPa

图6-59 加密喷锚组合支护破坏试验现象

结合6.2.1节与6.2.2节试验结果,毛洞、纯锚支护、喷层与喷锚组合支护各工况具体试验结果见表6-10。由表可知,工况7与工况8的设计荷载分别为工况1的2.2倍和2.5倍;工况7与工况8设计荷载较工况2分别提高26%和43%;工况7较工况2设计荷载提高32%,工况8较工况3提高了22%;工况8较工况7设计承载力提高了25%。喷锚组合承载能力相比纯锚和纯喷工况均有明显的提高。

试验设计荷载与设计承载能力 表6-10

工况	项目	设计承载能力(kPa)		极限承载能力(kPa)	
		试验设计荷载	试验设计承载能力	试验极限荷载	试验极限承载能力
1	毛洞	130	—	150	—
2	系统锚杆	220	90	250	100
3	加密系统锚杆	270	140	370	220
4	2cm喷层	230	100	330	180
7	喷锚组合支护	290	160	430	280
8	加密喷锚组合支护	330	200	630	460

4)变形与受力特征

（1）拱顶位移

图6-60给出了3种工况拱顶位移随竖向荷载变化的情况。当竖向荷载为130kPa时,工况1位移为3.59mm,工况7位移为2.17mm,较工况1减小了39.5%,工况8位移接近于0,说明支护结构整体刚度增大,隧道变形减小。特别

是当锚杆加密之后,变形大幅度减小,说明锚杆加密对围岩变形控制起到重要作用。

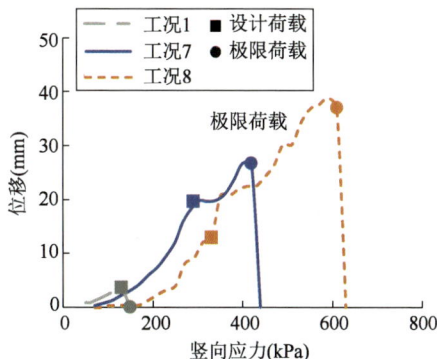

图6-60 拱顶位移

毛洞位移随着荷载增大呈现单调增大的状态,设置锚杆后位移趋势有所不同,分为3个阶段,在未到达设计承载能力时先增长,当到达设计承载能力之后,呈现较为平缓的状态,当支护结构出现较严重开裂后,位移急速增大,最终压溃。对于3种工况,压溃时竖向荷载分别为170kPa,450kPa和630kPa。这说明,喷锚组合支护可以有效提高隧道抵抗变形的能力,且锚杆越密效果越好,发生破坏的时机愈发延后,显著提高了隧道结构破坏的"延性"。

（2）围岩应力

根据围岩中的应变砖监测结果,确定该位置处的0°、45°、90°的应变,由式(6-6)可计算得到围岩中最大主应力(切向应力)与最小主应力(径向应力)。

$$\left.\begin{aligned} \sigma_1 &= \frac{E}{2} \cdot \left[\frac{\varepsilon_{0°} + \varepsilon_{90°}}{1-\mu} + \frac{1}{1+\mu} \sqrt{(\varepsilon_{0°} - \varepsilon_{90°})^2 + (2\varepsilon_{45°} - \varepsilon_{0°} - \varepsilon_{90°})^2} \right] \\ \sigma_3 &= \frac{E}{2} \cdot \left[\frac{\varepsilon_{0°} + \varepsilon_{90°}}{1-\mu} - \frac{1}{1+\mu} \sqrt{(\varepsilon_{0°} - \varepsilon_{90°})^2 + (2\varepsilon_{45°} - \varepsilon_{0°} - \varepsilon_{90°})^2} \right] \end{aligned}\right\} \quad (6\text{-}6)$$

式中：σ_1、σ_3——分别为最大主应力和最小主应力；

E、μ——分别为围岩材料的弹性模量与泊松比；

$\varepsilon_{0°}$、$\varepsilon_{45°}$、$\varepsilon_{90°}$——分别为0°、45°、90°方向上的应变。

图6-61,图6-62分别为隧道拱顶上方约13cm处径向应力和切向应力变化曲线。

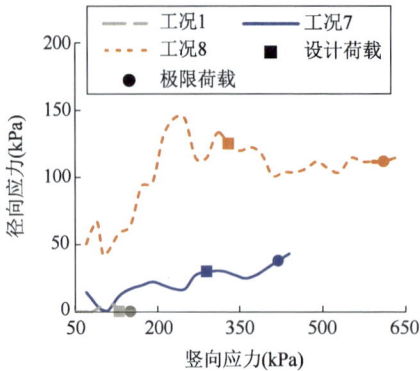

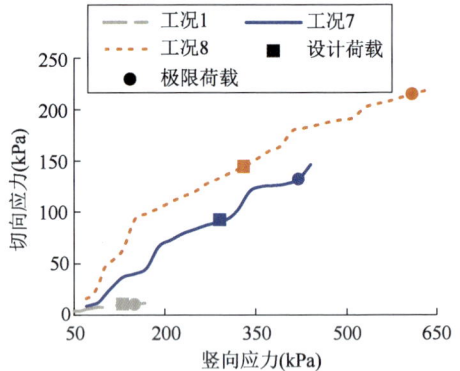

图6-61 隧道拱顶上方约13cm处围岩径向应力   图6-62 隧道拱顶上方约13cm处围岩切向应力

在相同荷载下，径向应力和切向应力均表现为工况1<工况7<工况8，特别是工况8相对于工况7，径向应力在整个加载过程中增大了1.4～5.6倍。径向应力表征了围岩侧限力，以上说明，锚杆施加特别是锚杆加密显著增加了围岩侧限力，调整了围岩应力状态，进而提高了围岩自身抗压能力与承载能力。

切向应力在加载过程中的变化规律与径向应力有所不同，切向应力一直处于逐渐增大的状态。从图中可看出，当竖向荷载为130kPa时，工况1、工况7、工况8对应的切向应力分别是10.3kPa、36.8kPa、63.0kPa。工况7和工况8比工况1分别增大了2.57和5.1倍，这说明，施加或加密锚杆条件下，围岩承载拱的刚度也显著增大，锚岩承载拱分担了更多的荷载。

（3）锚杆轴力

图6-63给出了工况7与工况8在达到设计承载能力和极限承载能力时各位置锚杆轴力的测量结果。

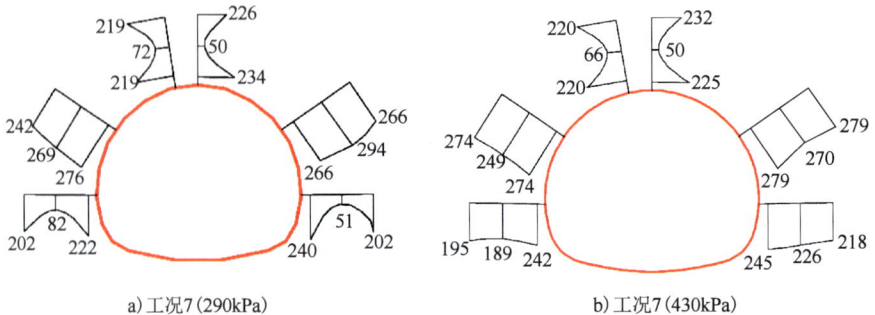

a) 工况7（290kPa）   b) 工况7（430kPa）

图 6-63

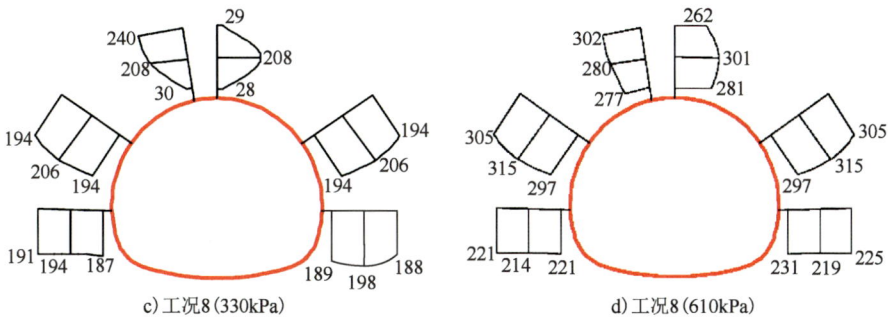

c) 工况8(330kPa)   d) 工况8(610kPa)

图6-63 锚杆轴力图(单位:N)

在锚杆轴力分布方面,与边墙锚杆相比拱部锚杆轴力相对较大,这与围岩的变形特征相关,即以竖向荷载为主的外荷载作用下,拱部位移大于边墙,结构破坏也率先发生在拱部,锚杆的支护作用也更加明显。

在达到设计承载能力时,工况7各锚杆所受最大轴力约为202~294N,工况8各锚杆最大轴力为187~240N,根据前述锚杆材料拉伸试验的结果可知,锚杆杆体达到屈服与极限状态时对应的轴力分别为212N与355N。所以,工况7与工况8的锚杆基本达到了屈服强度,分别发挥了极限强度的56.9%~82.8%与52.6%~67.6%。由此可知,在喷锚组合支护达到设计承载能力时,锚杆充分发挥了自身的径向约束作用。

当达到极限承载能力时,锚杆轴力均有增大,工况7各锚杆所受最大轴力约为220~279N,工况8各锚杆最大轴力为221~315N,工况7和工况8的锚杆轴力值差异性明显降低,说明在喷锚组合支护达到极限承载能力时,不同间距的锚杆的受力状态基本相近。

5)试验与理论结果对比

(1)设计承载能力计算值

根据第5章所述计算方法,建立锚岩承载拱与喷层的荷载-结构模型。喷层的弹性抗力系数取值与6.2.2节一致,为310.63MPa/m,切向抗力系数取径向抗力系数的1/3。锚岩承载拱的弹性抗力系数根据传力细砂的弹性模量换算得到,工况7中锚岩承载拱厚度为0.28m,弹性抗力系数为18.2MPa/m;工况8中锚岩承载拱计算厚度为0.309m,弹性抗力系数为26.7MPa/m。

按第5章总安全系数法计算理论,分别计算得到工况7与工况8的安全系数、设计承载能力与极限承载能力,计算结果见表6-11。

理论计算结果　　　　　　　　　　　　　　　　　　表6-11

工况	项目	设计承载				极限承载			
		喷层单独承载(kPa)	锚岩承载拱		总承载(kPa)	喷层单独承载(kPa)	锚岩承载拱		总承载(kPa)
			计算承载(kPa)	折减系数 η			计算承载(kPa)	折减系数 η	
7	喷锚组合支护	35	109	0.92	144	60	139	1	199
8	加密喷锚组合支护	35	120	0.79	155	60	223	1	283

注:锚岩承载拱的控制截面位于拱肩,喷层的控制截面位于拱顶。

（2）承载能力对比

表6-12列出了各工况试验承载能力与理论承载能力。由表可知,在设计承载能力方面,工况7与工况8理论结果比试验结果小10%和22.5%;在极限承载能力方面,工况7与工况8理论结果比试验结果小28.93%和38.48%。综上,理论与试验结果的差别较小,且理论值均小于试验值,表明总安全系数法计算模型可以表征实际的承载能力并具有一定的安全富余,应用于具体设计是安全可靠的。

试验与理论设计承载能力对比　　　　　　　　　　　　表6-12

工况	承载能力类别	试验值(kPa)	理论计算值(kPa)	计算误差(%)
喷锚组合支护	设计承载能力	160	144	10
	极限承载能力	280	199	28.93
加密喷锚组合支护	设计承载能力	200	155	22.5
	极限承载能力	460	283	38.48

（3）锚岩承载拱内力

由式(6-6)可知,根据各测点应变砖监测数据,可获取各点的切向应力,假设锚岩承载拱截面各测点之间应力变化按线性计算,进而可换算得到在达到设计承载能力时锚岩承载拱内力分布。

图6-64为达到设计承载能力时锚岩承载拱内力的试验结果与理论结果,本文中定义结构轴力均以负值代表压力,正值代表拉力,弯矩均绘于受拉一侧,以正值表示结构内侧受拉、外部受压,负值则反之。图中,实线为试验结果,虚线为理论结果。

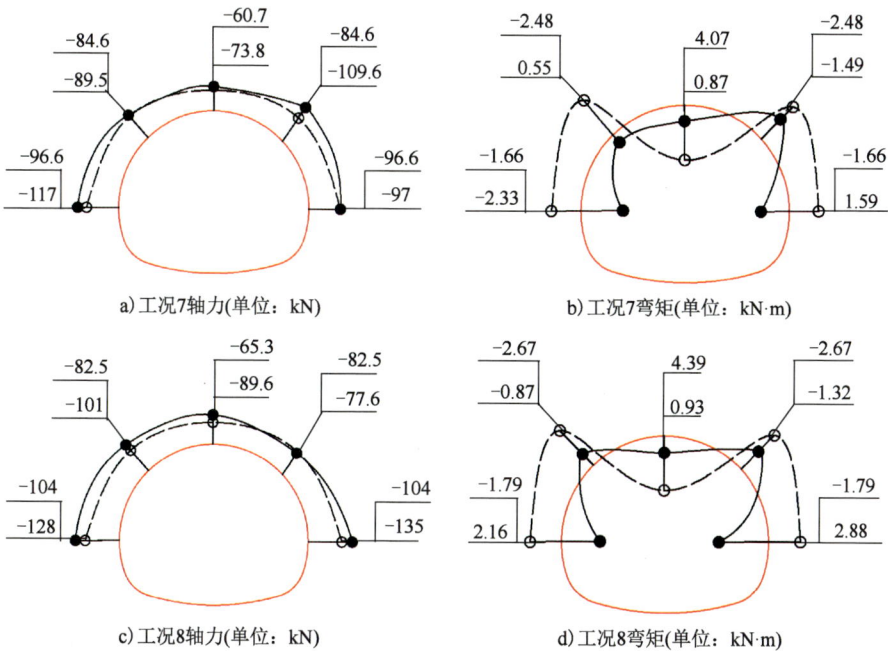

a) 工况7轴力(单位：kN)

b) 工况7弯矩(单位：kN·m)

c) 工况8轴力(单位：kN)

d) 工况8弯矩(单位：kN·m)

图6-64　理论与试验结果锚岩承载拱内力

　　理论与试验结果均反映，工况7三轴力呈现出顶部小、两侧拱腰大的分布规律。试验结果显示，工况8与工况7相比，各位置轴力增加了4%～17%，理论结果显示，工况8较工况7的轴力增大了2.5%～7.6%，以上说明，理论与试验结果关于锚岩承载拱内力的分布规律是基本一致的。

　　(4)喷层内力分布对比

　　喷层内力试验结果由喷层内外侧应变监测值根据平截面假定计算得到。图6-65为达到设计承载能力时喷层内力的试验结果与理论计算结果(喷层为小偏心受压状态，弯矩较小，不做深入分析)，图中实线为试验结果，虚线为理论结果。

　　由图6-65可知：①工况7与8试验测试轴力的最大值分别为47kN与35.3kN，但拱部轴力平均值(拱部3个测点的平均值)分别为34.0kN与28.5kN，轴力平均值较为接近，说明2种工况喷层受力状态相近，而在轴力最大值方面的差别可能与模型试验本身的误差有关。②从轴力分布形态来看，试验结果与理论计算结果均显示拱部轴力大于边墙轴力，且破坏控制截面均位于拱部，有所区别的是，试验结果轴力最大值位于拱肩，理论计算结果轴力最大值位于拱顶。③在轴力量值方面,工况7试验结果左拱肩与右拱肩位置处轴力分别为47kN和44.7kN,理论结果为67.2kN,试验结果比理论结果分别小30%和33.5%。工况8左拱肩与右拱肩位置处轴力分别为35.3kN和29.7kN,理论结果为72.4kN,试验结果比理论结果分别小51.2%和59.0%。各测点试验结果均小于理论结果,说明结构实际受力较小,由于喷层为小偏心受力状态,因此总安全系数法理论设计是偏于安全的。

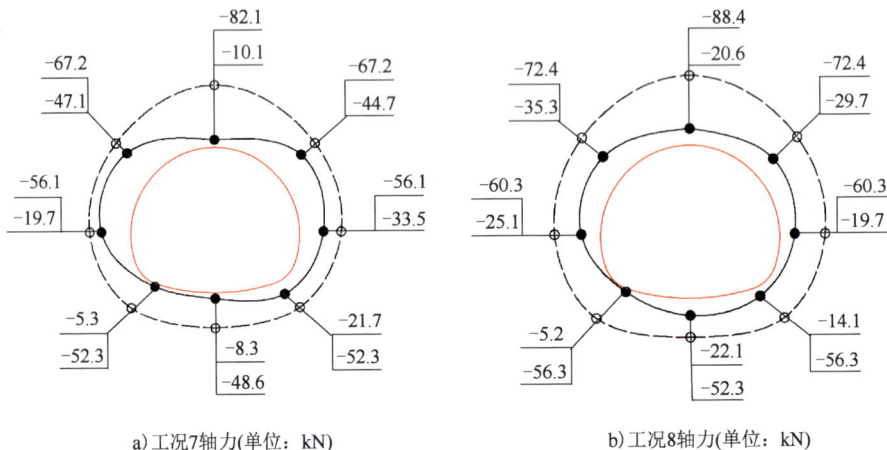

a)工况7轴力(单位:kN)   b)工况8轴力(单位:kN)

图6-65   理论与试验结果喷层轴力

6)小结

本节开展了大尺寸隧道模型试验,获取了毛洞与不同锚杆间距下喷锚组合支护的承载能力,并将试验结果与总安全系数法理论计算结果进行了对比分析,主要结论如下:

(1)喷锚和加密锚杆喷锚组合支护设计承载能力理论计算结果相比试验结果分别小10%和22.5%,极限承载能力理论计算结果相比试验结果分别小28.93%和38.48%,总体来看,计算值与试验值的差异较小,理论计算结果偏于安全,说明总安全系数法理论可以用于喷锚组合支护承载力与安全系数计算。

(2)试验结果与理论结果显示,从受力形态看,锚岩承载拱轴力均呈现出顶部小、两侧边墙大的分布规律,喷层处于小偏心受压状态,拱部区域的轴力大于边墙;从破坏形态看,均是拱部区域最先破坏。试验与理论计算得出的支护结构受力形态、破坏位置基本一致,说明总安全系数法理论可以用于喷锚组合支护结构变形与破坏特征的分析。

（3）相比于无支护毛洞状态，喷锚和加密锚杆喷锚组合支护可以有效提高隧道抵抗变形的能力，显著加大围岩的侧限力，提升承载拱刚度与强度，进而提高隧道的整体承载力。

（4）当支护结构达到设计承载能力时，喷锚和加密锚杆喷锚组合支护的锚杆基本达到了屈服强度，分别可发挥极限强度的56.9%~82.8%与52.6%~67.6%，说明锚杆充分发挥了自身的径向约束作用。

6.2.4　复合式衬砌承载能力分析

1）试验目标

本节依托上述大型隧道结构模型试验系统，开展毛洞与不同锚杆间距的复合式衬砌等工况的承载能力试验，揭示复合式衬砌支护的力学作用机理，获取其承载能力。通过模型试验与总安全系数法理论计算结果对比分析，验证多层支护结构总安全系数计算方法的合理性。

2）模型试验中的承载能力定义

为便于分析，此处对毛洞、复合式衬砌支护的承载能力及其对应的结构状态进行了定义：①在试验中，将毛洞仅出现局部坍塌但整体稳定性较好时所承受的前一级荷载，定义为毛洞设计荷载；将毛洞发生整体垮塌的前一级荷载，定义为毛洞极限荷载。②将复合式衬砌支护中二次衬砌出现第一条裂缝时的前一级荷载，定义为结构设计荷载；将结构发生整体垮塌的前一级荷载，定义为结构极限荷载。③将复合式衬砌支护与毛洞的设计荷载之差定义为试验设计承载能力，表示复合式衬砌支护的承载能力及其对围岩承载能力的提高值；将结构与毛洞的极限荷载试验值之差定义为结构极限承载力。

3）破坏状态与破坏荷载

3种工况的破坏特征演变如下。

工况1：当竖向荷载达到90kPa时，右拱肩位置处围岩发生压剪破坏，局部小范围掉块，形成楔形破坏区，但仅浅层局部破坏，承载能力和结构刚度无显著降低；当竖向荷载达到150kPa时，拱顶局部深度范围出现突然坍塌并与左右拱肩的坍塌区贯通，其前一级荷载（130kPa）即为毛洞设计荷载；当竖向荷载继续增大至170kPa时,隧道整体垮塌(图6-66),其前一级荷载(150kPa)即为毛洞极限荷载试验值。

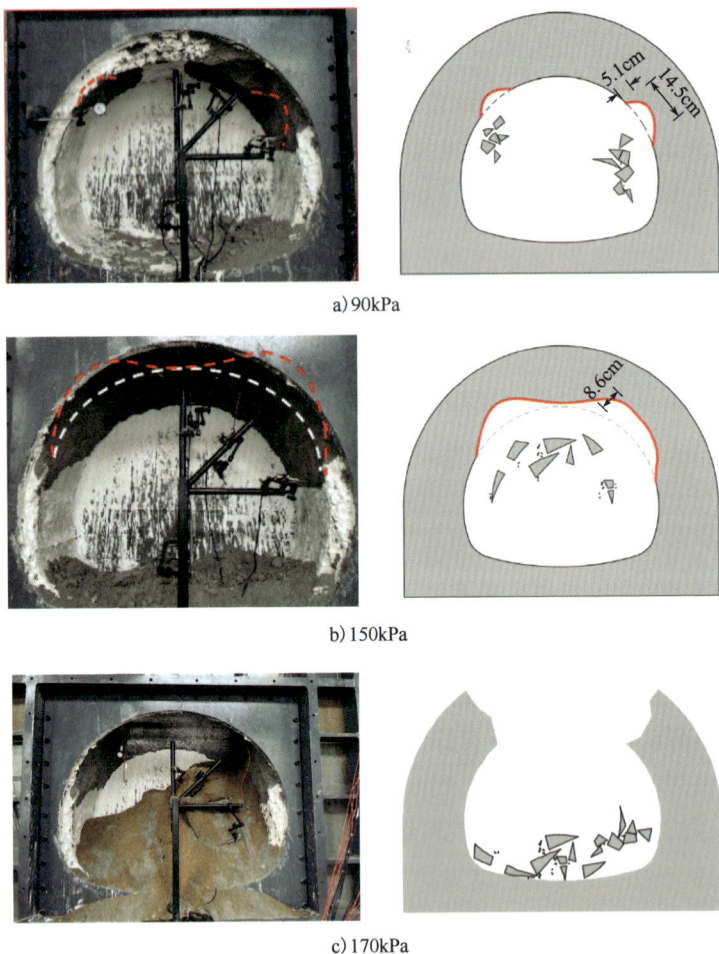

a) 90kPa

b) 150kPa

c) 170kPa

图6-66 毛洞破坏试验现象

工况9:在竖向荷载为390kPa时,左拱肩二次衬砌出现一条明显裂缝,并有细小喷层碎屑脱落,此时判断为达到破坏状态,即其前一级荷载(370kPa)为支护结构设计荷载,通过与毛洞设计荷载相减得到复合式衬砌的试验设计承载能力为240kPa;当荷载继续增加,二次衬砌裂缝逐渐扩展,并贯穿整个隧道轴向,裂缝也较设计荷载时明显增多,主要分布在拱顶,拱肩位置;当竖向荷载增加至570kPa时,隧道位移迅速增大,最终破坏垮塌(图6-67),其前一级荷载(550kPa)

即为极限荷载,与毛洞极限荷载相减得到复合式衬砌支护的试验极限承载能力为400kPa。

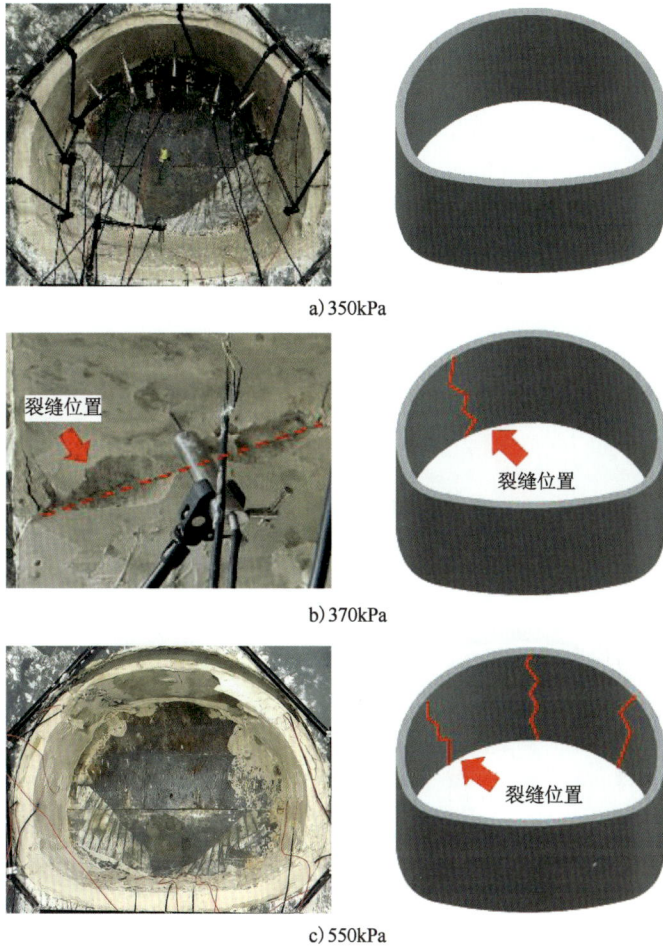

a) 350kPa

b) 370kPa

c) 550kPa

图6-67　复合式衬砌破坏试验现象

工况10:破坏现象与前述工况9类似,结构设计荷载为450kPa,通过与毛洞设计荷载相减得出其试验设计承载能力为320kPa,极限荷载为570kPa,极限承载能力为420kPa(图6-68)。

结合6.2.1节、6.2.2节、6.2.3节试验结果,毛洞、喷锚组合支护与二次衬砌各工况具体试验结果见表6-13。由表可知,工况9与工况10的试验设计荷载较工况7与工况8况分别提高27.6%和30.3%,较工况6分别提高48%和72%;复合式衬砌结构承载能力相比喷锚组合支护和单独二次衬砌支护均有明显的提高。

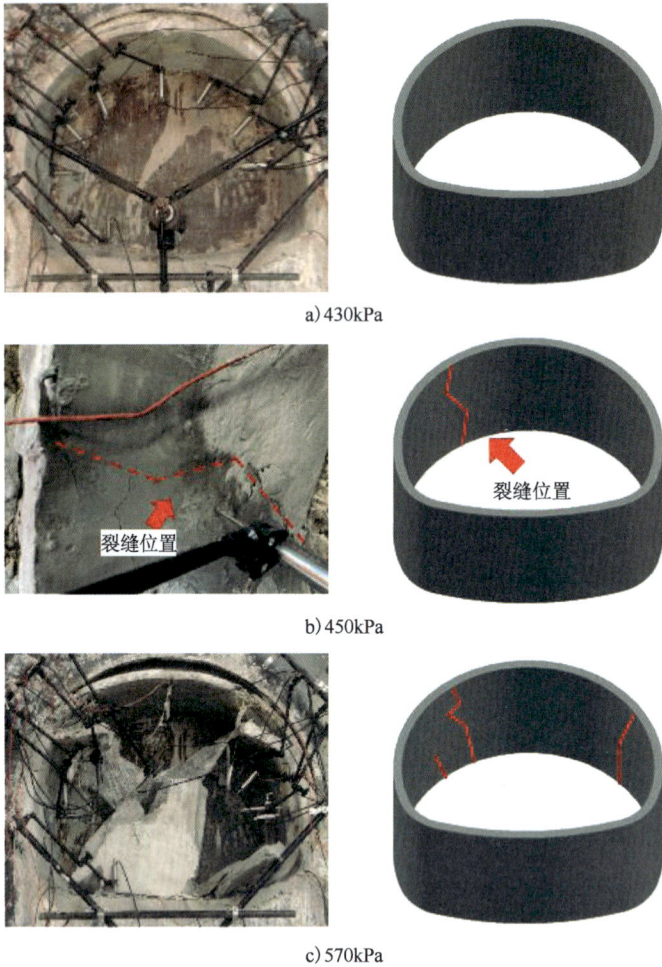

a)430kPa

b)450kPa

c)570kPa

图6-68　加密复合式衬砌破坏试验现象

各工况设计承载能力与极限承载能力　　　　　表6-13

工况	项目	设计承载能力(kPa)		极限承载能力(kPa)	
		试验设计荷载	试验设计承载能力	试验极限荷载	试验极限承载能力
1	毛洞	130	—	150	—
6	4cm二次衬砌	250	120	410	260

续上表

工况	项目	设计承载能力(kPa)		极限承载能力(kPa)	
		试验设计荷载	试验设计承载能力	试验极限荷载	试验极限承载能力
7	喷锚组合支护	290	160	430	280
8	加密喷锚组合支护	330	200	610	460
9	复合式衬砌	370	240	550	400
10	加密系统锚杆复合式衬砌	430	300	570	420

4)变形与受力特征

(1)拱顶位移

图6-69给出了工况1、工况6~工况10拱顶位移随竖向荷载变化的情况。复合式衬砌相比其他支护类型,支护刚度显著增大,相同荷载下位移最小,极限位移值也最大。

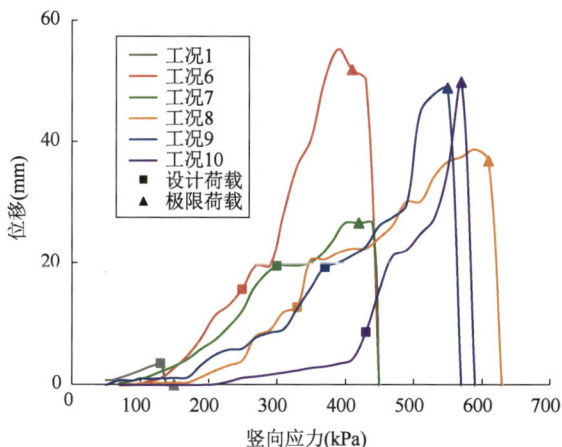

图6-69　拱顶位移

(2)围岩应力

图6-70与图6-71分别为隧道拱顶上方约13cm处径向应力和切向应力变化曲线。工况1的峰值径向应力为5.2kPa,切向应力为7.64kPa;工况6峰值径向应力为27.84kPa,切向应力为110.97kPa;工况7峰值径向应力为51.6kPa,切向应力为146kPa;工况8峰值径向应力为143kPa,切向应力为217kPa。工况9峰值

径向应力为101kPa，切向应力为270kPa，分别为毛洞工况的19倍和35倍，为工况6的3.6倍和2.4倍，为工况7的1.96倍和1.85倍。工况10峰值径向应力达到了245kPa，切向应力为479.09kPa，分别为工况8的1.7倍和2.2倍，为工况9的2.42倍和1.77倍。

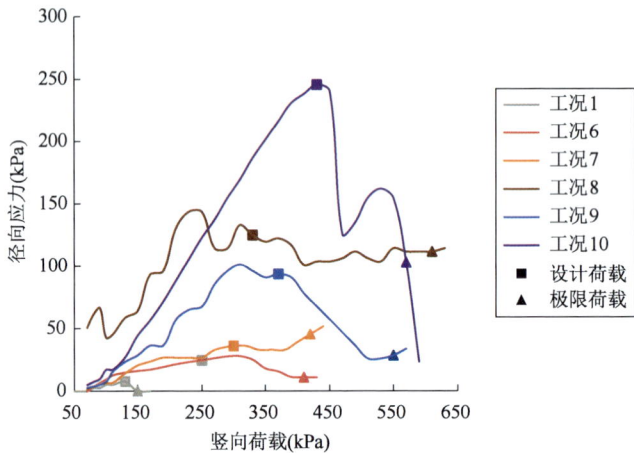

图6-70　隧道拱顶上方约13cm处围岩径向应力

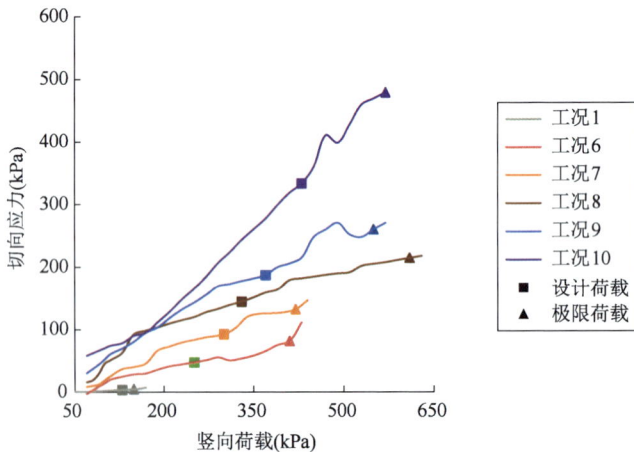

图6-71　隧道拱顶上方约13cm处围岩切向应力

围岩的切向应力和径向应力与施加的系统支护强度正相关，由此表明复合式衬砌各构件（锚杆、喷层、二次衬砌）对围岩均具有加固效果，且不同支护组合的加固效果可以叠加。

（3）锚杆轴力

图6-72给出了工况9与工况10在达到设计承载能力和极限承载能力时各位置锚杆轴力。

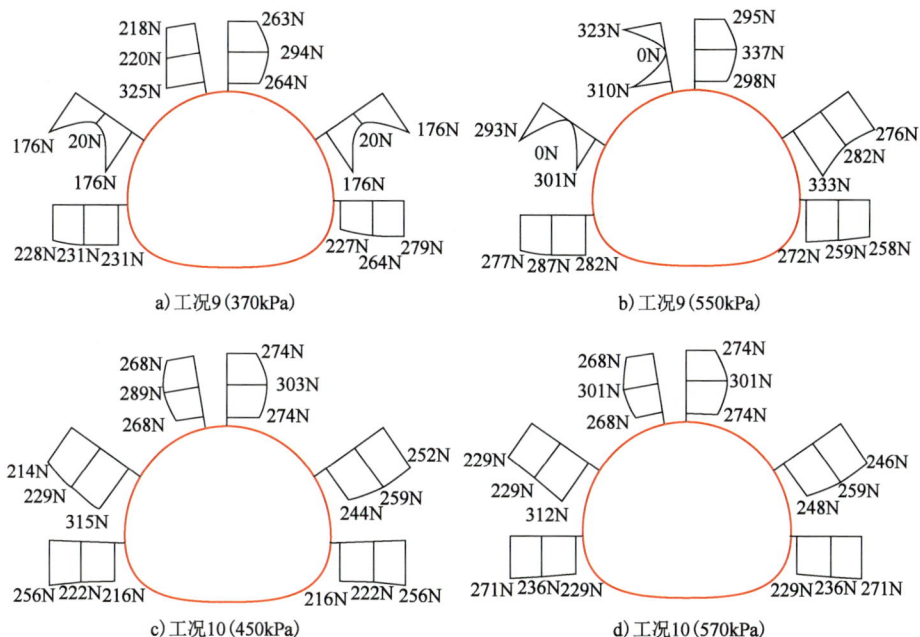

a）工况9（370kPa）

b）工况9（550kPa）

c）工况10（450kPa）

d）工况10（570kPa）

图6-72　锚杆轴力图

在达到设计承载能力时，工况9各锚杆所受最大轴力为176～325N，工况10各锚杆最大轴力为214～315N，锚杆杆体达到屈服与极限状态时对应的轴力分别为212N与355N。所以，工况9与工况10的锚杆基本达到了屈服强度，分别发挥了极限强度的49.5%～91.5%与60.3%～88.7%。上述结果表明，在复合式衬砌支护达到设计承载能力时，锚杆充分发挥了自身的径向约束作用。

当达到极限承载能力时，锚杆轴力均有增大，工况9各锚杆所受最大轴力为258～337N，工况10各锚杆最大轴力为229～312N，工况9和工况10的锚杆轴力值差异性明显降低，说明在复合式衬砌支护达到极限承载能力时，不同间距的锚杆的受力状态基本相近。

5）试验与理论结果对比

分别计算工况9与工况10的设计承载能力与极限承载能力，计算结果见表6-14。

理论计算结果   表6-14

工况	项目	设计荷载					极限荷载				
		喷层单独承载(kPa)	二次衬砌单独承载(kPa)	锚岩承载拱		总承载(kPa)	喷层单独承载(kPa)	二次衬砌单独承载(kPa)	锚岩承载拱		总承载(kPa)
				计算值(kPa)	折减系数 η				计算值(kPa)	折减系数 η	
9	复合式衬砌	35	47	109	0.69	191	60	69	199	1	328
10	加密锚杆复合式衬砌	35	47	120	0.55	202	60	69	266	1	395

由表6-15可知,在设计承载能力方面,工况9与工况10理论结果比试验结果小20.4%和18.5%;在极限承载能力方面,工况9与工况10理论结果较试验结果小36.9%和5.9%。综上,理论与试验结果的差别较小,且理论值均小于试验值,表明总安全系数法计算模型可以表征实际的承载能力并具有一定的安全富余,应用于具体设计是安全可靠的。

试验与理论承载能力对比   表6-15

工况	承载能力类别	试验值(kPa)	理论计算值(kPa)	计算误差(%)
复合式衬砌	设计承载能力	240	191	20.4
	极限承载能力	400	326	18.5
加密锚杆复合式衬砌	设计承载能力	320	202	36.9
	极限承载能力	420	395	5.9

6)小结

本节开展了大尺寸隧道模型试验,获取了毛洞与不同锚杆间距下复合式衬砌支护的承载能力,并将试验结果与总安全系数法理论计算结果进行了对比分析,可知:复合式衬砌支护和加密锚杆复合式衬砌支护设计承载能力理论计算结果相比试验结果分别小20.4%和36.9%,极限承载能力理论计算结果相比试验结果分别小18.5%和5.9%,总体来看,计算值与试验值的差异较小,理论计算结果偏于安全,说明总安全系数法理论可以用于复合式衬砌支护承载力与安全系数计算。

6.2.5 试验中各工况多层结构承载能力关系

1)总安全系数法多层支护结构总承载能力计算原则

由第5章可知,多层支护结构总安全系数计算方法遵循三个基本原则。

基本原则一:锚杆、喷层与二次衬砌为围岩提供的支护力 σ_3 可以提高锚岩承载拱的承载能力,即式(5-1);

基本原则二:锚岩承载拱的承载能力最大值随着 σ_3 提高受到变形协调的控制,即式(5-14)~式(5-17);

基本原则三:多层支护结构总的承载能力下限值可由各层结构单独承载能力按变形协调进行叠加,即式(5-15)~式(5-16)。

2)总安全系数法多层结构计算准则试验验证

试验与理论计算得到的各工况承载能力结果见表6-16。

当不计入喷层与二次衬砌对外侧围岩拱的承载能力提高作用时,工况7喷锚组合支护承载能力160kPa,大于工况2与工况4(仅喷层承载作用)承载能力之和(90 + 38 = 128kPa);工况8加密喷锚组合支护承载能力200kPa,大于工况3与工况4(仅喷层承载作用)承载能力之和(140 + 38 = 178kPa);工况9复合式衬砌承载能力240kPa,大于工况6(仅二次衬砌承载能力)与工况7承载能力之和(47 + 160 = 207kPa);工况10加密锚杆复合式衬砌承载能力300kPa,大于工况6(仅二次衬砌承载能力)与工况8承载能力之和(47 + 200 = 247kPa)。由此可知,在组合支护中,新增的支护结构不仅为总承载能力提供了自身贡献,同时其支护抗力 σ_3 的增加也提高了锚岩承载拱的承载能力,总承载能力进一步提高。

当计入喷层与二次衬砌对外侧围岩拱的承载能力提高作用时,工况9复合式衬砌承载能力240kPa,小于工况6(含二次衬砌对围岩拱的提高)与工况7承载能力之和(120 + 160 = 280kPa);工况10加密锚杆复合式衬砌承载能力300kPa,小于工况6(含二次衬砌对围岩拱的提高)与工况8承载能力之和(120 + 200 = 320kPa)。由此可知,锚岩承载拱的承载能力并未随二次衬砌施作后 σ_3 提高而无限制提高,而是受到了变形协调作用的制约,使锚岩承载拱承载能力折减系数 η 逐渐减小,导致喷层、二次衬砌的支护功效降低。也说明可以通过采用可缩式接头、合理调整支护时机等措施,来提高喷层、二次衬砌的可变形能力,从而进一步发挥锚岩承载拱的支护功能。

表6-16

试验各工况结果

工况	项目	设计荷载								极限荷载							
		试验值		理论计算值					误差%	试验值		理论计算值					误差
		设计荷载(kPa)	设计承载能力(kPa)	喷层单独承载(kPa)	二次衬砌单独承载(kPa)	锚岩承载拱 计算值(kPa)	锚岩承载拱 折减系数η	总(kPa)		设计荷载(kPa)	设计承载能力(kPa)	喷层单独承载(kPa)	二次衬砌单独承载(kPa)	锚岩承载拱 计算值(kPa)	锚岩承载拱 折减系数η	总(kPa)	
1	毛洞	130	—	—	—	97	1	97	—	150	—	—	—	97	1	97	—
2	系统锚杆	220	90	—	—	65	1	65	27.78	250	100	—	—	77	1	77	23.00
3	加密系统锚杆	270	140	—	—	100	1	100	28.57	370	220	—	—	141	1	141	35.91
4	2cm喷层	230	100/38	35	0	38	1	73	27.00	330	180	60	0	66	1	126	30.00
5	4cm喷层	270	140/43	65	0	43	0.84	108	22.86	510	360	111	0	121	1	232	35.56
6	4cm二次衬砌	250	120/47	0	47	43	0.95	90	25.00	410	260	0	69	75	1	144	44.62
7	喷锚组合支护	290	160	35	—	109	0.92	144	10.00%	430	280	60	—	139	1	199	28.93
8	加密喷锚组合支护	330	200	35	—	120	0.79	155	22.50%	610	460	60	—	223	1	283	38.48
9	复合式衬砌	370	240	35	47	109	0.69	191	20.42%	550	400	60	69	199	1	328	17.94
10	加密锚杆复合式衬砌	430	300	35	47	120	0.55	202	32.67%	570	420	60	69	266	1	395	5.87

注:"/"前后数值分别为包含喷层或者二次衬砌对围岩拱的提高作用,仅考虑喷层或者二次衬砌承载作用时的承载能力。

由此,通过模型试验验证了总安全系数法三个基本计算原则的合理性。

6.3 模型试验研究结论

(1)研发了将支护结构和支护范围内的围岩作为一体、按结构试验方法进行加载的模型试验方法和大比尺模型试验系统,可以真实体现支护结构本身的承载能力。开展了毛洞、纯锚支护、喷层、二次衬砌、喷锚组合支护、复合式衬砌的承载能力试验,获取了各工况加载破坏全过程受力与变形特征。

(2)总安全系数法可以较为准确地预测结构的破损位置和状态,设计承载力试验值与理论值误差在10%~33%,极限承载能力误差在6%~45%,且试验值均高于理论值,结果偏于安全,且不过于保守,具有良好的实用性和合理的安全性。

(3)结合不同工况组合下的承载能力试验值对比,验证了系统支护提供的抗力σ_3可以提高锚岩承载拱的承载能力、锚岩承载拱的承载能力最大值随着σ_3提高受到变形协调的控制、多层支护结构总的承载能力下限值可由各层结构单独承载能力按变形协调进行叠加等基本计算原则的合理性。

第7章

▽

基于总安全系数法的隧道变形监测控制值与支护参数现场调整方法

由于现有地质勘察手段无法完全和准确获取围岩的物理力学指标,支护结构计算模型与计算参数本身也不可避免存在误差,造成安全系数计算结果与现场实际存在偏差。为保证支护结构安全性满足设计预定目标,必须根据现场监控量测情况对设计支护参数进行优化调整。由于现场监测项目主要为支护结构变形,因此需要研究支护结构变形的计算方法以及依据变形监测值的支护参数现场调整方法。本章对隧道变形监测的实质进行了分析,对不同施工方法的初期支护变形量计算方法进行了研究,提出了支护参数的现场调整方法。

7.1　隧道变形监测的实质

7.1.1　现有规范对隧道变形监测的规定及存在的问题

隧道变形监控量测是判断施工和支护安全性的重要手段,因而允许变形值是隧道设计和施工中的一个关键技术参数。

1)《铁路隧道设计规范》(TB 10003—2016)相关规定

《铁路隧道设计规范》(TB 10003—2016)对预留变形量的要求[11]是:复合式衬砌各级围岩隧道预留变形量可根据围岩级别、开挖跨度、埋置深度、施工方法和支护条件,采用工程类比法确定。当无类比资料时,可参照表7-1的规定选用。

铁路隧道预留变形量(单位:mm)   表7-1

围岩级别	小跨(5～8.5m)	中跨(8.5～12m)	大跨(12～14m)
Ⅱ	—	0～30	30～50
Ⅲ	10～30	30～50	50～80
Ⅳ	30～50	50～80	80～120
Ⅴ	50～80	80～120	120～170

注:1. 浅埋、软岩、跨度较大隧道取较大值;深埋、硬岩、跨度较小隧道取较小值。

2. 有明显流变、原岩应力较大和膨胀岩(土),应根据量测数据反馈分析确定预留变形量。

3. 特大跨度隧道,应根据量测数据反馈分析确定预留变形量。

2)《铁路隧道监控量测技术规程》(Q/CR 9218—2024)相关规定

《铁路隧道监控量测技术规程》(Q/CR 9218—2024)对非黄土隧道初期支护的极限相对位移作出了相关规定(表7-2、表7-3),但对跨度大于12m的隧道,目前还没有统一的位移判定基准[69]。

跨度 $B<7m$ 隧道初期支护极限相对位移   表7-2

围岩级别	隧道埋深 h(m)		
	$h≤50$	$50<h≤300$	$300<h≤500$
拱脚水平相对净空变化(%)			
Ⅱ	—	—	0.20～0.60
Ⅲ	0.10～0.50	0.40～0.70	0.60～1.50
Ⅳ	0.20～0.70	0.50～2.60	2.40～3.50
Ⅴ	0.30～1.00	0.80～3.50	3.00～5.00
拱顶相对下沉(%)			
Ⅱ	—	0.01～0.05	0.04～0.08
Ⅲ	0.01～0.04	0.03～0.11	0.10～0.25
Ⅳ	0.03～0.07	0.06～0.15	0.10～0.60
Ⅴ	0.06～0.12	0.10～0.60	0.50～1.20

注:1. 本表适用于复合式衬砌的初期支护,硬质围岩隧道取表中较小值,软质围岩隧道取表中较大值。表列数值可以在施工中通过实测资料积累并作适当的修正。

2. 拱脚水平相对净空变化指两拱脚测点间水平变化值与其距离之比,拱顶相对下沉指拱顶下沉值减去隧道下沉值后与原拱顶至隧底高度之比。

3. 墙腰水平相对净空变化极限值可按拱脚水平相对净空变化极限值乘以1.2～1.3后采用。

跨度7m < B ≤ 12m隧道初期支护极限相对位移　　　　　　　　表7-3

围岩级别	隧道埋深h(m)		
	h ≤ 50	50 < h ≤ 300	300 < h ≤ 500
拱脚水平相对净空变化(%)			
II	—	0.01 ~ 0.03	0.01 ~ 0.08
III	0.03 ~ 0.10	0.08 ~ 0.40	0.30 ~ 0.60
IV	0.10 ~ 0.30	0.20 ~ 0.80	0.70 ~ 1.20
V	0.20 ~ 0.50	0.40 ~ 2.00	1.80 ~ 3.00
拱顶相对下沉(%)			
II	—	0.03 ~ 0.06	0.05 ~ 0.12
III	0.03 ~ 0.06	0.04 ~ 0.15	0.12 ~ 0.30
IV	0.06 ~ 0.10	0.08 ~ 0.40	0.30 ~ 0.80
V	0.08 ~ 0.15	0.14 ~ 1.10	0.80 ~ 1.40

注:1. 本表适用于复合式衬砌的初期支护,硬质围岩隧道取表中较小值,软质围岩隧道取表中较大值。表列数值可以在施工中通过实测资料积累并作适当的修正。

2. 拱脚水平相对净空变化指两拱脚测点间水平变化值与其距离之比,拱顶相对下沉指拱顶下沉值减去隧道下沉值后与原拱顶至隧底高度之比。

3. 墙腰水平相对净空变化极限值可按拱脚水平相对净空变化极限值乘以1.1 ~ 1.2后采用。

3)《公路隧道设计规范　第一册　土建工程》(JTG 3370. 1—2018)相关规定

《公路隧道设计规范　第一册　土建工程》(JTG 3370. 1—2018)对预留变形量的要求[15]是:复合式衬砌预留变形量大小应根据围岩级别、断面大小、埋置深度、施工方法和支护情况等,采用计算分析确定或采用工程类比法预测,预测值可参照表7-4的规定选用。预留变形量还应根据现场监控量测结果进行调整。

公路隧道预留变形量(单位:mm)　　　　　　　　表7-4

围岩级别	两车道隧道	三车道隧道
I	—	—
II	—	10 ~ 30
III	20 ~ 50	30 ~ 80
IV	50 ~ 80	60 ~ 120
V	80 ~ 120	100 ~ 150
VI	根据量测确定	

注:1. 围岩软弱、破碎时取大值,围岩完整时取小值。

2. 四车道隧道应通过工程类比和计算分析确定。

7.1.2　现有变形监测规定存在的问题

预留变形量虽然不等于现场监控量测控制值,但也基本体现了对围岩变形允许值的要求。对比上述不同规范的要求可以发现,现有规范对变形监测的规定存在以下问题:

(1)埋深对变形控制值的影响相互矛盾:《铁路隧道设计规范》(TB 10003—2016)规定埋深大时取小值,埋深小时取大值;《铁路隧道监控量测技术规程》(Q/CR 9218—2024)根据不同埋深取不同的变形控制范围值,总体趋势是埋深越大取值越大;《公路隧道设计规范　第一册　土建工程》(JTG 3370.1—2018)则未明确埋深对变形控制值的影响。

(2)允许变形值的控制范围差别很大:《铁路隧道监控量测技术规程》(Q/CR 9218—2024)对变形允许值的控制范围要远远大于设计规范。

(3)三个规范均是基于以往设计和实测资料的统计得出,但由于以往隧道主要采用工程类比法设计,不同设计参数的安全度不同,据此得出的变形实测值也不同,将不同安全水平的实测结果统一分析,在实际工程中应用时必然导致安全度过大或不安全的问题。也就是说,变形控制值是与安全度相对应的,支护参数相同,但变形稳定值不同,所对应的安全度也不同,因此采用统一的规定存在不合理之处。

(4)郑万高铁的一系列现场监测结果表明,初期支护施作后围岩位移可以得到有效控制[70-72],与规范要求的预留变形量差别较大。高家坪隧道Ⅴ级围岩段初期支护封闭后最大沉降为21.8mm。新华隧道开挖支护后围岩基本在22～32d达到稳定状态(变形速率<0.2mm/d),拱顶累计最大沉降5.4mm,边墙累计最大收敛7.7mm;保康隧道Ⅳ级围岩段监测结果表明,隧道周边收敛随时间推移呈现从较快增长到缓慢增长,再到波动变化的趋势,在18d后基本稳定,最终收敛值为5.48mm。

综上,变形监测是现场判定支护结构安全性的重要依据,甚至是唯一的依据,但目前支护参数设计以工程类比法为主,设计中难以针对某一具体支护参数给出对应的变形监测控制值,即使在现场根据监测值对支护参数进行动态调整,也无法直观地评价支护参数的合理性。因此,有必要建立变形监控量测与隧道安全系数的对应关系。

7.1.3 变形监测控制值的实质

由于对围岩全过程变形进行监测的难度大、成本高,因此绝大部分施工现场的变形监测在初期支护施作一段时间之后才开始,《铁路隧道监控量测技术规范》(Q/CR 9218—2024)规定,测点应及时埋设,支护后 2h 内读取初始数据[69]。也就是说,施工中所监测的变形值实际上是支护结构的变形值。如果实际施工中喷层因受力过大、强度不足等原因产生了开裂,或变形监测值超过允许值,现场就会及时反馈并发出报警,从而会及时采取加强支护措施,相应所允许的变形值也会减小,因此可以将支护结构的允许变形值作为现场监测的控制值,也即可以通过计算支护结构的允许变形值,得出现场监测的控制值。表 7-5 是《铁路隧道监控量测技术规范》(Q/CR 9218—2024)对现场变形管理等级的规定。可见,一旦变形超过允许值,施工人员就会采取相应的工程措施,进而也会影响现场监测控制值。

隧道位移管理等级　　　　　　　　　　　　　表 7-5

管理等级	管理等级描述	距开挖面 B	距开挖面 $2B$
Ⅲ	正常施工	$U<22\%U_0$	$U<30\%U_0$
Ⅱ	综合评价设计施工措施,加强监控量测,必要时采取相应工程措施	$22\%U_0 \leq U \leq 44\%U_0$	$30\%U_0 \leq U \leq 60\%U_0$
Ⅰ	暂停施工,采取相应工程措施	$U>44\%U_0$	$U>60\%U_0$

注:U-位移实测值,B-隧道开挖跨度,U_0-极限相对位移值。

7.2 初期支护变形控制值计算方法

7.2.1 围岩压力增长曲线

1)围岩压力增长过程的现场实测

文献[70-73]对围岩压力(初期支护与围岩的接触压力)增长过程进行了现场实测,部分围岩压力增长过程曲线如图 7-1 ~ 图 7-6 所示,得出的主要结论有:

郑万高铁高家坪隧道(断面 1)的围岩压力监测结果(图 7-1)表明:绝大多数测点的围岩压力随时间变化规律大致相同,即测量 7d 内,测点围岩压力处于急剧增大的阶段;测量7~10d内,测点围岩压力缓慢增大;测量10d后,时程曲线均依次呈现"波动变化""稳定收敛"的规律。总体来看,围岩压力监测断面各测点的时程曲线服从"急剧增大、缓慢增大、波动变化、稳定收敛"的变化规律[70]。

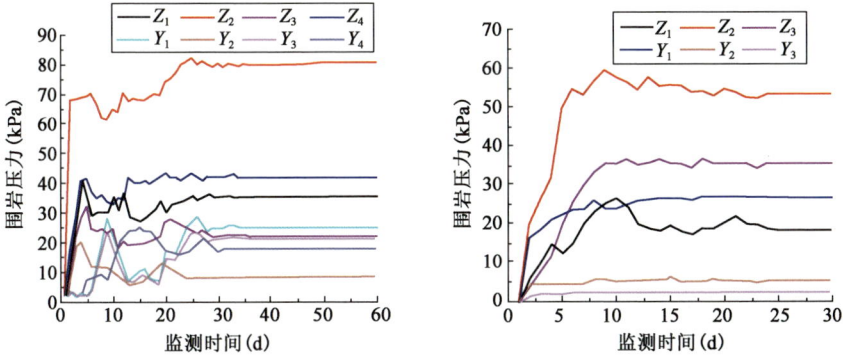

图7-1　郑万高铁高家坪隧道围岩压力实测图

郑万高铁向家湾隧道(断面1)围岩压力监测结果(图7-2)表明:围岩压力变化大致分为快速增长阶段、缓慢增长阶段和稳定阶段3个阶段。当围岩接触压力增长率不超过1%时,即可认为围岩压力值达到稳定。各监测断面围岩压力开始稳定时间为21~27d,Ⅳ级围岩压力稳定时间较Ⅴ级围岩早,同一围岩级别条件下,隧道采用不同的施工工法对围岩压力最大值及稳定时间没有明显的影响[71]。

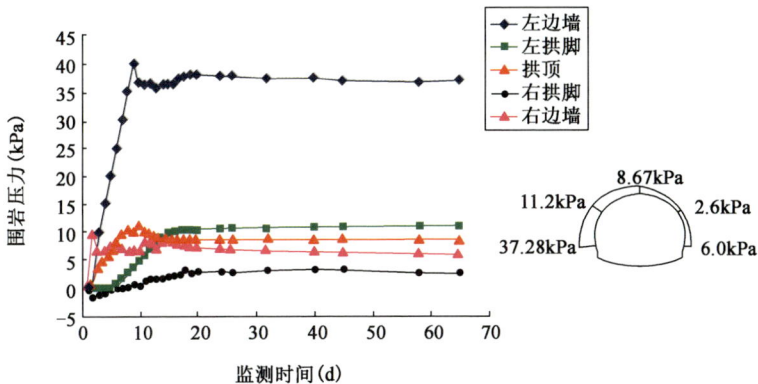

图　7-2

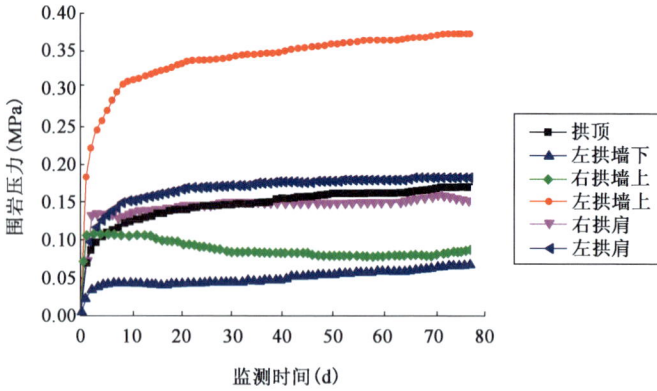

图7-2 郑万高铁向家湾隧道围岩压力实测图

蒙华铁路某隧道围岩压力监测结果(图7-3)表明:围岩与初期支护之间接触压力在上台阶开挖后一周内迅速增长,下台阶开挖后围岩压力又有少量增长,15d后围岩压力趋于稳定。

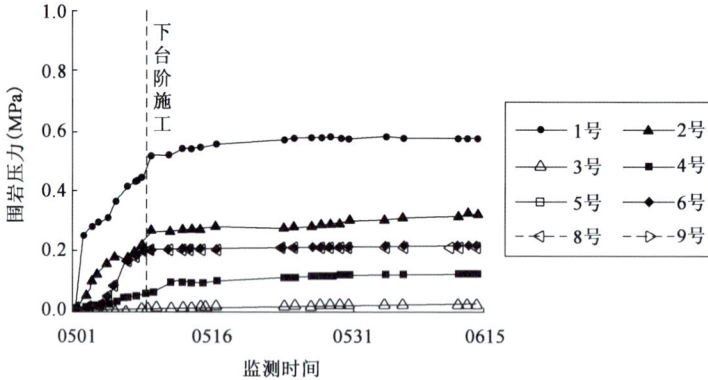

图7-3 蒙华铁路某隧道围岩压力实测图

银西高铁庆阳隧道围岩压力监测结果(图7-4)表明:围岩压力在快速增长后能够趋于稳定,但整个施工过程仍有一定波动。

某公路隧道(双车道,开挖跨度10.8m,高度8.6m)围岩压力监测结果(图7-5)表明:围岩与初期支护之间接触压力在上台阶开挖后一周内迅速增长,下台阶开挖对围岩造成二次扰动,围岩压力部分增长。40d后,随着初期支护仰拱闭合,围岩压力逐渐趋于稳定。不同断面的围岩压力变化趋势总体一致[72]。

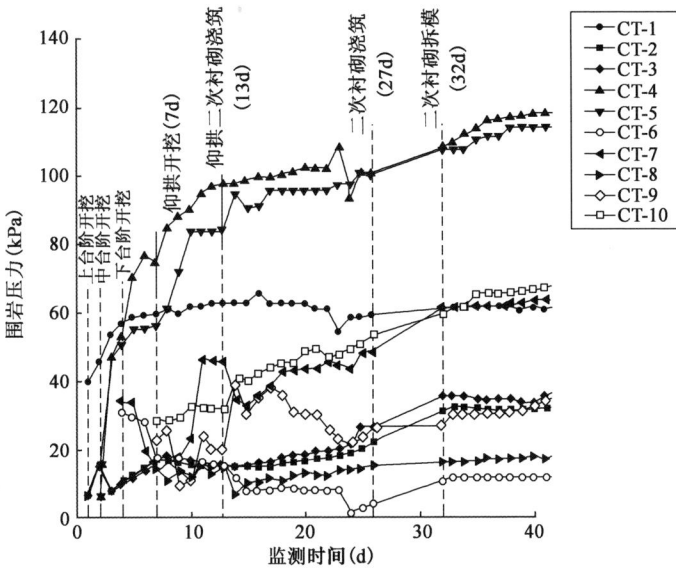

图7-4　银西高铁庆阳隧道围岩压力实测图

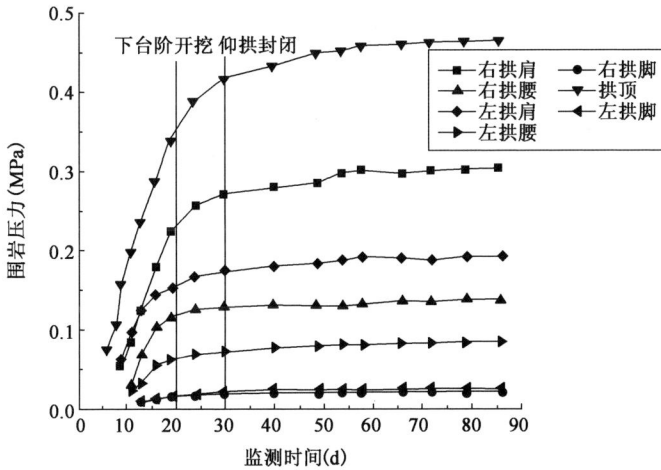

图7-5　某公路隧道围岩压力实测图

　　滨莱高速公路马公祠隧道(四车道,开挖跨度21.1m,高度13.9m)围岩压力监测结果(图7-6)表明:前7d,接触压力迅速增加,约占终值的70%,变化速率由初值65kPa/d迅速降低到15kPa/d,说明围岩变形荷载完成初步释放;6~15d,接触压力缓慢增加,变化速率逐渐降低到0附近,表明围岩松动范围内的变形荷载释放基本完成,15d后,接触压力达到终值。不同支护方案接触压力终值及变化速率随时间的增长趋势基本一致[73]。

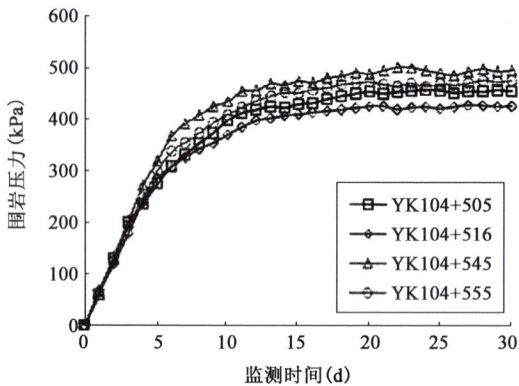

图7-6 滨莱高速公路马公祠隧道围岩压力实测图

综上,隧道断面形状与尺寸、施工工法、围岩级别、埋深等条件不同时,虽然围岩-初期支护接触压力时程曲线最终收敛时间与收敛值可能不同,但变化趋势是一致的,即时程曲线服从"急剧增大、缓慢增大、波动变化、稳定收敛"的变化规律。

2)围岩压力增长过程的数值分析

以某350km/h高速铁路双线隧道为例,利用三维数值分析软件,对Ⅲ、Ⅳ、Ⅴ级围岩采用无系统锚杆支护方式时拱部喷层和围岩压力随与开挖面距离的变化过程进行模拟。计算时埋深取400m,Ⅲ、Ⅳ、Ⅴ级围岩喷射混凝土厚度分别为15cm、25cm、35cm,喷射混凝土强度等级为C25,开挖进尺为1m,开挖完成后100%应力释放,然后施加支护。Ⅴ级围岩同时考虑厚度为3m的超前注浆加固作用,注浆圈参数取表1-13中Ⅳ级围岩参数。其他有关计算参数见表1-13。

拱部喷层与围岩压力的计算结果见图7-7～图7-9。由图可知:拱部喷层和围岩压力与开挖面距离的关系基本呈"急剧增大、缓慢增大、稳定收敛"的变化规律;围岩压力收敛距离为Ⅲ级围岩<Ⅳ级围岩<Ⅴ级围岩。

需要说明的是,本次计算的拱部喷层与围岩压力计算结果大于前述围岩压力设计值,也大于很多现场实测值。其原因是,计算时没有模拟喷射混凝土的硬化过程,只用示意的形式说明了围岩压力增长过程。

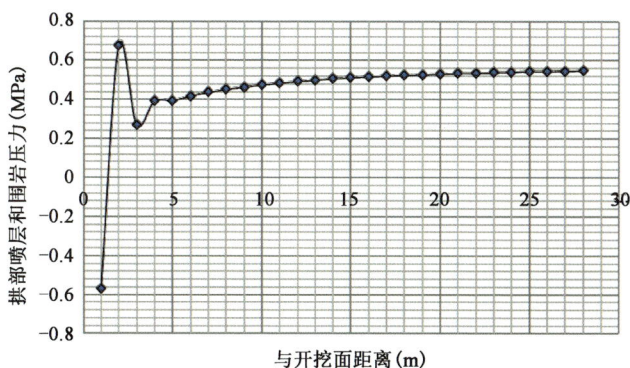

图7-7　拱部喷层与围岩压力随与开挖面距离的变化过程（Ⅲ级围岩）

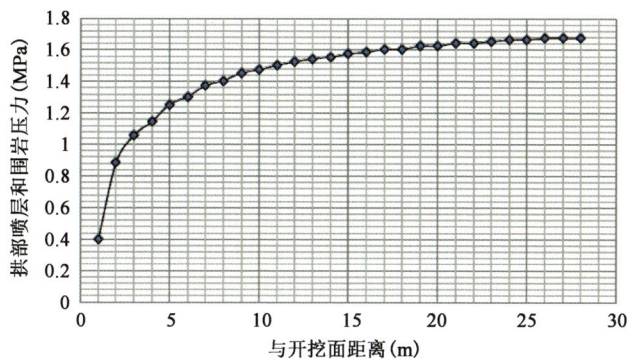

图7-8　拱部喷层与围岩压力随与开挖面距离的变化过程（Ⅳ级围岩）

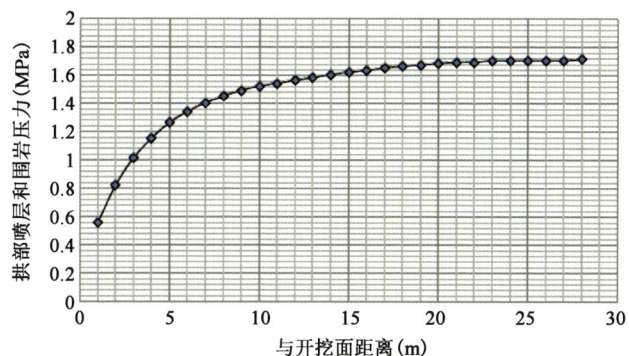

图7-9　拱部喷层与围岩压力随与开挖面距离的变化过程（Ⅴ级围岩）

3）规范规定

《铁路隧道监控量测技术规程》(Q/CR 9218—2024)规定,隧道位移控制基准应根据测点与开挖面距离和初期支护极限相对位移确定,见表7-6。

隧道位移控制基准　　　　　　　　　　　　　　表7-6

类别	距开挖面 B	距开挖面 $2B$	距开挖面较远
允许值	$65\%U_0$	$90\%U_0$	$100\%U_0$

注:B-隧道开挖跨度,U_0-极限相对位移值。

假设围岩压力增长过程曲线与测点位移变化曲线同形,则可认为:距离开挖面 B 时,围岩压力达到稳定值的65%;距离开挖面 $2B$ 时,围岩压力达到稳定值的90%;距离开挖面较远时,围岩压力达到稳定值的100%。

4）假设的围岩压力增长过程曲线

结合上述实测、数值计算和规范规定,假设隧道为均匀开挖,并假设围岩压力增长过程曲线与测点位移变化曲线同形,则当支护强度足够时,支护变形量与时间(或与开挖面距离)的关系可以采用对数函数、指数函数、双曲函数等进行模拟。对于某一具体的变形监测断面,其围岩压力增长也与时间(或与开挖面距离)有关,也可以近似采用对数函数、指数函数、双曲函数等进行模拟。以下假设支护后围岩压力-时间关系曲线为指数函数,即

$$P_i = P_0 \cdot e^{-b/t} \tag{7-1}$$

式中:P_i——任意时刻的围岩压力;

P_0——支护稳定时的围岩压力(本书采用围岩压力设计值表示);

b——与围岩条件有关的常数;

t——时间。

为简化分析,假设未进行新的开挖时,围岩压力维持不变,即不考虑围岩蠕变、地下水对围岩软化等因素影响,围岩压力的增长模式如图7-10所示。

为安全考虑,假设Ⅲ、Ⅳ、Ⅴ级围

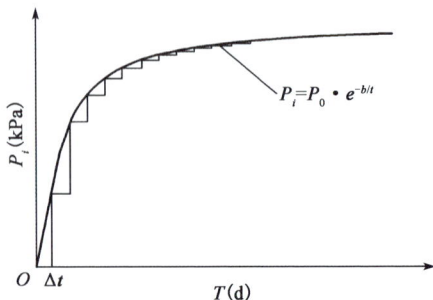

图7-10　围岩压力的增长模式

岩测点与开挖面距离分别为 $1D$、$1.5D$、$2.0D$（D 为隧道跨度）时，围岩压力达到稳定值的95%（即假设围岩压力增长速度较快）。以350km/h高速铁路双线隧道为例，Ⅲ、Ⅳ、Ⅴ级围岩某一埋深时的围岩压力设计值分别取45kPa、200kPa、360kPa；按每天2个施工循环，取Ⅲ、Ⅳ、Ⅴ级围岩的日进度分别为5m/d、3m/d、2m/d，则稳定时间分别为3d、7.5d、15d。由此可以计算得到Ⅲ、Ⅳ、Ⅴ级围岩压力增长函数中常数 b 分别为0.154、0.385、0.769，具体计算过程如下。

Ⅲ级围岩：

$$P_i = 45 \cdot e^{-0.154/t} \tag{7-2}$$

Ⅳ级围岩：

$$P_i = 200 \cdot e^{-0.385/t} \tag{7-3}$$

Ⅴ级围岩：

$$P_i = 360 \cdot e^{-0.769/t} \tag{7-4}$$

7.2.2　喷射混凝土弹性模量增长曲线

文献[74]和文献[75]实测了C25喷射混凝土不同龄期的弹性模量（表7-7），通过回归分析得到了其弹性模量与龄期关系的变化曲线，分别记为增长模式一和模式二，如图7-11所示。回归后的弹性模量-龄期曲线拟合结果见式(7-5)和式(7-6)。发现模式一比模式二的早期强度更高，最终弹性模量也更高。

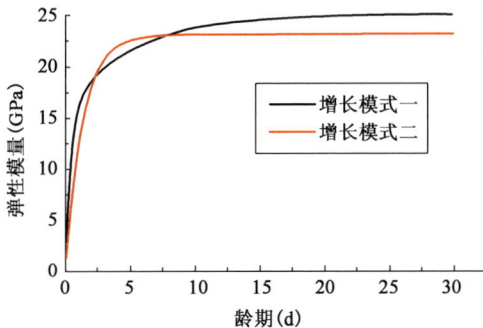

图7-11　2种C25喷射混凝土的弹性模量增长曲线

$$E(t) = 24.7(1 - 0.37e^{-0.008t} - 0.63e^{-0.095t}) \tag{7-5}$$

$$E(t) = 23(1 - e^{0.031t}) \tag{7-6}$$

式中：$E(t)$——某龄期喷射混凝土的弹性模量；

$\quad t$——龄期。

2种C25喷射混凝土不同龄期的弹性模量实测值　　　　表7-7

时间(h)	2	3	6	8	12	18	24	672
曲线1(GPa)	2.84	4.08	7.19	8.85	11.42	13.97	15.57	24.66
曲线2(GPa)	1.38	2.04	3.90	5.05	7.14	9.84	12.07	23.00

7.2.3　支护结构允许变形值的计算模型与方法

1)支护结构允许变形值和极限变形值的定义

对于总安全系数设计法,支护结构允许变形值是指支护结构在具有与结构强度设计安全系数相对应的前提下的结构变形值。也就是说,一旦支护结构参数及其强度安全系数确定,则相应的变形允许值也可通过计算确定,如果现场实测变形值与计算值不同(排除非正常施工情况),则表明结构的强度安全系数也会与计算值不同,从而通过现场实测变形值来表征结构安全系数,也即结构变形收敛值稳定在30mm时与稳定在40mm时所对应的结构安全系数是不同的。

支护结构的极限变形允许值是指支护结构的喷层出现第一个破损截面(塑性铰)时的结构变形值,也是总安全系数设计法中喷层结构安全系数等于1.0时的结构变形值。

由于初期支护结构一般由喷层、锚杆及其与围岩形成的承载拱组成,二者在接触面处的变形一致,因此可以仅计算喷层的变形值。当采用以锚杆为主的支护方式时,喷层不能作为整个隧道的支护层,则可以计算锚岩承载拱的允许变形值,但需要注意锚杆孔填充砂浆的强度增长应与围岩压力增长相匹配。

2)全断面法施工时支护结构允许变形值计算方法

在获得喷射混凝土弹性模量增长曲线后,就可以根据假设的围岩压力增长曲线采用变刚度增量法来计算支护结构允许变形值。具体计算步骤如下：

(1)对于给定的支护参数设计方案,根据总安全系数设计法,可以得出初期支护安全系数与围岩压力(支护力)设计值P。

(2)按喷层、锚岩承载拱的刚度比将每一份围岩压力分配给喷射混凝土与锚岩承载拱。

（3）考虑围岩压力与开挖面距离关系，按隧道每一施工循环时间 Δt，将喷层承担的围岩压力划分成若干份 ΔP_i。

（4）计算每一开挖工序时的喷层强度、弹性模量与刚度等（图7-12）。

（5）按总安全系数设计法提供的喷层荷载结构模型并考虑喷层弹性模量增长过程，可以得出喷层的变刚度荷载-结构模型（图7-13），采用变刚度增量法计算每一份围岩压力作用时间内的喷层结构变形，累计后所得总变形即为结构的允许变形值。

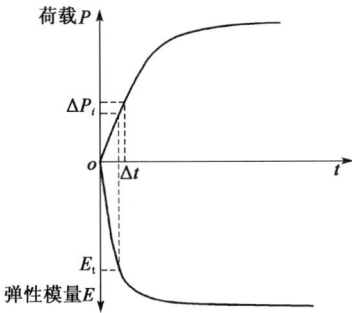

图7-12　全断面法围岩压力与弹性
模量增量法计算模型
E_t-某一时刻喷射混凝土的弹性模量

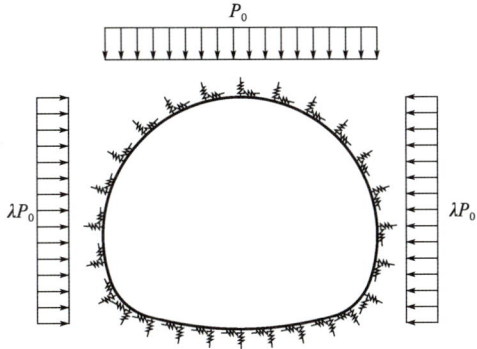

图7-13　喷层的变刚度荷载-结构模型

需说明的是，图7-13中，采用切向弹簧模拟围岩对喷层的切向约束力，该弹簧的刚度为与喷射混凝土龄期相关的变化值，需要根据喷射混凝土的不同龄期弹性模量进行调整，且与喷射混凝土弹性模量正相关。

（6）继续增加围岩压力，直至喷层出现第一个破损截面（塑性铰），所得总变形即为结构的极限变形值。

3）台阶法施工时支护结构允许变形值计算方法

当围岩稳定性较差采用台阶法施工时，获得喷射混凝土弹性模量增长曲线以及施工工序与施工参数后，就可以根据假设的围岩压力增长曲线采用变结构变刚度增量法来计算支护结构允许变形值。以下以台阶长度为10m，Ⅳ级、Ⅴ级围岩上下台阶间隔时间分别为3.3d、5d为例，允许变形值的计算步骤如下：

（1）对于给定的支护参数设计方案，根据总安全系数设计法，可以得出初期支护安全系数与围岩压力（支护力）设计值 P。

（2）按喷层、锚岩承载拱的刚度比计算喷层分担的围岩压力 P_0。

(3)根据台阶法施工工序及施工参数,采用三维有限元模型计算每一开挖步的围岩压力释放比例,也可根据经验确定比例,本书假设上台阶开挖后释放70%围岩压力,下台阶开挖再释放30%,并假设各施工步的围岩压力按指数函数式(7-1)增长。

(4)考虑围岩压力与开挖面距离关系,按隧道每一施工循环时间 Δt,将围岩压力划分成若干份 ΔP_i。

(5)计算每一开挖工序时的喷层强度、弹性模量与刚度等,如图7-14所示。

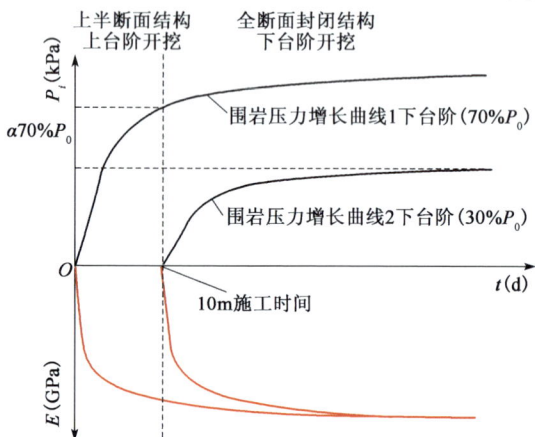

图7-14　台阶法围岩压力与弹模增量法计算模型

α-下台阶开挖至监测断面时,上台阶围岩压力已释放的荷载比例

(6)建立上台阶断面的计算模型,如图7-15a)所示(图中 λ 为侧压力系数,下同),拱脚处采用弹性支撑。下台阶施工前,采用变刚度增量法计算每一份围岩压力作用时间内的上台阶断面的支护结构变形值。

(7)下台阶施工后,建立全断面结构的计算模型,如图7-15b)所示,同样采用变刚度增量法计算每一份围岩压力作用时间内的全断面结构的变形值。

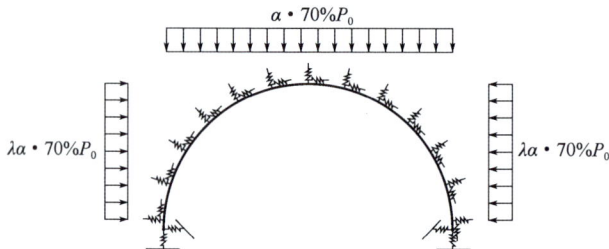

a)上台阶断面的计算模型

图　7-15

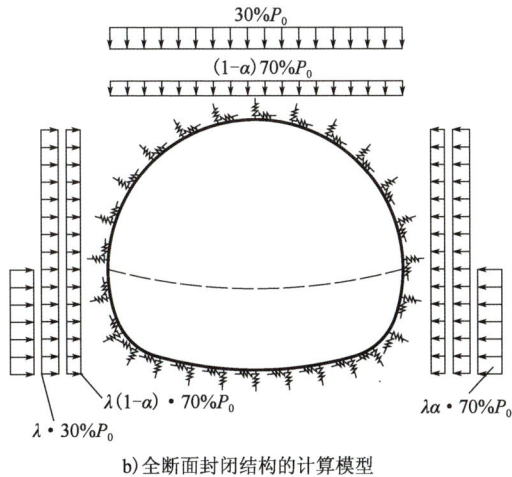

b)全断面封闭结构的计算模型

图7-15　台阶法变刚度荷载-结构模型

需要注意上下断面结构材料的龄期不同,应根据龄期采用不同的材料参数。同时采用切向弹簧模拟围岩对喷层的切向约束力,该弹簧的刚度为与喷射混凝土龄期相关的变化值,需要根据喷射混凝土的不同龄期弹性模量进行调整,且与喷射混凝土弹性模量正相关。

(8)上下台阶累加的变形即为支护结构的允许变形值。

(9)继续增加围岩压力,直至喷层出现第一个破损截面(塑性铰),所得总变形即为结构的极限变形值。

7.3　支护参数的现场调整方法

上述计算得出的变形允许值可以作为施工过程中的监测控制值。该值对应某一具体计算条件下的支护参数,而该支护参数又具有对应的强度设计安全系数,因此,变形控制值也与结构强度安全系数相对应。

施工过程中应根据实测位移-时间曲线(u-t曲线),与计算的u-t曲线对比(图7-16),作为设计参数合理性判别的依据。如果实测u-t曲线形态和最大位移与计算结果均不同,需要调整喷射混凝土强度-时间曲线和围岩压力增长曲线后,再根据7.2节计算总变形。如果二者形态相同但最大位移值不同,则分为以下3种情况进一步分析。

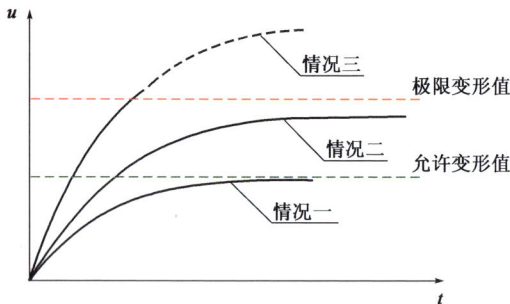

图7-16 实测与计算的位移-时间曲线对比

情况一:当实测值小于计算允许变形值时,应采取相应的工程调整措施。①可以适当弱化支护参数;②围岩压力、弹性抗力系数等计算参数取值小于实际值,且偏差较大,需要结合内力监测值进行分析调整。

情况二:当实测值大于计算允许变形值且变形能够收敛时,说明支护结构的安全系数大于1.0,但已小于设计安全系数,应根据以下原因分析采取相应的工程调整措施:①支护过早,可以适当加大开挖循环长度,以增加支护前的应力释放率;②围岩压力、弹性抗力系数等计算参数取值大于实际值,且偏差较大,需要结合内力监测值进行分析调整;③其他原因,如支护质量不到位,材料强度增长速度过慢等。

情况三:当实测值大于计算允许变形值,且出现结构开裂时,说明支护力计算值过小(产生原因可能有计算参数错误或支护过早等),需要核对计算参数重新计算并加强支护,或调整支护时机。

7.4 案例分析

7.4.1 计算工况与计算参数

本节采用总安全系数设计法,对我国350km/h高速铁路双线隧道的支护参数与安全系数进行研究,得出不同支护类型的参数与安全系数,见表7-8、表7-9。

按第4章对350km/h高速铁路双线隧道围岩压力设计值进行计算,结果见表7-10。围岩的物理力学参数详见表1-13。喷射混凝土弹性模量增长曲线同7.2.2节。

350km/h高速铁路双线隧道支护参数　　　　表7-8

支护类型	厚度（cm）	锚杆间距 环(m)×纵(m)	长度（m）	型钢类型和间距
Ⅳ型	25	1.2×1.2	3.5	高150mm、ϕ22mm格栅，间距1.0m
Ⅳ型（优化）	16	1.0×1.0	2.5	取消钢架
Ⅴ型	28	1.2×1.0	4.0	I20a型钢，间距0.8m

注：表中锚杆拱部采用ϕ25mm中空注浆锚杆，边墙采用ϕ22mm砂浆锚杆。

喷层分担围岩压力　　　　表7-9

支护类型	埋深（m）	锚岩承载拱安全系数	喷层安全系数	初期支护总安全系数	喷层荷载分担比例
Ⅳ型	200	5.00	5.58	10.58	0.52
	400	2.64	2.96	5.60	0.53
Ⅳ型（优化）	400	1.55	2.28	3.83	0.60
Ⅴ型	200	1.60	3.56	5.16	0.67
	400	0.85	1.89	2.74	0.69

围岩压力设计值　　　　表7-10

埋深(m)	Ⅳ级围岩(kPa)	Ⅴ级围岩(kPa)
200	106	191
400	200	360

7.4.2　初期支护结构的允许变形值计算结果

1)计算工况

影响初期支护变形值的因素主要有围岩级别、隧道埋深、支护参数、施工方法、喷射混凝土强度增长等。各工况的变形初始计算时间为初期支护施作后1h。

2)变形监测允许值计算

各工况下初期支护的允许变形值计算结果见表7-11。图7-17、图7-18为400m埋深，Ⅳ、Ⅴ级围岩分别采用全断面法(工况3、工况6，工况5、工况7)、台阶法(工况8、工况9)开挖时的隧道变形与时间的关系曲线。

计算工况与计算结果 表7-11

计算工况	施工工法	埋深(m)	支护类型	喷射混凝土硬化模式	允许变形值(mm)			极限变形值(mm)	
					U_y	ΔU_{x1}	ΔU_{x2}	拱顶下沉	边墙收敛
1	全断面	200	Ⅳ型	模式一	4.55	1.52	—	17.66	7.20
2			Ⅴ型		9.32	4.12	—	24.14	12.92
3		400	Ⅳ型		8.64	2.86	—	19.22	7.45
4			Ⅳ型(优化)		9.49	5.32	—	18.25	12.26
5			Ⅴ型		16.24	6.88	—	25.95	12.65
6			Ⅳ型	模式二	15.06	4.49	—	25.64	9.08
7			Ⅴ型		25.75	7.76	—	35.46	13.53
8	台阶法	400	Ⅳ型	模式一	8.00	5.19	2.63	18.58	9.78
9			Ⅴ型		13.07	7.81	9.79	22.78	13.58

a) Ⅳ级围岩

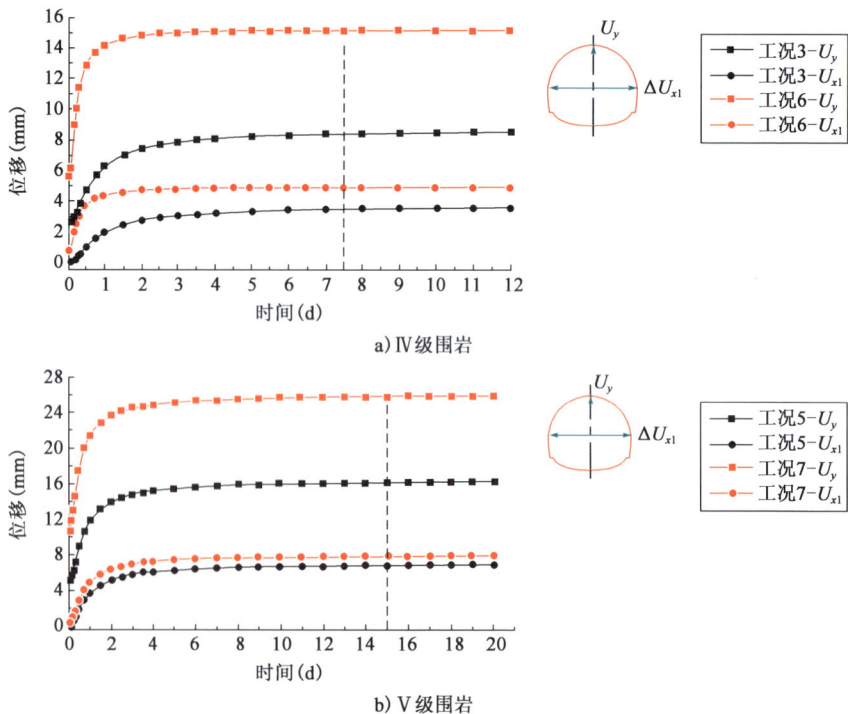

b) Ⅴ级围岩

图7-17 全断面法开挖时的初期支护位移-时间曲线

a) Ⅳ级围岩

b) Ⅴ级围岩

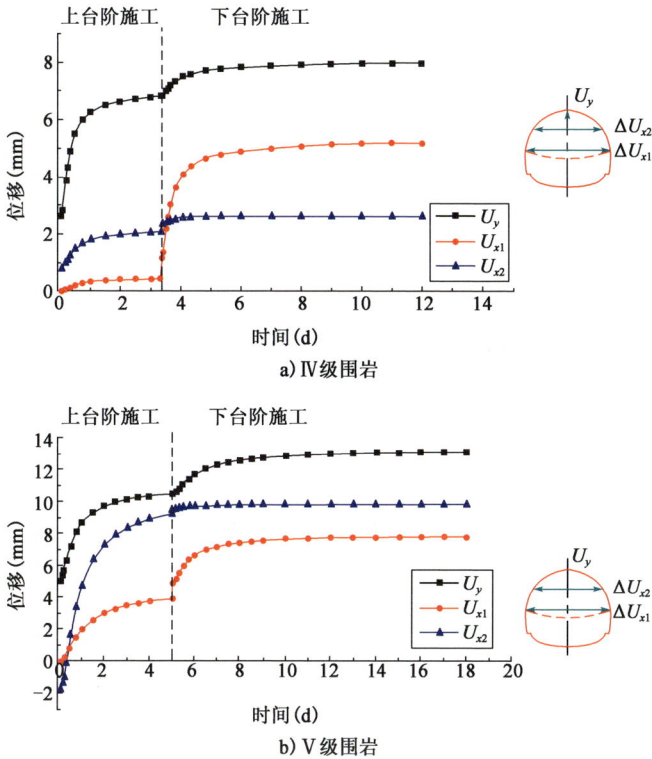

图7-18 台阶法开挖时的初期支护位移-时间曲线

由表7-11、图7-17和图7-18可知：

（1）在相同支护参数情况下，埋深越大，允许变形值越大（但对应的结构安全系数不同）。

（2）埋深与围岩等级相同但支护参数不同时，允许变形值不同，表明现场监测的喷层与围岩接触压力不是全部的围岩压力，围岩压力应为锚岩承载拱、喷层等多层结构共同承担。

（3）围岩条件、埋深与支护参数相同但施工工法不同时，允许变形值不同。

（4）喷射混凝土、锚杆孔注浆体的弹性模量增长速度对变形量影响较大，现场应根据地下水处理情况合理确定其配合比与施工工艺等。

文献[70]对郑万高铁高家坪隧道变形进行了现场监测，隧道最大埋深约320m，以志留系页岩夹砂岩、灰岩地层为主，采用机械化全断面法开挖，监控量测断面拱顶下沉和水平收敛监测结果见表7-12。根据监测结果可知，该断面监测值均为正值,且整体向隧道内变形,V级围岩拱顶下沉值13~20mm,拱腰收敛值6~15mm,边墙收敛值4.5~8.8mm。该结果与上述计算值接近,说明上述计算方法是合理的。

拱顶下沉与水平收敛监测统计结果　　　　　　　表7-12

试验断面	监测点位置	累计收敛值(mm)
1	拱顶	14.8
	拱腰	6.2
	边墙	4.5
2	拱顶	13.6
	拱腰	11
	边墙	7.7
3	拱顶	19.8
	拱腰	10
	边墙	7.6
4	拱顶	21.8
	拱腰	15.4
	边墙	8.8
5	拱顶	20.4
	拱腰	12
	边墙	6.5

3)极限变形值计算结果

继续增加围岩压力,直至喷层出现第一个破损截面(塑性铰),可得到结构的允许极限变形值。由表7-11可知:

(1)隧道支护结构的极限变形值与支护参数、围岩级别、隧道埋深、施工方法均有关。支护参数不同,结构安全系数不同,极限变形值也不同;围岩级别不同,围岩压力设计值也不同,极限变形值也不同;隧道埋深不同,围岩压力设计值也不同,相应喷射混凝土硬化过程中的受力与变形以及最终的极限变形也不同;施工方法不同,支护结构形成过程中的受力与变形以及最终的极限变形也不同。

(2)极限变形值对应的结构安全系数约为1.0,只能作为现场安全监测的危险控制值。

第8章

▽

支护强度/支护变形/支护时机 一体化设计方法

隧道结构由不同强度、刚度和施作时机的多层支护组成,为使整体承载能力得到充分发挥,本章建立了适用于主动和被动支护体系的支护"强度-变形-时机"一体化设计方法。在强度满足承载要求的前提下,通过调整支护的变形能力和支护时机,使支护可变形能力大于设计支护力下围岩允许变形量(防止支护刚度过大),并小于最小支护力下围岩允许变形量(防止支护刚度过小),从而使整体支护结构按设计意图以最经济的方式"工作"。

8.1 变形协调问题的提出

前文提出,围岩压力设计值就是以隧道接近或达到破坏阶段为研究对象,以围岩允许变形量与支护可变形能力相协调为控制手段,得出可以同时满足安全性与经济性两个指标的支护结构设计需要的"假想"支护力。为实现围岩压力设计值能够包络实际的围岩压力,并使支护结构按设计意图以最经济的方式"工作",需使支护的可变形能力与围岩的允许最大变形量相匹配。

根据埋深的不同,隧道可以划分为浅埋隧道与深埋隧道,深埋隧道又可以进一步划分为一般地应力环境隧道和高地应力环境隧道。不同赋存环境、不同地应力特征的隧道所面临的变形协调问题有所差异。

　　浅埋隧道,其主要特点是隧道顶部的覆盖层较薄,开挖后隧道变形很快影响至地表,围岩压力增长速度快。尤其是覆跨比小的隧道,围岩自稳时间短,压力增长很快,一般情况下需要采取预加固、超前支护、分部开挖等措施来保证施工安全,同时需要及时施作大刚度的支护结构,防止围岩产生较大变形。这种情况下,一般不需要对围岩的允许变形量进行分析,关键是保证支护强度与刚度及支护的及时性。

　　一般地应力环境隧道,其主要特点是围岩具有一定的自稳能力,在一般支护条件下,围岩的变形持续时间较短、变形量相对较小。根据第7章的计算结果以及现场监测情况,Ⅴ级围岩400m埋深条件下的高速铁路双线隧道在及时支护时的变形值为10~30mm。即围岩在设计支护力作用下的变形值以及支护结构在围岩压力作用下的变形值较小,且均小于以喷锚支护为主、以支护材料强度渐进增长为特点的支护结构可变形能力。这种情况下,只要保证支护强度满足承载能力要求,并避免过早或过晚支护,围岩与支护的变形基本能够协调一致,进而可以保证围岩压力设计值取值的安全性。

　　随着我国隧道工程建设范围的拓展,高地应力软岩隧道支护设计理论和施工技术取得了长足的进步,建成了一大批具有里程碑意义的软岩大变形隧道工程,如南昆铁路家竹箐隧道、兰渝铁路木寨岭隧道、渭武高速铁路木寨岭隧道、玉磨铁路景寨隧道等。相对于一般地应力环境隧道,高地应力软岩大变形隧道一般表现为变形量大且变形持续时间长,往往超出了常规喷锚支护结构的允许变形能力,导致喷层开裂、钢架扭曲、变形侵限等,如图8-1所示,其原因主要归结为:支护强度不足或可变形能力不足,未能在支护结构可变形范围内约束围岩变形。因此,软岩大变形隧道对支护结构的承载能力、围岩-支护结构变形协调控制等提出了更高的要求。

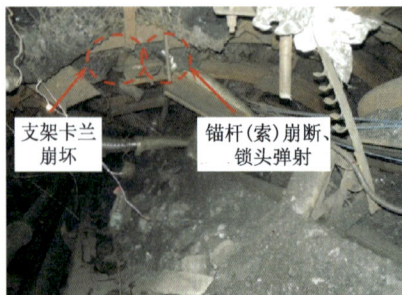

a) 锚杆(索)变形能力不足导致断裂或脱出　　　　b) 喷层变形能力不足导致开裂

图　8-1

c)钢架扭曲　　　　　　　　　　　　　　d)二次衬砌开裂

图8-1　软岩大变形隧道变形协调出现的问题

8.2　支护"强度-变形-时机"一体化设计方法

隧道结构由不同强度、刚度和支护时机的多层支护结构组成,以围岩压力设计值为基础的支护结构,在满足强度(安全系数)要求的前提下,需要通过控制各支护层的可变形能力(控制支护构件刚度)和支护时机(控制支护整体刚度),实现围岩变形和多层结构协同承载控制。

设计原则:为实现安全、经济协同的支护结构设计,在保证围岩不失稳、变形可控的前提下,支护结构提供的支护力越小,围岩自承载能力的发挥程度就越大,因此,最经济的支护结构是在围岩失稳前的最小支护力状态实现支护结构的变形控制。因此,安全经济的支护结构最关键的是要保证围岩压力设计值是可控的,这需要以围岩允许变形量与支护可变形能力相协调为控制手段,既要使支护可变形能力大于围岩压力设计值条件下的围岩允许变形量(防止支护刚度过大),又要保证支护可变形能力小于最小支护力下围岩允许变形量(防止支护刚度过小)。此外,对于组合式支护体系,如预应力或非预应力锚杆(索)、喷层、二次衬砌等的组合,各支护方式之间的变形应协调,以充分发挥各支护方式的承载功效,防止变形能力小的支护方式因过早施作而被破坏。

基于此,提出支护"强度-变形-时机"一体化设计流程,如图8-2所示。

(1)围岩允许变形量计算

根据第4章的方法计算得到最小支护力 p_{imin} 和围岩压力设计值 q 后,即可进行不同支护力下的围岩变形量计算。u_q 为支护力等于围岩压力设计值 q 时的围岩变形量，u_{pimin}为支护力等于最小支护力p_{imin}时的围岩变形量，可采用数值方法或理论解析进行计算。

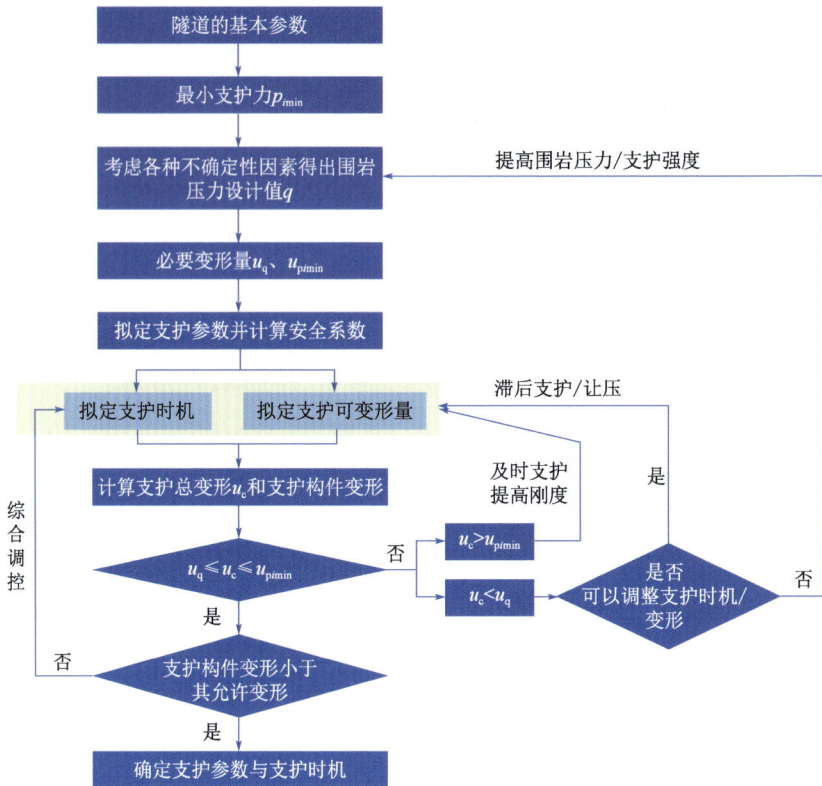

图8-2　支护"强度-变形-时机"一体化设计流程

（2）支护强度设计

根据第5章内容，采用总安全系数法拟定支护参数并进行安全系数校核。

（3）支护时机与支护刚度设计

拟定锚杆（索）、喷层、钢架、二次衬砌的支护时机以及与变形相关的参数，如锚杆（索）杆体的弹性模量、初始预应力、让压量、喷射混凝土早期强度增长曲线等。根据第7章的方法，计算不同支护阶段的变形量，得到支护总变形量u_c和各支护构件的变形量。

（4）变形协调控制

调整支护构件本身的变形能力和支护时机，使整体支护结构按设计意图以最经济的方式"工作"，即：$u_q \leqslant u_c \leqslant u_{pimin}$，如图4-3所示。

当 $u_c > u_{pimin}$ 时,说明支护过晚或支护刚度偏弱,需要及时支护或者提高支护刚度。

当 $u_c < u_q$ 时,说明支护允许变形量过小,实际围岩压力可能超出围岩压力设计值。优先采用滞后支护时机或增大支护结构变形能力(让压)的方式进行变形协调控制,进而增大 u_c。当无法调整时,需采用提高围岩压力设计值和支护强度的方式来降低 u_q,这种情况下围岩的承载能力没有得到充分发挥,支护的经济性相对较差。

(5)支护构件变形能力控制

需要进一步检算喷层、锚杆(索)等支护构件的变形能力,以保证各支护构件均处于安全状态。

8.3　以预应力锚杆(索)为主的支护体系变形协调分析

隧道开挖后,围岩变形主要集中在洞周一定范围内,如果支护后锚杆(索)支护区域内外侧差异变形大于锚杆(索)的可变形量,且无其他支护措施,锚杆(索)将存在断裂或锚固失效风险。因此在锚杆(索)设计时需要分析锚杆(索)系统与围岩的变形协调关系。

8.3.1　锚索与围岩变形分析

采用数值软件计算预应力作用下围岩的变形量,如图8-3所示。

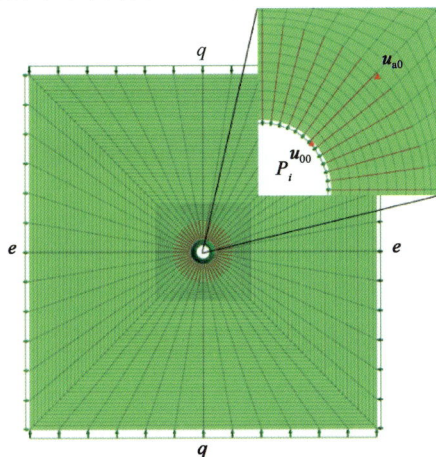

图8-3　预应力支护作用下围岩的变形量计算

将锚杆(索)施加的预应力等效为均布荷载,并施加在洞周,锚杆(索)的内外端相对位移可表示为:

$$\Delta u_0 = u_{00} - u_{a0} \tag{8-1}$$

式中:u_{00}——锚杆(索)内侧(隧道侧)径向变形;

u_{a0}——锚杆(索)外侧(围岩侧)径向变形。

锚杆(索)在施加预应力后剩余的可变形能力u_p可按式(8-2)计算。如果锚杆(索)设置了让压或恒阻变形量,则可变形能力应增加该部分量值。

$$u_p = \frac{P_p - P_0}{AE} \cdot l \tag{8-2}$$

式中:P_p——锚杆(索)的承载能力设计值;

P_0——锚杆(索)预应力设计值;

A、E、l——锚杆(索)的截面面积、弹性模量、长度。

8.3.2 预应力支护体系关于变形协调问题分类

1)设计流程

预应力支护体系的设计流程见图8-4。当采用预应力锚杆(索)支护体系时,首先拟定锚杆(索)的基本参数,包括锚杆(索)的长度l、环向间距b、纵向间距s,预应力P_0和锚杆(索)的承载能力设计值P_p。根据锚杆(索)系统与围岩变形能力的匹配性,可分为两种情况。

情况一:锚杆(索)的可变形能力u_p不小于隧道的控制变形量Δu_0时,单独采用预应力锚杆(索)可以满足设计要求。

情况二:锚杆(索)的可变形能力u_p小于隧道的控制允许变形值Δu_0时,又可分为以下三种情况:

(1)在变形末期及时补充喷射混凝土等内支撑,以限制围岩变形实现共同承载。

(2)采用让压装置使锚杆(索)适应围岩变形,可实现以预应力支护手段单独承载。

(3)采用让压装置,但锚杆(索)变形能力仍不足,仍需补充喷射混凝土等内支撑以限制围岩变形实现共同承载。

```
                          ┌──────────────┐
                          │     开始      │
                          └──────┬───────┘
                          ┌──────┴───────┐
                          │   拟定隧道断面  │
                          └──────┬───────┘
                   ┌──────────────┴──────────────┐         ┌─────────────────┐
                   │  拟定锚杆(索)参数l、b、s、P₀、Pₚ │ ◄────── │  调整锚杆(索)参数   │
                   └──────────────┬──────────────┘         │  l、b、s、P₀、Pₚ   │
                   ┌──────────────┴──────────────┐         └─────────────────┘
                   │ 计算围岩变形和锚杆(索)变形能力Δu₀、uₚ │
                   └──────────────┬──────────────┘
                   ┌──────────────┴──────────────┐
                   │ 计算最小支护力pᵢₘᵢₙ与围岩压力设计值q │
                   └──────────────┬──────────────┘
                   ┌──────────────┴──────────────┐
                   │ 计算围岩必要变形量uₚᵢₘᵢₙ和uₚ    │
                   └──────────────┬──────────────┘
```

拟定锚杆(索)参数 l、b、s、P_0、P_p

调整锚杆(索)参数 l、b、s、P_0、P_p

计算围岩变形和锚杆(索)变形能力 Δu_0、u_p

计算最小支护力 p_{imin} 与围岩压力设计值 q

计算围岩必要变形量 u_{pimin} 和 u_p

判断：$u_p \geqslant \Delta u_0$　是 / 否

情况二：需采取措施

情况一：预应力锚杆(索)可适应变形

确定 P_x、C_1、C_2

① 及时施作喷层　确定 P_x、C_1、C_2

判断：$\dfrac{P_p - P_x}{AE} \cdot l \geqslant u_2$

② 采用让压锚杆(索)　确定 P_r 和 u_r

判断：$u_p + u_r \geqslant \Delta u_0$

确定 P_x、C_1、C_2

③ 补充喷层或钢架　确定 u_x、C_1、C_2

判断：$\dfrac{P_p - P_x}{AE} \cdot l + u_r - u_x \geqslant u_2$

安全系数：K_{11}、K_{12}、$\eta_y K_{13}$、ξK_2、K_3

总变形：$u_e = u_z + u_{11} + u_{12} + u_{13}$（或 u_2）

安全系数：K_{11}、K_{1r}、K_{12}、$\eta_y K_{13}$、ξK_2、K_3

总变形：$u_e = u_z + u_{11} + u_{12} + u_{13}$（或 u_2）

安全系数和总变形是否符合要求（详见第8.2节）　是 / 否

结束

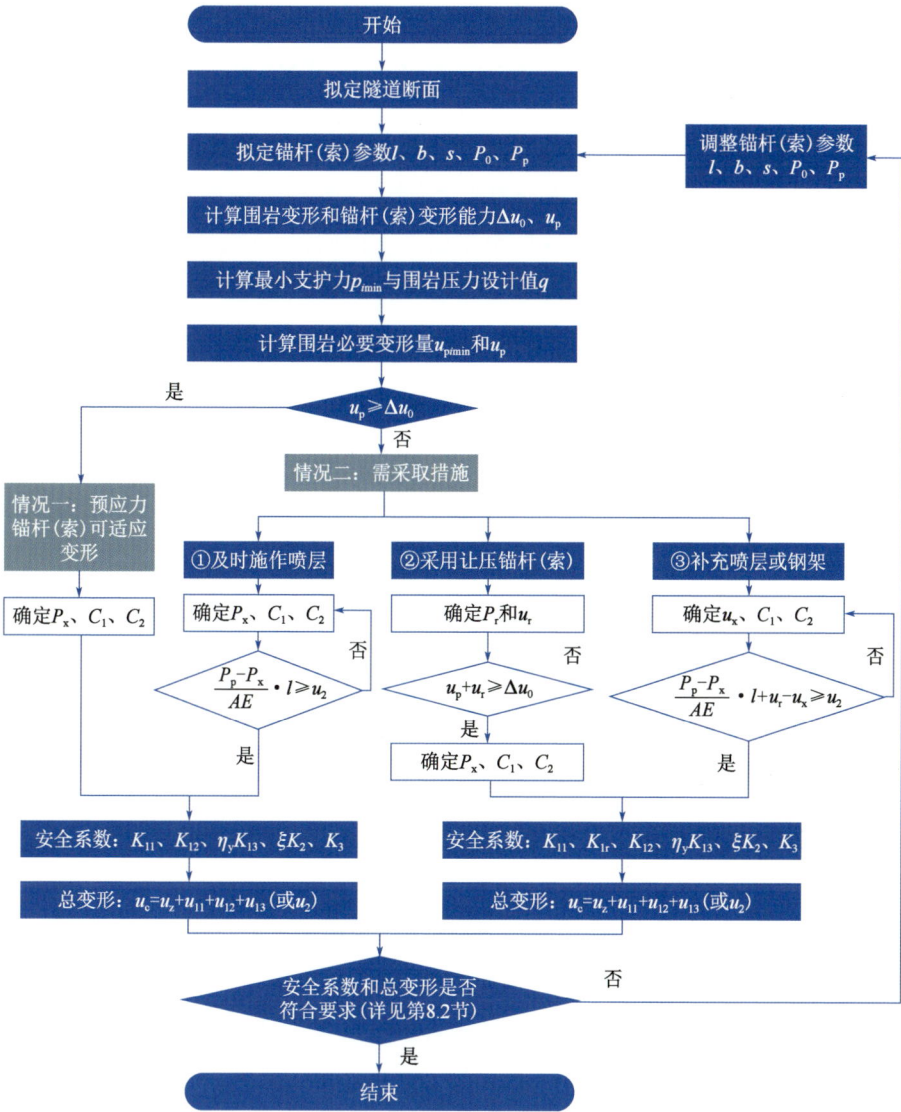

图8-4　预应力支护体系的设计流程图

2)情况一:无让压锚杆(索)可以适应围岩变形时的计算

当 $u_p > \Delta u_0$，即锚杆(索)在独立承载时可适应围岩变形,不存在拉断或者锚固失效的风险,喷层可在预应力锚杆(索)协同围岩自承载后施作。

设计时,需要确定喷层施作时锚杆(索)的轴力记为P_x(可表征支护时机),喷层的参数记为C_1,二次衬砌的参数记为C_2(二次衬砌一般在变形稳定后施作)。

锚杆(索)(无让压)支护体系支护力与变形全过程如图8-5所示。根据支护结构组成和特征,将支护全过程分为四个阶段:①预应力施加前阶段、②仅预应力作用阶段、③预应力施加完成后至喷层施工前阶段、④与喷层二次衬砌共同承载阶段,其中阶段②~④,锚杆(索)为锚岩承载拱提供的σ_{31}分别计为σ_{311}、σ_{312}、σ_{313},产生的变形分别计为u_{11}、u_{12}、u_{13}。

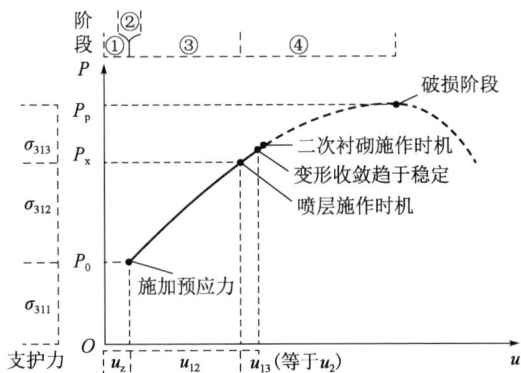

图8-5 锚杆(索)(无让压)支护体系变形全过程示意图

①在锚杆(索)预应力P_0施作完成前,无明确的支护结构安全系数,其变形u_z可采用数值计算得到。

②仅锚杆(索)预应力作用阶段,锚杆(索)为锚岩承载拱提供的支护力可近似采用预应力的等效均布荷载。预应力施加后,由于围岩与锚杆(索)系统仍在变形,锚杆(索)的轴力增大,因此该状态为瞬时状态,位移为0,即:

$$\sigma_{311} = \frac{P_0}{2 \cdot b \cdot s}, u_{11} = 0 \qquad (8\text{-}3)$$

安全系数K_{11}可根据第5.2.2节纯锚支护计算模型开展,计算模型为图5-2b)。

③预应力施加完成后至喷层施工前阶段,锚杆(索)为锚岩承载拱提供的支护力可近似采用锚索轴力增加值的等效均布荷载,围岩的变形近似等于锚索的伸长量。

$$\sigma_{312} = \frac{P_x - P_0}{2 \cdot b \cdot s} \qquad (8\text{-}4)$$

$$u_{12} = \frac{P_x - P_0}{AE} \cdot l \qquad (8\text{-}5)$$

本阶段安全系数 K_{12} 计算方法同上。

④喷层、二次衬砌相继施作后,锚岩承载拱与围岩共同承载至破损阶段,锚杆(索)为围岩提供的支护力可按式(8-6)表示。

$$\sigma_{313} = \frac{P_p - P_x}{2 \cdot b \cdot s} \qquad (8\text{-}6)$$

喷层施作后,锚岩承载拱与喷层共同承载、协同变形,锚索的变形量 u_{13} 与喷层的变形量 u_2 近似相等,根据第7章内容,喷层施作后的变形可通过喷层结构的变刚度荷载增量法计算,即:

$$u_{13} = u_2 = \int_0^t u(t) \, \mathrm{d}t \qquad (8\text{-}7)$$

式中: $u(t)$ ——喷层允许变形值的算法。

本阶段锚岩承载拱的安全系数计算模型见图5-2a),由于喷层施作后,可对相邻锚杆(索)内侧楔形区域的围岩提供径向约束,该部分围岩可计入锚岩承载拱范围。锚岩承载拱的 σ_3 可分为锚杆(索)提供的 σ_{313} 和喷层、二次衬砌提供的 σ_{32}、σ_{33},其安全系数 K_{13} 的计算方法不再赘述。

同时参考第5章喷层的荷载结构模型和二次衬砌的荷载结构模型,分别计算得到喷层单独承载安全系数 K_2 和二次衬砌单独承载安全系数 K_3。

综上,支护结构总安全系数与位移计算如下:

$$K_c = K_{11} + K_{12} + \eta_y K_{13} + K_2 > K_{cd} \qquad (8\text{-}8)$$

$$K_{op} = K_{11} + K_{12} + \eta_y K_{13} + \xi K_2 + K_3 > K_{opd} \qquad (8\text{-}9)$$

$$u_c = u_z + u_{11} + u_{12} + u_2 \leqslant u_d \qquad (8\text{-}10)$$

式中: K_{cd} ——施工期安全系数控制值,一般不小于 $1.8 \sim 2.1$;

$\quad K_{opd}$ ——运营期总安全系数控制值,一般不小于 $3.0 \sim 3.6$;

$\quad u_d$ ——隧道的预留变形量。

根据以上计算,可以分别校核支护结构总安全系数和变形是否满足要求,如果不满足要求,需要重新拟定支护参数或者调整喷层的支护时机。

3)情况二:无让压锚杆(索)不能适应围岩变形时的计算

当 $u_p < \Delta u_0$,即当无让压锚杆(索)通过自身的伸长量小于围岩变形时,锚杆(索)可能发生断裂或锚固失效,其设计过程应分为以下三种:

（1）及时施作喷层等内支撑控制变形

施作喷层后，受制于喷射混凝土材料的变形能力，其喷层结构允许变形值较小，因此应在变形末期施作，在满足安全系数要求的前提下可以起到控制围岩变形的作用。

在锚杆（索）参数确定后，需要计算确定喷层的支护时机 P_x、喷层的支护参数 C_1 和二次衬砌的支护参数 C_2，以满足锚索实际变形小于锚索的可变形能力，且支护结构总安全系数和总变形均满足设计要求，即：

$$\frac{P_p - P_x}{AE} \cdot l \geq \int_0^t u(t)\,dt \tag{8-11}$$

由式（8-11）可知，隧道围岩条件、锚杆（索）参数、喷层的支护参数、喷层的支护时机等对支护的安全性和经济性具有耦合影响作用，在锚杆（索）支护参数确定后，最经济的支护手段应为调整喷层的参数与支护时机，在变形稳定阶段使锚杆（索）变形达到承载能力设计值 P_p，以充分发挥锚杆（索）的支护能力。

支护结构总安全系数与位移计算过程同情况一，进一步校核支护结构总安全系数和变形是否满足要求，如果不满足要求，需要重新拟定支护参数或者调整喷层的支护时机。

（2）采用让压锚杆（索）以适应变形

当所需喷层等内支撑刚度较大难以实施时，可以采用让压锚杆（索）支护，即该支护模式下，洞壁围岩允许径向位移在利用索体材料自身延伸基础上增加了支护体系让压量。

设计时，需要确定锚杆（索）让压设定值 P_r、让压允许位移值 u_r。一般情况下喷层应在预应力锚杆（索）达到让压阶段后施作，此时锚杆（索）让压装置的滑移量记为 u_x，喷层的刚度记为 C_1。通过设计需满足锚杆（索）实际变形量小于锚杆（索）的可变形量（含让压量），同时支护结构总安全系数和总变形满足设计要求。

根据第 5.3 节，其支护全过程分为五个阶段：①预应力施加前阶段、②仅预应力作用阶段、③预应力施加完成至达到让压值阶段、④锚杆（索）开始让压至喷层施工前阶段、⑤与喷层二次衬砌共同承载阶段，如图 8-6 所示，阶段②～⑤，锚杆（索）为锚岩承载拱提供的 σ_{31} 分别为 σ_{311}、σ_{31r}、σ_{312}、σ_{313}，产生的变形分别为 u_{11}、u_{1r}、u_x、u_{13}。

$$\sigma_{311} = \frac{P_0}{2 \cdot b \cdot s}, u_{11} = 0 \qquad (8\text{-}12)$$

$$\sigma_{31r} = \frac{P_r - P_0}{2 \cdot b \cdot s}, u_{1r} = \frac{P_r - P_0}{AE} \cdot l \qquad (8\text{-}13)$$

$$\sigma_{312} = 0 \qquad (8\text{-}14)$$

$$\sigma_{313} = \frac{P_p - P_r}{2 \cdot b \cdot s}, u_{13} = u_2 = \int_0^t u(t)\,\mathrm{d}t \qquad (8\text{-}15)$$

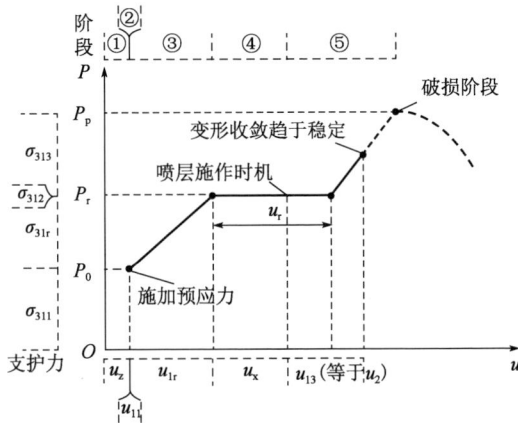

图8-6　预应力让压锚杆(索)支护体系变形全过程示意图

通过前述章节可以分别计算各阶段的总安全系数,由于$\sigma_{312} = 0$,因此阶段④对总安全系数无贡献,取为0,因此安全系数表达式与式(5-16)、式(5-17)相同,设计需要满足以下条件:

$$\Delta u_0 \leqslant u_p + u_r \qquad (8\text{-}16)$$

$$K_c = K_{11} + K_{12} + \eta K_{13} + K_2 > K_{cd} \qquad (8\text{-}17)$$

$$K_{op} = K_{11} + K_{12} + \eta_y K_{13} + \xi K_2 + K_3 > K_{opd} \qquad (8\text{-}18)$$

$$u_c = u_z + u_{11} + u_{1r} + u_x + u_2 \leqslant u_d \qquad (8\text{-}19)$$

根据以上计算,可以分别校核支护结构总安全系数和变形是否满足要求,如果不满足要求,需要重新拟定支护参数或支护时机。

(3)让压锚杆(索)仍无法适应变形时,需及时施作喷层等内支撑控制变形

采用让压锚杆(索)仍无法满足位移适应要求时,即$u_r < \Delta u_0 - u_p$,需采用

喷射混凝土及时支护，并控制总位移。

在锚索参数确定后，需要计算确定喷层的支护时机 u_x、喷层的支护参数 C_1 和二次衬砌的支护参数 C_2，以满足锚索实际变形小于锚索的可变形能力，且支护结构总安全系数和总变形满足设计要求，即：

$$\frac{P_p - P_r}{AE} \cdot l + u_r - u_x \geqslant u_2 = \int_0^t u\,(t)\mathrm{d}t \qquad (8-20)$$

$$K_c = K_{11} + K_{12} + \eta K_{13} + K_2 > K_{cd} \qquad (8-21)$$

$$K_{op} = K_{11} + K_{12} + \eta_y K_{13} + \xi K_2 + K_3 > K_{opd} \qquad (8-22)$$

$$u_c = u_z + u_{11} + u_{1r} + u_x + u_2 \leqslant u_d \qquad (8-23)$$

同理，在锚索参数确定后，最合理的支护是充分发挥锚杆（索）的能力，在变形稳定阶段使锚杆（索）变形达到承载能力设计值 P_p。

根据以上计算，可以分别校核支护结构总安全系数和变形是否满足要求，如果不满足要求，需要重新拟定支护参数或支护时机。

8.4　支护"强度-变形-时机"一体化设计方法的设计案例分析

高地应力软岩大变形隧道对支护结构的承载能力、围岩-支护结构变形协调控制的要求极为严格，易因围岩-支护变形控制不协调而出现结构破坏。本节以宜兴高速铁路兴山东隧道软岩大变形段为例，对支护"强度-变形-时机"一体化设计方法的应用进行介绍。

8.4.1　兴山东隧道大变形段支护结构设计

1）兴山东隧道工程概况

兴山东隧道为设计时速 350km 的单洞双线铁路隧道，全长 16.88km，最大埋深约 1256m，兴山东隧道洞身如图 8-7 所示。

洞身在高地应力区三次穿越含炭质页岩地层，三段长度分别为 300m、875m 和 300m，合计长度约 1475m。

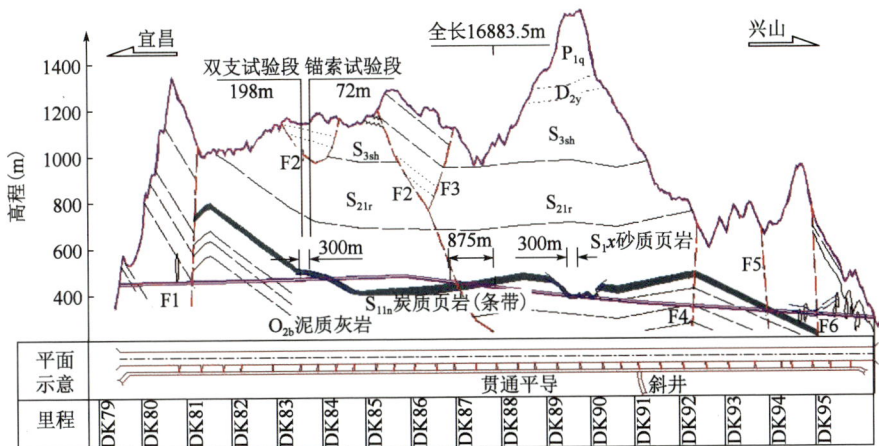

图8-7 兴山东隧道洞身示意图

隧址区穿越志留系下统龙马溪组含炭质页岩地层,上覆志留系新滩组(S_1x)砂质页岩、黑色页岩及泥质粉砂岩,下部与奥陶系宝塔组(O_2b)泥质灰岩整合接触。志留系龙马溪组(S_1ln)岩性主要为含炭质页岩,层厚15~25m,呈不等厚互层叠覆,岩层呈灰黑色,层理发育,薄层状构造,局部中厚层状,岩层向西缓倾,掌子面岩层视倾角多为10°~30°,局部近水平,受构造影响,岩体较破碎~破碎。含炭质页岩单轴饱和抗压强度4.1~33.1MPa,单轴饱和抗压强度标准值10.06MPa,属软岩。

三次穿越含炭质页岩层区段地应力分布见表8-1,根据强度应力比,穿越含炭质页岩地层段会发生软岩大变形。

深孔地应力测试情况统计表   表8-1

序号	孔号	位置	埋深(m)	σ_H(MPa)	σ_h(MPa)	σ_z(MPa)
1	兴深4	DK83+847	700	19.8	14.52	17.36
2	兴深7	DK87+409	550	21.52	15.25	14.41
3	兴深8	DK88+479	785	20.34	16.06	20.57
	兴深9	DK90+574	830	22.60	17.19	21.75

根据开挖揭示掌子面围岩特征,结合岩石试验,岩体的物理力学参数可通

过 Hoek-Brown 准则换算。此外,在隧道变形计算中,岩体变形模量是基础参数之一。通过已施工段围岩压力和变形监测,反演得到大变形段围岩的变形模量。同时,根据第 2.2.2 节内容,计算炭质页岩和砂质页岩单轴受压条件下的极限剪应变 ε_f 以及低围压约束状态下极限剪应变增量与围压的线性关系 k_ε,含炭质页岩和砂质页岩围岩的物理力学参数见表 8-2。

基于 Hoek-Brown 准则的岩体力学参数取值表   表 8-2

岩石	重度 γ (kN/m³)	黏聚力 c (MPa)	内摩擦角 φ (°)	变形模量 E (GPa)	极限应变 ε_f (‰)	线性关系 k_ε
炭质页岩	23.0	0.047	29.55	3.6	5.13	61.89
砂质页岩	23.5	0.46	27.12	4.5	7.98	8.89

建立软岩大变形段有限元平面应变模型,围岩采用弹塑性本构模型,破坏准则采用 Mohr-Coulomb 准则;模型中含炭质页岩地层呈水平分布,层厚 25m,上覆地层为砂质页岩,下卧地层为泥质灰岩,隧道从含炭质页岩地层穿越,隧道埋深 800m,模型周边施加应力边界;隧道开挖后,不断调整支护力,当顶部支护力等于 745kPa 时,围岩破坏区分布如图 8-8 所示,支护力与破坏区等效自重荷载处于极限平衡状态,因此可得最小支护力 p_{imin}=745kPa。

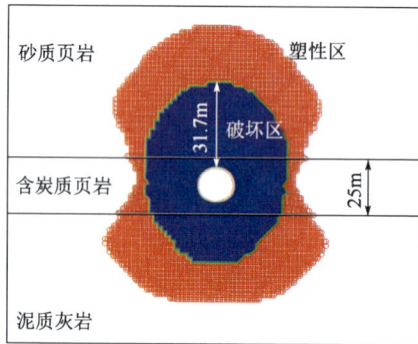

图 8-8 最小支护力极限平衡状态破坏区分布

同时可以得到含炭质页岩区段典型断面的支护力-围岩变形曲线,如图 8-9 所示,支护力小于最小支护力 p_{imin} 时,围岩将发生垮塌。

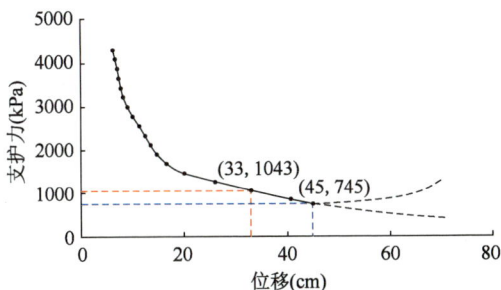

图8-9 典型断面支护-变形曲线

2)三种支护方式的设计参数与安全系数

针对刚性支护、让压支护和预应力支护三种支护方式,分别设计出相应的支护方案。

刚性支护:通过加大支护结构的刚度及强度来抵抗围岩压力,从而将围岩变形控制在一定范围内。

让压支护:允许围岩先产生一定量的变形,充分发挥围岩的自承载能力,降低作用于支护结构上的围岩压力,从而降低对支护结构强度的要求。

预应力支护:采用高强预应力长锚索,依靠锚岩承载拱和喷层进行协同承载。

(1)刚性支护方案

该支护方案包括系统锚杆和三层喷射混凝土(含钢架),如图8-10所示。

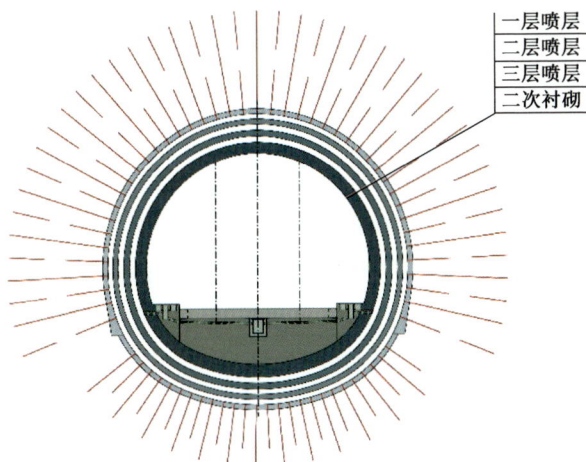

图8-10 刚性支护方案(三层喷层)

①支护参数

刚性支护需要分层施作,支护参数见表8-3,第一层喷层破损后,施加第二层喷层,与破损的第一层喷层共同承载,在第二层喷层破坏前施加第三层喷层,三层喷层共同承载。

刚性支护方案(三层喷层)设计参数

表8-3

预留变形量(cm)	一层喷层C30喷射混凝土		二层喷层C30喷射混凝土		三层喷层C30喷射混凝土		ϕ8mm钢筋网		锚杆		钢架			二次衬砌	
	设置部位	厚度(cm)	设置部位	厚度(cm)	设置部位	厚度(cm)	设置部位	网格间距(cm×cm)	设置部位	间距(环×纵)(m×m)	长度(m)	规格(mm)	位置	间距(m)	拱墙(cm)	仰拱(cm)
60	全环	30	全环	30	全环	30	拱墙	20×20	全环	1.0×1.0	6	HW250型钢	三层全环	0.6	厚度65,ϕ25mm@200mm	厚度75,ϕ25mm@200mm

②结构安全系数分析与变形协调控制

采用加强支护的方式抵抗大变形,支护结构可变形能力差,先期施工的支护结构难以避免发生破损,通过结构破损来释放围岩变形,是一种功效低、风险高、不经济的设计方案。

支护施作前,围岩变形量按$u_z \approx 50$mm计。施作第一层喷层和锚杆,由于其可变形能力小,需要承担较大的荷载,且完整状态下的极限允许变形值不大于60mm,此时围岩压力较大(大于3MPa),支护承载能力不足,将不可避免地发生破损、变形。

对第一层喷层局部破损区域进行拆换,由于拆换工序烦琐,时间较长,围岩变形继续增加(变形增量按照100mm计)。拆换后施作第二层喷层,一、二层喷层共同承载,根据第4章方法得到的围岩压力设计值为1350kPa,考虑第一层喷层破损情况下(承载能力折减至50%,下同),双层喷层的安全系数为1.74,第二层喷层产生变形增量50mm,累加支护前产生的变形(u_z),累计变形量u_{c2}=260mm。

继续施加第三层喷层,根据第4章方法得到的围岩压力设计值为1200kPa,考虑第一层、第二层喷层破损的情况下,三层喷层总安全系数为1.99,第三层喷层的变形增量为40mm,累计变形量u_{c3}=300mm。

此时,在三层喷层分层施作、拆换、变形条件下,实现了支护承载和变形协调控制,安全系数计算结果见表8-4。该方案支护结构反复开裂破损,拆换风险高,造价高,因此不予推荐。

刚性支护方案(三层喷层)安全系数计算值 表8-4

锚岩承载拱				喷层			二次衬砌	初期支护			结构(总)
K_{1-1c}	K_{1-2c}	K_{1-3}	K_{1op}	K_{2-1}	K_{2-2}	K_{2-3}	K_3	K_{c1}	K_{c2}	K_{c3}	K_{op}
0.37	1.13	1.13	1.13	0.2	0.61	0.86	1.62	0.57	1.74	1.99	3.61

注:K_{1-1c}、K_{1-2c}、K_{1-3c}、K_{1op}分别为锚岩承载拱与一层喷层、双层喷层、三层喷层、喷层+二次衬砌联合承载时的安全系数;K_{2-1}、K_{2-2}分别为一层喷层、二层喷层、三层喷层安全系数;K_{c1}、K_{c2}、K_{c3}分别为一层、二层、三层喷层施作后的初期支护安全系数。

(2)让压支护方案

该方案包括系统锚杆和双层喷射混凝土,并在第一层喷射混凝土内设置可缩接头。

①支护参数

为提高支护的可变形能力,在第一层喷层中的钢架内设置可缩接头,允许其在一定范围内以小刚度变形降低围岩压力。

可缩接头设置于拱顶及左右30°、60°拱肩处,共计5组,可缩接头采用三排φ108mm钢管(壁厚8mm)+四层隔层钢板叠合焊接形成,可缩接头沿隧道纵向贯通设置,如图8-11所示,单个可缩接头允许变形值250mm,经过压缩试验可得可缩接头的恒阻应力为2.33MPa,设计参数见表8-5。

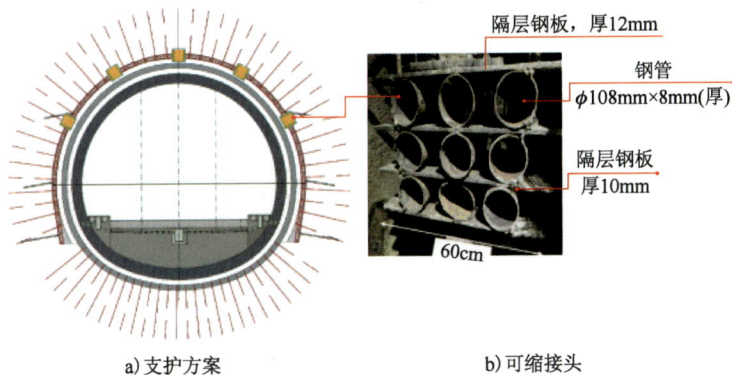

a)支护方案　　　　　b)可缩接头

图8-11 让压支护方案(双层喷层+可缩钢架)

让压支护方案(双层喷层+可缩钢架)设计参数　　　　表8-5

预留变形量(cm)	一层喷层C30喷射混凝土		二层喷层C30喷射混凝土		φ8mm钢筋网		锚杆			钢架			二次衬砌	
	设置部位	厚度(cm)	设置部位	厚度(cm)	部位	网格间距(cm×cm)	设置部位	间距(环×纵)(m×m)	长度(m)	部位	规格(mm)	间距(m)	可缩接头	拱墙(cm)	仰拱(cm)
75	仰拱	—	仰拱	25	双层拱墙	20×20	拱部	1.2×1.2	4.5	一层拱墙	I22b	0.6	拱顶、左右30°、60°拱肩	厚度65,φ25mm@200mm	厚度75,φ25mm@200mm
	拱墙	30	拱墙	25			边墙/仰拱	1.2×1.2	4.5	二层全环	I22b	0.6			

②支护时机和安全控制要求

采用短台阶法施工,台阶长度不大于10m;锚杆在可缩钢架变形超过100mm但未完全压实前施作,距离掌子面7~10m;当可缩钢架变形达到200mm,或第一层喷层最大沉降或单边变形达到250~300mm时,施作拱墙部的第二层喷层,第二层喷层施作前需要将可缩接头进行填充和封堵,第二层喷层距离掌子面宜控制在30m左右。仰拱封闭时机距拱墙支护完成时间的间隔不小于1个月,以充分释放隧底围岩变形。

③结构安全系数分析与变形协调控制

由于具有已施工段的工程经验,为实现较为经济的支护设计,K_f取1.4,围岩压力设计值$q = 1043kPa$,侧压力系数按水平地应力系数取值,$\lambda = 1.2$。采用总安全系数法对该方案各阶段的安全系数进行计算,结果见表8-6。

让压支护方案(双层喷层+可缩钢架)安全系数计算值　　　　表8-6

锚岩承载拱			喷层		二次衬砌	初期支护		结构(总)
K_{1-1c}	K_{1-2c}	K_{1op}	K_{2-1}	K_{2-2}	K_3	K_{c1}	K_{c2}	K_{op}
0.81	0.95	1.56	0.57	0.93	1.82	1.38	1.88	4.31

注:K_{1-1c}、K_{1-2c}、K_{1op}分别为锚岩承载拱与一层喷层、双层喷层、双层喷层+二次衬砌联合承载时的安全系数,由于第一层喷层设置了让压装置,因此锚岩承载拱折减系数$\eta = 1.0$;K_{2-1}、K_{2-2}分别为第一层喷层、第二层喷层施工后的初期支护安全系数。

由表8-6可知,第一层喷层+锚岩承载拱安全系数为1.38,可以维持围岩基本稳定,但小于设计安全系数(1.8～2.1)的要求;施作第二层喷层后,初期支护安全系数为1.88,满足设计要求。运营期总安全系数为4.31,满足要求。

在变形协调控制方面,第一层喷层设置5组可缩接头,结合仰拱封闭时间相对滞后,计算可得第一层喷层的总让压量为350mm,累加支护前产生的变形($u_z \approx 50mm$),第一层喷层的合计变形为400mm,满足330mm(u_q)≤ u_c ≤ 450mm(u_{pimin})的要求。此外,由于该方案采用全长黏结型锚杆,注浆后锚杆的可变形能力较差,因此施工中要求锚杆滞后,以避免锚杆锚固失效。

(3)预应力支护方案

该方案包括长短预应力锚索和一层喷射混凝土(含钢架),如图8-12所示。

①支护参数

采用预应力锚索主动加固围岩,支护参数见表8-7。锚索采用ϕ29mm($7 \times \phi$8mm钢绞线)高强预应力中空注浆锚索,钢绞线强度为1860MPa,中空注浆管外壁13mm,壁厚1.5mm。采用10.3m长锚索与6.3m短

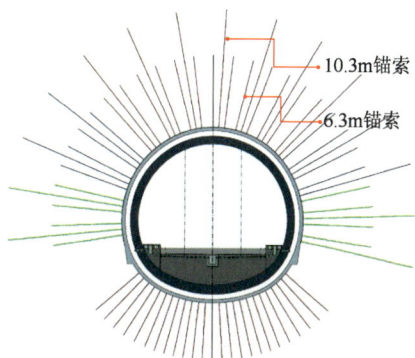

图8-12 预应力支护方案(长短锚索)

锚索交错布置。锚索施加预应力250kN,采用前锚后注方式进行锚固,前端锚固采用树脂锚固剂,锚固长度不小于1.5m,锚固力不小于500kN。后端注普通硅酸盐水泥浆液,滞后掌子面25m,水灰比为1:0.35～0.4。

预应力支护方案(长短锚索)设计参数 表8-7

预留变形量(cm)	1×7-29mm-1860MPa 预应力锚索				钢带		C30喷射混凝土		ϕ8mm钢筋网			钢架		二次衬砌	
	设置部位	(环×纵)(m×m)	长度(m)	预应力(kN)	型号	长度(m)	设置部位	厚度(cm)	设置部位	网格间距(cm×cm)	规格(mm)	位置	间距(m)	拱墙(cm)	仰拱(cm)
45	拱墙	2.0×1.2	10.3	250	WD-255	3.3	仰拱	30	拱墙	20×20	I22b型钢	全环	0.6	厚度70,ϕ28mm@200mm	厚度80,ϕ25mm@200mm
		1.0×1.2	6.3				拱墙	30							

注:WD-255的尺寸为$t = 2.5mm$,$H = 42mm$。

②支护时机和安全控制要求

隧道采用三台阶法施工,台阶总长度不大于15m;开挖进尺1.2m,依次施作锚索、钢筋网、钢带,并施加预应力,架设钢架(I22b@0.6m),喷射混凝土至22cm厚。仰拱开挖滞后掌子面40~50m,在仰拱开挖封闭前拱墙部位复喷混凝土。

需要说明的是,由于喷层与钢架可变形能力差,应相对滞后于掌子面施工,但考虑当前以小型机械化(人工)为主的锚索施工现状,喷层和钢架紧跟掌子面。

③结构安全系数分析与变形协调控制

由于具有已施工段的工程经验,为实现较为经济的支护设计,K_f取1.4,围岩压力设计值$q = 1043$kPa,侧压力系数按水平地应力系数取值,$\lambda = 1.2$。采用总安全系数法对该方案各阶段的安全系数进行计算,结果见表8-8。

预应力支护方案(长短锚索)安全系数计算值　　　　表8-8

锚-岩承载拱			喷层		二次衬砌	初期支护		结构(总)
K_{1-1c}	K_{1-2c}	K_{1op}	K_{2-1}	K_{2-2}	K_3	K_{c1}	K_{c2}	K_{op}
1.4	1.46	2.64	0.44	0.54	1.95	1.84	2.00	5.11

注:K_{1-1c}为锚岩承载拱与22cm喷射混凝土(含钢架)联合承载时的安全系数,K_{1-2c}为锚岩承载拱与30cm喷层(含钢架)联合承载时的安全系数;K_{2-1}、K_{2-2}分别为22cm与30cm厚喷层的安全系数。

由表8-8可知,预应力支护方案,在喷层(含钢架)厚度为22cm时,喷锚支护安全系数为1.84;复喷混凝土至设计厚度时,喷锚支护安全系数为2.0,均满足设计要求。运营期总安全系数5.11,满足设计要求。

在变形协调控制方面,本项目中,锚索为主要承载结构,因此支护结构总变形量主要取决于锚索的变形。

锚索在施加预应力后剩余的允许变形能力u_{c1}可按式(8-24)计算。如果锚索设置了让压或恒阻变形量,则允许变形能力应增加该部分量值。

$$u_{c1} = \delta l - \frac{P_0 l}{AE} + \Delta \qquad (8-24)$$

式中:P_0——锚索预应力设计值;

A、E、l——锚索的截面面积、弹性模量、长度;

δ——锚索的极限伸长率,一般取3.5%;

Δ——锚索设置的让压量。

锚索不设置让压装置,锚索的可变形能力为u_{c1}=324mm。由此可得,预应力支护方案的支护结构可变形量u_c = 374mm,满足330mm(u_q) ≤ u_c ≤ 450mm(u_{pimin})的要求。

在各支护构件变形能力方面,锚索变形量满足要求;但由于喷层、钢架紧跟掌子面,根据喷层与锚岩承载拱荷载分担并建立"变结构/变刚度/增量法"变形分析模型,计算得到喷层与钢架的可变形能力u_{c2}=60mm,将出现破损,破损后的喷射混凝土需要清除,补充钢筋网片并复喷混凝土。

8.4.2 兴山东隧道大变形段支护结构现场试验

在DK83+095 ~ DK83+293共计198m开展让压支护方案(双层喷层+可缩钢架)的现场试验,在DK83+293 ~ DK83+365合计72m开展了预应力支护方案(长短锚索)的现场试验,并针对性开展了支护体系的受力和变形监测。试验段典型地质横断面如图8-13所示。

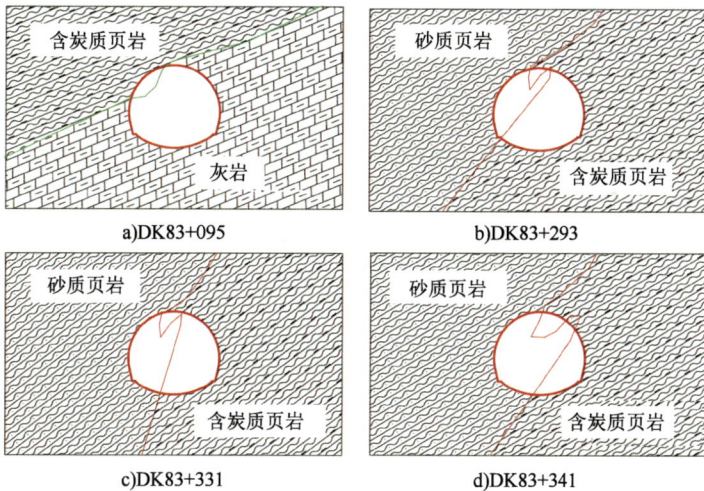

图8-13 试验段典型地质横断面

1)让压支护方案(双层喷层+可缩钢架)

(1)支护体系受力和变形监测分析

①监测方案

该方案监测主要包括第一层喷层围岩压力、第一层喷射混凝土应变、钢架应变、第一层与第二层喷层之间的接触压力、第二层喷射混凝土应变、钢架应变等6项内容,每项测试在左右边墙、左右拱腰、左右拱脚、拱顶以及仰拱处布置8个点位。

②接触压力分析

正洞DK83+173.2断面的围岩接触压力分布与时程曲线如图8-14所示。

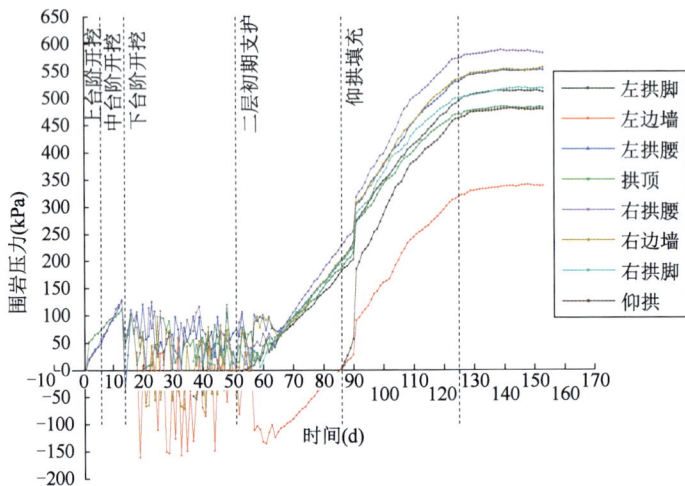

图8-14　围岩接触压力分布与时程曲线

由于可缩钢架恒阻让压作用,第一层喷层与围岩接触压力波动区间为50~125kPa;在第二层喷层施作10d后,围岩与第一层喷层接触压力迅速增加,主要是由于第二层喷层施作后,支护刚度增大,抑制了围岩变形;在125d后(距离掌子面约145m),围岩压力趋于稳定,如图8-15所示,第一层喷层与围岩接触压力最大值为587.16kPa(右拱腰),最小值为338.57kPa(左边墙)。

第一层和第二层喷层之间的接触压力分布与时程曲线如图8-16所示,接触压力稳定后分布如图8-17所示。第二层喷层施作后,接触压力逐渐增大,85d(距离掌子面约100m)后趋于稳定,接触压力最大值598.45kPa(右边墙)。

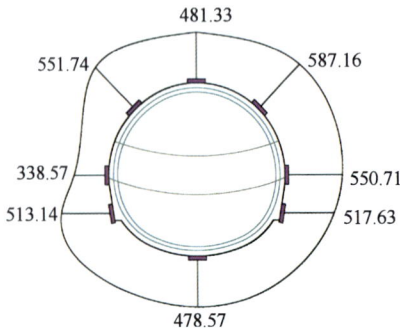

图8-15　第一层喷层与围岩接触压力分布图
（单位:kPa）

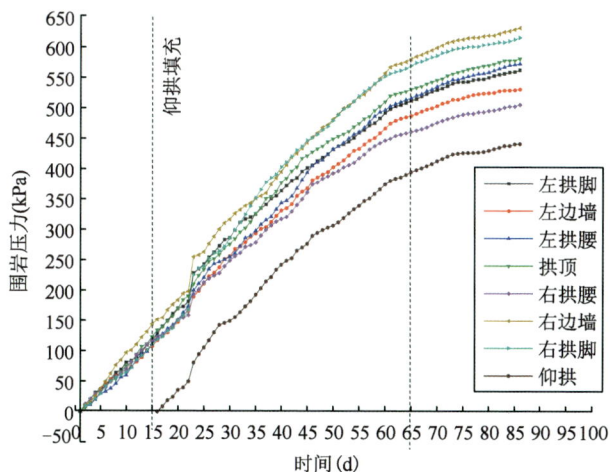

图8-16 第一、二层喷层之间接触压力分布与时程曲线

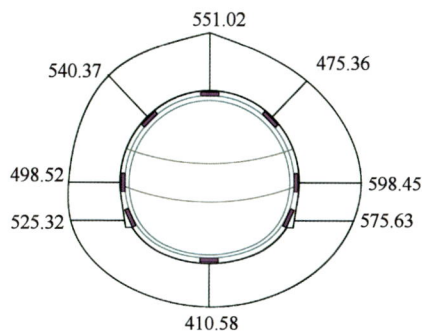

图8-17 第一、二层喷层之间接触压力分布图

第一层喷层与围岩接触压力、一二层喷层接触压力在稳定后分布形态基本一致,数值约为围岩压力设计值的50%。

③第一、二层钢架应力分析

第一层钢架内外侧应力时程曲线如图8-18和图8-19所示。

第一层喷层由于让压作用,钢架应力范围为−30~20MPa。第二层喷层施作后,各监测点钢架应力明显增加;125d(距离掌子面约145m)后,各部位钢架应力趋于稳定。其中,外侧应力最大值为172.52MPa(右拱脚),最小值为13.63MPa(右拱腰)。内侧应力最大值为179.45MPa(右拱脚),最小值为14.08MPa(拱顶);第二层喷层钢架内外侧应力时程曲线如图8-20

和图 8-21 所示。第二层钢架施作 65d 后应力趋于平稳，应力最大为 172.27MPa
（右拱脚）。

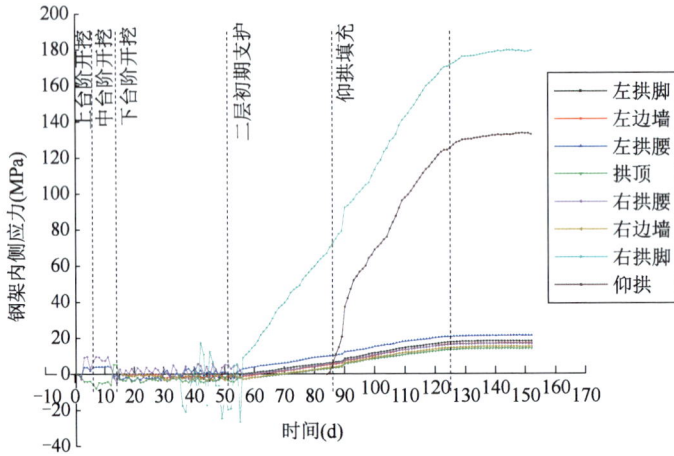

图 8-18　第一层钢架应力时程曲线（内侧）

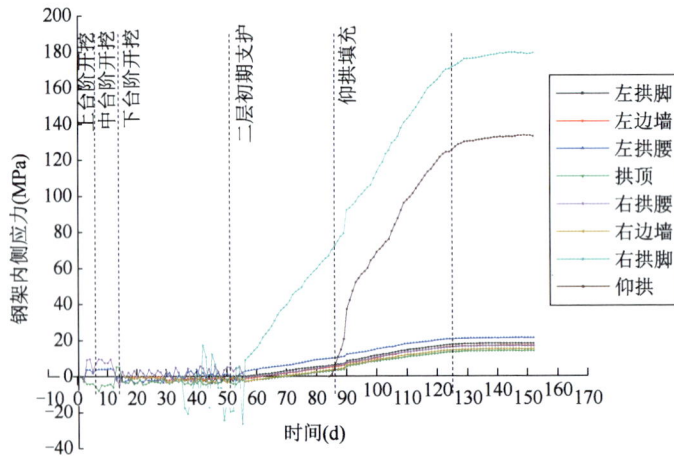

图 8-19　第一层钢架应力时程曲线（外侧）

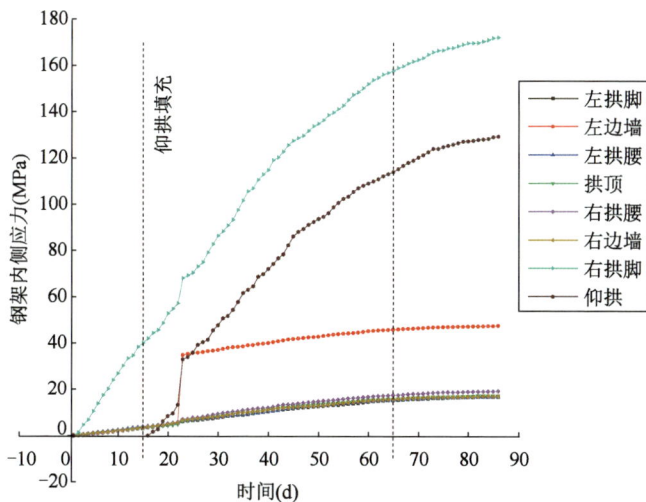

图8-20　第二层钢架应力时程曲线（内侧）

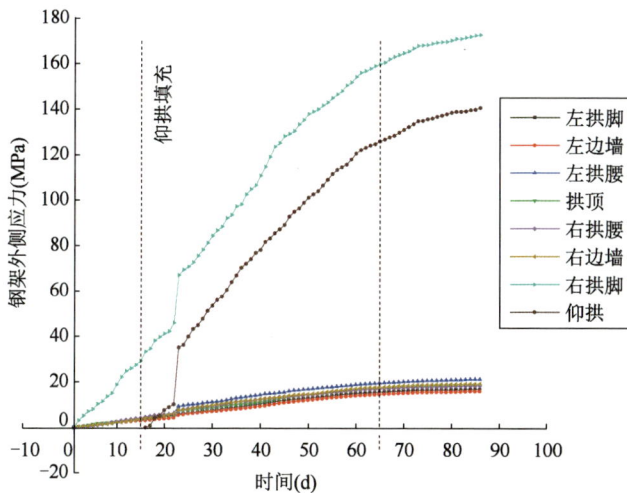

图8-21　第二层钢架应力时程曲线（外侧）

④第一、二层喷射混凝土应力分析

第一层喷射混凝土应力时程曲线如图8-22和图8-23所示。

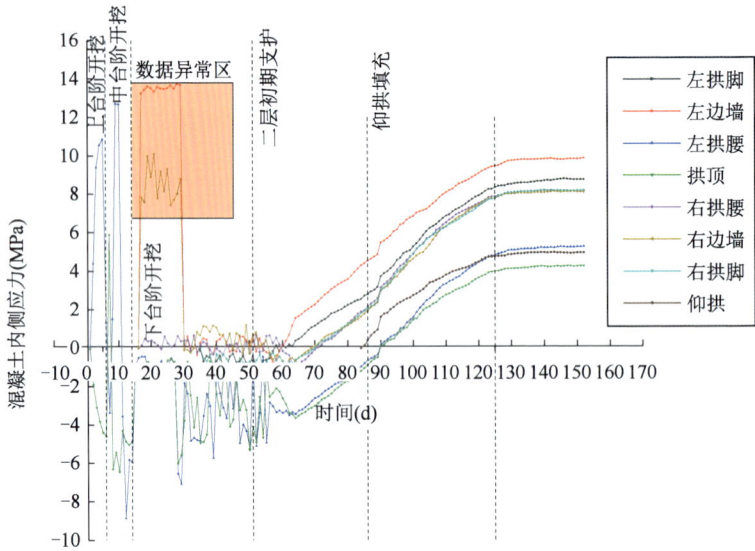

图8-22　第一层喷射混凝土内侧应力时程曲线

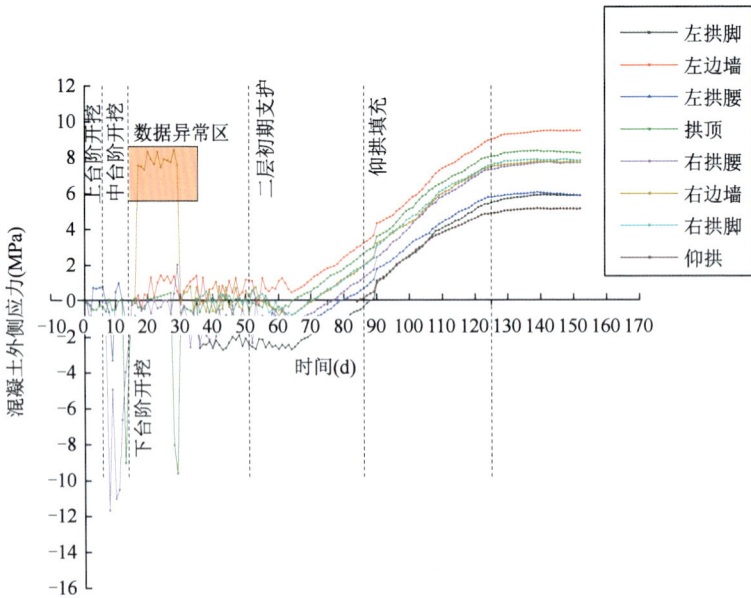

图8-23　第一层喷射混凝土外侧应力时程曲线

　　第一层喷射混凝土在第二层喷射混凝土施作前受力较小,第二层喷层施作约12d后,喷射混凝土应力缓慢增长;内外侧应力在125d左右趋于稳定,其中外侧最大应力为9.51MPa(左边墙),最小应力为5.17MPa(仰拱);内侧应力最大为9.91MPa(左边墙),最小应力为4.98MPa(仰拱)。第二层喷射混凝土内外侧应力时程曲线如图8-24和图8-25所示。第二层喷射混凝土应力在施作65d后趋于稳定,压应力最大值为14.76MPa(左拱腰)。

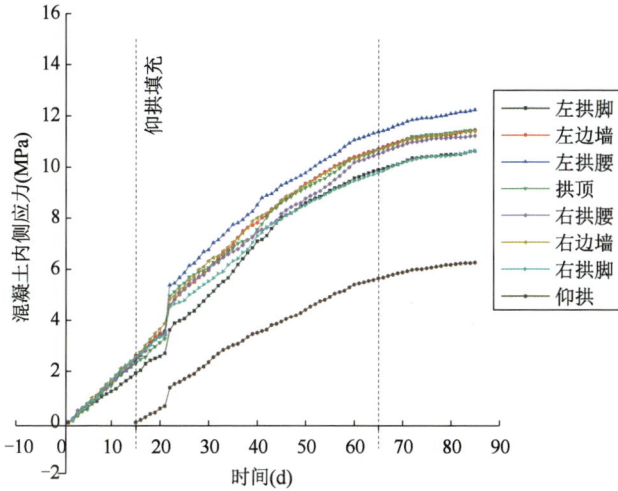

图8-24　第二层喷射混凝土内侧应力时程曲线

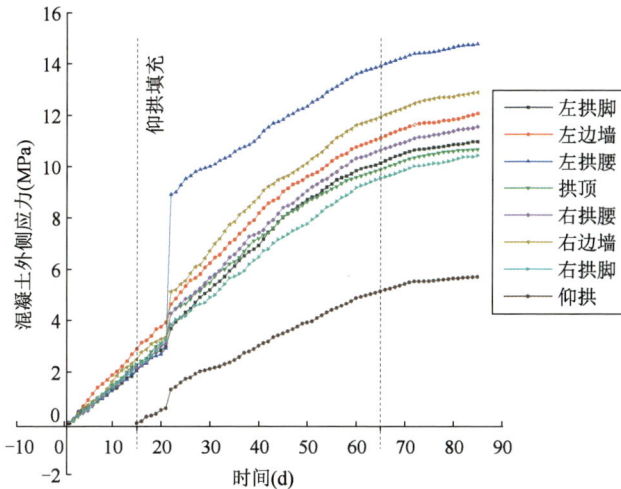

图8-25　第二层喷射混凝土外侧应力时程曲线

⑤可缩接头变形分析

可缩接头实现了让压功能,变形量在 $10\sim20cm$ 之间,整体呈现均匀压缩,局部存在挠曲现象,如图 8-26 所示。

施工方向
←

图 8-26　可缩接头变形

⑥隧道变形分析

围岩累计变形数据如图 8-27 所示,拱顶下沉与边墙收敛(双侧)随着台阶开挖、支护施作逐渐增大。一层喷层单侧变形量约 275mm 时施作了二层初期支护,变形量小于一层喷层的允许变形量 350mm,因此判定第二层喷层的支护时机是合适的。第二层喷层施作后,变形快速收敛,第二层喷层变形仅 25mm,小于其允许变形量 60mm。一层初期支护距掌子面 80d,围岩各监测点变形均趋于稳定,拱顶围岩累计沉降 90.8mm,边墙单侧收敛约 300mm,累加支护前产生的变形($u_z\approx50mm$),合计变形为 350mm,满足 $330mm(u_q)\leqslant u_c\leqslant450mm(u_{pimin})$ 的要求,与设计相符。

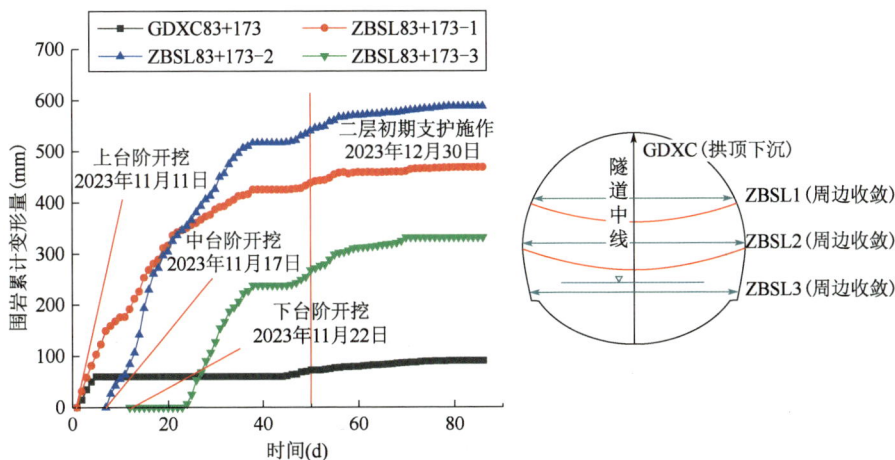

图 8-27 围岩累计变形数据

（2）小结

通过对监测断面数据分析可知，第一层喷层内的可缩接头通过压缩变形实现了让压支护功能，喷射混凝土和钢架均未发生破损；第二层喷层施作后，变形快速收敛，抑制了围岩的进一步变形与破坏；按总安全系数法设计的让压支护方案的安全性和变形均满足设计要求，实现了对软岩大变形的控制。

2）预应力支护方案（长短锚索）

（1）支护体系受力和变形监测分析

①试验方案

预应力锚索支护方案监测内容主要包括锚索受力监测、钢架内外侧应力监测、围岩深部变形量监测。

②锚索受力分析

DK83+331 监测断面锚索轴力时程曲线如图 8-28 所示。结果表明，锚索施作预应力后，锚索轴力随着围岩变形逐渐增加，在 30d（距离掌子面约 30m）后基本维持稳定，最大轴力为 310kN。

③钢架应力分析

DK83+331 监测断面钢架内外侧应力时程曲线如图 8-29 和图 8-30 所示。由图可知，钢架最大应力为 38MPa，且在 30d 后应力达到稳定状态。

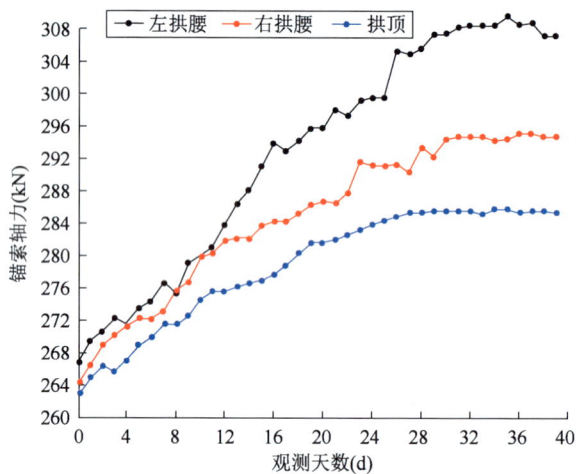

图 8-28　锚索轴力时程曲线

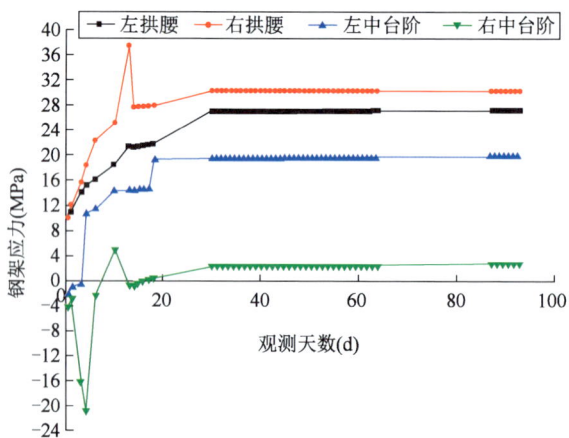

图 8-29　钢架应力时程曲线(内侧)

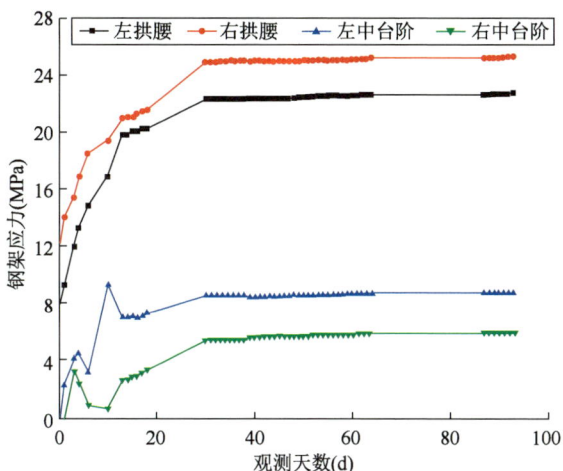

图 8-30　钢架应力时程曲线(外侧)

④围岩变形分析

围岩累计变形如图 8-31 所示,在 45d(距离掌子面约 45m)后,围岩各监测点变形均趋于稳定,拱顶围岩累计沉降 117mm,边墙收敛平均值为 372mm(双侧,单侧平均 186mm),小于锚索的允许变形量 324mm,锚索构件是安全的,但大于喷层和钢架的允许变形量,喷层顶部出现了局部破损,如图 8-32 所示;累加支护前产生的变形($u_z \approx 50mm$),合计变形为 235.5mm,略小于 u_q,其原因是实际揭示的地层情况以砂质页岩为主,因此变形值小于计算值。

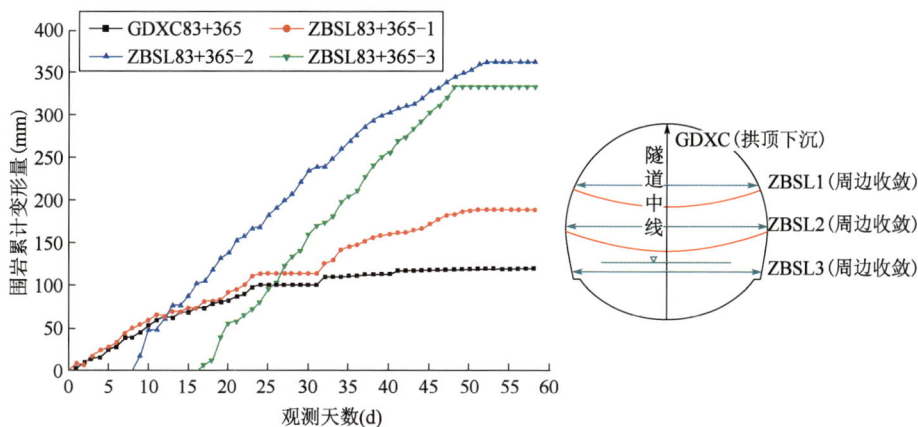

图 8-31　围岩累计变形

图 8-32　喷射混凝土顶部局部破损

（2）小结

通过对监测断面数据分析可知,预应力锚索与围岩共同变形实现了"让抗结合"和"以锚为主"的设计意图,隧道的单侧变形量控制在250mm以内,钢架未出现受压屈服。但拱部喷层出现了局部剥落、掉块,局部清除补强后不会对整体结构承载产生影响。按总安全系数法设计的预应力锚索支护方案的安全性和变形均满足设计要求,实现了对软岩大变形的控制。

需要说明的是,现场监测的锚索变形量达到372mm(双侧收敛值),但锚索轴力相对初始施加的预应力未显著增加,分析其原因主要为锚索垫板与围岩之间存在施工间隙施加的、围岩相对软弱致使锚固能力不足。

第9章

基于总安全系数法的高速铁路
双线隧道支护参数研究

我国高速铁路隧道采用复合式衬砌。根据总安全系数法,在满足相同安全系数的前提下可以有多种支护结构方案。由于各方案采用的支护构件不同,在经济性、可实施性、耐久性等方面也会不同,不同支护结构方案的适用性与可行性也会存在差异。本章以我国350km/h高速铁路双线隧道为例,采用总安全系数法对不同围岩条件的初期支护分别采用无系统锚杆、以锚为主、锚喷组合三种支护结构的适用性进行了研究,对二次衬砌的承载能力进行了计算,对支护参数优化方案及优化前后的安全性进行了分析,并对Q法支护参数应用于我国高速铁路隧道时的安全性进行了研究,最后对总安全系数法在围岩压力、安全系数、隧道变形等方面的计算结果与现场实测数据进行了对比。

9.1 不同支护结构形式的适用性研究

9.1.1 概述

1)主要研究的支护结构形式

如5.2.6节所述,初期支护方案可以有以下三种:

支护方案一:无系统锚杆支护结构,即初期支护主要由喷层组成,不设置系统锚杆,仅设置局部锚杆防止掉块。

支护方案二:以锚为主支护结构,即围岩压力全部由系统锚杆承担,锚杆之间的局部荷载由薄的喷层承担。

支护方案三:锚喷组合支护结构,即初期支护由喷层和系统锚杆共同组成。

如1.2.4节所述,对于隧道支护结构设计,目前世界上有四种设计理念,不同设计理念对各分层结构的安全系数要求不同。

第一种理念:初期支护作为承载主体,二次衬砌仅作为安全储备或仅承受不大的荷载。

第二种理念:初期支护作为临时结构,只需要满足施工期间的安全,二次衬砌作为承载主体,承受全部的围岩压力。

第三种理念:初期支护和二次衬砌都是承载主体,初期支护和二次衬砌各承担一定比例的围岩压力。

第四种理念:除特殊情况外,一般不需要二次衬砌,完全依靠初期支护承载。

因此,根据不同的初期支护方案和设计理念,对于高速铁路隧道采用的复合式衬砌,初期支护可能采用无系统锚杆支护、以锚为主支护、锚喷结合支护三种支护结构,且这三种支护结构既可能单独作为承载主体,又可能作为临时结构或与二次衬砌共同形成承载主体。当作为承载主体时,初期支护的安全系数不应小于3.0;当作为临时结构时,其安全系数不应小于1.8;当与二次衬砌共同作为承载主体时,其安全系数可取1.8~3.0之间的一个值。

为便于说明,以下仅对初期支护单独作为承载主体或作为临时结构时的适用性进行计算与论证。为节省篇幅,仅对埋深400m和800m两种情况进行分析。另外,由于Ⅱ级围岩支护参数仅满足最低构造要求(喷层厚度5cm,拱部设置局部锚杆),本文不再分析。

2)主要计算参数

(1)支护材料与参数

喷射混凝土:强度等级采用C30,单轴抗压极限强度20MPa,弯曲抗压极限强度22MPa,抗拉极限强度2.2MPa。

钢架:喷层厚度大于20cm时,选用与之匹配的四肢格栅钢架,格栅钢架主筋为ϕ22mmHRB400钢筋,屈服强度为400MPa;当喷层厚度小于20cm时,不设钢架。

锚杆:材质为HRB400,抗拉或抗压计算强度400MPa。

围岩的物理力学参数详见1.5节。

(2)围岩压力设计值

Ⅲ、Ⅳ、Ⅴ级围岩不同埋深时采用的围岩压力设计值见表9-1。

高速铁路双线隧道支护参数研究采用的围岩压力设计值　　表9-1

围岩级别	400m埋深顶部围岩压力设计值 (kPa)	800m埋深顶部围岩压力设计值 (kPa)	侧压力系数
Ⅲ	47	87	0.4
Ⅳ	227	375	0.5
Ⅴ	410	676	0.7

注:Ⅲ、Ⅳ级围岩压力设计值荷载调整系数 k_f 取值1.7~1.2不等;Ⅴ级围岩仅按短区段考虑,因存在空间效应或采用超前注浆,围岩压力设计值按照长区段围岩压力取值的40%计列。

9.1.2　无系统锚杆支护方案(支护方案一)的适用性

1)计算模型

采用5.2.3节的模型二。

2)计算结果

采用无系统锚杆支护方案时,所需要的支护参数及其安全系数计算结果见表9-2。

不同围岩采用无系统锚杆支护方案时的计算结果　　表9-2

结构类型	围岩级别	400m埋深		800m埋深	
		喷层厚度(cm)	安全系数	喷层厚度(cm)	安全系数
主要承载结构	Ⅲ	8	4.61	10	3.16
	Ⅳ	22	3.02	37	3.01
	Ⅴ	42	3.06	64	3.06
临时承载结构	Ⅲ	8	4.61	8	2.54
	Ⅳ	13	1.92	22	1.86
	Ⅴ	25	1.89	40	1.80

注:表中Ⅳ、Ⅴ级围岩考虑钢架作用。

3)支护方案的适用性分析

由表9-2可知:

（1）Ⅲ级围岩采用支护方案一时，如作为承载主体，所需喷层厚度不大，具有适用性和可行性。

（2）Ⅳ级围岩采用支护方案一时，如作为承载主体，400m埋深以内的喷层厚度不大，具有适用性和可行性；而800m埋深所需要喷层厚度达37cm，适用性差，宜作为临时承载结构。

（3）Ⅴ级围岩采用支护方案一时，如作为承载主体，400m、800m埋深时所需喷层厚度分别为42cm和64cm，厚度过大，不经济，宜作为临时承载结构，且800m埋深时即使作为临时承载结构，所需喷层厚度仍过大。

9.1.3 以锚为主支护方案（支护方案三）的适用性

1）计算模型

采用5.2.2节的模型一。

2）计算结果

采用支护方案三时，锚杆直径、长度和间距有多种组合，在喷层厚度取6cm，锚杆间距为1m×1m的条件下，所需要的支护参数及其安全系数计算结果见表9-3。

不同围岩采用以锚为主支护方案时的计算结果 表9-3

结构类型	围岩级别	400m埋深			800m埋深		
		锚杆长度（m）	锚杆直径（mm）	安全系数	锚杆长度（m）	锚杆直径（mm）	安全系数
主要承载结构	Ⅲ	2.0	11	11.9	2.0	11	6.44
	Ⅳ	4.5	28	3.03	5.0	48	3.03
	Ⅴ	11.0	48	3.02	16.0	48	3.06
临时承载结构	Ⅲ	2.0	11	11.9	2.0	11	4.44
	Ⅳ	3.5	22	1.96	4.5	27	1.81
	Ⅴ	6.0	48	1.88	11.0	31	1.82

注：1. 表中锚杆直径为计算所需的直径，并非根据钢筋型号标准进行选择。

　　2. Ⅲ级围岩锚杆最低强度按5.2.2节中关于隧道周边不稳定围岩悬吊要求进行计算，不稳定岩体深度取无支护开挖时拱部破坏区平均深度，且锚杆悬吊安全系数取2.0。

3）支护方案的适用性分析

由表9-3可知：

（1）Ⅲ级围岩采用支护方案三时，如作为承载主体，锚杆长度和直径在可接受范围内，具有适用性和可行性。

（2）Ⅳ级围岩采用支护方案三时，如作为承载主体，400m埋深以内的锚杆长度和直径均在可接受范围内，具有适用性和可行性；而800m埋深所需要锚杆的长度为5m，直径为48mm，适用性较差，宜作为临时承载结构（此时，锚杆长度为4.5m，直径27mm，具有可行性）。

（3）Ⅴ级围岩采用支护方案三时，如作为承载主体，在锚杆直径48mm的情况下，400m、800m埋深时所需锚杆长度分别为11m和17m，长度过大，可实施性差，不可行；即使作为临时承载结构，400m埋深所需要的锚杆长度为7m，直径为48mm，800m埋深时所需要的锚长度为11m，直径为31mm，可实施性差，也不可行。

9.1.4　锚喷组合支护方案（支护方案二）的适用性

1）计算模型

采用5.2.2节的模型一和5.2.3节的模型二。

2）计算结果

采用支护方案二时，支护结构既有喷层也有系统锚杆，应分别计算其参数与安全系数。理论上，采用锚喷组合支护时，在相同安全系数的前提下喷层和锚杆的参数可以有多种组合。为减少计算工作量并且便于对比，根据9.1.2节和9.1.3节计算结果，支护参数拟定时，取锚杆安全系数约为1.0（初期支护为承载主体）或0.5（初期支护为临时承载结构），其余所需安全系数由喷层提供，同时锚杆环纵向间距统一采用1.0m×1.0m。通过大量计算得到的计算结果见表9-4。

不同围岩采用锚喷组合支护方案时的计算结果　　　　　　表9-4

结构类型	围岩级别	400m埋深						800m埋深					
		喷层厚度（cm）	安全系数	锚杆长度（m）	锚杆直径（mm）	安全系数	总安全系数	喷层厚度（cm）	安全系数	锚杆长度（m）	锚杆直径（mm）	安全系数	总安全系数
主要承载结构	Ⅲ	8	4.61	2.0	11	14.87	19.48	8	2.54	2.0	11	6.56	9.10
	Ⅳ	16	2.28	2.5	20	1.55	3.83	25	2.09	3.0	22	1.52	3.61
	Ⅴ	28	2.08	4.5	24	1.28	3.36	45	2.03	6.0	25	1.60	3.63

续上表

结构类型	围岩级别	400m埋深						800m埋深					
		喷层厚度(cm)	安全系数	锚杆长度(m)	锚杆直径(mm)	安全系数	总安全系数	喷层厚度(cm)	安全系数	锚杆长度(m)	锚杆直径(mm)	安全系数	总安全系数
共同承载结构	Ⅲ	8	4.61	2.0	11	14.87	19.48	8	2.54	2.0	11	6.56	9.10
	Ⅳ	8	1.49	2.0	15	0.91	2.40	16	1.40	2.0	20	0.6	2.00
	Ⅴ	20	1.38	3.5	20	0.69	2.07	30	1.36	4.5	20	0.79	2.15

注:表中锚杆直径仅为计算所需结果,并非实际钢筋产品直径。

3)支护方案的适用性分析

由表9-4可知:

(1)Ⅲ级围岩采用支护方案二时,如作为承载主体,喷层厚度、锚杆长度和直径等均在可接受范围内,具有适用性和可行性。

(2)Ⅳ级围岩采用支护方案二时,如作为承载主体,不管是400m埋深还是800m埋深,喷层厚度、锚杆长度和直径等均在可接受范围内,具有适用性和可行性。

(3)Ⅴ级围岩采用支护方案三时,如作为承载主体,400m埋深以内的喷层厚度、锚杆长度和直径等均在可接受范围内,具有适用性和可行性;而800m埋深所需要喷层厚度达45cm,锚杆长度达6m,适用性较差,宜作为临时承载结构。

9.1.5 不同支护方案的适用性小结

由上述计算和分析可知,当仅作为临时承载结构或与二次衬砌共同作为承载主体时,初期支护采用上述各种支护方案在大多数情况下是可行的,但作为单一承载主体时,则各有适用性,详见表9-5。

不同支护方案作为单一承载主体时的适用性汇总表　　　　　表9-5

围岩级别	无系统锚杆支护方案(支护方案一)	以锚为主支护方案(支护方案三)	锚喷组合支护(支护方案二)
Ⅲ	√	√	√
Ⅳ	400m埋深√ 800m埋深×	400m埋深√ 800m埋深×	√

续上表

围岩级别	无系统锚杆支护方案 （支护方案一）	以锚为主支护方案 （支护方案三）	锚喷组合支护 （支护方案二）
V	×	×	400m埋深√ 800m埋深×

注："√"表示适用，"×"表示不适用。

9.2 二次衬砌承载能力分析

由9.1节可知,部分情况下采用初期支护作为单一承载主体的适用性差,是不合理的,需要与二次衬砌共同作为承载主体。

当Ⅱ、Ⅲ、Ⅳ、Ⅴ级围岩二次衬砌厚度分别为35cm、35cm、40cm、40cm,且Ⅳ级围岩采用素混凝土,Ⅴ级围岩采用钢筋混凝土时,在满足表1-1和表1-2所需要的安全系数的前提下,承载能力计算结果见表9-6。

二次衬砌极限承载力所能适应的埋深   表9-6

围岩级别	极限承载能力所能适应的埋深(m)	占800m埋深围岩压力的百分比
Ⅱ	>1000	—
Ⅲ	825	—
Ⅳ	125	20%
Ⅴ	600	82%

注:表中素混凝土的最小安全系数为2.4(压)或3.6(拉),钢筋混凝土最小安全系数为2.0(压/剪)或2.4(拉)。

根据计算,在二次衬砌仅承受围岩压力的情况下,当满足规范要求的安全系数时,Ⅱ～Ⅴ级围岩二次衬砌单独能承受的围岩压力所对应的埋深分别为1000m、825m、125m(为800m埋深围岩压力的20%)、600m(为800m埋深围岩压力的82%)。计算结果表明,Ⅱ级围岩二次衬砌基本可以单独承受全部荷载,初期支护只需要保证施工安全即可;Ⅲ级围岩二次衬砌独立承载可适应的埋深约800m,埋深更大时,需要初期支护分担部分荷载;Ⅳ级围岩二次衬砌只能承担少量荷载,初期支护必须作为承载主体或与二次衬砌共同作为承载主体;Ⅴ级围岩二次衬砌具有较强的承载能力,但埋深较大时不足以承担全部荷载,应与初期支护共同作为承载主体。

9.3 支护参数优化分析

9.3.1 对支护方案及支护参数的优化建议

对比分析三种初期支护方案的计算结果以及二次衬砌可分担围岩压力的计算结果,可以看出:

(1)Ⅲ级围岩初期支护采用三种支护方案都是可行的,且由于二次衬砌的承载能力较强,初期支护和二次衬砌可以作为共同承载主体。同时,从工程经验来看,Ⅲ级围岩可能存在易松动掉落的岩块,设置锚杆是必要的。因此,Ⅲ级围岩采用以锚为主的初期支护体系较为合理。

(2)Ⅳ级围岩二次衬砌只能承担少量荷载,初期支护必须发挥承载主体的作用,以锚为主的支护方案在埋深较大时不适用,以喷层为主的支护方案经济性差。因此,Ⅳ级围岩应采用锚喷组合支护方案,且应考虑埋深的影响。

(3)Ⅴ级围岩锚喷组合支护方案在400m埋深以内的情况下可以作为承载主体,但考虑经济性,二次衬砌应发挥部分承载作用。当埋深大于400m时,采用初期支护作为承载主体不经济,而由于二次衬砌具有较强的承载能力,可适当降低初期支护的安全系数要求,初期支护和二次衬砌均作为承载主体。

9.3.2 支护参数优化方案

1)既有通用参考图支护参数

既有通用参考图中,350km/h高速铁路双线隧道支护参数见表9-7。

2)支护参数优化方案

综合上述研究,结合工程经验及工程耐久性要求,按照"初期支护安全性不低于原有通用图"的原则对支护参数进行优化,优化后的支护参数取值建议见表9-8。

350km/h高速铁路双线隧道支护参数　　　　　表9-7

衬砌类型	预留变形量(cm)	初期支护										二次衬砌	
		C25喷射混凝土		钢筋网			锚杆			格栅(型钢)钢架			拱墙厚度(cm)	仰拱厚度(cm)
		设置部位	厚度(cm)	设置部位	格栅间距(cm×cm)	钢筋规格(mm)	设置部位	间距(环向 m×纵向 m)	长度(m)	设置部位	型钢类型(mm)	间距(m)		
Ⅱa型	3~5	拱墙	5	—	—	—	局部	—	2.5	—	—	—	35	—
Ⅲa型	5~8	拱墙	12	拱部	25×25	φ6	拱墙	1.2×1.5	3	—	—	—	40	50
Ⅳa型	8~10	拱部	25	拱墙	20×20	φ6	拱墙	1.2×1.2	3.5	拱墙	高150、φ22格栅	1.0	45*	55*
		边墙	10											
Ⅳb型	8~10	拱墙	25	拱墙	20×20	φ6	拱墙	1.2×1.2	3.5	全环	高150、φ25格栅或I18型钢	1.0	45*	55*
		仰拱	25											
Ⅴa型	10~15	拱墙	28	拱墙	20×20	φ8	拱墙	1.2×1.0	4	全环	高180、φ25格栅或I20a型钢	0.8	50*	60*
		仰拱	28											
Ⅴb型	10~15	拱墙	28	拱墙	20×20	φ8	拱墙	1.2×1.0	4	全环	I20a型钢	0.6	50*	60*
		仰拱	28											

注:1. 表中带*号者为钢筋混凝土。

　　2. 表中锚杆拱部采用φ25mm中空注浆锚杆,边墙采用φ22mm砂浆锚杆。

<h3 style="text-align:center">350km/h高速铁路双线隧道标准断面优化后主要支护参数表　表9-8</h3>

围岩级别			Ⅱ级围岩	Ⅲ级围岩	Ⅳ级围岩		Ⅴ级围岩	
适用条件			—	—	深埋	深埋加强	深埋	深埋加强
初期支护的设计类型			承载主体	承载主体	承载主体	承载主体	与二次衬砌共同承载	与二次衬砌共同承载
初期支护	喷射混凝土	混凝土强度等级	C30	C30	C30	C30	C30	C30
		厚度(cm)	5	10	20	25	25	28
初期支护	锚杆	长度(m)	3	3	3	3.5	4	4.5
		直径(mm)	22	22	25	32	25	28
		间距(环向m×纵向m)	局部	1.5×1.5	1.5×1.2	1.5×1.2	1.2×1.0	1.2×1.0
	钢拱架	规格	—	—	φ22mm@150mm格栅	I18型钢	I20a型钢	I22a型钢
		间距(m)	—	—	1.2	1.2	1	1
二次衬砌	—	混凝土强度等级	C30	C30	C30	C30	C35*	C35*
	—	厚度(cm)	35	35	40	40	40	40

注:1. 表中带*号者为钢筋混凝土。

2. 深埋加强与深埋分界埋深取值范围为400～600m,围岩物理力学指标较高时取大值,否则取小值。

3. Ⅴ级围岩埋深超过400m时应根据地下水发育情况和围岩稳定性确定是否需要采取围岩加固措施。

由表9-7和表9-8可知,与现行通用参考图支护参数对比,支护参数的主要不同点如下:

(1)初期支护

①喷射混凝土强度等级由C25提高至C30。

②减小了部分情况下喷射混凝土的厚度：Ⅱ级围岩与以往相同，厚度为5cm；Ⅲ级围岩由以往12cm减小至10cm；Ⅳ级围岩深埋由以往25cm减小至20cm，Ⅴ级围岩深埋由以往28cm减小至25cm，Ⅳ、Ⅴ级围岩深埋加强维持不变。

③Ⅳ、Ⅴ级围岩根据埋深的不同采用不同的支护参数。

（2）二次衬砌

Ⅱ、Ⅲ、Ⅳ、Ⅴ级围岩二次衬砌厚度分别由35cm、40cm、45cm、50cm调整至35cm、35cm、40cm、40cm，且Ⅳ级围岩由钢筋混凝土调整为素混凝土，Ⅴ级仍采用钢筋混凝土，但应适当加大配筋率。

3）优化前后的安全系数对比

仅考虑围岩压力时，优化前后的结构安全系数分别见表9-9和表9-10。表中二次衬砌安全系数系按承受全部围岩压力计算得出，结构总安全系数为初期支护与二次衬砌各自的安全系数相加而成。由表9-9和表9-10可知，优化前后的初期支护安全系数差别不大，但优化后的二次衬砌安全系数有所降低，特别是Ⅳ级围岩降低幅度较大。各级围岩复合式衬砌的总安全系数均大于3.0。由表9-9也可以看出，对于实际施工中部分工点省略系统锚杆的情况，仅依靠喷层也可以提供足够的安全系数来保证施工期安全，但会降低总安全系数。

由表9-9和表9-10可以看出，不管是优化前还是优化后方案，总安全系数均偏大，仍具有进一步优化的空间。

优化前支护参数的安全系数　　　　　　　　　　表9-9

围岩级别	埋深(m)	喷层	锚岩承载拱		二次衬砌	初期支护(总)	结构(总)
			施工期	运营期			
Ⅲ	400	5.76	23.57	31.13	14.02(6.12)	29.33	50.91
	800	3.20	12.80	16.58	8.83(3.97)	16.00	29.61
Ⅳ	400	2.96	2.64	4.53	5.08	5.60	12.57
	800	1.81	1.61	2.77	3.13	3.42	6.71
Ⅴ	400	1.89	0.93	1.97	3.19	2.82	6.05
	800	1.15	0.57	1.21	1.98	1.72	4.34

优化后支护参数的安全系数　　　　　　　表9-10

围岩级别	埋深（m）	喷层	锚岩承载拱		二次衬砌	初期支护（总）	结构（总）
			施工期	运营期			
Ⅲ	400	5.70	22.31	29.04	13.19(5.81)	28.01	46.93
	800	3.16	12.12	16.25	8.08(3.73)	15.28	26.49
Ⅳ	400	2.72	2.36	3.61	3.38(1.54)	5.08	9.71
	800	1.82	1.60	2.39	2.14(0.98)	3.42	6.35
Ⅴ	400	1.89	0.97	1.86	2.66	2.86	6.41
	800	1.30	0.77	1.41	1.64	2.07	4.35

9.4　Q法支护参数的安全性分析

9.4.1　Q法支护参数简介

Q法是巴顿（N. Bardon）等[37]根据多个地下结构物的施工记录整理出的经验设计方法，提出了图9-1所示的支护参数参考值。图中，横轴是Q值，顶部为岩石质量与围岩支护，左纵轴为隧道等效尺寸S，右纵轴为锚杆的参考长度。

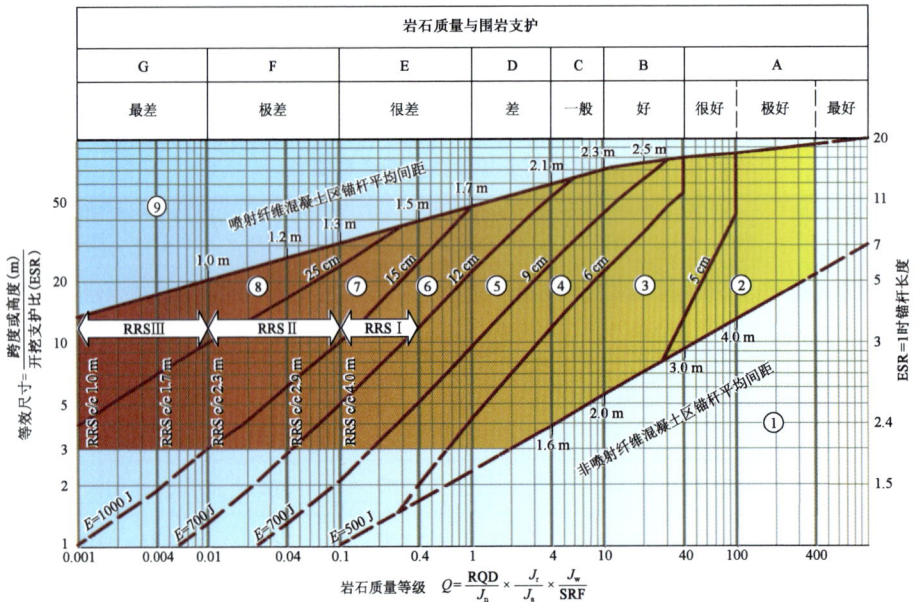

图9-1　基于Q值和（跨度/ESR）的永久性支护建议

  Q法支护参数建议表未划分明确的支护等级,而是表述为锚杆间距和喷射混凝土厚度变化的连续区间。根据岩石质量Q值和等效跨度S值,对应9种支护类型,具体如下:

  ①无需支护或局部锚杆。

  ②局部锚杆:SB。

  ③系统锚杆+喷射纤维混凝土(5~6cm):B+Sfr。

  ④喷射纤维混凝土(6~9cm)+锚杆:Sfr(E500)+B。

  ⑤喷射纤维混凝土(9~12cm)+锚杆:Sfr(E700)+B。

  ⑥喷射纤维混凝土(12~15cm)和锚杆+喷射混凝土加强肋:Sfr(E700)+RRSⅠ+B。

  ⑦喷射纤维混凝土(>15cm)和锚杆+喷射混凝土加强肋和锚杆:Sfr(E1000)+RRSⅡ+B。

  ⑧模筑混凝土衬砌:CCA或Sfr(E1000)+RRSⅢ+B。

  ⑨需要特别评估。

  上述锚杆间距的前提是采用ϕ20mm的锚杆;E表示喷纤维混凝土的能量吸收能力;B为锚杆;Sfr为喷射钢纤维混凝土;虚线区域表示没有经验数据;ESR为开挖支护比,取决于开挖洞室的安全要求,低ESR值表示对安全具有更高标准的需求,而高ESR值则表示低标准的安全度也是可行的,ESR取值见表9-11。

ESR值

表9-11

序号	隧道类型	ESR值
A	临时巷道	约3~5
B	竖井:1.圆形截面;2.矩形/方形截面;3.其他截面:可能低于给定值	约2.5 约2.0
C	永久性的矿井巷道、水力发电的引水隧洞(不包括高压隧洞)、供水隧道,水力发电(排除高压压力)、供水隧道、大型洞室的先行导洞	1.6
D	小型公路和铁路隧道、调压室、交通隧道、污水隧道等	1.3
E	厂房、储藏室、水处理厂、主要公路和铁路隧道、人防洞室,隧道的入口、交叉口等	1.0
F	地下核电站、火车站、体育馆和公共设施、工厂等	0.8
G	非常重要的洞室和地下开口,使用寿命长,约100年,或无维修通道	0.5

注:当B、C、D类型隧道的Q≤0.1时,推荐使用ESR=1.0,以降低施工风险。

RRS为喷射混凝土加强肋,用于在岩石质量非常差($Q<1$)的地段,在许多情况下是模筑混凝土首选替代方案。加强肋由钢筋(通常直径为16mm或20mm)、喷射混凝土和岩石锚杆的组合构成,如图9-2所示。当使用直径20mm的钢筋时,必须对钢筋进行预制以获得平滑的轮廓。加强肋的厚度、间距以及数量和钢筋直径应根据地下洞室的尺寸和岩体质量Q而变化。

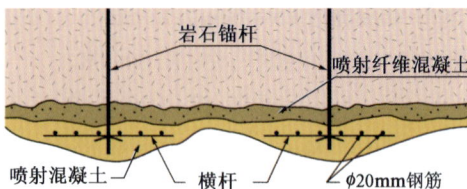

图9-2 喷射混凝土加强肋(RRS)的构造示意图

具体标准为:

RRS Ⅰ:Si30/6.ϕ16～20(跨度10m),D40/6+2ϕ16～20(跨度20m);

RRS Ⅱ:Si35/6.ϕ16～20(跨度5m),D45/6+2ϕ16～20(跨度10m),D55/6+4ϕ20(跨度20m);

RRS Ⅲ:D40/6+4ϕ16～20(跨度5m),D55/6+4ϕ20(跨度10m),需要专门评估(跨度20m)。

其中:"Si"表示单层钢筋;"D"表示双层钢筋;"30、45"表示总肋厚度为30cm、45cm;"6"表示钢筋根数为6;"16、20"表示钢筋直径为16mm、20mm。

图9-1所示的支护参数建议表主要适用于地下洞室拱顶和起拱线以上位置。对于高Q值和中等Q值($Q>0.1$),边墙的支护等级一般较低,所以当采用Q法进行边墙支护设计时,必须使用墙的高度而不是跨度。实际Q值的调整见表9-12。转换后得到的Q值与图9-1中的图表一起使用,以确定合适的边墙支护参数。

边墙的实际Q值转换为调整的Q值   表9-12

岩体质量	Q值	备注
岩体质量很好	$Q>10$	Q值乘以5
中等岩体质量	$0.1<Q<10$	将Q值乘以系数2.5; 在岩石应力高的情况下,使用实际Q值
岩体质量很差	$Q<0.1$	使用实际的Q值

赵勇[13]研究了以上9种围岩与支护措施后,提出了Q法与我国铁路隧道围岩分级的支护措施对比,见表9-13。

Q法围岩分级与我国铁路隧道围岩分级对应参考　　　表9-13

Q值	1000 ~ 400	400 ~ 100	100 ~ 40	40 ~ 10	10 ~ 4	4 ~ 1	1 ~ 0.1	0.1 ~ 0.01	0.01 ~ 0.001
铁路隧道围岩分级	I	II	III₁	III₂	IV₁	IV₂	V₁	V₂	VI

9.4.2　Q法支护参数应用于我国高速铁路隧道时的安全性分析

自20世纪90年代以来,Q法在世界多地得到了广泛应用。一般认为,Q法支护参数是比较经济的,为分析其安全性并与总安全系数设计法相互验证,以下以350km/h高速铁路双线隧道为例对Q法支护参数的安全性进行分析,并计算在采用与挪威同等级别耐久性锚杆的情况下,高速铁路隧道复合式衬砌潜在的优化支护参数。计算时,III、IV、V级围岩物理力学指标参照表1-13。根据不同埋深,参考表9-13估算所采用围岩参数对应的Q值,并根据图9-1列出了相应的支护参数。相关计算结果见表9-14。

支护参数与安全系数计算结果　　　表9-14

支护结构	我国围岩级别	埋深	Q值	喷层厚度 (cm)	喷层安全系数	锚杆长度 (m) @间距 (m×m)	锚岩承载拱安全系数	初期支护总安全系数	二次衬砌厚度 (cm)	二次衬砌安全系数	支护总安全系数
挪威Q法对应的支护参数	III	200	20	4	忽略	4.0@ 2.5× 2.5	23.24	23.24	—	—	23.24
		400	10	5	忽略	4.0@ 2.3× 2.3	13.64	13.64	—	—	13.64
	IV	200	2	9	2.00	4.0@ 2.1× 2.19	3.26	5.26	—	—	5.26
		400	1	12	1.49	4.0@ 1.7× 1.7	2.35	3.84	—	—	3.84

续上表

支护结构	我国围岩级别	埋深	Q值	喷层厚度(cm)	喷层安全系数	锚杆长度(m)@间距(m×m)	锚岩承载拱安全系数	初期支护总安全系数	二次衬砌厚度(cm)	二次衬砌安全系数	支护总安全系数
挪威Q法对应的支护参数	V	200	0.2	15	1.85	4.0@1.5×1.5	1.05	2.90	—	—	2.90
		400	0.1	20	1.38	4.0@1.3×1.3	0.76	2.14	—	—	2.14
复合式衬砌	III	200	—	5	忽略	局部锚杆	—	—	30	28.26	28.26
		400	—	5	忽略	3.0@2.5×2.5	5.59/9.33	5.59	30	12.59	21.92
	IV	200	—	8	1.78	3.0@2.5×2.5	0.95/1.48	2.73	30	4.93	8.19
		400	—	12	1.49	3.0@2.0×2.0	1.00/1.51	2.49	30	2.83	5.83
	V	200	—	15	1.85	3.0@1.5×1.5	0.55/1.00	2.40	30	3.01	5.86
		400	—	20	1.38	4.0@1.3×1.3	0.76/1.27	2.14	30	1.75	4.40

注:1. 表中锚杆均采用M33-CT耐久性锚杆,承载力为345kN[76]。

2. 本次计算喷层采用C30喷射混凝土,二次衬砌采用C30素混凝土。

3. 表中锚岩承载拱安全系数中,"/"以上为施工期安全系数,以下为运营期安全系数。

由表9-14可知:

(1)Q法支护参数应用于我国高速铁路双线隧道时,III、IV级围岩总安全系数满足总安全系数设计法提出的建议值要求且较为经济,但V级围岩安全系数相对偏低,但仍大于2.0。

(2)采用复合式衬砌时,如果二次衬砌采用30cm厚C30素混凝土,则初期支护仅需满足施工期的安全系数要求,与Q法相比可以进一步减弱锚杆参数。

(3)采用耐久性锚杆有利于充分发挥锚岩承载拱的永久支护作用,与既有通用参考图支护参数(表9-7)相比,可以大幅降低对喷层和二次衬砌的强度要求,提高经济性。

需进一步说明的是:

(1)Q法在支护参数选择时无法考虑隧道断面形状的影响,因此也无法对跨度相同但断面形状不同的结构断面做出同等安全系数的设计方案。如对于跨度相同的圆形和马蹄形断面,按Q法设计时支护参数是相同的,但由于断面形状的差异,结构的实际安全系数显然是不同的。

(2)根据图9-1,可以查得锚杆的长度与间距。目前挪威常用的锚杆类型见表9-15。

挪威常用的CT锚杆参数　　　　　　　　　　　　表9-15

锚杆直径 (mm)	屈服强度 (kN)	破坏强度 (kN)	最大长度 (mm)
M20	140	170	8000
M22	290	290	8000
M33	345	410	8000
M33	345	410	6000+6000

(3)表9-14仅计算了最大埋深400m的情况,根据总安全系数设计法,埋深越大,相同支护参数的安全系数就越小,因此,表9-14仅针对计算中采用的围岩和埋深情况。

9.5　与现场实测数据对比

9.5.1　现场测试项目一:郑万高速铁路隧道

1)项目概况

现场测试项目位于郑州至万州高速铁路湖北段,该段线路起于襄阳,止于巴东,全长287km。线路隧道总长166.6km,设计行车速度350km/h。隧道结构形式为单洞双线,内轮廓与通用参考图[29]相同。隧道穿越的地层主要有页岩、灰岩、白云岩、砂岩、泥岩、变质砂岩、辉绿岩。

针对隧道主要采用大型机械化配套施工的新要求,有关单位开展了大量的现场实测工作,其中包括隧道支护结构受力与变形的实测,并根据实测结果不断优化调整支护参数。以下借用部分现场实测成果,与总安全系数设计法进行对比分析。需说明的是,由于所借用的文献资料其采用的分析方法与总安全系数设计法有所不同,无法进行精确对比,仅是一个概略比较。

2)围岩压力对比

文献[71]依据若干座隧道喷层与围岩接触压力的实测值,采用实测值与均布荷载等效处理方法,提出了Ⅳ级、Ⅴ级围岩实测荷载及与规范荷载的对比,见表9-16。

Ⅳ级和Ⅴ级围岩实测荷载与规范荷载对比 表9-16

围岩级别	埋深	实测			规范			实测荷载/规范荷载			实测样本量(个)
		竖向压力(kPa)	水平压力(kPa)	侧压力系数	竖向压力(kPa)	水平压力(kPa)	侧压力系数	竖向	水平	侧压力系数	
Ⅳ	深埋	40.63	14.65	0.36	153.72	23.1 ~ 46.1	0.15 ~ 0.3	0.26	0.32 ~ 0.63	1.2 ~ 2.4	6
Ⅴ	深埋	86.60	36.01	0.43	264.54	79.4 ~ 132.3	0.3 ~ 0.5	0.33	0.28 ~ 0.47	0.86 ~ 1.43	11

表9-16的实测值为喷层与围岩的接触压力,与总安全系数设计法所述的围岩压力设计值不同。根据表7-9,Ⅳ级、Ⅴ级围岩喷层分担的围岩压力约占总围岩压力的53%、69%,相应可以换算出Ⅳ级、Ⅴ级围岩的全部围岩压力实测值分别约为77kPa、127kPa。

第4章中对总安全系数设计法采用的围岩压力设计值的计算方法进行了介绍,根据图4-40,则埋深为300m时,Ⅳ、Ⅴ级围岩分别为170kPa、380kPa。

可见,围岩压力设计值要远高于现场实测值,因此围岩压力设计值是安全的。但表9-16中的实测值为统计值,不是最大值,因此,预计实测荷载的最不利值与围岩压力设计值的差别要小于上述对比值。

3)安全性对比

文献[77]针对表9-7的支护参数,对6座隧道共30个初期支护断面的应力应变进行了实测,并根据《铁路隧道设计规范》(TB 10003—2016)采用2种评价方法对安全性进行了评价,评价方法见表9-17,实测与评价结果见表9-18。

支护安全性评价方法　　　　　　　　　　表9-17

构件名称及材料	评价方法	安全评价基准值
锚杆(HRB400)	应力法	210MPa
钢架(Q235)	应力法	130MPa
钢架+C25喷射混凝土	安全系数法	1.8(受拉),1.53(受压)

初期支护各监测项目安全性评价　　　　　　　　表9-18

围岩级别	埋深	工法	锚杆轴力		钢架应力		喷射混凝土安全系数	
			不利值(kN)	发生部位	不利值(kN)	发生部位	不利值	发生部位
IV	深埋	全断面法	6.39	右拱肩	66.36	拱顶	2.36	拱顶
		微台阶I法	12.52	右拱肩	106.05	左拱肩	3.04	右拱肩
V	深埋	微台阶II法	55.75	右拱肩	100.68	左拱肩	3.20	右边墙
		微台阶I法	3.65	右边墙	19.57	左边墙	3.57	右边墙
	浅埋	微台阶II法	43.45	拱顶	46.18	拱顶	4.38	右边墙
安全性评价			安全		安全		安全	

表9-9列出了采用总安全系数设计法计算得到的埋深400m时初期支护中喷层的安全系数,IV级围岩为2.96,V级围岩为1.89,IV级围岩与表9-18中喷层安全系数接近;V级围岩小于表9-18中喷层安全系数。说明总安全系数设计法的计算结果是偏于安全的。但由于文献[77]用的安全性评价方法与总安全系数设计法不同,上述对比仅是一个粗略的对比。

4)隧道变形的对比

文献[70]提出了隧道拱顶下沉与水平收敛量测的统计值,见表9-19。实测段隧道地层岩性为页岩夹砂岩,V级围岩,埋深不详(根据文献插图推测埋深不足200m),采用全断面法开挖,衬砌类型为表9-7中的Va型衬砌。

某隧道拱顶下沉与水平收敛值量测统计表 表9-19

测试断面	监测点位置	累计变形值(mm)
DK449+095	拱顶	14.8
	拱腰	6.2
	边墙	4.5
DK449+115	拱顶	13.6
	拱腰	11.0
	边墙	6.7
DK449+135	拱顶	19.8
	拱腰	10.0
	边墙	6.6
DK449+155	拱顶	21.8
	拱腰	15.4
	边墙	8.8
DK449+175	拱顶	20.4
	拱腰	12.0
	边墙	6.5

7.4.2节对不同支护参数、不同喷射混凝土弹性模量增长方式条件下的支护结构变形量进行了计算，其中，V级围岩的变形量计算见表9-20。

基于总安全系数设计法的V级围岩变形量计算结果 表9-20

工法	埋深(m)	喷射混凝土硬化模式	允许变形值(mm)			极限变形值(mm)	
			U_y	$\Delta U_x 1$	$\Delta U_x 2$	拱顶下沉	边墙收敛
全断面法	200	模式一	9.32	4.12	—	24.14	12.92
	400	模式一	16.24	6.88	—	25.95	12.65
	400	模式二	25.75	6.76	—	35.46	13.53
台阶法	400	模式一	13.07	6.81	9.79	22.78	13.58

对比表9-19和表9-20可见，实测值与计算值既有共同点，又有不同点。共同点是，二者均是拱顶下沉值大于边墙收敛值，而《铁路隧道监控量测技术规程》(Q/CR 9218—2015)中是边墙允许变形值大于拱顶允许下沉值(表7-3)[69]。不同点是，二者在具体数值上差异较大，可能的原因有：①埋深不同。②表9-20

计算时采用的围岩力学指标和侧压力系数与实测工点不同。③计算采用的喷射混凝土弹性模量增长曲线与实测工点不同。④结构施作次序不同,计算中采用的锚岩承载拱与喷层同时受力,并按刚度比分担围岩压力,而实测工点可能是喷射混凝土施工完成后再打设锚杆,喷射混凝土的实际受力值要大于按刚度比分担值。

5)小结

采用总安全系数设计法的计算结果与郑万高速铁路隧道现场实测结果对比表明,总安全系数设计法在围岩压力、结构安全系数计算结果等方面是偏于安全的,但在变形值计算方面有较大差异,导致差异的原因是多方面的。

9.5.2　现场测试项目二:宜兴高速铁路隧道

1)项目概况

依托宜兴高速铁路的老林岗隧道、万家山隧道和兴山东隧道,采用总安全系数法进行了系统优化,优化后的支护参数见表9-21。试验段与测试断面统计见表9-22,测试断面共7处,其中,Ⅱ级围岩断面1处,Ⅲ级围岩断面2处,Ⅳ级围岩断面4处。

各测试断面支护参数表　　　　表9-21

衬砌类型	系统锚杆			喷混凝土		钢筋网			钢架			二次衬砌	
	长度(m)	拱部	边墙	拱墙(cm)	仰拱(cm)	设置部位	钢筋规格(mm)	网格间距(cm)	类型格栅	设置部位	间距(m)	拱墙厚度(cm)	仰拱/底板厚度(cm)
		环距纵距(m×m)											
Ⅱa	—	—	—	5	—	—	—	—	—	—	—	35	30*
Ⅱb	—	—	—	5	—	—	—	—	—	—	—	35	35
Ⅲa	4.5	2.2×2.2	2.2×2.2	10	—	拱部	φ6	25×25	—	—	—	35	45
Ⅲb	4.5	2.2×2.2	2.2×2.2	15	—	拱墙	φ6	25×25	—	—	—	35	45

续上表

衬砌类型	系统锚杆			喷混凝土		钢筋网			钢架			二次衬砌	
	长度(m)	拱部	边墙									拱墙	仰拱/底板
		环距纵距(m×m)	环距纵距(m×m)	拱墙(cm)	仰拱(cm)	设置部位	钢筋规格(mm)	网格间距(cm)	类型格栅	设置部位	间距(m)	厚度(cm)	厚度(cm)
IVa	4.5	2.0×2.2	2.2×2.2	18	10	拱墙	φ6	25×25	—	—	—	40	50
IVb	4.5	2.0×2.2	2.2×2.2	20	10	拱墙	φ6	25×25	φ20三肢格栅	拱墙	1.4	40※	50※
IVc	4.5	2.0×2.2	2.2×2.2	22	22	拱墙	φ6	25×25	φ22三肢格栅	全环	1.2	40※	50※
IVd	45	2.2×2.0	2.0×2.0	25	25	拱墙	φ6	25×25	I18	全环	1.2	40※	50※
Va	4.5	1.5×1.5	1.5×1.5	27	27	拱墙	φ8	25×25	I20a	全环	1.0	40※	50※
Vb	4.5	1.2×1.2	1.2×1.2	27	27	拱墙	φ8	25×25	I20b	全环	0.8	40※	50※

注:带*为钢筋混凝土数据。

现场测试断面统计表　　　　　　　　表9-22

序号	隧道名称	段落里程	监测断面里程	段落长度(m)	围岩级别	衬砌类型	岩性	埋深(m)
1	老林岗隧道	DK17+200～DK17+230	DK17+200	30	Ⅲ	Ⅲa型	白云质灰岩	115
2		DK17+240～DK17+320	DK17+280	80	Ⅳ	Ⅳb型	白云质灰岩	143
3	万家山隧道	DK39+460～DK39+540	DK39+500	80	Ⅲ	Ⅲa型	黑云母花岗闪长岩	210
4		DK39+590～DK39+650	DK39+620	60	Ⅱ	Ⅱa型	黑云母花岗闪长岩	244

序号	隧道名称	段落里程	监测断面里程	段落长度(m)	围岩级别	衬砌类型	岩性	埋深(m)
5	兴山东隧道	DK90+720 ~ DK90+780	DK90+750	60	IV	IVd 型	泥质灰岩	779
6		DK94+360 ~ DK94+460	DK94+400	100	IV	IVd 型	砂质页岩	528
7			DK94+450		IV	IVd 型	砂质页岩	570

2)围岩压力对比

实测接触压力与围岩压力设计值的对比如图9-3所示,DK94+400断面数据异常,不做统计分析。

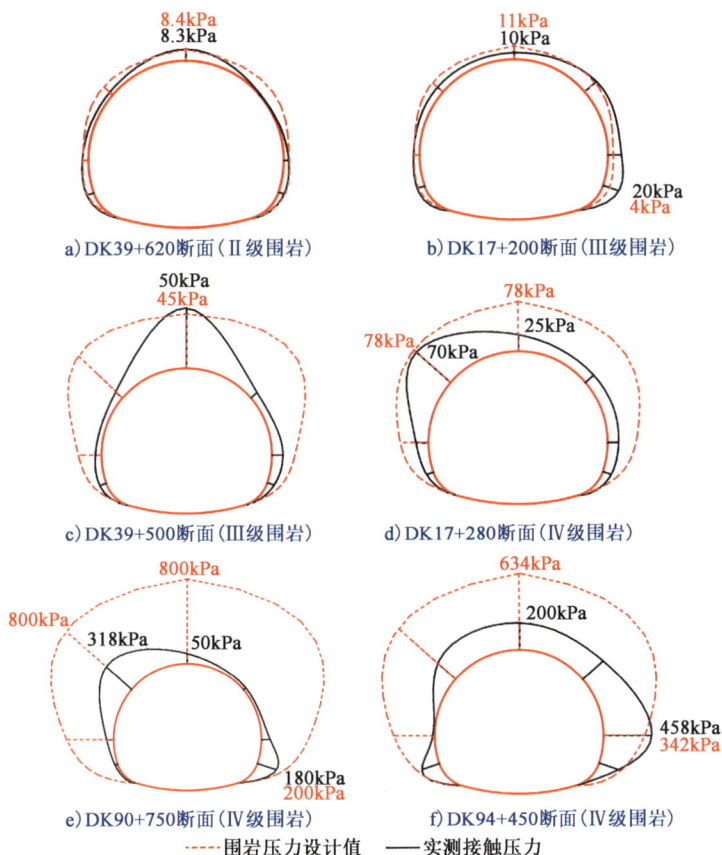

图9-3 围岩接触压力实测值与围岩压力设计值对比

285

各断面喷射混凝土与围岩接触压力实测值与围岩压力设计值对比见表9-23。

围岩接触压力实测值与围岩压力设计值对比   表9-23

序号	围岩级别	岩性	断面	埋深（m）	实测接触压力（kPa）	围岩压力设计值（kPa）	误差
1	Ⅱ	黑云母花岗闪长岩	DK39+620	244	8.32	8.42	1.19%
2	Ⅲ	白云质灰岩	DK17+200	115	10	11	9.09%
3	Ⅲ	黑云母花岗闪长岩	DK39+500	210	50	45	11.11%
4	Ⅳ	白云质灰岩	DK17+280	143	70.42	78	9.72%
5	Ⅳ	泥质灰岩	DK90+750	779	317.66	800	60.29%
6	Ⅳ	砂质页岩	DK94+450	528	457.61	634	27.82%

注：实测围岩压力取拱部围岩压力的最大值。

由图9-3和表9-23可知：

（1）Ⅱ、Ⅲ级围岩由于围岩稳定性良好，围岩与喷层的接触压力值较小。

（2）通过对比分析，围岩压力设计值基本大于实测压力，表明围岩压力设计值的取值具有安全性，但实测值仅为围岩与喷射混凝土的接触压力，并不能代表全部围岩压力（未包含锚杆的作用）。

3）钢架应力

典型断面钢架外侧应力和内侧应力时程曲线如图9-4～图9-9所示。

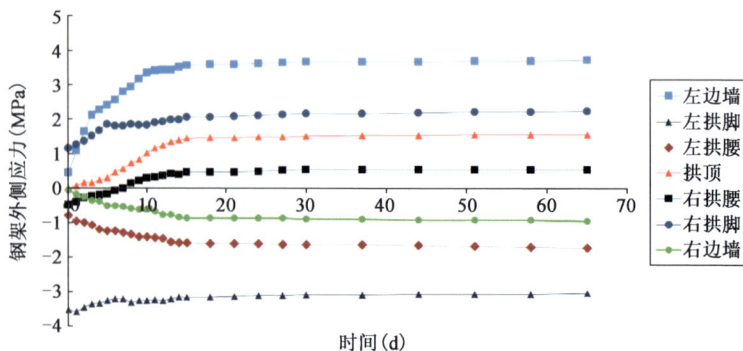

图9-4   DK17+280断面钢架外侧应力时程曲线

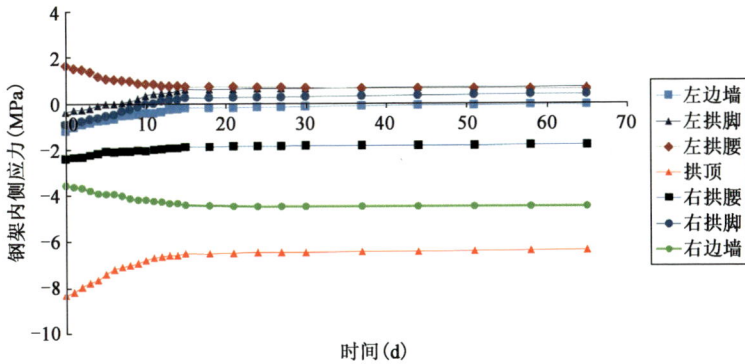

图9-5　DK17+280断面钢架内侧应力时程曲线

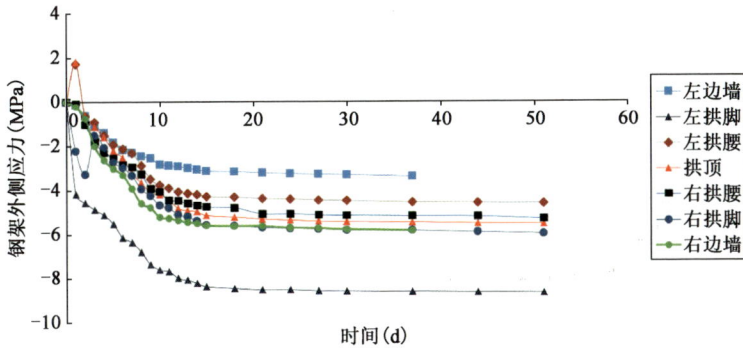

图9-6　DK94+400断面钢架外侧应力时程曲线

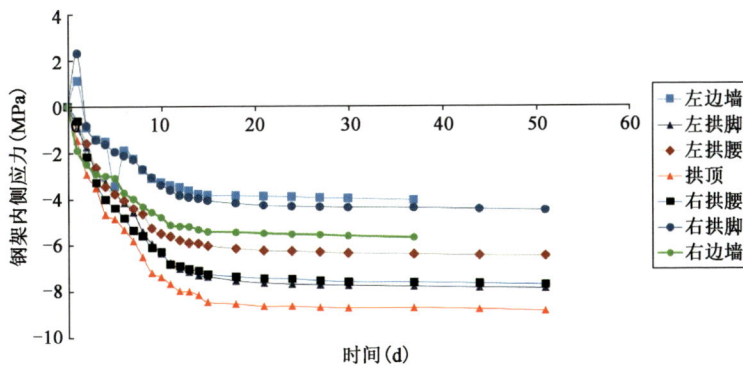

图9-7　DK94+400断面钢架内侧应力时程曲线

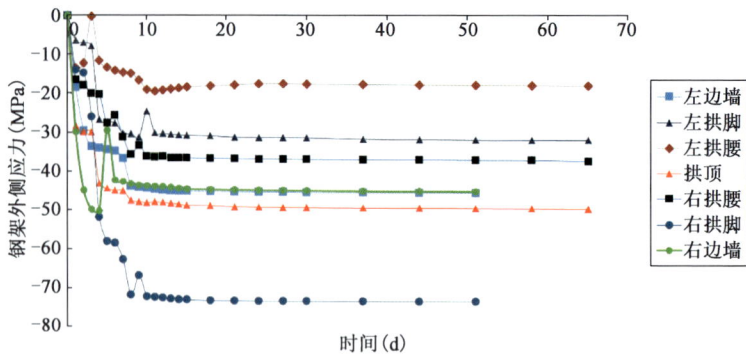

图9-8　DK94+450断面钢架外侧应力时程曲线

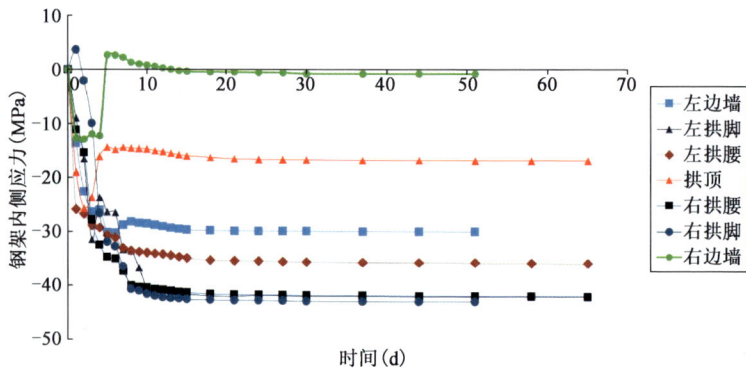

图9-9　DK94+450断面钢架内侧应力时程曲线

由图9-4～图9-9可知:

(1)钢架内外侧应力前10d随时间增加变化较快,10d后随时间增加变化较慢且逐渐趋于稳定。

(2)钢架外侧最大压应力为73.51MPa,位于右拱脚;钢架内侧最大压应力为43.05MPa,位于拱顶,最大拉应力为3.65MPa,小于钢材屈服强度235MPa,钢架结构安全。

4)喷射混凝土内力对比

各断面喷射混凝土内力分布如图9-10所示。

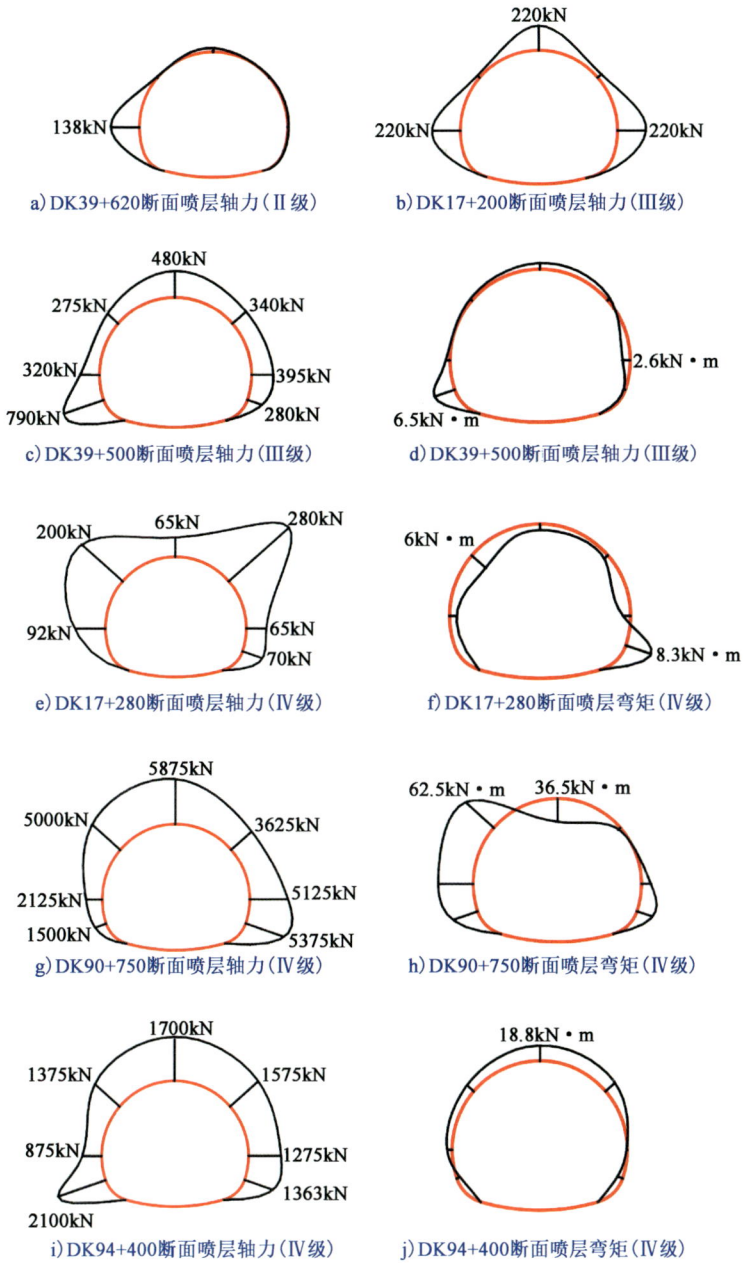

a) DK39+620断面喷层轴力（Ⅱ级）

b) DK17+200断面喷层轴力（Ⅲ级）

c) DK39+500断面喷层轴力（Ⅲ级）

d) DK39+500断面喷层轴力（Ⅲ级）

e) DK17+280断面喷层轴力（Ⅳ级）

f) DK17+280断面喷层弯矩（Ⅳ级）

g) DK90+750断面喷层轴力（Ⅳ级）

h) DK90+750断面喷层弯矩（Ⅳ级）

i) DK94+400断面喷层轴力（Ⅳ级）

j) DK94+400断面喷层弯矩（Ⅳ级）

图 9-10

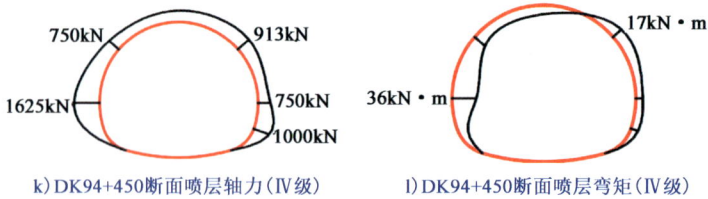

k)DK94+450断面喷层轴力(Ⅳ级)　　l)DK94+450断面喷层弯矩(Ⅳ级)

图9-10　各测试断面喷射混凝土实测内力图

根据实测内力值,计算了各部位的安全系数,与设计安全系数的对比见表9-24。

喷射混凝土安全系数实测值与设计值对比　　　　　表9-24

序号	测试断面	衬砌类型	埋深(m)	现场测试安全系数							计算安全系数
				左边墙	左拱脚	左拱腰	拱顶	右拱腰	右拱脚	右边墙	
1	DK39+620	Ⅱa	244	16.04	33.20	33.20	23.04	33.50	33.50	16.67	14.26
2	DK17+200	Ⅲa	115	6.64	66.43	33.21	7.55	33.21	—	6.64	5.16
3	DK39+500	Ⅲa	210	6.30	7.29	2.47	4.19	5.93	7.19	5.03	2.35
4	DK17+280	Ⅳb	143	45.64	20.05	—	62.63	18.18	13.83	57.59	4.91
5	DK90+750	Ⅳ	779	1.94	1.34	2.72	1.25	1.46	1.37	1.33	0.93
6	DK94+400	Ⅳ	528	5.74	3.59	2.50	2.81	3.06	3.95	3.92	1.22
7	DK94+450	Ⅳ	570	2.63	5.45	—	/	4.85	4.80	6.18	1.15

根据图9-14和表9-24可知:

(1)从受力形态上,喷层弯矩量值均较小,喷层受力基本以小偏心受压为主,且轴力较大值基本出现在拱部部位,与总安全系数法分析结果基本一致。

(2)总安全系数法计算的喷层安全系数小于实测值,说明理论计算结果偏于安全。

5)小结

总安全系数设计法的计算结果与宜兴高速铁路隧道现场实测结果对比表明,总安全系数设计法在围岩压力、结构安全系数计算结果等方面是偏于安全的。

第10章

总安全系数法的应用分析

随着经济社会的发展,实际工程中出现了越来越多的高地应力软岩隧道和超大跨度隧道,这些隧道的合理支护结构形式该如何选取也需要量化分析。钻爆法隧道开挖与支护采用单流程作业,施工进度提升遇到了极大瓶颈,是否可以通过分序支护来提高进度有待研究。本章对我国既有铁路隧道和部分高速公路隧道的安全性进行了计算分析,对时速160km单线铁路隧道和三车道高速公路隧道的断面形状与支护参数进行了研究,以工程案例为背景对高地应力软岩隧道和超大跨度隧道的合理支护参数进行了探讨,最后对初期支护分序施作的可行性与施工过程的安全性进行了研究。

10.1 既有铁路隧道的安全性分析

10.1.1 已发布的通用参考图(标准图)概况

1)2008年以来发布的各速度等级铁路隧道通用参考图概况

(1)深埋隧道支护参数与隧道断面通用参考图概况

2008年以来,铁路主管部门发布了时速350km、250km高速铁路单、双线隧道,时速200km、160km客货共线铁路单、双线隧道通用参考图。各通用图图号如下所述,其中深埋隧道支护参数见表10-1,代表性隧道断面如图1-3、图1-4、图10-1~

图10-6所示。

①《时速350公里高速铁路单线隧道复合式衬砌》（通隧〔2013〕0303）；

②《时速350公里客运专线双线隧道复合式衬砌》（通隧〔2008〕0301）；

③《时速250公里高速铁路单线隧道复合衬砌》（通隧〔2013〕0202）；

④《时速250公里客运专线铁路双线隧道复合式衬砌》（通隧〔2008〕0201）；

⑤《时速200公里客货共线铁路单线隧道复合式衬砌（普货）》（通隧〔2008〕1201）；

⑥《时速200公里客货共线铁路双线隧道复合式衬砌（普货）》（通隧〔2008〕1202）；

⑦《时速160公里客货共线铁路单线隧道复合式衬砌（普货）》（通隧〔2008〕1001）；

⑧《时速160公里客货共线铁路双线隧道复合式衬砌（普货）》（通隧〔2008〕1002）。

2008年以来通用参考图深埋隧道支护参数　　　　表10-1

| 断面形式 | 行车速度(km/h) | 围岩级别 | 喷射混凝土 | | 系统锚杆 | 钢架 | 二次衬砌 | | |
			拱墙厚度(cm)	仰拱厚度(cm)	长度(m)@间距(m×m)	规格/部位/间距(m)	拱墙厚度(cm)	仰拱厚度(cm)	配筋形式(mm)
双线隧道	350	Ⅲ	12	—	3.0@1.2×1.5	—	40	50	—
		Ⅳ	25	10	3.5@1.2×1.2	格栅/拱墙/1.0	45*	55*	φ18@200
		Ⅴ	28	28	4.0@1.2×1.0	I20a型钢/全环/0.8	50*	60*	φ20@200
	250	Ⅲ	12	—	3.0@1.2×1.5	—	40	50	—
		Ⅳ	25	10	3.5@1.2×1.2	格栅/拱墙/1.0	45*	55*	φ18@200
		Ⅴ	28	28	4.0@1.2×1.0	I16型钢/全环/0.8	50*	60*	φ20@200
	200	Ⅲ	12	—	3.0@1.2×1.5	—	40	45	—
		Ⅳ	23	10	3.5@1.2×1.2	格栅/拱墙/1.2	45*	50*	φ18@200
		Ⅴ	27	25	4.0@1.2×1.0	格栅/全环/0.8	50*	55*	φ20@200
	160	Ⅲ	12	—	3.0@1.2×1.5	—	40	45	—
		Ⅳ	23	10	3.0@1.2×1.2	格栅/拱墙/1.2	45*	50*	φ18@200
		Ⅴ	25	25	3.5@1.2×1.0	格栅/全环/0.8	50*	50*	φ20@200
单线隧道	350	Ⅲ	10	—	2.5@1.2×1.5	—	35	40	—
		Ⅳ	20	10	3.0@1.2×1.2	格栅/拱墙/1.2	40	40	—
		Ⅴ	23	23	3.5@1.2×1.0	格栅/全环/1.0	45*	45*	φ20@250

续上表

断面形式	行车速度(km/h)	围岩级别	喷射混凝土		系统锚杆	钢架	二次衬砌		
			拱墙厚度(cm)	仰拱厚度(cm)	长度(m)@间距(m×m)	规格/部位/间距(m)	拱墙厚度(cm)	仰拱厚度(cm)	配筋形式(mm)
单线隧道	250	Ⅲ	8	—	2.5@1.2×1.5	—	35	40	—
		Ⅳ	15	—	3.0@1.2×1.2	—	40	40	—
		Ⅴ	23	10	3.0@1.2×1.0	格栅/拱墙/1.0	45*	45*	φ20@250
	200	Ⅲ	8	—	2.5@1.2×1.5	—	35	40	—
		Ⅳ	12	—	3.0@1.2×1.2	—	40	40	—
		Ⅴ	23	10	3.0@1.2×1.0	格栅/拱墙/1.0	45*	45*	φ18@250
	160	Ⅲ	8	—	2.5@1.2×1.5	—	35	40	—
		Ⅳ	12	—	3.0@1.2×1.2	—	40	40	—
		Ⅴ	23	10	3.0@1.2×1.0	格栅/拱墙/1.0	45*	45*	φ20@250

注:1. 带*号者为钢筋混凝土;

　　2. 二次衬砌钢筋混凝土采用C35,素混凝土采用C30;

　　3. 锚杆拱部采用φ22mm组合中空锚杆,边墙采用φ22mm砂浆锚杆。

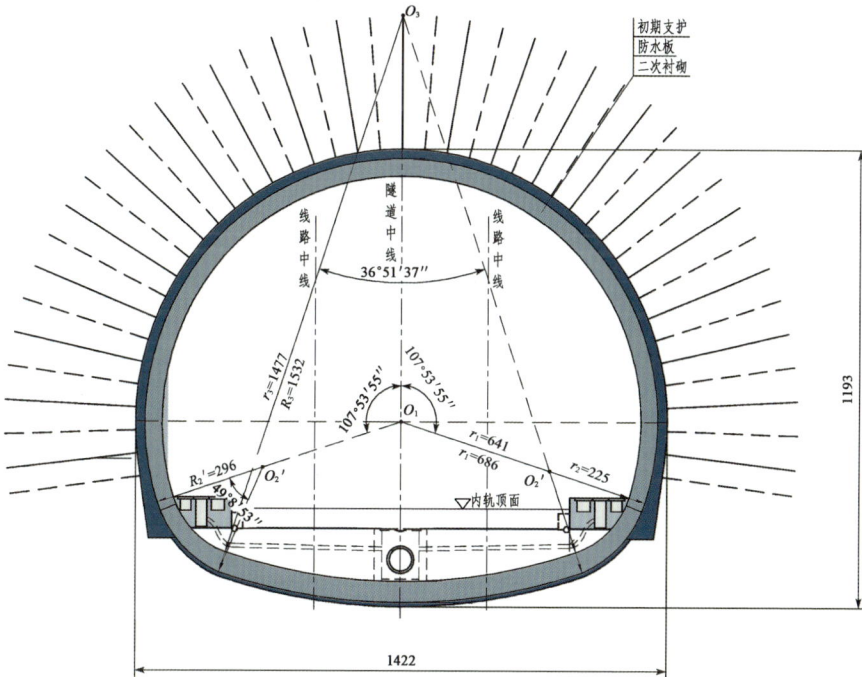

图 10-1　时速250km双线铁路隧道断面(尺寸单位:cm)

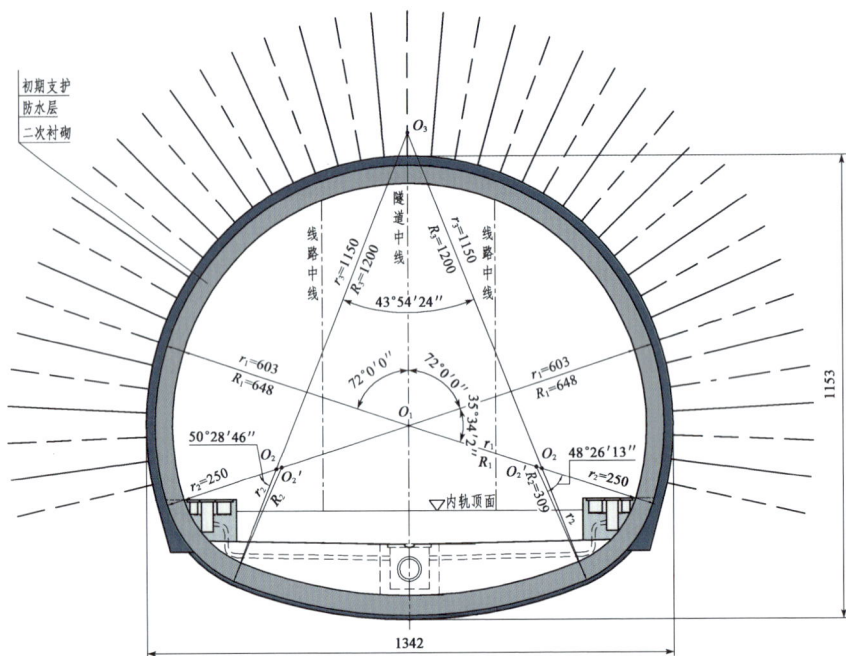

图 10-2　时速 200km 双线铁路隧道断面(尺寸单位:cm)

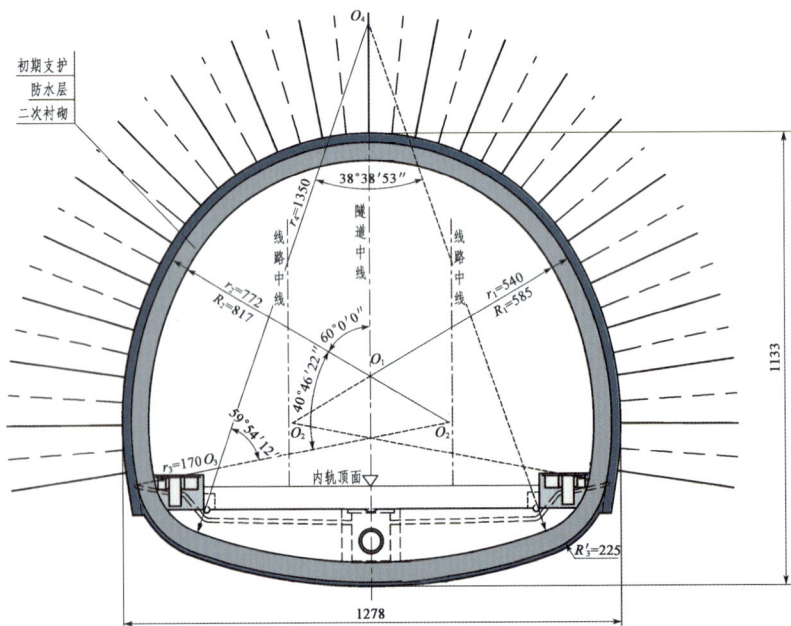

图 10-3　时速 160km 双线铁路隧道断面(尺寸单位:cm)

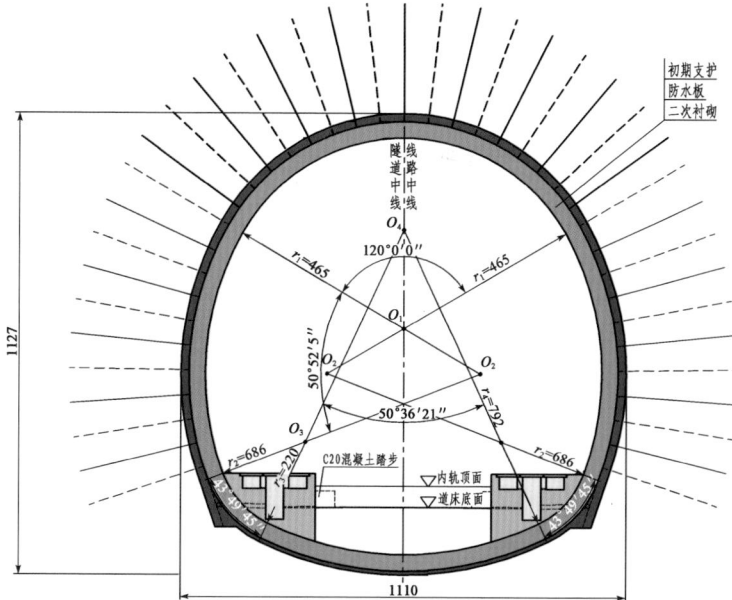

图 10-4　时速 350km 单线铁路隧道断面(尺寸单位:cm)

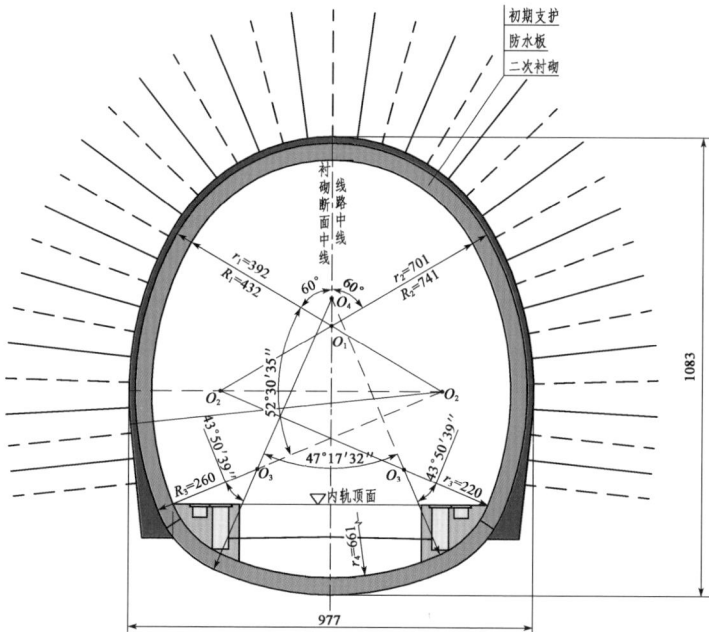

图 10-5　时速 250km 单线铁路隧道断面(尺寸单位:cm)

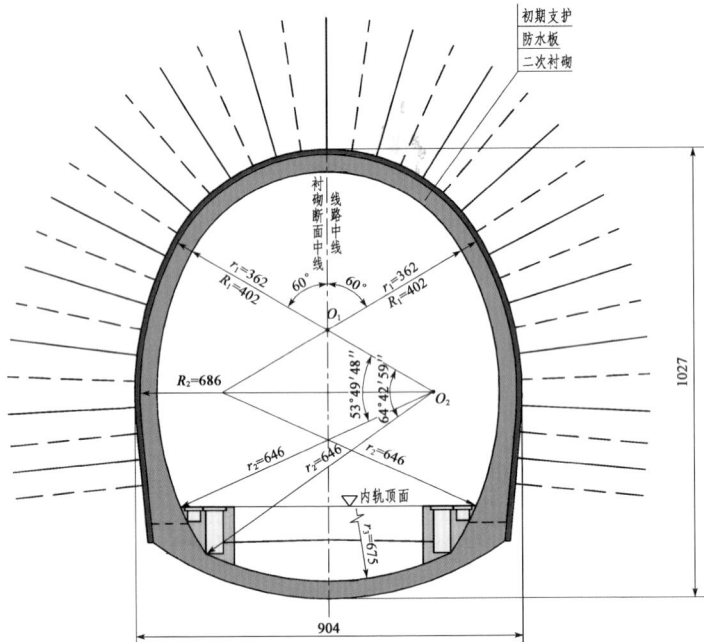

图10-6 时速200km单线铁路隧道断面(尺寸单位:cm)

(2)通用图结构设计的主要原则

①各级围岩均采用复合式衬砌,按新奥法原理设计,支护参数的确定主要采用工程类比法,并辅以结构计算。

②围岩压力参照《铁路隧道设计规范》(TB 10003—2016),其中深埋隧道围岩压力采用该规范中公式(1-1)计算。

③初期支护作为主要承载结构计算,Ⅱ、Ⅲ级围岩二次衬砌作为安全储备,按承受30%围岩压力检算结构强度安全系数;Ⅳ、Ⅴ级围岩按初期支护与二次衬砌共同承载考虑,二次衬砌承受围岩压力的比例分别为50%、70%,并以此检算结构强度安全系数。

④二次衬砌内力采用荷载-结构模型进行计算,采用破损阶段的安全系数法进行强度校核,对素混凝土构件应进行抗裂验算,对钢筋混凝土构件应验算其最大裂缝宽度。

⑤各级围岩的物理力学指标按《铁路隧道设计规范》(TB 10003—2016)中表1-12的中位值采用。

⑥浅埋隧道二次衬砌应及早施作,深埋隧道二次衬砌一般在初期支护变形基本稳定后施作。

⑦施工中加强监控量测,根据监测结果及时调整支护参数。

2)20世纪90年代发布的时速140km单线铁路隧道标准图概况

(1)支护参数与隧道断面

20世纪90年代,铁路主管部门发布了《时速140km单线铁路隧道标准设计图》[78],其中深埋隧道支护参数见表10-2,代表性隧道断面如图10-7~图10-9所示。

时速140km电气化铁路单线隧道支护参数 表10-2

围岩级别			III	IV	V
初期支护	喷射混凝土	拱墙厚度(cm)	6	10	14
		仰拱厚度(cm)	—	—	14
	钢筋网	规格(环、纵)(mm)	—	$\phi8$、$\phi12$	$\phi8$、$\phi12$
		部位	—	拱墙	拱墙
		网格(环×纵)(cm×cm)	—	20×20	20×20
	系统锚杆	长度(m)	3	3	3
		间距(环×纵)(m×m)	1.2×1.0	1.2×1.2	1.0×1.0
	钢架	部位			拱墙
		间距(m)			1
二次衬砌	拱墙	厚度(cm)	25	30	30
		主筋直径(mm)	—	—	18
		间距(mm)	—	—	250
	仰拱	厚度(cm)			30
	底板	厚度(cm)	15	20	—

需要说明的是,《时速140km电气化铁路单线隧道标准图》编制于20世纪90年代,当时采用的材料性能较低,喷射混凝土强度等级为C20,锚杆采用$\phi22$mm、HPB235钢筋,二次衬砌采用C25混凝土。埋深不大于300m时才可适用表10-2中的支护参数。

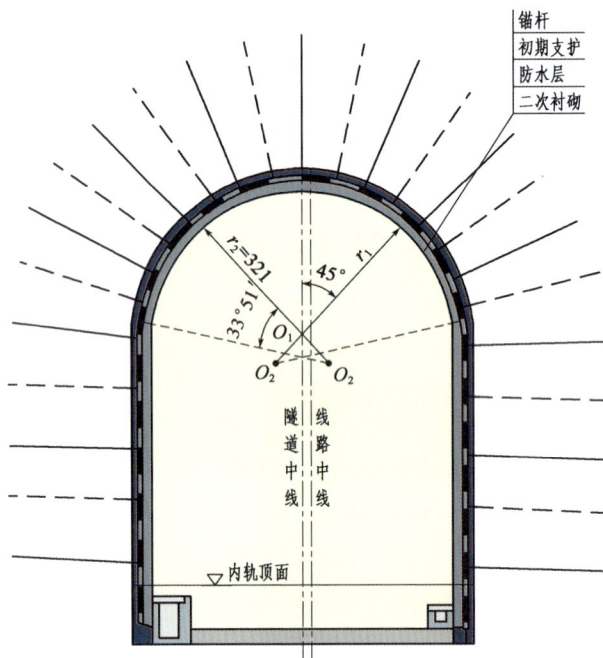

图 10-7　时速 140km Ⅲ级围岩隧道断面(尺寸单位:cm)

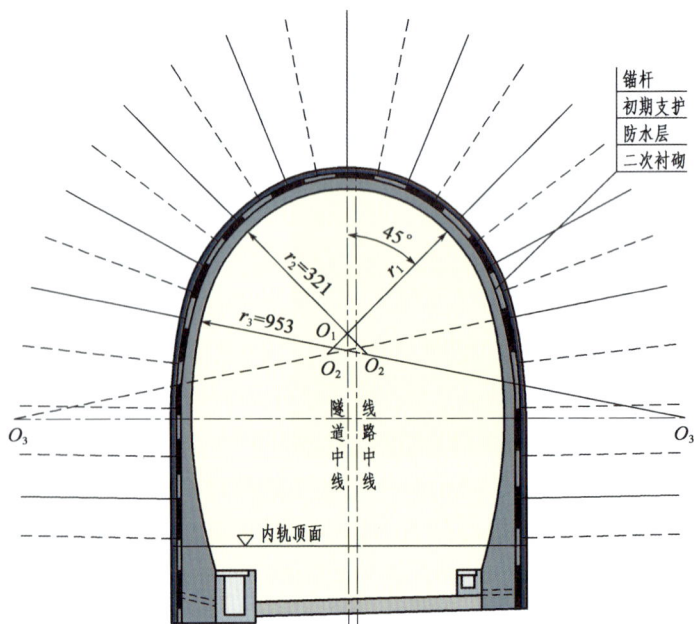

图 10-8　时速 140km Ⅳ级围岩隧道断面(尺寸单位:cm)

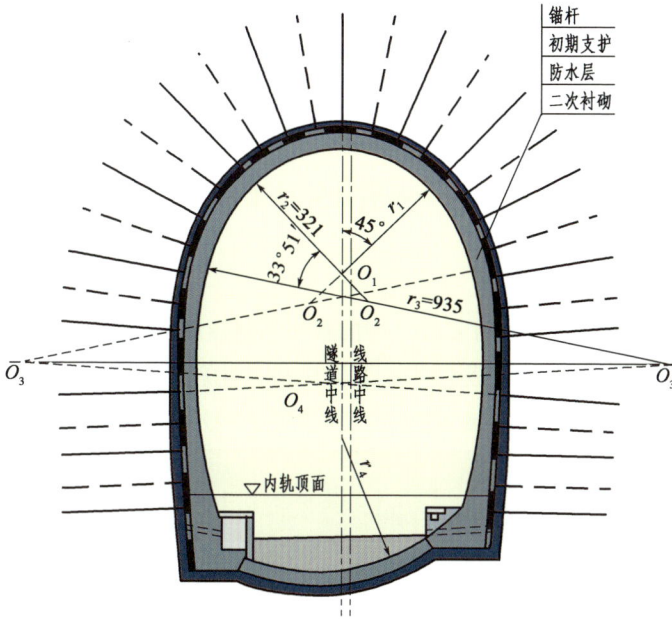

图 10-9　时速 140km V 级围岩隧道断面(尺寸单位:cm)

(2)标准图结构设计的主要原则

①各级围岩均采用复合式衬砌,按新奥法原理设计,支护参数的确定主要采用工程类比法,并辅以结构计算。

②围岩压力按《铁路隧道设计规范》(TB 10003—2016)执行,其中深埋隧道围岩压力采用该规范中公式(1-1)计算。

③初期支护作为主要承载结构计算,II 级围岩的变形很小,且很快趋于稳定,因此二次衬砌不承受围岩压力,主要作用是防水、利于通风和修饰面层;III 级围岩二次衬砌承受不大的围岩压力,但考虑运营后锚杆钢筋锈蚀、围岩松弛区逐渐压密、初期支护质量不稳定等因素,二次衬砌应着重提高支护衬砌的安全度;IV ~ VI 级围岩由于岩体流变、膨胀压力、地下水和列车振动等作用,或由于浅埋、偏压及施工等原因,围岩变形未趋于基本稳定而提前施作二次衬砌,因此二次衬砌是承载结构,要承受较大的后期围岩形变压力。III ~ VI 级围岩二次衬砌承受 30% ~ 50% 围岩压力。

④二次衬砌内力采用荷载-结构模型进行计算。

⑤各级围岩的物理力学指标按《铁路隧道设计规范》(TB 10003—2016)中

299

表1-12的中位值采用。

⑥浅埋隧道二次衬砌应及早施作,深埋隧道二次衬砌一般在初期支护变形基本稳定后施作。

⑦施工中加强监控量测,根据监测结果及时调整支护参数。

10.1.2 双线铁路隧道安全系数计算结果与分析

1)安全系数计算结果

采用总安全系数设计法对表10-1中的双线铁路隧道支护参数的安全系数进行了计算,计算结果见表10-3～表10-6。计算中,围岩物理力学指标按表1-13采用。

时速350km高速铁路双线隧道安全系数计算结果　　　　　表10-3

围岩级别	埋深（m）	喷层	锚岩承载拱		二次衬砌	初期支护（总）	结构（总）	忽略锚杆
			施工期	运营期				
Ⅲ	400	5.76	23.57	31.13	14.02(6.12)	29.33	50.91	19.78
	800	3.20	12.80	17.58	7.83(3.97)	16.00	29.61	12.03
Ⅳ	400	2.96	2.64	4.53	5.08	5.60	12.57	7.04
	800	1.81	1.61	2.77	3.13	3.42	7.71	4.94
Ⅴ	400	1.89	0.93	1.97	3.19	2.82	7.05	5.08
	800	1.15	0.57	1.21	1.98	1.72	4.34	3.13

注:表中括号内数值为受拉抗裂安全系数。

时速250km高速铁路双线隧道安全系数计算结果　　　　　表10-4

围岩级别	埋深（m）	喷层	锚岩承载拱		二次衬砌	初期支护（总）	结构（总）	忽略锚杆
			施工期	运营期				
Ⅲ	400	6.67	24.26	32.23	14.94(6.73)	30.93	53.84	21.61
	800	3.76	13.24	17.15	9.19(4.25)	17.00	31.1	12.95
Ⅳ	400	3.04	2.75	4.71	5.19	5.79	12.94	7.23
	800	1.86	1.68	2.90	3.24	3.54	7.00	5.10
Ⅴ	400	1.89	0.93	2.10	3.64	2.82	7.63	5.53
	800	1.15	0.57	1.29	2.25	1.72	4.69	3.40

注:表中括号内数值为受拉抗裂安全系数。

时速 **200km** 客货共线铁路双线隧道安全系数计算结果　　表 10-5

围岩级别	埋深(m)	喷层	锚岩承载拱		二次衬砌	初期支护(总)	结构(总)	忽略锚杆
			施工期	运营期				
Ⅲ	400	3.26	25.26	34.05	15.90(6.99)	27.52	53.21	19.16
	800	1.69	13.44	17.93	9.92(4.44)	15.13	30.54	11.61
Ⅳ	400	3.16	3.08	5.36	5.77	6.24	14.29	7.93
	800	1.93	1.88	3.32	3.64	3.81	7.89	5.57
Ⅴ	400	2.12	1.08	2.20	3.35	3.2	7.67	5.47
	800	1.29	0.66	1.35	2.08	1.95	4.72	3.37

注:表中括号内数值为受拉抗裂安全系数。

时速 **160km** 客货共线铁路双线隧道安全系数计算结果　　表 10-6

围岩级别	埋深(m)	喷层	锚岩承载拱		二次衬砌	初期支护(总)	结构(总)	忽略锚杆
			施工期	运营期				
Ⅲ	400	7.50	30.50	39.88	15.37(6.70)	38	62.75	22.87
	800	4.11	16.35	22.21	9.57(4.21)	20.46	35.89	13.68
Ⅳ	400	3.15	2.57	4.60	6.13	5.72	13.88	9.28
	800	1.93	1.57	2.83	3.82	3.5	7.58	5.75
Ⅴ	400	1.61	0.79	1.90	3.78	2.4	7.29	5.39
	800	0.98	0.48	1.18	2.36	1.46	4.52	3.34

注:表中括号内数值为受拉抗裂安全系数。

2)安全性分析

由表 10-3～表 10-6 可以看出:

(1)隧道埋深越大,结构安全系数越小。

(2)双线隧道各速度等级通用图的隧道支护结构总安全系数较高,具有一定的优化空间。

(3)对于实际施工中部分工点省略系统锚杆的情况,仅依靠喷层也可以提供一定的安全系数来保证围岩稳定,但总安全系数会降低,这也间接说明了本计算与工程实际基本符合。

10.1.3 单线铁路隧道安全系数计算结果与分析

1)安全系数计算结果

采用总安全系数设计法对表10-1中的单线铁路隧道支护参数和表10-2支护参数的安全系数进行了计算,计算结果见表10-7~表10-11。计算中,围岩的物理力学指标按《铁路隧道设计规范》(TB 10003—2016)中表1-13采用。

时速350km高速铁路单线隧道安全系数计算结果　　　　　　　表10-7

围岩级别	埋深(m)	喷层	锚岩承载拱		二次衬砌	初期支护(总)	结构(总)	忽略锚杆
			施工期	运营期				
Ⅲ	400	4.68(2.16)	31.14	41.73	15.38(6.72)	35.82	61.79	20.06
	800	2.73(1.21)	26.28	36.62	10.19(4.44)	29.01	49.54	12.92
Ⅳ	400	3.56	5.00	7.73	4.69(2.05)	7.56	15.98	7.25
	800	2.21	3.15	4.96	3.04(1.33)	5.36	10.21	5.25
Ⅴ	400	1.99	1.37	3.08	3.95	3.36	9.02	5.94
	800	1.24	0.87	1.99	2.53	2.11	5.76	3.77

注:表中括号内数值为受拉抗裂安全系数。

时速250km高速铁路单线隧道安全系数计算结果　　　　　　　表10-8

围岩级别	埋深(m)	喷层	锚岩承载拱		二次衬砌	初期支护(总)	结构(总)	忽略锚杆
			施工期	运营期				
Ⅲ	400	3.81(1.61)	24.12	33.14	15.33(6.88)	27.93	52.28	19.14
	800	1.84(0.98)	14.44	20.66	10.76(4.73)	16.28	33.26	12.6
Ⅳ	400	0.16	2.38	4.95	5.79(2.53)	2.54	10.9	5.95
	800	0.12	1.49	3.18	3.82(1.66)	1.61	7.12	3.94
Ⅴ	400	1.81	0.69	1.65	4.20	2.5	7.66	6.01
	800	1.12	0.43	1.03	2.64	1.55	4.79	3.76

注:表中括号内数值为受拉抗裂安全系数。

时速 200km 客货共线铁路单线隧道安全系数计算结果　　　表 10-9

围岩级别	埋深(m)	喷层	锚岩承载拱		二次衬砌	初期支护(总)	结构(总)	忽略锚杆
			施工期	运营期				
Ⅲ	400	0.28	22.91	32.40	15.51(7.06)	23.19	47.19	15.79
	800	0.17	14.12	20.76	10.82(4.83)	14.29	31.75	10.99
Ⅳ	400	0.12	2.61	5.60	6.19(2.71)	2.73	11.91	6.31
	800	0.08	1.63	3.63	4.12(1.80)	1.71	7.83	4.2
Ⅴ	400	0.17	0.34	1.25	3.78	0.51	5.2	3.95
	800	0.11	0.21	0.78	2.33	0.32	3.22	2.44

注:表中括号内数值为受拉抗裂安全系数。

时速 160km 客货共线铁路单线隧道安全系数计算结果　　　表 10-10

围岩级别	埋深(m)	喷层	锚岩承载拱		二次衬砌	初期支护(总)	结构(总)	忽略锚杆
			施工期	运营期				
Ⅲ	400	0.55	36.69	53.89	17.32(7.14)	37.24	71.76	17.87
	800	0.37	23.74	36.68	13.00(5.89)	24.11	50.05	13.37
Ⅳ	400	0.17	3.09	6.58	6.50(3.47)	3.26	13.25	6.67
	800	0.11	1.95	4.57	4.89(2.19)	2.06	9.57	5
Ⅴ	400	0.43	0.44	1.14	2.75	0.87	4.32	3.18
	800	0.27	0.28	0.65	1.44	0.55	2.36	1.71

注:表中括号内数值为受拉抗裂安全系数。

时速 140km 单线电气化铁路隧道安全系数计算结果　　　表 10-11

围岩级别	埋深(m)	喷层	锚岩承载拱		二次衬砌	初期支护(总)	结构(总)	忽略锚杆
			施工期	运营期				
Ⅲ	200	0.05	100.6	112.4	9.78	100.65	122.2	5.28
	300	0.04	66.32	75.44	7.57	66.36	83.05	4.07
	400	0.03	53.14	60.65	6.23	53.17	66.91	3.36
Ⅳ	200	0.75	6.31	6.92	1.09	7.06	7.76	1.84
	300	0.54	4.59	4.99	0.73	5.13	6.26	1.27
	400	0.43	3.70	4.03	0.61	4.13	5.07	1.04
Ⅴ	200	0.92	0.94	1.19	0.85	1.86	2.96	1.77

围岩级别	埋深（m）	喷层	锚岩承载拱		二次衬砌	初期支护（总）	结构（总）	忽略锚杆
			施工期	运营期				
V	300	0.65	0.68	0.82	0.51	1.33	1.98	1.16
	400	0.53	0.55	0.62	0.26	1.08	1.41	0.79

2）安全性分析

由表10-7～表10-11可以看出：

（1）在800m埋深时，时速200km的Ⅳ、V级围岩与时速160km的V级围岩单线隧道的总安全系数小于3.0，有必要加固围岩或加强支护。

（2）时速140km单线隧道Ⅲ、Ⅳ级围岩支护参数能够满足300m埋深下的安全系数要求，V级围岩最大适用埋深约200m。

（3）Ⅳ、V级围岩的时速140km单线隧道，锚岩承载拱在总安全系数中的占比较大，如果锚杆施工质量无法保证或耐久性不足，将对结构长期安全性带来不利影响，这与在20世纪修建的隧道中衬砌开裂较多的实际情况基本相符[79]。

（4）在支护参数基本相同的情况下，隧道断面形状对安全系数影响较大，接近圆形的断面（时速350km）要优于瘦高形状的断面（时速200km、160km）。

10.1.4　地下水对结构安全性的影响

1）复合式衬砌防排水系统

我国采用钻爆法施工的铁路隧道一般采用复合式衬砌，根据地下水排放方式的不同，可以分为排水型隧道、防水型隧道两种，其中排水型隧道又分为全排型和限量排放型。

排水型隧道在初期支护与二次衬砌之间设置防排水系统（图10-10），包括防水板、土工布、环向盲管、纵向盲管等。由于期望排水系统能够排出全部地下水，二次衬砌一般不考虑水压力作用。然而，当排水盲管系统完全堵塞或排水不畅时（以下简称"堵塞"），二次衬砌会受到水压力作用。引起排水盲管系统堵塞的原因很多，包括设计排水能力不足、施工不精细、运营中缺少疏通维护等，还需要特别关注地下水本身的化学成分以及地下水对初期支护混凝土的溶蚀作用所带来的盲管堵塞问题。

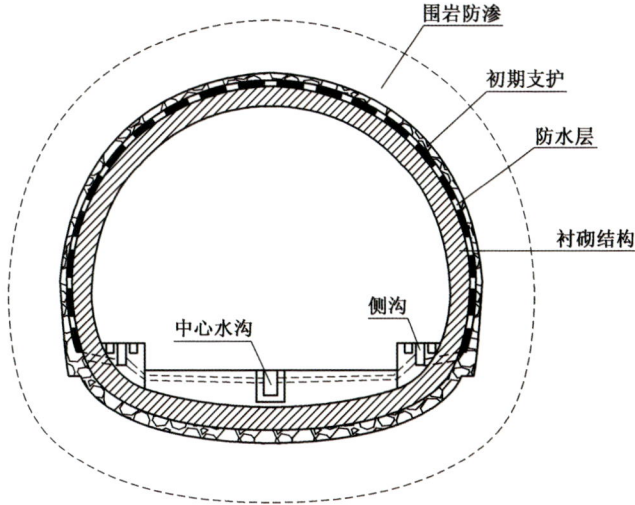

图 10-10　复合式衬砌隧道常用的防排水系统示意图

2）目前衬砌水压力的计算方法

文献［80］~文献［82］基于简化模型（图 10-11）提出了二次衬砌无水压力作用时隧道内排水量 Q 和喷射混凝土外水压力 P 的计算公式，分别见式（10-1）和式（10-2），公式推导中假定围岩、注浆加固圈、喷射混凝土均为各向同性均匀连续介质，隧道为圆形，地下水头很高，设为 H，水流为稳定流，运动规律服从达西定理（Darcy's law）。

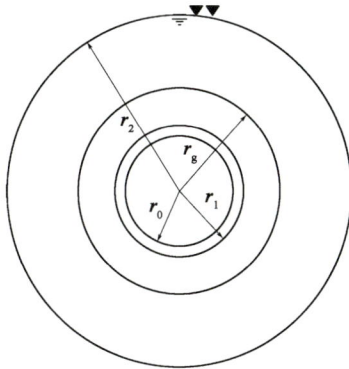

图 10-11　计算隧道排水量及衬砌水压力的简化模型

$$Q = \frac{2\pi H k_\mathrm{r}}{\ln\dfrac{r_2}{r_\mathrm{g}} + \dfrac{k_\mathrm{r}}{k_\mathrm{g}}\ln\dfrac{r_\mathrm{g}}{r_1} + \dfrac{k_\mathrm{r}}{k_1}\ln\dfrac{r_1}{r_0}} \tag{10-1}$$

$$P = \frac{\gamma H \ln\left(\dfrac{r_1}{r_0}\right)}{\ln\dfrac{r_1}{r_0} + \dfrac{k_1}{k_\mathrm{r}}\ln\dfrac{r_2}{r_\mathrm{g}} + \dfrac{k_1}{k_\mathrm{g}}\ln\dfrac{r_\mathrm{g}}{r_1}} \tag{10-2}$$

式中：r_0——衬砌内圈半径；

r_1——衬砌外圈半径；

r_2——远场距离，等于H；

r_g——注浆圈半径；

k_1——衬砌渗透系数；

k_g——注浆圈渗透系数；

k_r——围岩渗透系数；

γ——地下水的重度。

当二次衬砌外表面存在水压力时，设其水头为h_0，按同样的推导容易得出排水量Q_h和喷射混凝土外表面的外水压力P_h，计算公式如下：

$$Q_\mathrm{h} = \frac{2\pi(H - h_0)k_\mathrm{r}}{\ln\dfrac{r_2}{r_\mathrm{g}} + \dfrac{k_\mathrm{r}}{k_\mathrm{g}}\ln\dfrac{r_\mathrm{g}}{r_1} + \dfrac{k_\mathrm{r}}{k_1}\ln\dfrac{r_1}{r_0}} \tag{10-3}$$

$$P_\mathrm{h} = \gamma h_0 + \frac{\gamma(H - h_0)\ln\left(\dfrac{r_1}{r_0}\right)}{\ln\dfrac{r_1}{r_0} + \dfrac{k_1}{k_\mathrm{r}}\ln\dfrac{r_2}{r_\mathrm{g}} + \dfrac{k_1}{k_\mathrm{g}}\ln\dfrac{r_\mathrm{g}}{r_1}} \tag{10-4}$$

式中符号含义同前。

3)二次衬砌水压力纵向分布的简化计算方法[83]

（1）问题的提出

由上文可知，在排水盲管没有完全堵塞时，目前并无具体的公式计算二次衬砌的水压力，因缺少理论支撑设计时对水压力取值的随意性较大。

此外，现有计算公式是基于横断面二维模型得出的，没有考虑排水系统空间效应的影响，可能导致水压力取值偏小或偏大。例如，隧道仅某一段堵塞时,由于地下水可以沿二次衬砌与喷射混凝土之间的排水层(常用土工布或排水板)纵向流动,因而堵塞段实际的水压力会减小,而相邻的无堵塞段的水压力大于 0,如图 10-12a)所示。再如,当堵塞段存在多种围岩和支护结构时,不同地段可能得出不同的水压力折减系数,导致在分界断面处出现水压力突变现象,而实际上因排水层在纵向是贯通的,地下水必然从压力高的地段往压力低的地段流动,造成水压力重分布,如图 10-12b)所示。

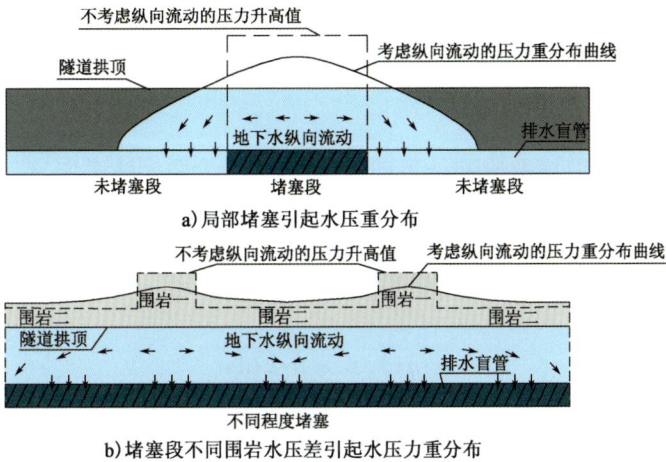

a)局部堵塞引起水压重分布

b)堵塞段不同围岩水压差引起水压力重分布

图 10-12　现有二维模型可能导致的不合理处示意图

(2)考虑纵向流动的水压力简化计算方法

①模型的建立

如图 10-13 所示,假设某堵塞段位于平直段,无纵坡与平曲线,其总长度为 $2L$,其两端点处的水压力为 0,则容易得出:堵塞段的中点部位水压力最高,取为 p_0。再假设堵塞段沿程地下水渗入量为 q_1,盲管系统排水能力为 $q_2(q_2<q_1)$,地下水"余量"为 $q(q=q_2-q_1)$,该地下水"余量"沿初期支护与二次衬砌之间的空间流动;二次衬砌背后排水层的总面积为 A,渗透系数为 k。尽管水流为非恒定流和双向流(纵向流动和环向流动),但为简化分析,仅计算纵向流动,且假设其运动规律服从达西定理。

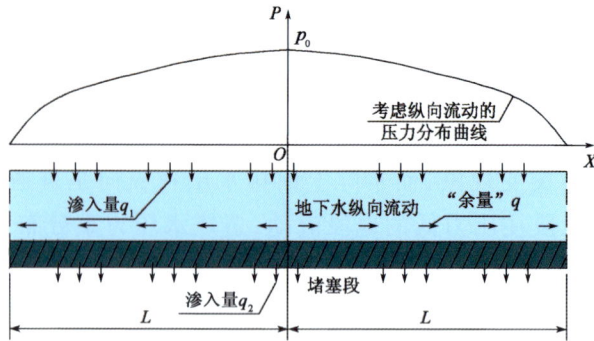

图10-13　考虑纵向流动的水压力简化计算模型

②理论推导

根据对称性,取堵塞段的一半进行分析,取一个微元体考虑,按达西渗流公式,可得到:

$$x \cdot q + q \cdot \mathrm{d}x = -A \cdot k \cdot \mathrm{d}\frac{p}{\mathrm{d}x} \qquad (10\text{-}5)$$

化简后为:

$$x \cdot q \cdot \mathrm{d}x = -A \cdot k \cdot \mathrm{d}p \qquad (10\text{-}6)$$

积分后,得:

$$p(x) = -\frac{1}{2}\frac{q}{A \cdot k}x^2 + C \qquad (10\text{-}7)$$

引入边界条件:$x = 0$时,$p = p_0$;$x = L$时,$p = 0$。则任一位置处的水压力为:

$$p(x) = p_0 - \frac{1}{2}\frac{q}{A \cdot k}x^2 \qquad (10\text{-}8)$$

最大水压力为:

$$p_0 = \frac{1}{2}\frac{q}{A \cdot k}L^2 \qquad (10\text{-}9)$$

可见,堵塞段的最大水压力与该段的地下水"余量"、排水层的总面积及其渗透系数、堵塞段的长度等因素相关。当地下水"余量"、排水层的总面积及其渗透系数为定值时,最大水压力会随堵塞段的长度增加而增加,当需要控制最大水压力不超过设计值时,必须采取措施控制堵塞段的长度。

需说明的是,上述理论推导是基于地下水"余量"为定值的结果,实际上,由于水压力沿程变化,根据式(10-3)和式(10-4),相应各位置处的地下水"余量"也会变化,因而采用式(10-9)计算会有一定的误差,但如果地下水"余量"按堵塞段的端点取值,则计算结果是偏于安全的。

4) 地下水对结构安全性的影响分析

由于排水系统堵塞或者当衬砌背后来水量超出排水系统能力时，将引起二次衬砌背后外水压增高，这是实际运营中经常出现的问题。考虑二次衬砌承受 10m 水压力（墙脚算起），上述隧道的结构安全系数计算结果见表 10-12（其中，时速 140km 单线电气化铁路隧道计算埋深取 300m，其余取 400m）。

水压力对结构安全性影响分析　　　　表 10-12

断面形式	支护类型条件	喷层	锚岩承载拱运营期安全系数		二次衬砌		无水压衬砌总安全系数	10m水头下衬砌总安全系数
			无水压力	10m水压力	无水压力	10m水压力		
时速 350km（双线）	Ⅲ	5.76	31.13	24.05	14.02	0.9	50.91	30.71
	Ⅳ	2.96	4.53	4.56	5.08	5.15	12.57	12.67
	Ⅴ	1.89	1.97	2.02	3.19	3.34	7.05	7.25
时速 350km（单线）	Ⅲ	4.68	41.73	33.02	15.38	2.73	61.79	40.43
	Ⅳ	3.56	7.73	8.72	4.69	6.38	15.98	18.66
	Ⅴ	1.99	3.08	2.96	3.95	3.68	9.02	8.63
时速 250km（双线）	Ⅲ	6.76	32.23	25.39	14.94	2.11	53.93	34.26
	Ⅳ	3.04	4.71	4.78	5.19	5.38	12.94	13.2
	Ⅴ	1.89	2.1	1.97	3.64	3.22	7.63	7.08
时速 250km（单线）	Ⅲ	3.81	33.14	29.93	15.33	9.88	52.28	43.62
	Ⅳ	0.16	4.95	5.43	5.79	6.88	10.9	12.47
	Ⅴ	1.81	1.65	1.43	4.2	3.24	7.66	6.48
时速 200km（双线）	Ⅲ	3.26	34.05	26.05	15.9	1.43	53.21	30.74
	Ⅳ	3.16	5.36	5.33	5.77	5.69	14.29	14.18
	Ⅴ	2.12	2.2	2.18	3.35	3.28	7.67	7.58
时速 200km（单线）	Ⅲ	0.28	32.4	25.54	15.51	4.3	48.19	30.12
	Ⅳ	0.12	5.6	5.62	6.19	6.22	11.91	11.96
	Ⅴ	0.17	1.25	0.87	3.78	2.18	5.2	3.22
时速 160km（双线）	Ⅲ	7.5	39.88	31.4	15.37	1.48	62.75	40.38
	Ⅳ	3.15	4.6	4.56	6.13	6	13.88	13.71

断面形式	支护类型条件	喷层	锚岩承载拱运营期安全系数		二次衬砌		无水压衬砌总安全系数	10m水头下衬砌总安全系数
			无水压力	10m水压力	无水压力	10m水压力		
时速160km（双线）	V	1.61	1.9	1.89	3.78	3.73	7.29	7.23
时速160km（单线）	III	0.55	53.89	40.79	17.32	4.12	71.76	45.46
	IV	0.17	6.58	4.49	6.5	2.61	13.25	7.27
	V	0.43	1.14	0.84	2.75	1.57	4.32	2.84
时速140km（单线）	III	0.04	75.44	71.04	7.57	3.92	83.05	75
	IV	0.75	4.99	4.88	0.73	0.54	6.47	6.17
	V	0.65	0.82	0.75	0.51	0.25	1.98	1.65

图10-14和图10-15分别为时速160km单线铁路隧道二次衬砌无水下作用下和10m水下作用下的内力结果。

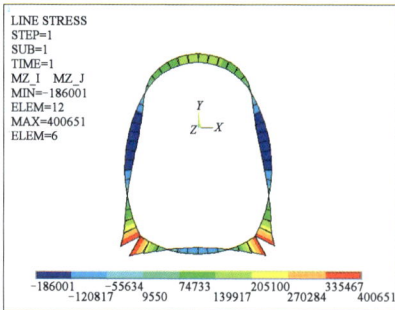

a)弯矩图

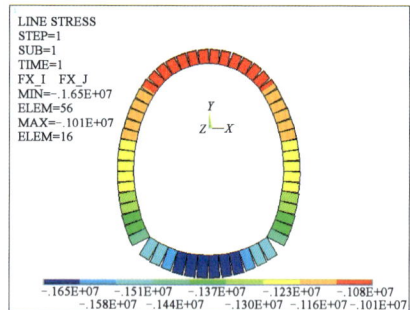

b)轴力图

图10-14 时速160km单线铁路隧道二次衬砌不承受水压力的内力图

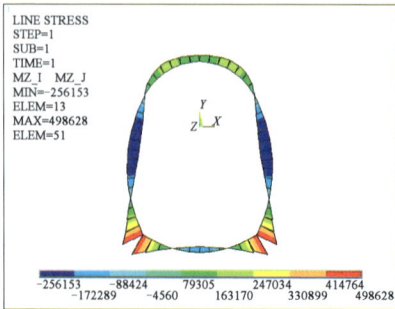

a)弯矩图

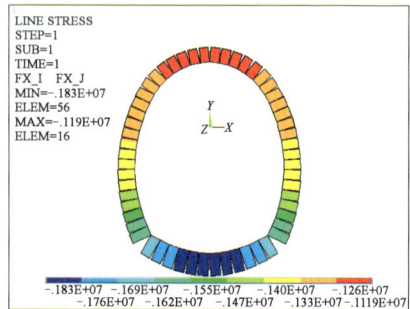

b)轴力图

图10-15 时速160km单线铁路隧道二次衬砌承受10m水压力的内力图

由表10-12、图10-14与图10-15可知：

(1)与无水压状态相比,10m水头作用下二次衬砌安全系数的分布主要呈现出拱部增加而隧底区域降低的趋势,同时在安全系数量值的改变上,单线隧道的减幅更为明显,受力也趋于不利。

(2)时速160km单线铁路隧道在10m水压作用前后边墙弯矩增大了37.6%,而轴力仅相应增加13.8%,边墙偏心距进一步增大。

(3)考虑10m水压作用,时速160km、140km的V级围岩单线隧道的总安全系数均低于3.0,即这两种隧道如果排水系统不畅,衬砌结构开裂的可能性会加大。

10.1.5 20世纪修建的铁路隧道病害现状及与计算结果的对比

铁道部2004年发布了《铁路运营隧道衬砌安全等级评定暂行规定》,其中对我国既有线铁路隧道病害有如下描述。

截至2003年底,全路共有运营隧道6087座,计3247.663km,其中因病害失格的隧道有3739座,占全路运营隧道总座数的61.41%,有的病害相当严重,已危及行车安全。多年来隧道病害失格率居高不下,其主要原因是：

(1)中华人民共和国成立前修建且尚在运营的隧道有565座/153946m,因修建时期不同,标准不同,导致大量隧道衬砌限界不能满足当前的运营需要。

(2)新建隧道设计标准偏低或设计考虑不周。

(3)隧道施工未严格按规范要求进行,遗留问题较多。

(4)增建复线施工,未对邻线隧道结构状态可能产生的影响采取相应措施或采取的措施不当,诱发既有线隧道病害数量上升。

(5)隧道病害检查和检测手段落后,基本沿用眼看尺量的方法,隧道隐蔽病害难以发现,病害整治治标不治本,导致一些隧道病害反复投资整治,花费大量的人力物力,收效不大,从竣工验交就开始整治病害,几十年未断,至今仍是病害失格隧道。

从表10-11和表10-12计算结果看,软弱围岩单线隧道总安全系数偏低,转换为概率极限状态法的观点看,就是失效概率增加,这说明计算与实际状况相符。此外,时速140km单线电化铁路隧道由于锚岩承载拱在总安全系数中的占比较大,而锚杆的耐久性堪忧,出现病害的可能性会随着运营时间的延长而增加。

10.1.6 浅埋与偏压隧道安全系数计算结果与分析

本节以时速350km高速铁路双线隧道为例,对V级围岩浅埋隧道、偏压隧道的安全性进行计算分析。

1)浅埋隧道安全性分析

(1)支护参数

V级围岩浅埋隧道衬砌断面如图1-3所示,支护参数见表10-13。

时速350km双线铁路隧道V级围岩浅埋隧道支护参数　　　　表10-13

适用条件	初期支护					二次衬砌	
	C25喷射混凝土厚度(cm)	系统锚杆(m)		型钢钢架		C35钢筋混凝土厚度(cm)	
		长度 L	间距(环×纵)	类型	间距(m)	拱墙	仰拱
V级围岩浅埋	28	4.0	1.2×1.0	I20a	0.6	50	60

(2)围岩压力计算

《铁路隧道设计规范》(TB 10003—2016)提出了浅埋隧道围岩压力计算模型(图10-16)和计算方法,在采用该规范中表1-13的物理力学指标时,得到的垂直土柱压力为27.3m。

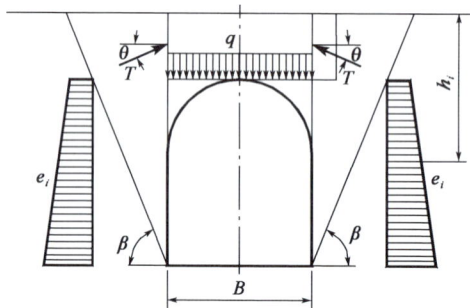

图10-16　浅埋隧道衬砌作用(荷载)计算模型

对于地面基本水平的浅埋隧道,所受的作用(荷载)具有对称性,其计算方法如下:

垂直压力：

$$q = \gamma h \left(1 - \frac{\lambda h \tan \theta}{B} \right) \tag{10-10a}$$

$$\lambda = \frac{\tan\beta - \tan\varphi_c}{\tan\beta\left[1 + \tan\beta(\tan\varphi_c - \tan\theta) + \tan\varphi_c\tan\theta\right]} \tag{10-10b}$$

$$\tan\beta = \tan\varphi_c + \sqrt{\frac{(\tan^2\varphi_c + 1)\tan\varphi_c}{\tan\varphi_c - \tan\theta}} \tag{10-10c}$$

式中：B——坑道跨度(m)；

　　　γ——围岩重度(kN/m³)；

　　　h——洞顶离地面的高度(m)；

　　　θ——顶板土柱两侧摩擦角(°)，为经验数值；

　　　λ——侧压力系数；

　　　φ_c——围岩计算摩擦角(°)；

　　　β——产生最大推力时的破裂角(°)。

水平压力：

$$e_i = \gamma h_i \lambda \tag{10-11}$$

式中：h_i——内外侧任意点至地面的距离(m)。

当 $h < h_a$（h_a 为深埋隧道垂直荷载计算高度）时，取 $\theta=0$，属超浅埋隧道；

当 $h \geqslant 2.5 h_a$ 时，式(10-11)不适用。

（3）计算结果

安全系数计算结果见表 10-14，锚岩承载拱、喷层、二次衬砌的内力计算结果分别如图 10-17 ~ 图 10-19 所示。可见，即使按浅埋隧道最大荷载（深浅埋分界处）计算，支护结构施工期安全系数和运营期安全系数均满足要求，同时具有一定的优化空间。

时速350km双线铁路隧道V级围岩浅埋隧道安全系数计算结果

表 10-14

埋深 (m)	竖直荷载 (kPa)	水平荷载 (kPa)		锚岩承载拱安全系数		喷层安全系数	二次衬砌安全系数	初期支护总安全系数	支护总安全系数	忽略锚杆
		e_{i1}	e_{i2}	施工期	运营期					
20	307	86	140	1.21	1.94	2.21	2.44	3.42	6.59	4.65
36	478	154	208	0.79	1.34	1.44	1.74	2.23	4.52	3.18

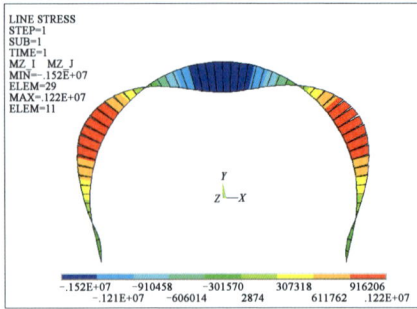

a) 弯矩图（单位：N·m）

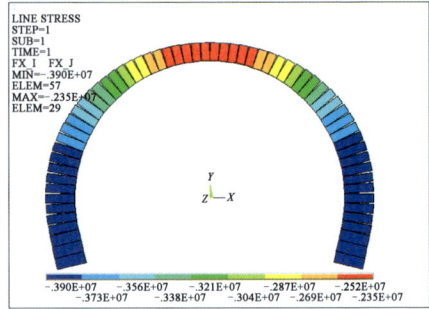

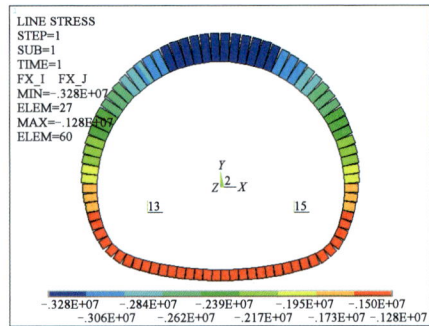

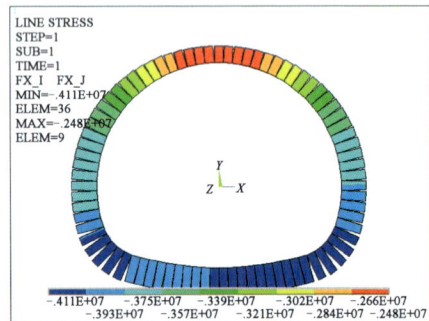

b) 轴力图（单位：N）

图 10-17　V 级围岩浅埋隧道锚岩承载拱内力图（36m 埋深）

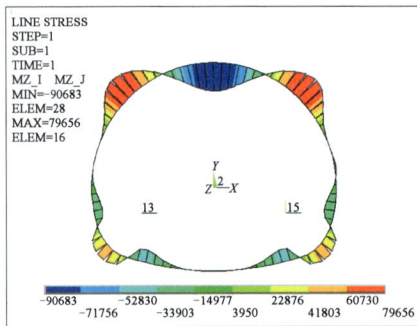

a) 弯矩图（单位：N·m）

b) 轴力图（单位：N）

图 10-18　V 级围岩浅埋隧道喷层内力图（36m 埋深）

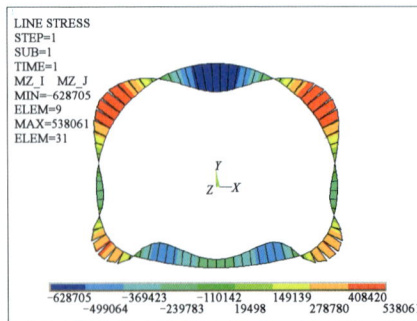

a) 弯矩图（单位：N·m）

b) 轴力图（单位：N）

图 10-19　V 级围岩浅埋隧道二次衬砌内力图（36m 埋深）

2)拱部无锚杆支护的浅埋隧道初期支护安全性分析

（1）衬砌断面与支护参数

浅埋隧道因拱部设置管棚等超前支护,部分工点设计时取消了拱部系统锚杆,形成如图10-20所示的衬砌断面。其支护参数同表10-13,但取消了拱部锚杆。对于该种衬砌断面,需要采用5.5.3节所述计算模型进行安全性分析。

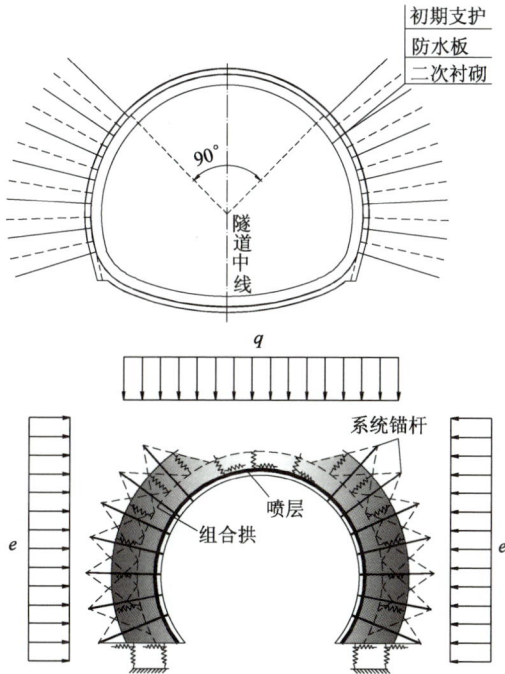

图10-20　拱部无系统锚杆衬砌断面图与相应的计算模型

e-水平压力；q-竖直压力

（2）计算结果

边墙设置系统锚杆处采用围岩与喷层两种材料组成的组合结构进行模拟,拱部无锚杆部位采用单一的喷层结构进行模拟。组合拱模型的内力计算结果见图10-21和图10-22,安全系数计算结果见表10-15。可以得出:

①拱部无锚杆支护的浅埋隧道初期支护控制截面位于无系统锚杆的拱顶区域,喷层为小偏心受压破坏。

②边墙部位为负弯矩区,围岩-喷层组合结构处于小偏心受压状态,安全系数受喷层强度控制。

③20m埋深时,取消拱部锚杆,初期支护安全系数为1.95,满足施工期安全系数要求;36m埋深时,取消拱部锚杆,初期支护安全系数为1.27,安全系数略低。

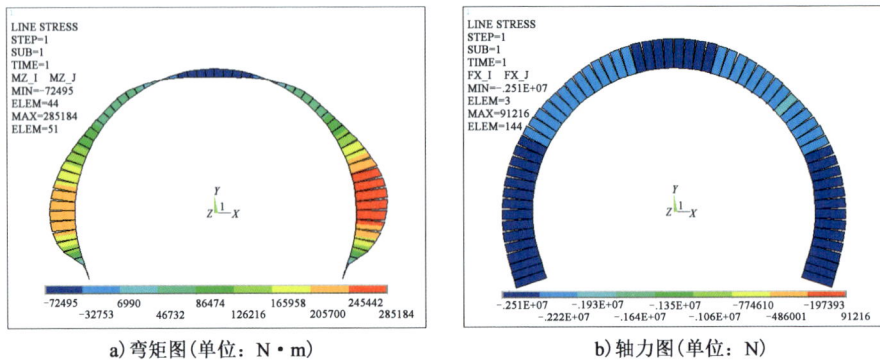

a)弯矩图(单位:N·m)　　　　　　b)轴力图(单位:N)

图10-21　拱部无锚杆支护的浅埋隧道(20m埋深)组合拱模型内力图

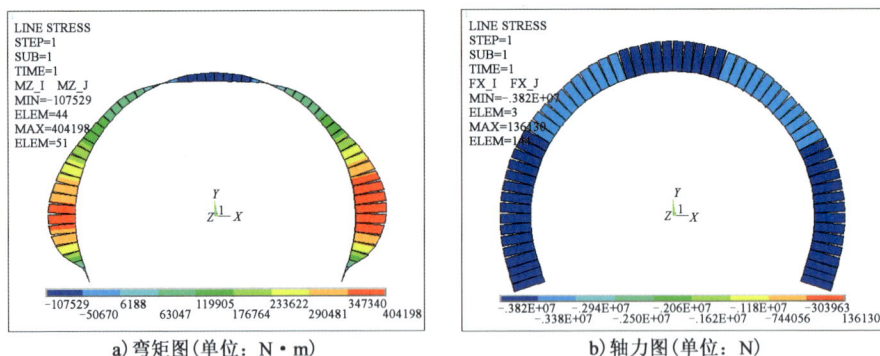

a)弯矩图(单位:N·m)　　　　　　b)轴力图(单位:N)

图10-22　拱部无锚杆支护的浅埋隧道(36m埋深)组合拱模型内力图

拱部无系统锚杆的Ⅴ级围岩浅埋隧道组合拱模型安全系数计算结果

表10-15

埋深	边墙组合拱			拱部喷层		
	安全系数	控制位置	破坏形态	安全系数	控制位置	破坏形态
20m	3.37	边墙	喷层受压破坏	1.95	拱顶	小偏心受压
36m	2.22	边墙	喷层受压破坏	1.27	拱顶	小偏心受压

3）偏压隧道安全性分析

（1）支护参数

V 级围岩偏压隧道衬砌断面见图 1-3，支护参数见表 10-16。

时速 350km 双线铁路隧道 V 级围岩偏压隧道支护参数　　　表 10-16

适用条件	初期支护					二次衬砌	
	C25 喷射混凝土厚度（cm）	系统锚杆（m）		型钢钢架		C35 钢筋混凝土厚度（cm）	
		长度 L	间距（环×纵）	类型	间距（m）	拱墙	仰拱
V 级围岩浅埋	28	4.0	0.8×1.0	I20a	0.5	55	65

（2）围岩压力计算

《铁路隧道设计规范》（TB 10003—2016）提出了偏压隧道围岩压力计算模型（图 10-23）和计算方法。

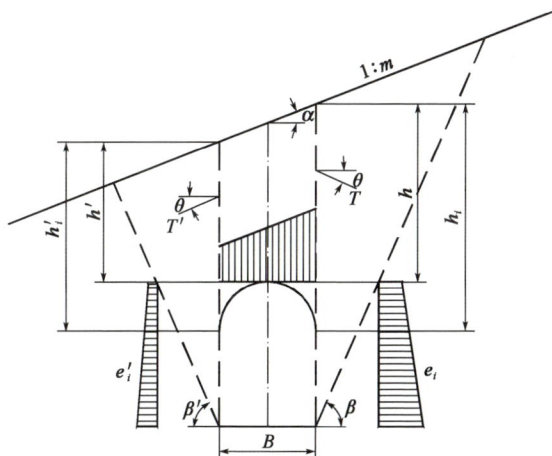

图 10-23　偏压隧道衬砌作用（荷载）计算图式

偏压隧道垂直压力计算方法见式（10-12），并假定偏压分布图形与地面坡度一致。

$$Q = \frac{\gamma}{2} [(h + h')B - (\lambda h^2 + \lambda' h'^2)\tan\theta] \qquad (10\text{-}12)$$

式中：h、h'——内、外侧由拱顶水平至地面的高度（m）；

　　　　B——坑道跨度（m）；

γ——围岩重度(kN/m^3);

θ——顶板土柱两侧摩擦角(°),当无实测资料时,可参考表10-17选取;

λ、λ'——内、外侧的侧压力系数,由式(10-13)~式(10-16)计算:

$$\lambda = \frac{1}{\tan\beta - \tan\alpha} \times \frac{\tan\beta - \tan\varphi_c}{1 + \tan\beta(\tan\varphi_c - \tan\theta) + \tan\varphi_c\tan\theta} \qquad (10\text{-}13)$$

$$\lambda' = \frac{1}{\tan\beta' + \tan\alpha} \times \frac{\tan\beta' - \tan\varphi_c}{1 + \tan\beta'(\tan\varphi_c - \tan\theta) + \tan\varphi_c\tan\theta} \qquad (10\text{-}14)$$

$$\tan\beta = \tan\varphi_c + \sqrt{\frac{(\tan^2\varphi_c + 1)(\tan\varphi_c - \tan\alpha)}{\tan\varphi_c - \tan\theta}} \qquad (10\text{-}15)$$

$$\tan\beta' = \tan\varphi_c + \sqrt{\frac{(\tan^2\varphi_c + 1)(\tan\varphi_c + \tan\alpha)}{\tan\varphi_c - \tan\theta}} \qquad (10\text{-}16)$$

式中:α——地面坡度角(°);

φ_c——围岩计算摩擦角(°);

β、β'——内、外侧产生最大推力时的破裂角(°)。

摩擦角 θ 取值　　　　　　　　　　　　　　　　表10-17

围岩级别	I ~ III	IV	V	VI
θ值	$0.9\varphi_c$	$(0.7 \sim 0.9)\varphi_c$	$(0.5 \sim 0.7)\varphi_c$	$(0.3 \sim 0.5)\varphi_c$

在作用(荷载)下的水平侧压力为:

内侧:

$$e_i = \gamma h_i \lambda \qquad (10\text{-}17)$$

外侧:

$$e_i = \gamma h_i' \lambda' \qquad (10\text{-}18)$$

式中:h_i、h_i'——内、外侧任一点 i 至地面的距离(m)。

本计算取隧道拱顶埋深10m、地面倾斜角度为40°,在采用表1-13中的物理力学指标时,得到围岩压力如图10-24所示。

(3)计算结果

喷层和锚岩承载拱内力计算结果如图10-25和图10-26所示,安全系数计算结果见表10-18。由表10-18可见,所采用的支护参数满足安全要求且总安全系数偏大。

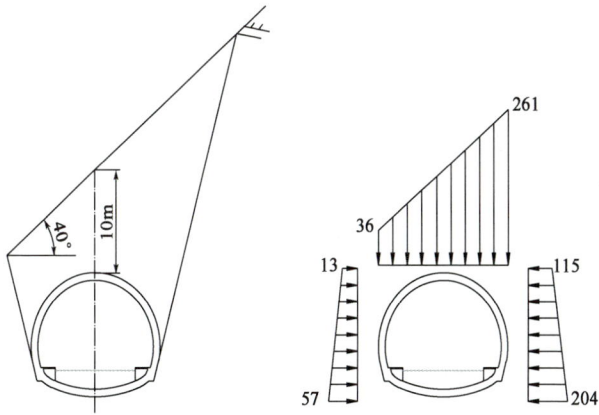

图 10-24 偏压隧道计算案例的围岩压力(单位:kPa)

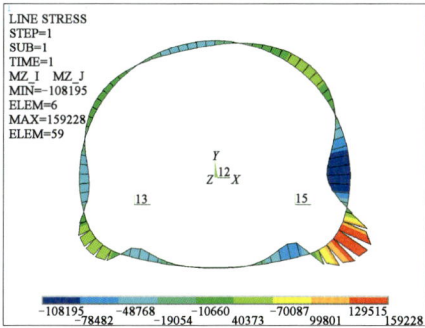

a) 弯矩图(单位：N・m)

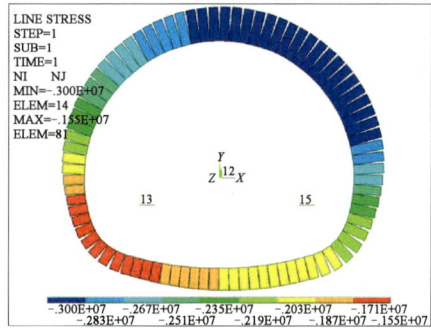

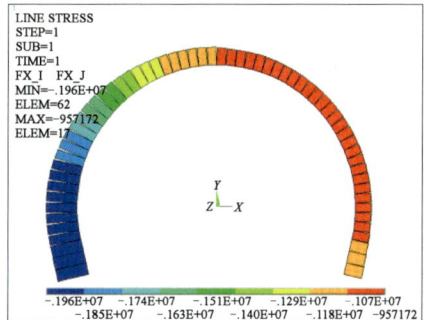

b) 轴力图(单位：N)

图 10-25 偏压隧道喷层内力图

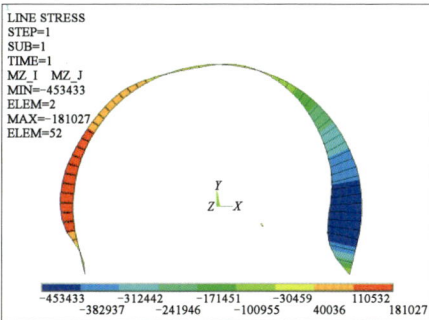

a) 弯矩图(单位：N・m)

b) 轴力图(单位：N)

图 10-26 偏压隧道锚岩承载拱内力图

319

V级围岩偏压隧道安全系数计算结果　　　　　表10-18

锚岩承载拱安全系数		喷层安全系数	二次衬砌安全系数	初期支护总安全系数	支护总安全系数	忽略锚杆
施工期	运营期					
1.65	3.47	1.87	5.63	3.52	10.97	7.50

10.1.7　小结

1)对铁路隧道结构安全性的评价

从上述计算结果看,按以往标准图或通用参考图设计的隧道,安全性具有以下特点:

(1)除时速140km单线电气化铁路隧道在软弱围岩地段(Ⅳ、Ⅴ级围岩)的总安全系数相对较低外,其余隧道的总安全系数偏大,具有一定的优化空间。

(2)隧道总安全系数随围岩级别降低而降低,同时随埋深的加大而降低,因此应特别关注大埋深软弱围岩隧道的长久运营安全。

(3)水压力对单线隧道的不利影响要大于双线隧道,特别是对时速160km、140km单线隧道影响较大,因此应加强此类隧道的排水系统疏通,减小水压力。

(4)时速140km单线电气化铁路隧道标准图中,锚岩承载拱所提供的安全系数在总安全系数中的占比较大,但锚杆的耐久性不足,造成结构开裂的可能性会随运营时间的延长而加大,需要特别关注。

2)对结构安全性设计的建议

(1)目前采用的锚杆在地下水发育地段耐久性可能不足,总安全系数中建议不考虑锚杆的永久作用,或采用耐腐蚀锚杆的同时优化整个支护参数。

(2)20世纪编制的《时速140km单线电气化铁路隧道标准图》明确了其适用埋深不大于300m,而近年来的铁路隧道通用参考图没有类似规定,需要完善。

(3)所有标准图或通用参考图均没有根据埋深区分支护参数,造成不同埋深时的安全系数不同,建议根据不同埋深采用不同的支护参数,使不同地段的结构安全系数基本相当。

（4）地下水对结构的耐久性和安全性影响较大,建议加强隧道排水系统疏通,减小水压力。

（5）隧道断面形状对支护结构的安全系数影响较大,建议根据围岩压力分布形态采取合理的断面形状。

10.2　高速公路隧道的安全性分析

10.2.1　隧道断面与支护参数

1）双向四车道分离式隧道

图10-27～图10-29和表10-19为某高速公路双向四车道分离式隧道深埋段衬砌断面和支护参数。

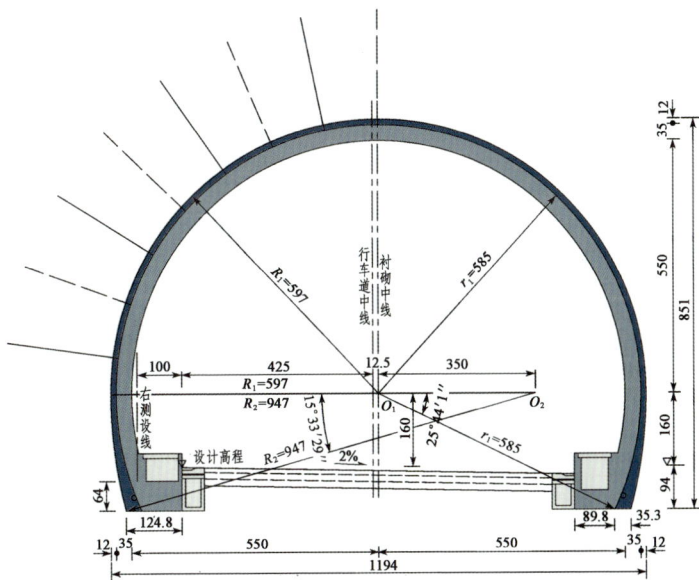

图10-27　双向四车道分离式隧道Ⅲ级围岩衬砌断面(尺寸单位:cm)

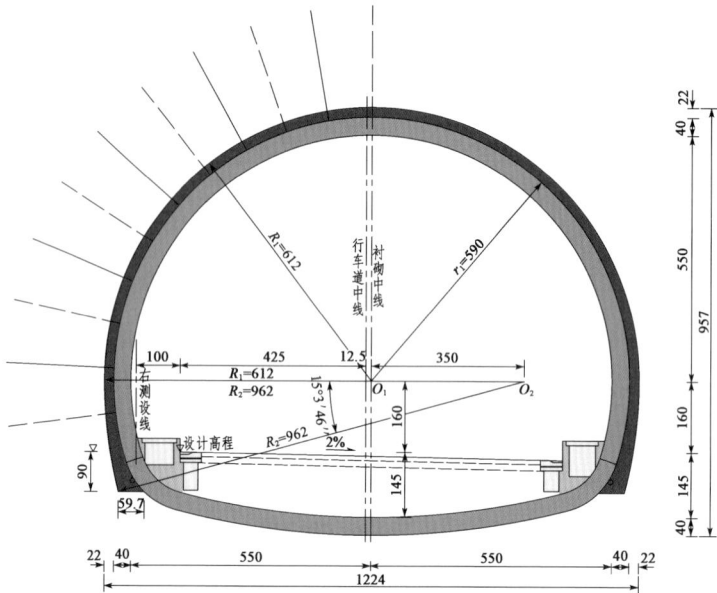

图10-28 双向四车道分离式隧道Ⅳ级围岩衬砌断面(尺寸单位:cm)

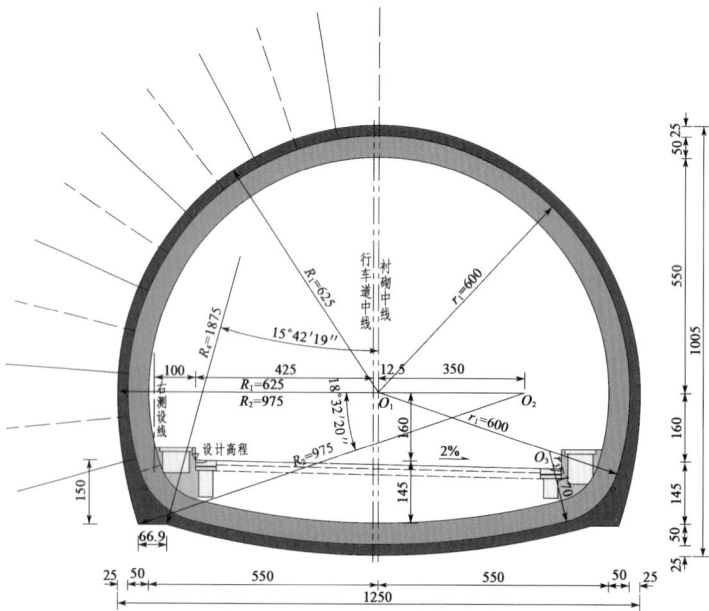

图10-29 双向四车道分离式隧道Ⅴ级围岩衬砌断面(尺寸单位:cm)

双向四车道高速公路分离式隧道深埋段支护参数　　表 10-19

围岩级别	衬砌类型	适用条件	初期支护					二次衬砌	
			C25喷射混凝土厚度(cm)	系统锚杆(m)		型钢钢架		C30 钢筋混凝土厚度(cm)	
				长度	间距(环×纵)	类型	间距(m)	拱墙	仰拱
V级围岩	S5-1	V级围岩深埋	25	3.50	1.0×0.8	I18	0.8	50*	50*
IV级围岩	S4-1	IV级围岩深埋	22	3.00	1.2×1.0	格栅	1.0	40	40
III级围岩	S3	III级围岩	12	3.00	1.2×1.2	—	—	35	—

注:*表示为钢筋混凝土。

2)双向六车道分离式隧道

图 10-30 ~ 图 10-32 和表 10-20 为某高速公路双向六车道分离式隧道深埋段衬砌断面和支护参数。

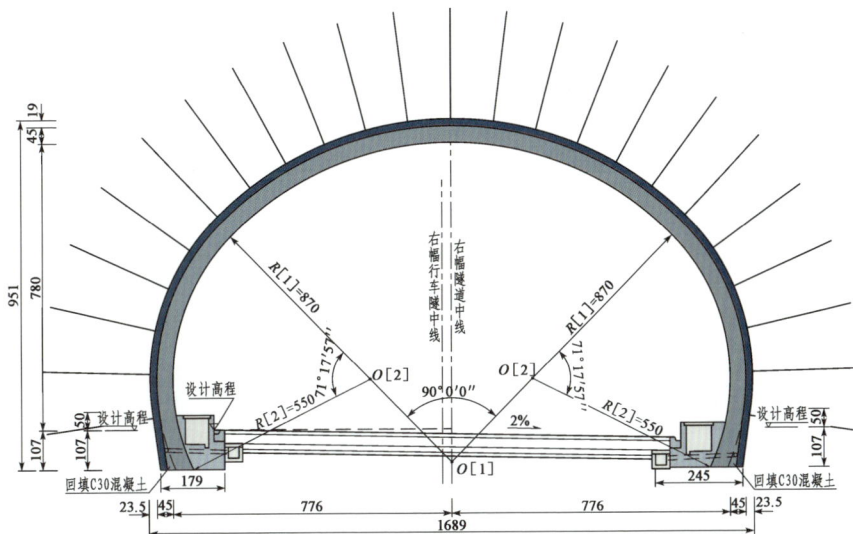

图 10-30　双向六车道分离式隧道III级围岩衬砌断面(尺寸单位:cm)

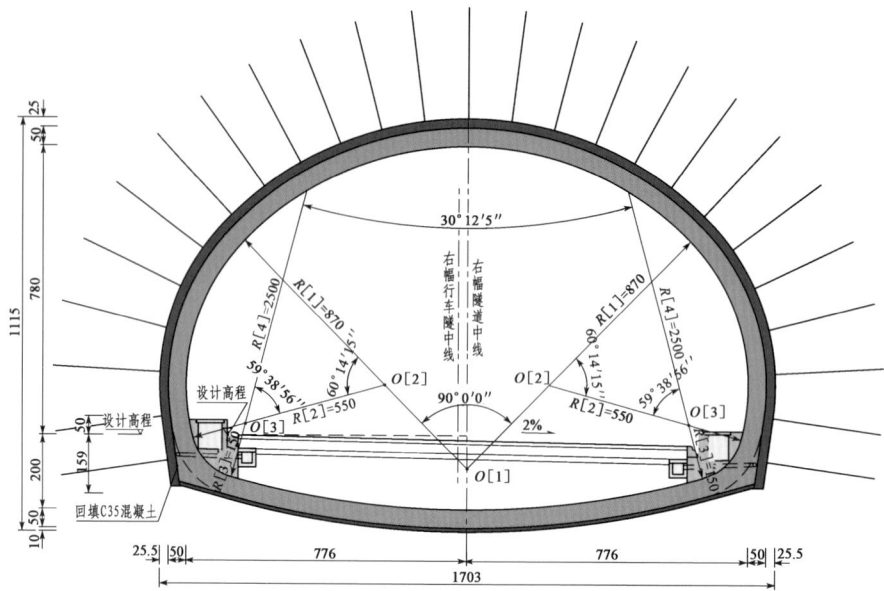

图10-31 双向六车道分离式隧道Ⅳ级围岩衬砌断面(尺寸单位:cm)

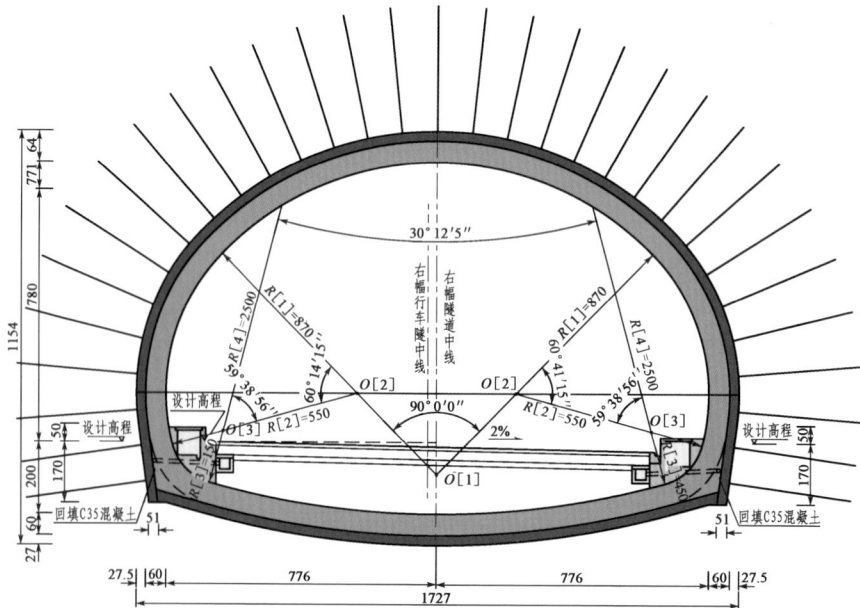

图10-32 双向六车道分离式隧道Ⅴ级围岩衬砌断面(尺寸单位:cm)

双向六车道高速公路分离式隧道深埋段支护参数　　表 10-20

围岩级别	衬砌类型	适用条件	初期支护					二次衬砌	
			C25喷射混凝土厚度（cm）	系统锚杆（m）		·型钢钢架		钢筋混凝土厚度（Ⅳ、Ⅴ级采用C35，Ⅲ级采用C30）	
				长度	间距（环×纵）	类型	间距（m）	拱墙（cm）	仰拱（cm）
Ⅴ级围岩	S5-1	Ⅴ级围岩深埋	27	3.50	1.0×0.7	I20a	0.7	60*	60*
Ⅳ级围岩	S4-1	Ⅳ级围岩深埋	25	3.00	1.0×1.0	I18	1.0	50*	50*
Ⅲ级围岩	S3-1	Ⅲ级围岩(硬岩)	19	3.00	1.2×1.2	格栅	1.2	45	—

注：*表示为钢筋混凝土。

10.2.2　安全系数计算结果与分析

采用总安全系数设计法对上述高速公路隧道支护参数的安全系数进行了计算，计算中的围岩物理力学指标按表 1-13 采用。

1）双向四车道分离式隧道

双向四车道分离式隧道安全系数计算结果见表 10-21。由表可见：

（1）复合式衬砌总安全系数满足要求。

（2）Ⅴ级围岩初期支护在 800m 埋深时无法作为承载主体，但作为临时支护或与二次衬砌共同承载时满足安全系数要求。

（3）总安全系数偏高，即使不考虑锚杆的耐久性，支护参数仍有一定的优化余地。

双向四车道分离式隧道安全系数计算结果　　表 10-21

围岩级别	埋深（m）	喷层安全系数	锚岩承载拱安全系数		二次衬砌安全系数	初期支护总安全系数	结构总安全系数	忽略锚杆
			施工期	运营期				
Ⅲ	400	7.04	35.47	46.59	16.66	43.51	71.29	24.7
	800	4.42	19.06	26.73	11.47	23.48	42.62	15.89
Ⅳ	400	3.57	3.14	3.69	1.50	6.71	7.76	5.07
	800	2.18	1.91	0.96	0.96	4.09	4.1	3.14

围岩级别	埋深(m)	喷层、安全系数	锚岩承载拱安全系数		二次衬砌安全系数	初期支护总安全系数	结构总安全系数	忽略锚杆
			施工期	运营期				
V	400	2.35	1.27	2.62	3.94	3.62	7.91	6.29
	800	1.43	0.77	1.60	2.43	2.2	5.46	3.86

2)双向六车道分离式隧道

双向六车道分离式隧道安全系数计算结果见表10-22。由表可见：

(1)复合式衬砌总安全系数在V级围岩800m埋深时小于3.0,需要加强。

(2)IV级围岩800m埋深和V级围岩400m、800m埋深时,初期支护无法作为承载主体,需和二次衬砌共同承担围岩压力。

(3)V级围岩初期支护安全系数偏低,主要原因是锚杆长度不足。

(4)III级围岩以及埋深不大的IV级围岩,总安全系数偏高,即使不考虑锚杆的耐久性,支护参数仍具有一定的优化余地。

双向六车道分离式隧道安全系数计算结果　　　　表10-22

围岩级别	埋深(m)	喷层安全系数	锚岩承载拱安全系数		二次衬砌安全系数	初期支护总安全系数	结构总安全系数	忽略锚杆
			施工期	运营期				
III	400	5.05	12.53	17.46	11.10	17.58	33.61	16.15
	800	3.19	7.84	11.09	7.30	11.03	21.58	10.49
IV	400	1.90	1.40	2.14	2.86	3.3	6.9	4.76
	800	1.19	0.87	1.35	1.83	2.06	4.37	3.02
V	400	1.17	0.52	0.98	1.92	1.69	4.07	3.09
	800	0.71	0.32	0.61	1.22	1.03	2.54	1.93

10.3　隧道断面形状与支护参数优化研究

采用工程类比法设计时,无法得出不同断面形状对安全性的影响;Q法支护参数选择考虑的断面因素主要是隧道跨度或高度,也无法体现断面形状的差异。为了进一步说明总安全系数法的应用,以下以断面形状较瘦高的时速160km单线铁路隧道和断面形状较扁平的某三车道公路隧道为例,说明断面形状与支护参数的比选。计算中采用的围岩物理力学指标按表1-13采用。

10.3.1　时速160km单线铁路隧道断面形状与支护参数优化

1)断面形状比较

（1）断面形状

对时速160km单线铁路隧道拟定了两种断面形式（图10-33）：断面方案一为在现有铁路隧道通用参考图基础上，对墙脚与仰拱连接处进行了圆顺处理；断面方案二在方案一的基础上将隧道开挖宽度增加1m，减小高宽比。支护参数仍按现通用参考图采用，详见表10-1。

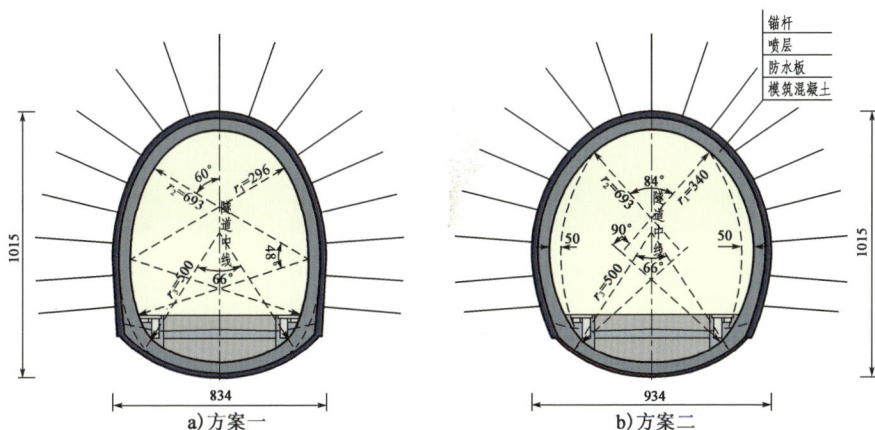

图10-33　时速160km单线铁路隧道两种断面形式（尺寸单位:cm）

（2）安全系数计算结果与分析

采用总安全系数设计法对上述两种断面方案在不同围岩级别条件下的安全系数进行了计算，并采用5.2.4节的模型四对喷层-二次衬砌复合结构破损阶段的荷载比例系数进行了计算，详见表10-23和表10-24。

单线铁路隧道断面方案一安全系数计算结果　　　　　　　表10-23

围岩级别	埋深（m）	喷层安全系数	锚岩承载拱安全系数		二次衬砌安全系数	初期支护总安全系数	结构总安全系数	忽略锚杆	喷层-二次衬砌复合模型破损荷载比例系数
			施工期	运营期					
Ⅲ	400	0.55	36.69	54.74	18.17	37.24	73.46	18.72	34.69
	800	0.37	23.74	37.18	13.50	24.11	51.05	13.87	22.36

围岩级别	埋深(m)	喷层安全系数	锚岩承载拱安全系数		二次衬砌安全系数	初期支护总安全系数	结构总安全系数	忽略锚杆	喷层-二次衬砌复合模型破损荷载比例系数
			施工期	运营期					
IV	400	0.17	3.09	9.05	11.11	3.26	20.33	11.28	13.77
	800	0.11	1.95	5.86	7.30	2.06	13.27	7.41	7.64
V	400	0.43	0.44	1.74	5.09	0.87	7.26	5.52	5.65
	800	0.27	0.28	1.04	2.98	0.55	4.29	3.25	3.55

单线铁路隧道断面方案二安全系数计算结果   表10-24

围岩级别	埋深(m)	喷层安全系数	锚岩承载拱安全系数		二次衬砌安全系数	初期支护总安全系数	结构总安全系数	忽略锚杆	喷层-二次衬砌复合模型破损荷载比例系数
			施工期	运营期					
III	400	0.98	23.93	40.74	22.27 (9.23)	24.91	63.99	23.25	42.86
	800	0.52	16.39	26.03	15.52 (6.85)	16.91	42.07	16.04	26.09
IV	400	0.39	3.03	7.73	9.60 (4.56)	3.42	17.72	9.99	14.28
	800	0.19	1.95	5.03	6.29 (3.10)	2.14	11.51	6.48	7.85
V	400	0.80	0.63	2.67	7.02	1.43	10.49	7.82	10.3
	800	0.49	0.39	1.69	4.47	0.88	6.65	4.96	6.41

注：表中括号内数值为受拉抗裂安全系数。

由表10-23和表10-24可知：

(1)该类型单线铁路隧道断面加宽前后的总安全系数均较高，即使忽略锚杆的作用，安全系数仍大于3.0，可以适当减弱支护参数。

(2)断面加宽后，IV级、V级围岩的总安全系数有较大幅度增加，而III级围岩略有降低。

(3)断面加宽后，V级围岩初期支护安全系数有了明显提高，但无法满足施工期的安全系数要求。

（4）不管断面加宽与否，喷层-二次衬砌复合模型破损荷载比例系数均高出"喷层+二次衬砌"安全系数较多（即表中"忽略锚杆"项），说明支护参数的强度匹配性差，需要其中较弱的支护层多处严重破损后另一支护层才能达到破损状态，存在脆性破坏的可能，需要优化。

（5）当复合结构整体破损时，断面方案一与断面方案二隧道破损阶段变形分别如图 10-34、图 10-35 所示，可以得出断面方案一Ⅲ、Ⅳ、Ⅴ级围岩锚杆的平均应变分别为 1.1‰、1.9‰、2.6‰，断面方案二Ⅲ、Ⅳ、Ⅴ级围岩锚杆的平均应变分别为 1.3‰、2.1‰、2.5‰，两个方案的平均应变均大于 1‰，说明锚杆在结构整体破损阶段可以充分发挥其承载能力。

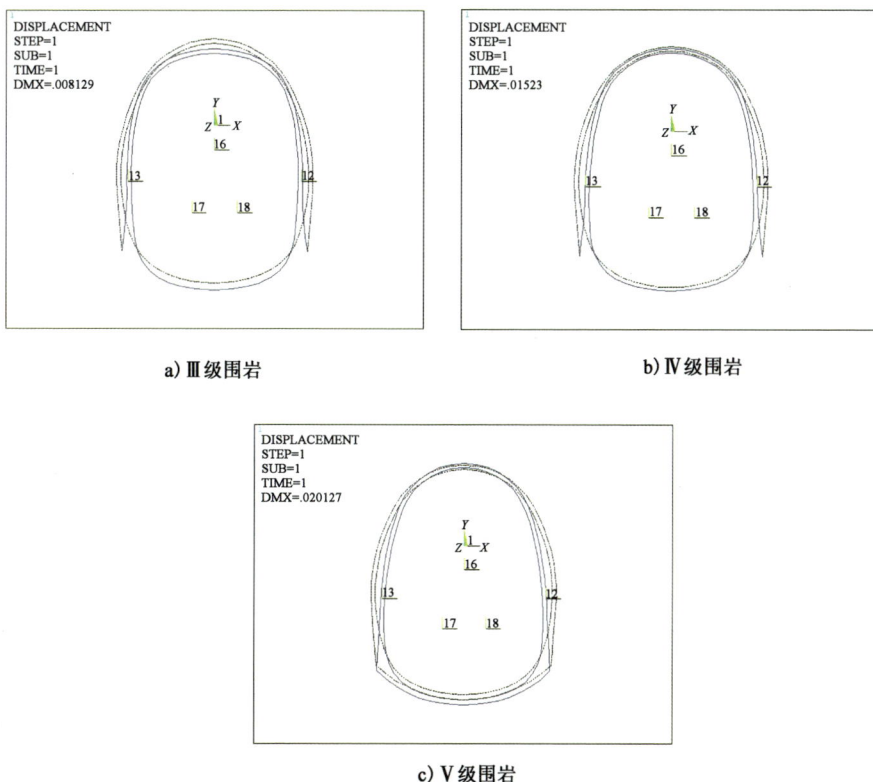

a) Ⅲ级围岩

b) Ⅳ级围岩

c) Ⅴ级围岩

图 10-34 方案一Ⅲ、Ⅳ、Ⅴ级围岩隧道破损阶段变形图

a) Ⅲ级围岩

b) Ⅳ级围岩

c) Ⅴ级围岩

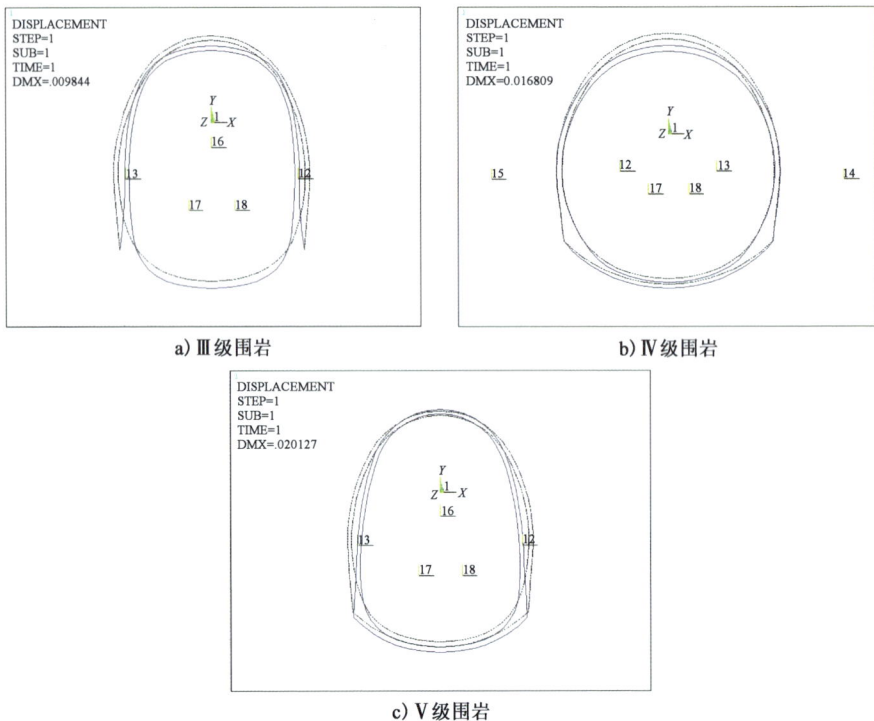

图10-35　方案二Ⅲ、Ⅳ、Ⅴ级围岩隧道破损阶段变形图

2) Ⅴ级围岩隧道断面形状与支护参数优化方案对比

（1）隧道断面形状与支护参数方案

对时速160km单线铁路隧道Ⅴ级围岩拟定了两种断面形式、三种支护参数方案,两种断面形式分别如图10-33所示,三种支护方案在Ⅴ级围岩条件下的支护参数见表10-25。

时速160km单线铁路隧道支护参数　　　　　　　　　表10-25

支护方案	喷射混凝土		系统锚杆		钢架	二次衬砌		
	拱墙厚度(cm)	仰拱厚度(cm)	长度(m)@间距(m×m)	直径(mm)	规格/部位/间距(m)	拱墙厚度(cm)	仰拱厚度(cm)	配筋形式(mm)
方案一、方案二	23	10	3.0@1.2×1.0	22	格栅/拱墙/1.0	45*	45*	φ20@250

续上表

支护方案		喷射混凝土		系统锚杆		钢架	二次衬砌		
		拱墙厚度（cm）	仰拱厚度（cm）	长度(m)@间距(m×m)	直径（mm）	规格/部位/间距(m)	拱墙厚度（cm）	仰拱厚度（cm）	配筋形式（mm）
方案三	400m	23	10	4.0@1.2×1.0	25	格栅/拱墙/1.0	30	30	—
	800m	28	15	4.5@1.0×1.0	25	格栅/拱墙/1.0	30	30	—

注:支护方案一、方案二的二次衬砌采用C35钢筋混凝土,支护方案三采用C30素混凝土。

支护方案一:隧道开挖宽度8.34m,高度10.15m,高跨比1.22,如图10-33a)所示;

支护方案二:隧道开挖高度10.15m(与方案一相同),但开挖宽度增加1m,高跨比变为1.09,如图10-33b)所示;

支护方案三:断面形状与方案二相同,但支护参数不同。

支护方案一、方案二采取相同的支护参数,支护方案三断面形状与方案二相同,但根据总安全系数法对支护参数进行了调整,拟定了400m、800m埋深的两种支护参数。

(2)安全系数计算结果与分析

计算所得的安全系数见表10-26,可以得出:

①支护方案二与支护方案一相比,支护参数相同,但高跨比由1.22降低至1.09,总安全系数大幅提高,说明断面形状对支护结构的安全性具有显著影响。

②支护方案一与支护方案二的初期支护安全系数均偏低,无法满足施工期安全系数要求,二次衬砌需要及时施作。

③支护方案三在支护方案二的基础上,根据埋深设置了不同的支护参数,在总安全系数满足要求的前提下,减小了二次衬砌的安全冗余并提高了初期支护的安全系数,具有更为合适的安全性与经济性。

单线铁路隧道两种断面与三种支护参数方案安全系数　　表 10-26

方案	埋深(m)	喷层安全系数	锚岩承载拱安全系数		二次衬砌安全系数	初期支护总安全系数	结构总安全系数	忽略锚杆	喷层-二次衬砌复合模型破损荷载比例系数
			施工期	运营期					
方案一	400	0.43	0.44	1.74	5.09	0.87	7.26	5.52	5.65
	800	0.27	0.28	1.04	2.98	0.55	4.29	3.25	3.55
方案二	400	0.80	0.63	2.67	7.02	1.43	10.5	7.82	10.3
	800	0.49	0.39	1.69	4.47	0.88	6.65	4.96	6.41
方案三	400	0.80	1.12	3.31	4.49	1.92	7.6	5.29	6.21
	800	0.76	1.06	2.67	2.83	1.82	6.35	3.59	4.06

（3）喷层-二次衬砌复合结构模型分析

采用喷层-二次衬砌复合结构承载力模型分析表明,三种支护方案均是喷层先于二次衬砌破坏,喷层为墙脚区域小偏心受压破坏;支护方案一的二次衬砌破坏位置位于墙脚区域,大偏心受压破坏;支护方案二与支护方案三的二次衬砌破坏位置位于边墙,小偏心受压破坏,说明断面调整改善了结构的受力状态。

根据表 10-26 给出的喷层-二次衬砌复合结构破损阶段的荷载比例系数与喷层、二次衬砌的总安全系数对比结果,可以得出:

①支护方案一和支护方案三(两种埋深)复合结构整体破坏阶段的荷载比例系数 K_d 仅比 $K_2 + K_3$(喷层+二次衬砌总安全系数)略高,分别高出 2%～9%(方案一)、17%(方案三 400m 埋深)、13%(方案三 800m 埋深),说明喷层与二次衬砌具有较好的强度匹配关系。

②支护方案二总安全系数过高,且整体破坏阶段的荷载比例系数 K_d 比 $K_2 + K_3$(喷层+二次衬砌总安全系数)高出较多(达 29%～32%),说明初期支护与二次衬砌的匹配不合理,主要是二次衬砌过强,需要优化。

③安全系数相加的方法为整体结构的优化设计提供了一个目标函数,并可通过喷层-二次衬砌复合结构承载力模型进行具体验证与优化。

10.3.2　三车道公路隧道断面形状与支护参数优化

1)三车道公路隧道断面形状与支护参数

对我国某三车道公路隧道拟定了方案一和方案二两种断面形式,分别如

图 10-36a）和图 10-36b）所示，方案一的Ⅳ级围岩断面开挖跨度 17.27m，高度 11.54m，高跨比 0.67；方案二的开挖跨度与方案一相同，但开挖高度增加 1m，高跨比变为 0.73。两种断面形式采取相同的支护参数，见表 10-27。

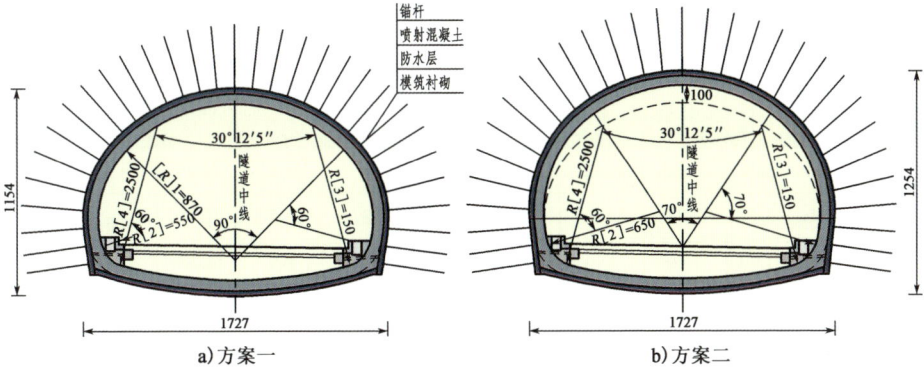

图 10-36　三车道公路隧道两种断面形式（尺寸单位：cm）

三车道公路隧道支护参数　　　　　　　　　　　　　表 10-27

围岩等级	喷射混凝土		系统锚杆	钢架	二次衬砌		
	拱墙厚度（cm）	仰拱厚度（cm）	长度（m）@ 间距（m×m）	规格/部位/ 间距（m）	拱墙厚度（cm）	仰拱厚度（cm）	配筋形式（mm）
Ⅲ	19	—	3.0@1.2×1.2	格栅/拱墙/1.2	45	—	—
Ⅳ	25	10	3.0@1.0×1.0	I18/全环/1.0	50*	50*	φ22@200
Ⅴ	27	27	3.5@1.0×0.7	I20a/全环/0.7	60*	60*	φ25@200

注："*"表示钢筋混凝土。

2）安全系数计算结果与分析

计算所得的安全系数见表 10-28 和表 10-29，可以得出：

（1）隧道埋深越大，结构的安全系数越小。

（2）埋深较大的Ⅴ级围岩，两种方案初期支护的安全系数与总安全系数均偏低，需要加固围岩或者强化支护参数。

（3）Ⅲ级围岩以及埋深不大的Ⅳ级围岩，总安全系数偏高，即使不考虑锚杆永久支护作用，支护参数仍具有一定的优化余地。

（4）两种方案Ⅴ级围岩的施工期安全系数均小于 1.8，需要及时施作二次衬砌或加固围岩,以保证施工期的安全性。

(5)方案二的断面形式更为圆顺,结构受力状态得到改善,安全系数略高于方案一,但扩挖会导致经济性欠佳,故对三车道公路隧道来说方案一更为合理。

三车道公路隧道(方案一)安全系数　　　　　　表10-28

围岩级别	埋深(m)	喷层安全系数	锚岩承载拱安全系数		二次衬砌安全系数	初期支护总安全系数	结构总安全系数	忽略锚杆	荷载比例系数
			施工期	运营期					
Ⅲ	400	5.05	12.53	17.46	11.10	17.58	33.61	16.15	16.70
	800	3.19	7.84	11.09	7.30	11.03	21.58	10.49	10.51
Ⅳ	400	1.90	1.40	2.14	2.86	3.3	6.9	4.76	5.27
	800	1.19	0.87	1.35	1.83	2.06	4.37	3.02	3.28
Ⅴ	400	1.17	0.52	0.98	1.92	1.69	4.07	3.09	3.71
	800	0.71	0.32	0.61	1.22	1.03	2.54	1.93	2.31

三车道公路隧道(方案二)安全系数　　　　　　表10-29

围岩级别	埋深(m)	喷层安全系数	锚岩承载拱安全系数		二次衬砌安全系数	初期支护总安全系数	结构总安全系数	忽略锚杆	荷载比例系数
			施工期	运营期					
Ⅲ	400	6.37	17.77	24.00	13.74	24.14	44.11	20.11	25.45
	800	3.32	9.55	13.33	7.34	12.87	24.99	11.66	13.76
Ⅳ	400	1.99	1.52	2.36	3.16	3.51	7.51	5.15	5.85
	800	1.21	0.92	1.45	1.98	2.13	4.64	3.19	3.55
Ⅴ	400	1.19	0.55	1.05	1.99	1.74	4.23	3.18	3.99
	800	0.72	0.33	0.64	1.23	1.05	2.59	1.95	2.42

3)喷层-二次衬砌复合结构模型分析

采用喷层-二次衬砌复合结构承载力模型对结构受力特征的分析表明:

(1)喷层控制截面位于拱顶位置,小偏心受压破坏。

(2)锚岩承载拱模型中,两种方案的控制截面均为拱脚位置。

(3)二次衬砌主要由拱脚控制,其次为拱顶和墙脚,断面加高1m后,拱部的破坏特征由大偏心受压变为小偏心受压破坏。

表10-28和表10-29给出了喷层-二次衬砌复合结构破损阶段的荷载比例系

数与喷层、二次衬砌的总安全系数对比结果,可以得出:

(1)两种断面方案均为喷层先于二次衬砌达到破坏状态。

(2)喷层-二次衬砌复合结构整体破损阶段的荷载比例系数K_d基本等于或略高K_2+K_3(喷层+二次衬砌总安全系数),说明喷层与二次衬砌的强度匹配关系较为合理。

(3)当复合结构达到整体破损时,方案一与方案二隧道破损阶段变形分别如图10-37、图10-38所示。可以得出方案一Ⅲ、Ⅳ、Ⅴ级围岩锚杆的平均应变分别为2.8‰、4.6‰、4.1‰,方案二Ⅲ、Ⅳ、Ⅴ级围岩锚杆的平均应变分别为3.1‰、5.2‰、4.5‰,两个方案的平均应变均大于1‰,说明锚杆在结构整体破损阶段可以充分发挥其承载能力。

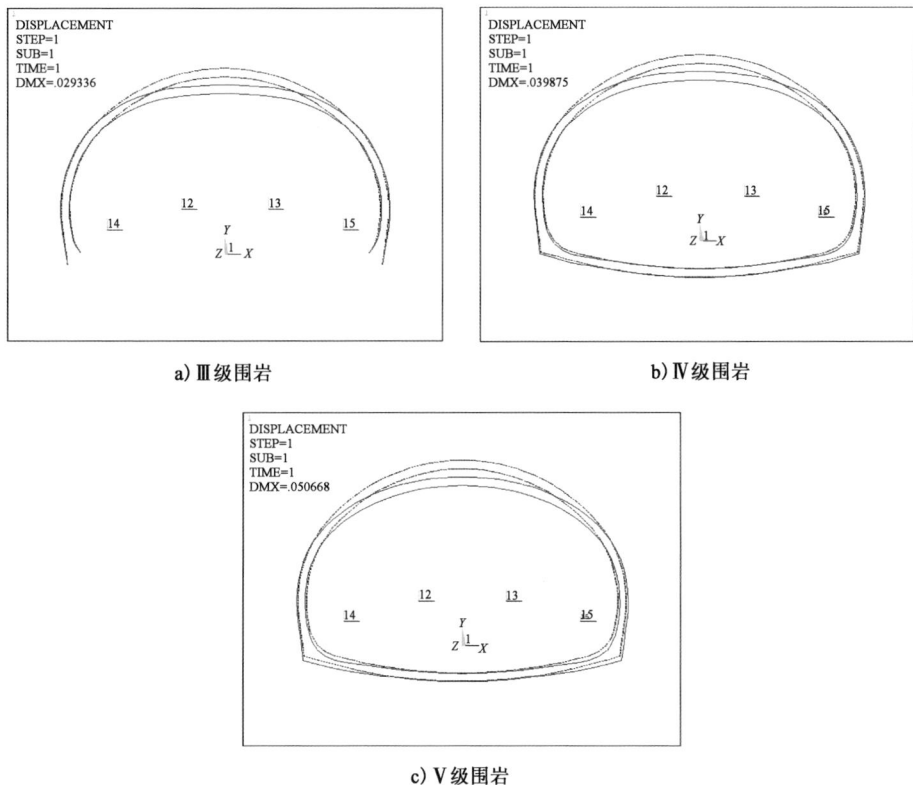

a)Ⅲ级围岩

b)Ⅳ级围岩

c)Ⅴ级围岩

图10-37　方案一Ⅲ、Ⅳ、Ⅴ级围岩隧道破损阶段变形图

a) Ⅲ级围岩

b) Ⅳ级围岩

c) Ⅴ级围岩

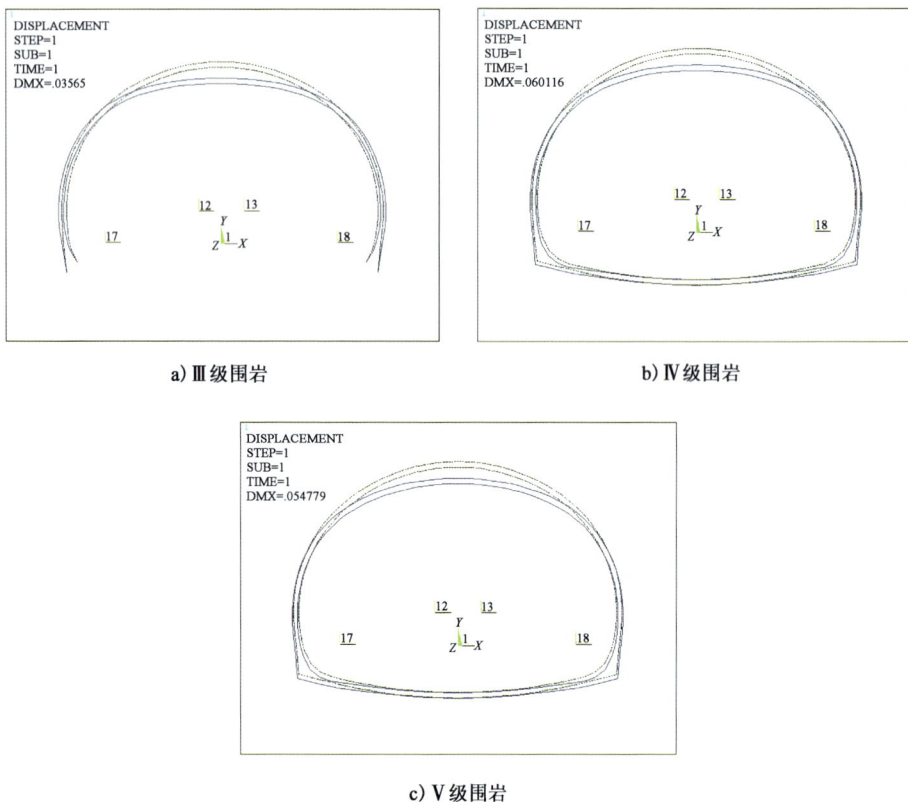

图10-38　方案二Ⅲ、Ⅳ、Ⅴ级围岩隧道破损阶段变形图

10.3.3　小结

本节以断面形状较瘦高的时速160km单线铁路隧道和断面形状较扁平的某三车道公路隧道为例,对断面形状对结构的安全性影响进行了研究。结果表明:断面形状可显著影响安全系数,因此在支护参数一定的条件下,应根据围岩压力分布形态选择合理的断面形状。总安全系数法可以用于隧道断面形式与支护参数的精细比选,克服了工程类比法和Q法等方法不能体现隧道断面形状差异的缺点。

10.4　高地应力软岩大变形隧道支护参数计算

10.4.1　软岩大变形围岩压力分析

1)《铁路挤压性围岩隧道技术规范》(Q/CR 9512—2019)[84]

我国《铁路挤压性围岩隧道技术规范》(Q/CR 9512—2019)提出:挤压性围岩隧道结构上的围岩压力可参考类似工程实测结果取值,当无类似工程实测结果时,可按式(10-19)和式(10-20)及表10-30计算围岩压力,施工中应结合实测数据进行调整。

垂直均布压力:

$$q = 0.191 \times B^{0.15} \times e^{0.445S - \frac{35}{H}} \tag{10-19}$$

式中:q——垂直均布压力(MPa);

B——隧道开挖跨度(m);

H——隧道埋深(m);

S——挤压性围岩变形等级,S=1、2、3对应挤压性围岩变形等级一、二、三,勘察设计阶段按变形潜势判定变形等级取值,在施工阶段根据实测变形量确认的大变形等级进行修正;

e——自然常数。

水平均布压力:

$$e = \lambda q \tag{10-20}$$

式中:e——水平均布压力(MPa);

λ——侧压力系数,按表10-30取值。

侧压力系数取值　　　　　　　　　　　　　　　表 10-30

挤压性围岩变形等级	一	二	三
λ	0.50 ~ 0.75	0.75 ~ 1.00	>1.0

注:λ取值与洞室高跨比有关。对高跨比较大的马蹄形或椭圆形单线隧道,λ取表中较小值;对于高跨比近似等于1的双线隧道和圆形(或近似圆形)隧道,λ取表中较大值。水平地应力比较大时,可根据实际情况调整。

2)总安全系数设计法围岩压力设计值

按照第4章围岩压力设计值计算方法,计算最小支护力 P_{imin},"荷载调整系数"k_t取2.0,且调整后的取值不宜大于无支护状态下塑形区范围围岩自重荷载。

按第4章围岩压力设计值简便算法的理论解计算时,采用45°位置处的塑性区深度自重作为顶部围岩压力设计值的基本值,基本值乘以调整系数后作为围岩压力设计值的近似值。

$$R_{pd} = R_0 \left\{ \frac{(p_0 + c \cot\varphi)(1 - \sin\varphi)}{P_i + c \cot\varphi} \right\}^{\frac{1 - \sin\varphi}{2\sin\varphi}} \quad (10\text{-}21)$$

式中:R_{pd}——支护力P_i=0时,45°位置处隧道塑性区半径(m);

$\quad R_0$——隧道开挖半径(m);

$\quad p_0$——围岩初始应力(kPa);

$\quad P_i$——支护力(kN);

$\quad c$——围岩黏聚力(kPa);

$\quad \varphi$——围岩内摩擦角(°)。

3)不同围岩压力计算方法与实测值的对比

①不同围岩压力计算方法对比

当隧道开挖跨度为15.8m时(取兰渝铁路木寨岭隧道岭脊段开挖跨度[85]),按规范公式(10-19)得到的围岩压力如图10-39所示,无支护状态塑性区等效荷载以及围岩压力设计值(k_t=20)计算结果如图10-40所示,根据4.3.1节要求,当围岩压力计算值大于无支护状态塑性区等效荷载时,可以取无支护状态塑性区等效荷载。图10-40中,围岩物理力学参数按表1-13采用,并考虑高地应力软岩的特点,黏聚力折减70%。

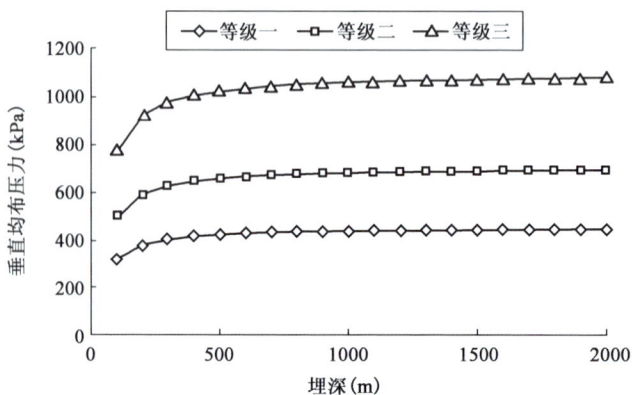

图10-39　规范公式(10-19)得到的围岩压力

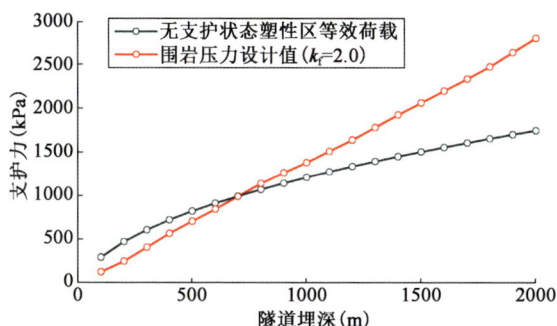

图10-40 围岩压力设计值简便算法理论解得到的围岩压力

由图10-39可见,采用规范公式(10-19)计算围岩压力时,埋深大于500m后,围岩压力很快收敛。对于变形等级三,埋深为700m时的围岩压力值为1044kPa,埋深为1200m时的围岩压力值为1066kPa。

由图10-40可见,采用总安全系数法围岩压力设计值随埋深的加大一直增加。埋深为700m时,得到的围岩压力值为1000kPa;埋深为1200m时,得到的围岩压力值为1336kPa。

可见,埋深为600m时,两种计算方法得到的围岩压力较为接近,但埋深为1200m时,二者差别较大,总安全系数法围岩压力设计值比规范值高约25%。

②与实测值对比

文献[85]实测了兰渝铁路木寨岭隧道600m埋深时高地应力软岩大变形段的围岩压力,如图10-41所示。采用围岩压力相等的等效处理方法得到的顶部围岩为1.16MPa,底部围岩压力为1.82MPa,两侧围岩压力为1.42MPa,如图10-42所示。可见,实测围岩压力要高出规范值约8.1%,高出总安全系数设计法围岩压力设计值约21.3%。

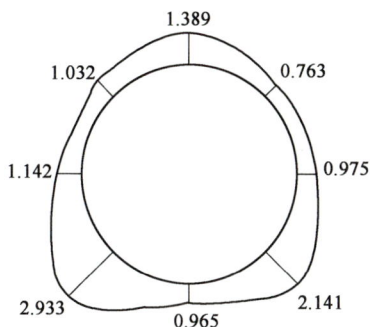

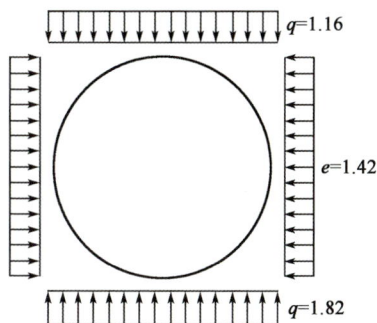

图10-41 木寨岭隧道实测围岩压力(单位:MPa)　图10-42 等效处理后的木寨岭隧道围岩压力(单位:MPa)

当埋深达到1200m后，目前尚无实测资料，有待今后根据实际工点实测情况进行对比。

10.4.2 兰渝铁路木寨岭隧道软岩大变形段支护结构安全性分析

文献[85]给出了木寨岭隧道软岩大变形段的支护参数（表10-31）和支护结构（图10-43），为此以图10-42作为该隧道的围岩压力，采用总安全系数法对支护结构安全性进行计算。

木寨岭隧道软岩大变形段支护参数表 表10-31

初期支护		钢架	二次衬砌	
喷射混凝土或模筑混凝土(cm)	小导管/锚杆/锚索 长度(m)@间距(m×m)	规格/间距 (m)	模筑混凝土厚度 (cm)	配筋形式 (mm)
三层支护 33(喷射)+ 25(喷射)+ 40(模筑)	拱墙小导管 4.0@1.2×1.2 边墙锚杆 7.0@3.0×0.7 边墙锚索 15@3.0×2.8	双层H175 型钢/0.7	70	φ25@200

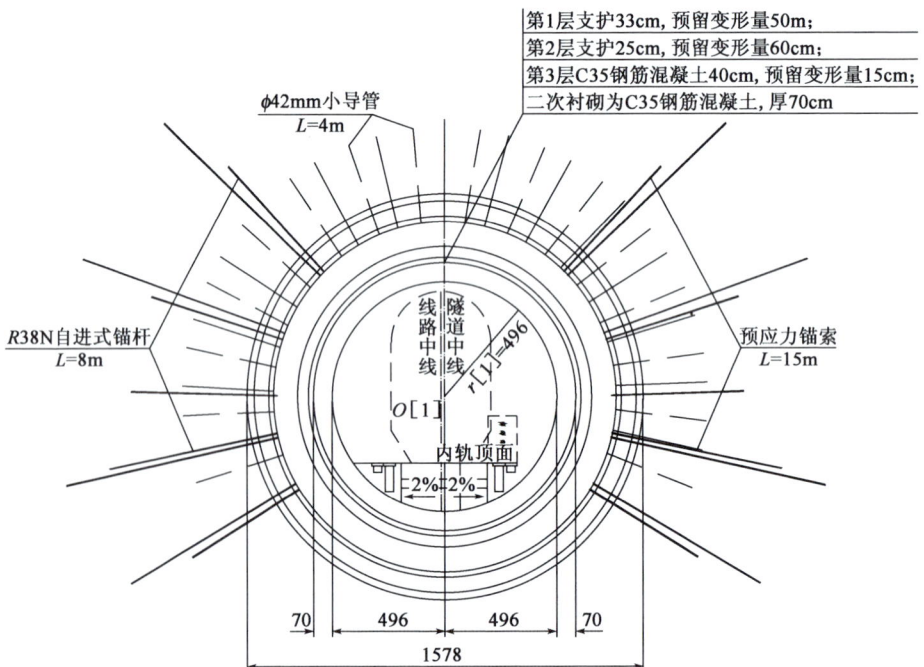

图10-43 木寨岭隧道软岩大变形段支护结构(尺寸单位:cm)

采用总安全系数法计算时,由于锚索仅布置于边墙部位,将其预支护力作为边墙部位的支护力,起到减小边墙部位侧压力的作用。计算得到的安全系数见表 10-32。由表可见,结构总安全系数为 4. 75,满足总安全系数要求。需说明的是,图 10-42 为喷层与围岩的接触力(包含围岩压力产生的主动荷载和因结构协调变形引起的被动荷载),并非总安全系数法所述的围岩压力,因此,实际总安全系数要低于计算值。

木寨岭隧道软岩大变形段支护结构安全系数计算值　　　　表 10-32

喷层安全系数	三层初期支护(喷层+模筑)安全系数	锚岩承载拱安全系数长锚索折减荷载后(施工期/运营期)	二次衬砌安全系数	总安全系数
1.41	2.12	0.66/0.88	1.75	4.75

10.5　超大跨度隧道支护参数计算

10.5.1　计算案例概况

（1）工程概况

挪威格乔维克城奥林匹克山大厅是一个拥有 5600 个座位的冰球馆,岩体覆盖层厚度 25～50m,跨度 61m,长度 91m,最大高度 25m,是目前世界上已建成的最大跨度地下洞室。

工程所在地的岩石为前寒武纪片麻岩,成分有花岗片麻岩、石英闪长片麻岩等。岩石形成了网状结构细裂缝,通常被方解石和绿帘石充填。这种多裂隙岩体的平均 RQD 值约为 70,比普通挪威基岩裂隙多,裂隙通常不规则、壁粗糙、倾角和走向变化很大。比较连续的节理间距为几米,节理基本特征是连续性差、粗糙度中等至明显,一般没有黏土充填。勘察阶段进行试验室试验后,得到未扰动岩石的物理力学参数见表 10-33。场地水平应力约为 3～5MPa,在深度 25～50m 处垂直应力很小(最大值约为 1MPa)。在开挖上导洞时在地面和地下进行了位移量测,开挖后测绘发现 Q 值的平均值为 7。

未扰动岩石物理力学参数(试验室试验获得)　　　　表 10-33

项目	数值
弹性模量(MPa)	51.5
抗压强度(MPa)	77.3

项目	数值
点荷载强度（MPa）	15.2
密度（kg/m³）	2700
泊松比	0.21
标称摩擦角（°）	14
超声波速度（m/s）	493

（2）支护参数

开挖期间临时支护采用4m长锚杆。

永久性系统锚杆包括全长灌浆6m长钢筋锚杆和12m长双股钢锚索（按2.5m×2.5m交替布置），如图10-44、图10-45所示，前者直径25mm，屈服点承载能力220kN，后者直径12.5mm，每股屈服点承载能力167kN。

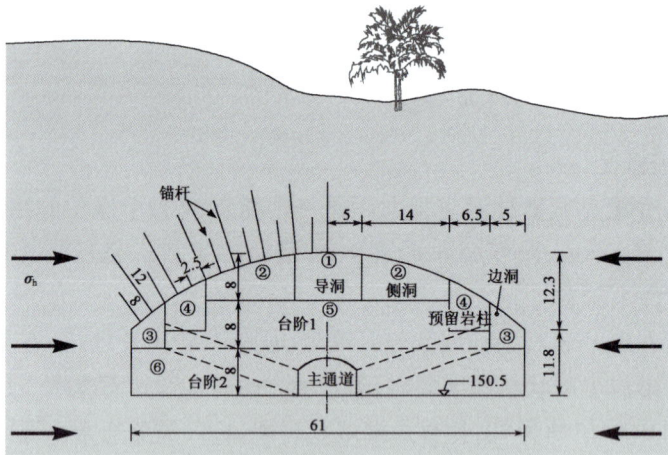

图10-44　支护结构横断面图（尺寸单位:m;高程单位:m）

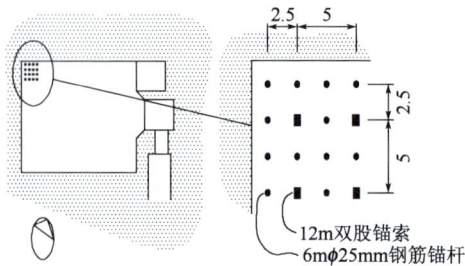

图10-45　拱部锚杆布置平面图（尺寸单位:m）

一般来说,在 10m 跨度导洞、前 38m 跨度上导洞和 6m 跨度侧洞中首先设置 6m 长锚杆,再放置 12m 锚索。对侧洞和上导洞之间的岩柱进行爆破后,放入最终的锚杆。

喷射钢纤维混凝土总厚度为 10cm,施工次序是先喷射 5cm 厚钢纤维混凝土,施工锚杆后再喷射 5cm。钢纤维采用 50kg/m、25mm 长 EE 钢纤维,喷射混凝土强度为 35MPa,用湿拌法进行喷射混凝土拌和。

10.5.2　总安全系数法计算

1)计算参数确定

巴顿、霍克等人建立的 RMR、GSI 与 Q 值的关系[86-87]如式(10-22)和式(10-23)所示,由此可知该工程对应的地质强度因子(GSI)计算公式。

$$GSI = RMR-5 \tag{10-22}$$

$$RMR \approx 15\log Q + 50 \tag{10-23}$$

霍克等[88]提出广义 Hoek-Brown 经验强度准则的同时,提出了估算岩体等效莫尔-库仑强度参数的计算公式。首先在 $\sigma_t < \sigma_3 < \sigma'_{3\max}$($\sigma_t$ 为小主应力等效区间下限,$\sigma'_{3\max}$ 为小主应力等效区间上限)范围内拟合 1 条与 Hoek-Brown 曲线等效的莫尔-库仑直线,如图 2-6 所示;拟合过程中使莫尔-库仑直线的线上及线下区域面积差异最小,从而得出等效莫尔-库仑强度参数估算式为:

$$\varphi'=\sin^{-1}\left[\frac{6am_b(s + m_b\sigma'_{3n})^{\alpha - 1}}{2(1 + \alpha)(2 + \alpha) + 6\alpha m_b(s + m_b\sigma'_{3n})^{\alpha - 1}}\right] \tag{10-24}$$

$$c'=\frac{\sigma_{ci}[(1 + 2\alpha)s + (1 - \alpha)m_b\sigma'_{3n}](s + m_b\sigma'_{3n})^{\alpha - 1}}{(1 + \alpha)(2 + \alpha)\sqrt{1 + 6\alpha m_b(s + m_b\sigma'_{3n})^{\alpha - 1}/[(1 + \alpha)(2 + \alpha)]}} \tag{10-25}$$

其中:$\sigma'_{3n} = \dfrac{\sigma'_{3\max}}{\sigma_{ci}} = 0.47\left(\dfrac{\sigma'_{cm}}{\gamma H}\right)^{-0.94}$

$$\sigma'_{cm} = \sigma_{ci}\cdot\frac{[m_b + 4s - \alpha(m_b - 8s)]\left(\dfrac{m_b}{4} + s\right)^{\alpha - 1}}{2(1 + \alpha)(2 + \alpha)}$$

式中:σ_{ci}——岩块的抗压强度(kPa);

其余符号意义同前。

根据上式,获得莫尔-库仑准则强度参数表(表 10-34)。

莫尔—库仑准则强度参数的计算结果 表 10-34

重度 γ （kN/m³）	变形模量 E （GPa）	泊松比 ν	摩擦角 φ （°）	黏聚力 c （MPa）
27	13.67	0.233	39.7	1.58

2）总安全系数法分析结果

采用连续介质有限元法计算无支护状态下围岩的塑性区，如图 10-46 所示。拱部最大塑性区高度为 8m。根据前文计算得到的拱部围岩压力设计值为 259kPa，水平侧压力系数 λ=3，根据总安全系数法可得出锚岩承载拱的结构内力，如图 10-47 所示，进而得出支护结构安全系数。可见：

（1）喷层的安全系数为 0.01，锚岩承载拱的安全系数为 3.06，总安全系数为 3.07。

（2）对于超大跨度隧道，喷层提供的安全系数很小，主要依靠锚岩承载拱提供支护能力。

（3）对于地质条件较好的超大跨度隧道，应采用以锚为主的支护方式。

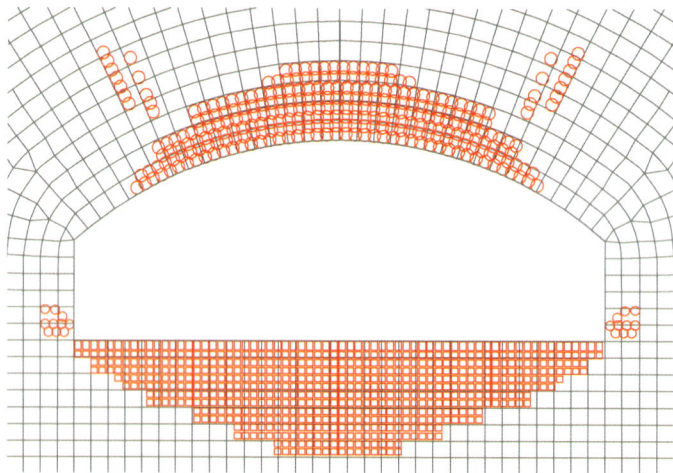

图 10-46 隧道塑性区分布图

a) 弯矩图(单位: N·m)

b) 轴力图(单位: N)

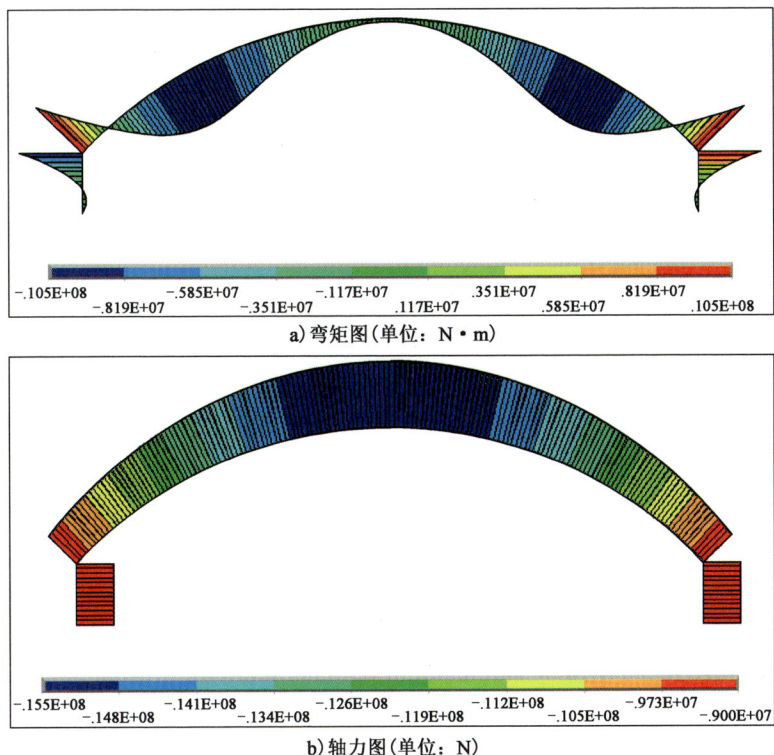

图 10-47　锚岩承载拱内力图

10.6　多洞空间小净距隧道支护参数计算——以机荷高速公路荷坳隧道为例

拟建荷坳隧道工程概况以及考虑施工过程的围岩压力设计值计算结果详见 4.3.2 节。

1) 支护参数及安全系数

在支护参数方面,先按照开挖模式依照洞 1→洞 2→洞 3→洞 4 开挖顺序进行支护参数拟定。按照总安全系数法,对各开挖阶段各隧道的支护参数进行设计,并包络取值,得到的支护参数见表 10-35。根据确定的支护参数,重新计算各洞初期支护和二次衬砌在各开挖阶段的安全系数,取最小值,安全系数的计算结果见表 10-36,可见设计得到的初期支护安全系数大于 2.1,复合式衬砌总安全系数大于5.0（类似工程案例极少，为确保安全选取较大的安全系数），满足总安全系数法要求。

四洞小净距段支护参数　　　　　　　表 10-35

序号	初期支护							加强支护			C40 二次衬砌			
	C30 喷射混凝土		涨壳式预应力锚杆					钢架			拱墙厚度（cm）	仰拱厚度（cm）	环向钢筋	
	拱墙（cm）	仰拱（cm）	部位	直径（mm）	长度（m）	间距（m）		类型	部位	间距（m）			拱墙配筋	仰拱配筋
						环向	纵向							
1洞	28	28	拱墙	25	4	1	1	I22b	全环	0.5	80	80	φ32mm@150mm	φ32mm@150mm
2洞	28	28	拱墙	25	4	1	1	I22b	全环	0.5	80	80	φ32mm@150mm	φ32mm@150mm
3洞	28	28	拱墙	25	4	1	1	I22b	全环	0.5	70	80	φ32mm@150mm	φ32mm@150mm
4洞	28	28	左135°/右45°	25	5/4	1	1	I22b	全环	0.5	60	70	φ32mm@200mm	φ32mm@200mm

注：喷层采用C30喷射混凝土；锚杆采用φ25预应力中空注浆锚杆；二次衬砌采用C40钢筋混凝土。

四洞小净距段隧道安全系数　　　　　表 10-36

序号	安全系数						
	喷层		锚岩承载拱		二次衬砌	初期支护安全系数	总安全系数
	施工期	运营期	施工期	运营期			
1洞	1.67	1.67	1.21	1.81	3.88	2.88	7.36
2洞	1.58	1.49	0.8	1.00	2.49	2.38	4.98
3洞	1.49	1.44	1.04	0.96	3.02	2.53	5.42
4洞	1.45	1.43	0.98	1.21	2.40	2.43	5.06

2）施工方案比较

在四洞隧道施作顺序方面，对洞1→洞2→洞3→洞4（方案A）与洞1→洞2→洞4→洞3（方案B）两种开挖方案进行了比选，为节省篇幅，对方案B所需支护参数及安全系数计算结果不再赘述，总的结论是，方案A优于方案B。因此从安全性和经济性角度出发，施工顺序优选洞1→洞2→洞3→洞4方案。

10.7　隧道初期支护分序支护

钻爆法开挖与支护因面临单一工作面、单一施工流程的问题,施工效率提升遇到了极大瓶颈。参考TBM法隧道初期支护分序施作的方法,将钻爆法隧道初期支护多道工序(锚杆、钢架、喷射混凝土等)沿隧道纵向展开,使部分支护作业与开挖面钻眼、装药能够同步进行,则可缩短施工循环时间,进一步提高施工进度。

10.7.1　初期支护分序施工可行性分析

1)钻爆法单循环作业的制约因素

钻爆法隧道一般按超前支护区、开挖区(含出渣,下同)、初期支护区、二次衬砌区等多道流水作业线进行施工,如图10-48所示,其中超前支护、开挖、初期支护为关键线路工序。为研究初期支护分序施工的可行性,以宜兴高铁某隧道为工程依托开展了试验研究。

图10-48　钻爆法隧道施工作业分区

(1)工程概况

试验段支护参数见表10-37。

分序施工试验段初期支护参数　　　　　　　表10-37

衬砌类型	系统锚杆		喷射混凝土	钢筋网		钢架
	长度 (m)	拱部/边墙				
		环距×纵距 (m×m)	拱墙/仰拱 (cm)	部位	规格 (mm@mm× mm)	
Ⅲa	4.5	2.2×2.2/2.2×2.2	10	拱部	φ6@ 250×250	—

续上表

衬砌类型	系统锚杆		喷射混凝土	钢筋网		钢架
	长度（m）	拱部/边墙 环距×纵距（m×m）	拱墙/仰拱（cm）	部位	规格（mm@mm×mm）	
Ⅳa	4.5	2.0×2.2/2.2×2.2	18/10	拱墙	φ6@250×250	—
Ⅴa	4.5	1.5×1.5/1.5×1.5	27/27	拱墙	φ8@250×250	I20a 全环@1.0

注：Ⅲa、Ⅳa、Ⅴa衬砌适应最大埋深800m、800m、600m的自重应力场条件；Ⅳa衬砌适用于硬质岩少水地段；Ⅴa衬砌适用于较软岩，断层破碎带宽度小于40m，并需要结合超前支护。

（2）施工循环时间

Ⅲa、Ⅳa、Ⅴa型结构开挖支护循环时间统计见表10-38，单循环关键工序为超前支护、钻眼爆破、通风、出渣和初期支护。初期支护是隧道开挖后立即施作。

Ⅲa、Ⅳa、Ⅴa级围岩开挖支护循环时间统计表（单位：h）　　表10-38

支护类型	钻眼爆破	通风	出渣	局部锚杆	初喷/拱架	施作锚杆	挂网复喷	超前支护	每循环用时
Ⅲa	4.3	0.5	4.5	0.5	1.0	4.0	1.0	—	15.8
Ⅳa	4.0	0.5	4.0	0.5	1.0	3.5	2.2	25	25.7
Ⅴa	3.0	0.5	3.5	0.5	3.8	3.0	3.5	42	26.5

注：1. 表中统计值是3座隧道共3个试验段的结果。

2. Ⅲ、Ⅳ、Ⅴ级围岩的开挖进尺分别为4.0m、3.6m、2.5m；Ⅳ、Ⅴ级围岩的超前支护进尺分别为9m、12m；计算月进度171m、94.1m、63.4m。

由表10-38可知：

①Ⅲa、Ⅳa、Ⅴa型结构初期支护（初喷、锚杆、复喷）分别占单循环时间的41.1%、28.0%、40.8%，是制约单循环施工效率的关键因素。

②从系统锚杆施工用时看，Ⅲa型大于喷射混凝土用时，Ⅳa型与喷射混凝土基本持平，Ⅴa型小于喷射混凝土用时。

2)初期支护施工期安全系数分析

采用总安全系数法对支护结构的安全系数进行了计算,并开展了现场测试,理论计算和现场实测的结果见表10-39。可见,Ⅲa、Ⅳa型初期支护安全冗余较大,具备分序施工的条件;Ⅴa型初期支护安全冗余较小,不具备分序支护的条件。因此研究重点是Ⅲa、Ⅳa型初期支护的分序施工。

试验段支护参数安全系数计算值与实测情况　　　　　表10-39

衬砌类型	计算安全系数			现场监测结果		
	锚岩承载拱	喷层	初期支护	喷层最大应力（MPa）	控制截面	喷层安全系数
Ⅲa	27.0	5.3	32.3	6.07	拱顶	4.16
Ⅳa	9.3	4.8	14.1	2.18	拱腰	13.79
Ⅴa	1.1	1.5	2.6	—	—	—

10.7.2　初期支护分序施工关键技术研究

1)初期支护分序施工方案

（1）分序施工的设计原则

①一序支护应充分发挥围岩的自承载作用,同时满足围岩压力增长和支护强度匹配要求。

②二序支护滞后距离在满足多工序作业循环所需施工设备排布空间要求的同时,尽可能缩短布置长度,以利于尽可能发挥初期支护的早承载功能。

（2）各级围岩分序支护方案

通过对隧道的围岩稳定性和支护结构安全性的时程分析,将不同工况的分序方案分为4种情况,如图10-49所示。

当围岩无支护开挖可以保持长期稳定时,如Ⅲ级围岩在一般地应力条件下,可以进行全支护要素、长距离分序;

当围岩无支护开挖无法自稳,但考虑隧道施工的空间效应,围岩在一定范围内（1D）,D为隧道开挖宽度自稳,如Ⅲ级围岩的大埋深情况,可以进行全支护要素、短距离分序;

当围岩无支护情况无法自稳,考虑空间效应,早期仍无法自稳,但采用部分支护可以保证结构安全,如Ⅳ级围岩一般地应力条件,可以进行部分支护要素分序、短距离分序;

当围岩无支护情况无法自稳,考虑空间效应,早期仍无法自稳,且需要施作全部支护才可以保证结构安全,如大埋深的Ⅳ级围岩以及Ⅴ级围岩,无法进行分序。

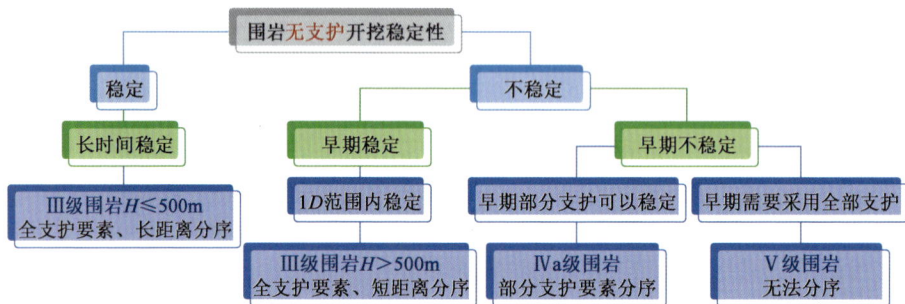

图10-49　钻爆法隧道支护分序分级

①A型分序方案——全要素、长距离分序

当地应力水平不大于500m自重应力场时,Ⅲa型初期支护采用A型分序方案,如图10-50所示:

a. 全断面开挖,对局部欠稳定区进行临时支护。

b. 出渣后,及时施作一序支护,包括局部锚杆和5cm厚初喷混凝土。

c. 二序支护包括系统锚杆和剩余喷射混凝土,滞后掌子面距离不大于30m,与掌子面钻眼和装药工序同步实施。

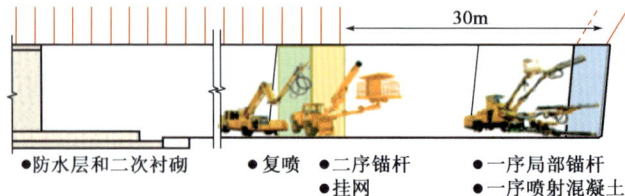

图10-50　Ⅲa型初期支护A型分序施工方案

②B型分序方案——全要素、短距离分序

当地应力水平处于500~800m自重应力场之间时,Ⅲa型初期支护采用B

型分序方案,如图 10-51 所示:

a. 全断面开挖,对局部欠稳定区进行临时支护。

b. 出渣后,施作一序支护,包括局部锚杆和 5cm 厚初喷混凝土。

c. 二序支护为系统锚杆,同步挂设钢筋网片,与一序支护同步实施,但所处不同的工作面,二序支护与掌子面距离不大于 15m(1D),且满足喷射混凝土台车和锚杆台车平行作业空间。

d. 三序支护为复喷混凝土,滞后掌子面不大于 30m,与掌子面钻眼和装药工序同步实施。

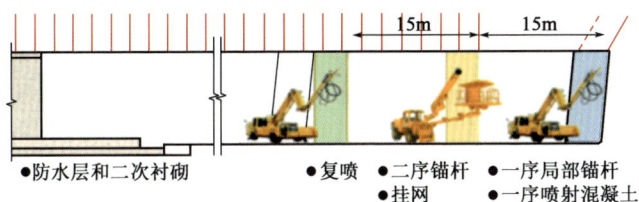

图 10-51　Ⅲa 型初期支护 B 型分序施工方案

③C 型分序方案——部分支护要素分序

Ⅳa 型初期支护实施 C 型分序方案,如图 10-52 所示:

a. 全断面开挖,对局部欠稳定区进行临时支护。

b. 出渣后,施作一序支护,包括局部锚杆、5cm 厚喷射混凝土,并进行系统锚杆施作,同步挂设钢筋网片。

c. 二序支护为复喷混凝土,滞后掌子面不大于 30m(2D),与掌子面钻眼和装药工序同步实施。

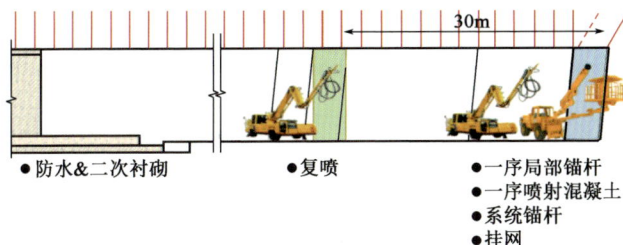

图 10-52　Ⅳa 型初期支护 C 型分序施工方案

2)分序施工过程安全性评价

(1)围岩最大破坏区分析

当以自重应力场为主时,Ⅲ级围岩500m和800m埋深条件下无支护开挖后破坏区分布如图10-53所示。可以看出,1.03m和1.49m为最大的破坏区深度。

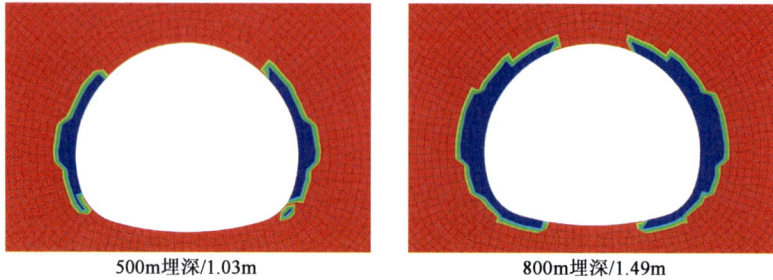

500m埋深/1.03m   800m埋深/1.49m

图10-53　Ⅲ级围岩无支护开挖破坏区分布

(2)Ⅲa型初期支护A型分序施工安全性

由图10-53可知,隧道埋深小于500m时,无支护状态下围岩自稳能力较好,拱墙潜在塌方范围占比小于30%,采用喷射混凝土封闭围岩并设置局部锚杆支护后可以维持围岩的稳定,因此Ⅲa型初期支护A型分序施工可以满足施工期安全要求。

(3)Ⅲa型初期支护B型分序施工安全性

当埋深介于500~800m时,无支护状态下隧道洞周潜在塌方范围占比大于30%,需要及时采用系统支护。但由于隧道开挖具有空间效应,随着掌子面推进,围岩应力和荷载逐渐释放,先快速增大后逐渐收敛。假设围岩应力释放率η增长可按式(10-26)指数函数表示,则可以得到800m埋深情况下,破坏区深度、分布范围与掌子面距离的关系如图10-54和图10-55所示。

$$\eta = e^{-b/t} \tag{10-26}$$

由图10-53和图10-54可知,在800m埋深自重应力场条件下,距离掌子面不大于1D时,围岩基本自稳;距离超过1D时,隧道洞周潜在塌方区扩大,需要补充支护措施。Ⅲa型初期支护B型分序方案,二序系统锚杆支护与掌子面距离不大于15m,施作锚杆后的锚岩承载拱安全系数为6.5,满足施工安全要求。

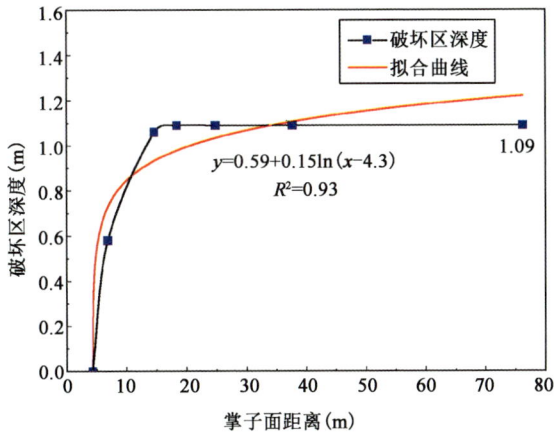

图 10-54　B 型分序隧道破坏区深度与掌子面距离的关系

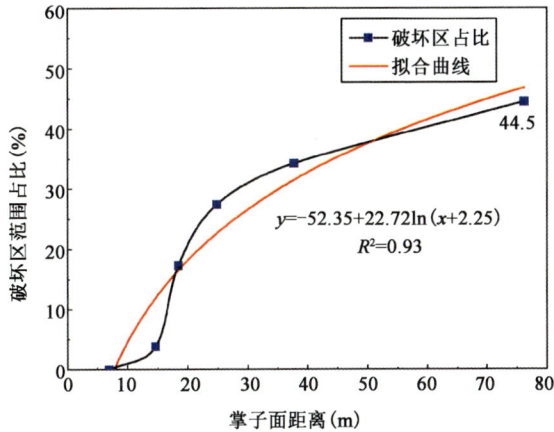

图 10-55　B 型分序隧道破坏区分布与掌子面距离的关系

（4）Ⅳa 型初期支护 C 型分序施工安全性

Ⅳa 型初期支护采用 C 型分序方案时，锚岩承载拱随着时间变化的安全系数曲线如图 10-56 所示。可见，锚岩承载拱安全系数满足施工安全要求。

3）施工进度评价

A、B、C 型分序施工方案的施工进度如图 10-57 所示。可见，分序施工后的单循环时间(不包含超前支护)分别为10.8h、13.8h、13.5h,理论月进度可达250m/月、195m/月、103m/月(1个月按28d计),相比原方案分别提高46.5%、14.7%、9.36%,施工效率提升明显。

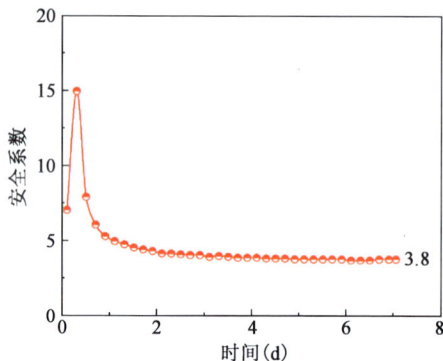

图10-56　C型分序锚岩承载拱安全系数时程曲线

项目	工序名称	工序用时	1h	2h	3h	4h	5h	6h	7h	8h	9h	10h	11h	12h	13h	14h
开挖	钻眼爆破	4.25														
	通风	0.5														
	出渣	4.5														
一序初期支护	一序局部锚杆	0.5														
	初喷	1														
二序初期支护	系统锚杆+挂网	4														
	复喷	1														

a)Ⅲa初期支护A型分序施工

项目	工序名称	工序用时	1h	2h	3h	4h	5h	6h	7h	8h	9h	10h	11h	12h	13h	14h
开挖	钻眼爆破	4.25														
	通风	0.5														
一序初期支护	出渣	4.5														
	一序锚杆	0.5														
	初喷	1														
二序初期支护	系统锚杆+挂网	4														
三序初期支护	复喷	1														

b)Ⅲa初期支护B型分序施工

项目	工序名称	工序用时	1h	2h	3h	4h	5h	6h	7h	8h	9h	10h	11h	12h	13h	14h
开挖	钻眼爆破	4														
	通风	0.5														
	出渣	4														
一序初期支护	一序锚杆	0.5														
	初喷	1														
	系统锚杆+挂网	3.5														
二序初期支护	复喷	2.2														

c)Ⅳa初期支护C型分序施工

图10-57　各分序施工方案的施工进度横道图

10.7.3　分序施工质量控制标准

初期支护的分序施工是建立在精细化设计、施工和管理基础之上，为实现设计目标，对施工质量提出明确的控制标准。

1）支护的及时性

现场管理应实现全工序机械化设备顺畅流转，确保各分序支护的及时性。

2）强调锚杆的支护性能和施工质量

①锚杆应优先选用预应力中空注浆锚杆。施加预应力采用带扭矩显示装置的扳手，施加扭矩值需要结合现场试验确定，保证可以施加不小于60kN的锚杆预应力，建议扭矩值不低于600N·m。

②锚杆应采用包含流量计、压力表的锚杆钻注一体机或者凿岩台车施工。

③锚杆止浆塞应具有可靠的稳压能力，如图10-58所示，在0.5MPa注浆压力下稳压时间不少于30s。

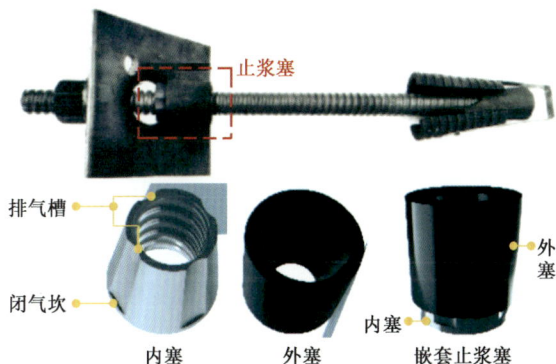

图10-58　配备止浆塞的预应力中空注浆锚杆

④锚杆锚固浆液水胶比宜为0.35～0.4，强度等级不应低于M25，凝结时间和抗压强度要求见表10-40。

水泥注浆材料的主要技术指标　　　　　表10-40

序号	项目		指标要求
1	凝结时间（min）	初凝	≥30
		终凝	≤100
2	抗压强度（MPa）	5h	≥10
		28d	≥25

⑤采用锚杆无损检测设备对锚杆长度和注浆质量进行检测,锚杆锚固质量现场检测应在锚固浆体终凝且具有一定强度后进行,每循环按照设计数量的10%检验,且不小于2根。

3）一序喷射混凝土的强度要求

按照分序施工设计的Ⅲa、Ⅳa衬砌喷射混凝土早期不具备支护功能,仅起到封闭围岩防止围岩进一步劣化的作用,早期强度仅需满足8h强度不低于3MPa、24h强度不低于12MPa即可。

第11章

采用总安全系数法对几个问题的探讨

我国地域广阔,隧道所处地质环境复杂、条件多样。隧道工程在大规模建设的同时,对设计理念、锚杆的作用、复合式衬砌初期支护与二次衬砌承载主体区分、支护参数优化、钢架设置、喷射混凝土早期强度、合理支护形式等问题也从未停止探讨,本章针对这些设计中的热点与争议问题,采用总安全系数法进行了研究。

11.1 设计理念问题

11.1.1 目前世界上主要的隧道设计理念

目前对于隧道支护结构以及复合式衬砌初期支护与二次衬砌在承载中的作用,有多种设计理念,具体为:

第一种理念:初期支护作为承载主体,二次衬砌仅作为安全储备或仅承受不大的荷载,代表性国家有日本等。

第二种理念:初期支护作为临时结构,只需要满足施工期间的安全,二次衬砌作为承载主体,承受全部的围岩压力,代表性国家有德国、英国等。

第三种理念:初期支护和二次衬砌都是承载主体,初期支护和二次衬砌各承担一定比例的围岩压力,代表性国家有中国。

第四种理念:除特殊情况外,一般不需要二次衬砌,完全依靠初期支护承载,代表性国家有挪威。

11.1.2　总安全系数法与各国设计理念的关系

如前所述,在不考虑喷层和二次衬砌耐久性影响的情况下,支护结构的总安全系数可以采用式(11-1)~式(11-3)表达,并且建议运营阶段的总安全系数不低于3.0~3.6,施工阶段的总安全系数不低于1.8~2.1,安全系数取值要求详见第5.4.1节。

施工阶段(无二次衬砌):

$$K_c = \eta K_1 + K_2 \tag{11-1}$$

运营阶段:

采用耐久性锚杆

$$K_{op} = \eta K_1 + \xi K_2 + K_3 \tag{11-2}$$

采用非耐久性锚杆

$$K_{op} = \xi K_2 + K_3 \tag{11-3}$$

式中符号意义同前。

在满足总安全系数要求的前提下,锚岩承载拱、喷层、二次衬砌可以采用不同的安全系数,相应可以形成多种设计方案,其与目前世界上各种设计理念的关系见表11-1。

总安全系数法与各国设计理念的关系　　表11-1

设计理念	第一种理念	第二种理念	第三种理念	第四种理念
设计理念概略	日本理念,初期支护为主要承载结构,二次衬砌作为安全储备	德国、英国理念,初期支护仅作为施工支护,二次衬砌为承载主体	中国铁路软弱围岩设计理念,初期支护和二次衬砌各承担一定比例的围岩压力	挪威法理念,通常不设置二次衬砌
采用总安全系数设计法的初期支护安全系数 K_c	$K_c \geq 3.0 \sim 3.6$	$K_c \geq 1.8 \sim 2.1$	$K_c \geq 1.8 \sim 2.1$ 且 $K_c < 3.0 \sim 3.6$	$K_c \geq 3.0 \sim 3.6$
采用总安全系数设计法时二次衬砌安全系数 K_3	K_3 较小,如采用 0.5 左右	$K_3 \geq 2.0$(抗压控制)或2.4(抗拉控制)	$K_3 \approx \eta K_1 + \xi K_2$ 或二者差别不大	$K_3 = 0$

续上表

设计理念	第一种理念	第二种理念	第三种理念	第四种理念
总安全系数值的大小	略高于理论要求的最低值	最高	理论上可以达到符合要求的最低值	符合要求的最低值
总安全系数设计法对各阶段安全系数取值的建议值	$K_c \geqslant 1.8 \sim 2.1$ $K_{op} \geqslant 3.0 \sim 3.6$			

由表 11-1 可见,总安全系数法包含了目前世界上主要的设计理念。四种设计理念中,按第二种理念得出的支护结构在运营初期的总安全系数最高,相应经济性略差,但其对初期支护的耐久性要求最低;按第三种理念和第四种理念得出的支护结构,理论上可以刚好达到安全系数最低值,因而最经济,但需要保证支护结构的耐久性;按第一种理念得出的支护结构,在满足理论要求的安全系数最低值基础上还有一个安全储备,因而总安全系数略高,经济性有所降低,但对初期支护的耐久性要求可低于第三种和第四种理念。因此,四种设计理念各有优缺点,不存在哪一种最先进、哪一种最合理的问题,应根据隧道功能需求、施工技术水平、耐久性、经济性、可实施性等多方面因素对多种方案进行择优选用。

11.2 锚杆有无作用的问题

11.2.1 对锚杆有无作用争议的缘由

多年以来,国内隧道界一直存在"锚杆是否有用"的争论。

从实际设计施工看,设计单位和施工单位也存在不同的认识,造成了如下局面:尽管设计图纸中设置了大量的锚杆,但实际施工中,也有不少工点存在少设或不设锚杆的现象,其理由是"实测锚杆轴力很小,因而锚杆没有用",或"即使没有打锚杆,也没有发生垮塌"。

很多专家学者对不同地质条件下锚杆的受力和作用效果进行了实测或有限元计算研究[89-92],得出了"黄土隧道可取消拱部系统锚杆""破碎～极破碎的各类岩土体和黄土取消系统锚杆后对隧道的安全系数影响不大"等结论。

王建宇[93]认为,锚杆是一种优化的隧道围岩支护形式,在不同的岩土工程中均可以发挥其他支挡结构难以起到的作用;关宝树[65]认为,锚杆是仅次于喷射混凝土,得到迅速发展的初期支护构件,其功能是毋庸置疑的,锚杆既可作为初期支护使用,也可作为永久支护构件使用。在初期支护中锚杆与其他构件(喷射混凝土、钢架)不同,是唯一从内部改善围岩性质的构件,也是唯一不需要扩展开挖断面面积的构件,锚杆在改善围岩连续性的同时,也增强了围岩的抗剪强度,提高了围岩的自支护能力。

可见,对锚杆作用产生争议的缘由主要是"尽管施工中不打锚杆,隧道也没有垮"这一客观事实,由此对于锚杆的作用以及优化设计也成为一个研究热点。

11.2.2 锚杆实测轴力与其作用的关系

根据结构设计的基本原理,结构的安全系数是与破损(坏)阶段相对应的。隧道施工过程中各构件的受力状态(图11-1)不代表破坏阶段的状态(图11-2)。锚杆是否会发挥其全部承载能力与破坏状态时的应变相关。以材质为HRB400钢筋的砂浆锚杆为例,达到钢筋屈服强度(400MPa)时的应变约为2‰。假设锚杆轴力按三角形分布,只要锚杆两端地层产生的相对位移量不小于$1.0‰L$(L为锚杆长度),锚杆的承载能力就至少可以发挥至屈服强度,否则只能计入部分的承载能力。因此,合理的锚杆长度应与喷层-二次衬砌复合结构的变形能力相匹配。

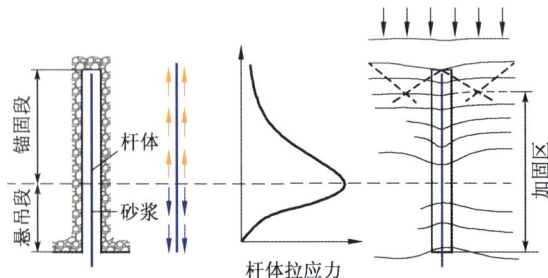

图11-1 锚杆施工过程中的受力状态

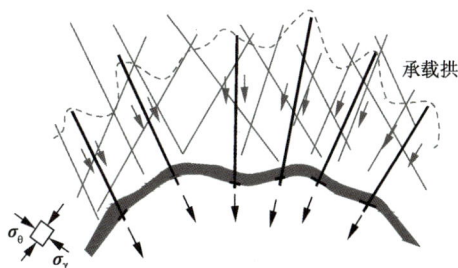

图11-2　隧道破坏阶段锚杆的受力状态

1）对于$\lambda=1$的圆形隧道

假设围岩为符合莫尔-库仑准则的理想弹塑性体，不考虑塑性区剪胀效应（塑性区体积不变）。

当锚杆全部位于塑性区时，锚杆平均应变ε可按下式计算：

$$\varepsilon = \Delta/(R_0 + L) \tag{11-4}$$

当锚杆外端位于弹性区、内端位于塑性区时，锚杆平均应变ε可按下式计算：

$$\varepsilon = \Delta/R_{\mathrm{p}} \tag{11-5}$$

式中：Δ——喷层-二次衬砌复合结构从初始状态到破损（坏）状态时的变形量（即不考虑锚杆先期受力）；

R_0——隧道当量半径；

R_{p}——塑性区外边界的半径。

对于$\lambda=1$的圆形隧道，喷层和二次衬砌处于纯压状态，根据《混凝土结构设计规范》（GB 50010—2010），对于强度等级低于C50的混凝土，混凝土达到设计强度的压应变约为2‰，则在混凝土达到破损阶段时，洞壁的变形量如下：

$$\Delta=2‰R_0 \tag{11-6}$$

联合式（11-4）～式（11-6）可知，只要$L \leqslant R_0$或$R_{\mathrm{p}} \leqslant 2R_0$，则锚杆至少可以发挥不低于其屈服强的承载作用，如果锚杆在二次衬砌浇筑前已承受部分轴力，则在结构处于整体破损阶段时可发挥的强度更高。

2）对于$\lambda \neq 1$或非圆形的隧道

当$\lambda \neq 1$或隧道形状为非圆形时，由于喷层与二次衬砌还承受弯矩作用，在结构的若干截面出现破损时,隧道变形量要大于$\lambda=1$的圆形隧道,显然,锚杆同样可以发挥全部承载作用。

表11-2为按郑万高铁不同支护参数和不同喷射混凝土弹性模量增长曲线计算得到的喷层变形值(具体计算参数详见第7章和第9章),对比表中允许变形值与允许极限变形值可知,喷层从稳定状态至破损阶段的相对变形值约为10mm。在不计入锚杆先期受力的应变时,Ⅳ型支护的锚杆长度为3.5m,则锚杆平均应变ε可达0.9‰,Ⅴ型支护的锚杆长度为4.0m,则锚杆平均应变ε可达0.87‰,均接近1.0‰;当计入锚杆先期受力的应变后,锚杆平均应变ε会超过1.0‰,从而发挥不低于屈服强度的承载能力。

郑万高铁双线隧道喷射混凝土层变形值计算结果　　　　表11-2

计算工况	施工工法	埋深(m)	支护类型	喷混凝土硬化模式	允许变形值(mm)			允许极限变形值(mm)	
					U_y	ΔU_{x1}	ΔU_{x2}	拱顶下沉	边墙收敛
1	全断面法	200	Ⅳ型		4.55	1.52	—	17.66	7.20
2			Ⅴ型		8.32	4.12	—	24.14	12.92
3		400	Ⅳ型	模式一	8.64	2.86	—	18.22	7.45
4			Ⅳ型优化		8.49	5.32	—	18.25	12.26
5			Ⅴ型		16.24	6.88	—	25.95	12.65
6			Ⅳ型	模式二	15.06	4.49	—	25.64	8.08
7			Ⅴ型		25.75	7.76	—	35.46	13.53
8	台阶法	400	Ⅳ型	模式一	8.00	5.19	2.63	18.58	8.78
9			Ⅴ型		13.07	7.81	8.79	22.78	13.58

3)小结

根据结构设计原理,结构的安全系数与破损(坏)阶段相对应。虽然施工中实测锚杆轴力较小,但结构达到破损(破坏)状态时,将产生较大的变形,锚杆应变也随之大幅增加,从而产生明显的承载作用。施工中少设或不设锚杆,会降低结构的总安全系数。同时为充分发挥锚杆的作用,一方面要尽早施作锚杆,另一方面需要合理选用锚杆长度,使之与喷层-二次衬砌复合结构的变形能力相匹配。

11.2.3 为何有些工点取消锚杆而隧道不会垮塌

表11-3和表11-4分别为时速350km、250km高速铁路双线隧道通用参考图的安全系数计算结果。由表可见,即使取消锚杆,喷层仍具有较大的安全系数来维持围岩的稳定,这是由于喷层强度过高产生的,也说明了在保证锚杆施工质量和耐久性的前提下可以减少喷层的厚度。

时速350km高速铁路双线隧道安全系数 表11-3

围岩级别	埋深(m)	喷层	锚岩承载拱		初期支护(总)	二次衬砌	结构(总)	忽略锚杆后结构(总)
			施工期	运营期				
III	400	5.76	23.57	31.13	28.33	14.02(6.12)	50.91	18.78
	800	3.20	12.80	17.58	16.00	8.83(3.97)	28.61	12.03
IV	400	2.96	2.64	4.53	5.60	5.08	12.57	8.04
	800	1.81	1.61	2.77	3.42	3.13	7.71	4.94
V	400	1.89	0.93	1.97	2.82	3.19	7.05	5.08
	800	1.15	0.57	1.21	1.72	1.98	4.34	3.13

注:表中括号内数值为抗裂安全系数,不计入承载能力安全系数。

时速250km高速铁路双线隧道安全系数 表11-4

围岩级别	埋深(m)	喷层	锚岩承载拱		初期支护(总)	二次衬砌	结构(总)	忽略锚杆后结构(总)
			施工期	运营期				
III	400	6.67	24.26	32.23	30.93	14.94(6.73)	53.84	21.61
	800	3.76	13.24	18.15	17.00	8.19(4.25)	31.10	12.95
IV	400	3.04	2.75	4.71	5.79	5.19	12.94	8.23
	800	1.86	1.68	2.90	3.54	3.24	8.00	5.10
V	400	1.89	0.93	2.10	2.82	3.64	7.63	5.53
	800	1.15	0.57	1.29	1.72	2.25	4.69	3.40

注:表中括号内数值为抗裂安全系数,不计入承载能力安全系数。

11.2.4 不同围岩中锚杆的支护作用问题

1)锚喷组合支护方式中锚杆的作用

由表11-3可得出锚岩承载拱占总安全系数的比例,详见表11-5。由表可见,随着围岩级别数值的增加,锚岩承载拱在总安全系数中的占比越来越小,说明锚岩承载拱对总安全系数的作用越来越弱,但这不是共性结论,仅是针对该种锚喷组合支护参数的结论。因为,按照总安全系数设计法,可以设计出"虽然围岩级别不同,但锚岩承载拱安全系数却相同"的支护结构。

时速350km高速铁路双线隧道支护结构中锚杆对总安全系数的作用

表11-5

埋深 (m)	围岩级别	锚岩承载拱占总安全系数的比例	
		占初期支护(总)的比例(%)	占结构(总)的比例(%)
400	Ⅲ	80.4	46.3
	Ⅳ	47.1	36.0
	Ⅴ	33.0	27.9
800	Ⅲ	80.0	58.4
	Ⅳ	47.1	35.9
	Ⅴ	33.1	27.9

2)以锚为主支护方式中锚杆的作用

如前所述,按照总安全系数设计法,在满足总安全系数要求的前提下,锚岩承载拱的安全系数和喷层安全系数可以自行设定,进而设计出相应的支护参数。如果加强锚杆强度而减弱喷层强度,则锚杆在总支护系统的作用也随之增加(但存在经济性和可实施性的比选问题)。

第9.1.3节讨论了"以锚为主"支护方式的适用性,得出"Ⅲ级围岩适用、Ⅳ级围岩埋深小时适用而埋深大时可行但不适用、Ⅴ级围岩可行但不适用"的结论。

3)小结

综上,不能认为软弱围岩中锚杆没有作用,而是应考虑在软弱围岩中究竟采用何种支护方式与支护参数更为合理。

11.2.5 锚杆的永久支护作用问题

《铁路隧道设计规范》(TB 10003—2016)没有提出锚杆耐久性的具体措施,铁路隧道通用参考图[29]要求锚杆的砂浆保护层厚度为10~15mm。

《公路隧道设计规范 第一册 土建工程》(JTG 3370.1—2018)规定,用作永久支护的锚杆应为全长黏结型锚杆,端头锚固型锚杆作为永久支护时必须在孔内注满砂浆或树脂,砂浆或树脂的强度等级不应小于M20。但对锚杆保护层厚度没有规定。

《建筑边坡工程技术规范》(GB 50330—2013)[67]对永久性锚杆的防腐蚀要求为：

①非预应力锚杆的自由段位于岩层中时,可以采用除锈、刷沥青船底漆和沥青玻纤布缠裹两层进行防腐蚀处理。

②采用钢绞线、精轧螺纹钢筋制作的预应力锚杆(索),其自由段可按①进行防腐蚀处理后装入套管中;自由段套管100~200mm长度范围内用黄油填充,外绕扎工程胶布固定。

③对位于无腐蚀性岩土层内的锚固段,水泥浆或者水泥砂浆保护层厚度应不小于25mm;对于位于腐蚀性岩土层内的锚固段,应采取特殊防腐处理,且水泥浆或者水泥砂浆保护层厚度不应小于50mm。

④经过防腐处理后,非预应力锚杆的自由段外端应埋入钢筋混凝土构件内50mm以上;对预应力锚杆,其锚头的锚具经除锈、涂防腐漆三度后应采用钢筋网罩、现浇混凝土封闭,且混凝土强度等级不应低于C30,厚度不应小于100mm,混凝土保护层厚度不应小于50mm。

《岩土锚杆与喷射混凝土支护工程技术规范》(GB 50086—2015)[32]对永久性锚杆的防腐蚀要求为：

①对于预应力锚杆,锚杆的防腐保护等级与措施应根据锚杆的设计使用年限及所处地层的腐蚀性程度确定。腐蚀性环境中的永久性锚杆应采用Ⅰ级防腐保护构造设计;非腐蚀环境中的永久性锚杆及腐蚀环境中的临时性锚杆应采用Ⅱ级防腐保护构造设计。

②对于采用Ⅰ、Ⅱ级防腐保护构造的预应力锚杆,锚固段锚杆杆体水泥浆或水泥砂浆保护层厚度不应小于20mm。

③永久性非预应力锚杆杆体水泥浆或水泥砂浆保护层厚度不应小于20mm,强度等级不应低于M20。

可见,目前铁路隧道或公路隧道所采用的砂浆锚杆保护层厚度较小或没有规定,在地下水发育的地段耐久性可能不足,导致锚杆主要的作用是加强施工阶段的安全性,而对长期安全系数的作用减弱。如果要考虑锚杆的永久支护作用,优化隧道支护参数,就要采用耐久性锚杆。

11.2.6　锚杆有无作用问题的讨论小结

综上所述,通过对"锚杆有无作用问题"的研究可以得出以下结论：

（1）不能因为锚杆实测轴力小就否定锚杆的作用，在结构接近破损（破坏）时，锚杆的承载作用会得到较为充分的发挥，施工中少设或不设锚杆，会降低结构的总安全系数。

（2）有些工点取消锚杆而隧道不会垮塌的原因是喷层强度过高，也说明了在保证锚杆施工质量和耐久性的前提下可以减少喷层的厚度。

（3）不能认为软弱围岩中锚杆没有作用，而是应考虑在软弱围岩中究竟采用何种支护方式与支护参数更为合理。

（4）现有铁路隧道和公路隧道采用的砂浆锚杆不是耐久性锚杆，在地下水发育的地段耐久性可能不足，导致锚杆主要的作用是加强施工阶段的安全性，对结构长期安全性的作用减弱。

11.3 复合式衬砌初期支护与二次衬砌承载主体区分的问题

11.3.1 问题的提出

我国隧道衬砌形式的发展历程与隧道理论和施工方法的发展密切相关。在新奥法引入我国之前，隧道施工方法主要为矿山法，施工阶段的支护主要采用木支撑，相应永久衬砌采用整体式衬砌（即现浇混凝土或钢筋混凝土衬砌，也有采用砌体衬砌的方式）。随着20世纪80年代新奥法的引入，隧道衬砌经历了以下几种类型：锚喷支护整体式衬砌（即以锚喷支护代替木支撑）、锚喷支护减薄型衬砌（即利用锚喷支护承担部分荷载，二次衬砌在原有整体式衬砌基础上适当减薄）、复合式衬砌、锚喷衬砌。21世纪以来，主要采用复合式衬砌，但在一些辅助坑道或地质条件较好的地段也不乏采用锚喷衬砌的案例。

随着我国交通基础设施的大量修建，隧道占比越来越高，隧道初期支护垮塌事故也时有发生，而修建了二次衬砌的地段，则很少发生垮塌事故。因此，在建设管理方面越来越强调二次衬砌的作用，对二次衬砌的质量、与掌子面的距离控制均提出了严格要求。在学术界也出现了初期支护和二次衬砌究竟谁是承载主体之争，一些专家和学者认为，应加强初期支护作为承载主体的功能，二次衬砌仅是安全储备，这是既安全又经济的办法；另一些专家和学者认为，既然初期支护本身的施工难度大、质量难以保证，而二次衬砌能够承载，就应该充分发挥其承载作用，从而适当弱化初期支护并及早施作二次衬砌。

我国高速铁路隧道复合式衬砌通用参考图[29]的设计理念是：Ⅱ、Ⅲ级围岩初期支护为承载主体，二次衬砌作为安全储备；Ⅳ、Ⅴ级围岩初期支护和二次衬砌都是承载主体，二次衬砌分担50%～70%的围岩压力。

11.3.2　案例分析

1)高速铁路隧道通用参考图的承载主体分析

由表11-3和表11-4可见：

(1)对于Ⅲ级围岩，设计意图上作为安全储备的二次衬砌，其安全系数还要高于作为承载主体的初期支护(忽略锚杆)，因而实际上二者均是承载主体。

(2)对于Ⅳ、Ⅴ级围岩，不考虑锚杆耐久性时，二次衬砌可以承受的围岩压力占总压力的60%～70%，与设计意图基本相符，即初期支护和二次衬砌都是承载主体。

2)不同理念得出的支护参数的承载主体分析

(1)支护方案的经济性与安全系数分配对比

由第9章可知，理论上，对于包括时速350km高速铁路双线隧道在内的所有隧道，不管初期支护是单独作为承载主体还是与二次衬砌共同作为承载主体，各级围岩均可以采用无系统锚杆支护方案、以锚为主的支护方案、锚喷组合支护方案，但各方案的经济性、耐久性、可实施性不同。表11-6和表11-7分别为初期支护单独作为承载主体(简称方案一)和初期支护与二次衬砌共同作为承载主体(简称方案二)时，Ⅳ、Ⅴ级围岩400m埋深所需支护参数及安全系数计算结果。

初期支护单独作为承载主体(方案一)的支护参数与安全系数　　表11-6

围岩级别	支护方案	C30混凝土喷层厚度(cm)	钢架型号/间距(m)	锚杆长度(m)	锚杆直径(mm)	二次衬砌厚度(cm)	锚岩承载拱安全系数 K_1	喷层安全系数 K_2	二次衬砌安全系数 K_3	支护总安全系数	复合结构破坏荷载比例系数 K_d
Ⅴ级围岩	无系统锚杆	42	全环I20a/0.8	—	—	30	—	3.06	1.72(1.18)	4.78	4.87
	以锚为主	8	—	11.0	48	30	3.02	—	1.72(1.18)	4.74	—

续上表

围岩级别	支护方案	C30混凝土喷层厚度（cm）	钢架型号/间距（m）	锚杆长度（m）	锚杆直径（mm）	二次衬砌厚度（cm）	锚岩承载拱安全系数 K_1	喷层安全系数 K_2	二次衬砌安全系数 K_3	支护总安全系数	复合结构破坏荷载比例系数 K_d
V级围岩	锚喷组合	28	全环I20a/0.8	4.5	24	30	1.28	2.08	1.72 (1.18)	5.08	3.90
IV级围岩	无系统锚杆	22	拱墙格栅/1.0	—	—	30	—	3.02	2.84 (1.44)	5.86	6.59
	以锚为主	6	—	4.5	28	30	3.03	—	2.84 (1.44)	5.87	—
	锚喷组合	16	—	2.5	20	30	1.55	2.28	2.84 (1.44)	6.67	5.51

注：1. 喷射混凝土强度等级为C30。

2. 锚杆间距为1.0m×1.0m。

3. 二次衬砌采用C30素混凝土。

4. 以锚为主的支护方案喷层采用构造厚度，故没有计入喷层的安全系数。

5. 表中括号内数值为抗裂安全系数，不计入承载能力安全系数。

初期支护与二次衬砌共同作为承载主体（方案二）的支护参数与安全系数

表11-7

围岩级别	支护方案	C30混凝土喷层厚度（cm）	钢架	锚杆长度（m）	锚杆直径（mm）	二次衬砌厚度（cm）	锚岩承载拱安全系数 K_1	喷层安全系数 K_2	二次衬砌安全系数 K_3	支护总安全系数	复合结构破坏荷载比例系数 K_d
V级围岩	无系统锚杆	25	全环I20a/0.8	—	—	40*		1.89	2.66	4.55	4.63
	以锚为主	8	—	7.0	48	40*	1.88	—	2.66	4.54	—

围岩级别	支护方案	C30混凝土喷层厚度(cm)	钢架	锚杆长度(m)	锚杆直径(mm)	二次衬砌厚度(cm)	锚岩承载拱安全系数 K_1	喷层安全系数 K_2	二次衬砌安全系数 K_3	支护总安全系数	复合结构破坏荷载比例系数 K_d
V级围岩	锚喷组合	18	全环格栅/0.8	3.5	20	40*	0.70	1.46	2.66	4.82	4.41
IV级围岩	无系统锚杆	13	—	—	—	40	—	1.92	3.40(1.54)	5.32	6.39
IV级围岩	以锚为主	6	—	3.5	22	40	1.96	—	3.40(1.54)	5.36	—
IV级围岩	锚喷组合	8	—	2.0	15	40	0.91	1.49	3.40(1.54)	5.80	5.73

注：1. 喷射混凝土强度等级为C30。

2. 锚杆间距1.0m×1.0m。

3. V级围岩二次衬砌采用C35钢筋混凝土，IV级围岩采用C30素混凝土。

4. 以锚为主的支护方案喷层采用构造厚度，故没有计入喷层的安全系数。

5. 表中括号内数值为抗裂安全系数，不计入承载能力安全系数。

可见，在安全系数基本相同的情况下，两种设计方案的经济性与安全系数分配对比如下：

①对于V级围岩，方案一所需要的支护总数量要大于方案二，因而不是最经济的方案；对于IV级围岩，两个方案的经济性差别不大。

②从安全储备上看，对于方案一，二次衬砌的安全系数占总安全系数的比例达到了40%左右，虽然设计意图上是作为安全储备，但实际却起到了共同承载作用。

（2）喷层-二次衬砌复合结构破坏次序对承载力和承载主体的影响

根据第5章对复合结构破坏次序的分析方法，可得出复合结构整体破坏阶段的荷载比例系数 K_d 的计算结果，见表11-6和表11-7。根据计算结果，上述方案一和方案二均是喷层先于二次衬砌达到破损阶段，因而荷载比例系数 K_d 要高于 K_2+K_3。

由表11-6和表11-7可见：

①方案一中，K_d比K_2+K_3高出2%～10%，说明喷层与二次衬砌基本同时达到最不利截面强度，二者的强度匹配合理，也说明二者均为承载主体。

②方案二的Ⅳ、Ⅴ级围岩荷载比例系数K_d分别比K_2+K_3高出2%～7%和15%～17%，说明二者的强度匹配也较合理，且均为承载主体。

11.3.3　承载主体问题讨论小结

综上，在满足施工和运营总安全系数的前提下，复合式衬砌可以有多种支护结构设计方案。即使设计意图是初期支护作为承载主体、二次衬砌作为安全储备，但由于二次衬砌的安全系数占总安全系数的比例较大（Ⅳ、Ⅴ级围岩达到了40%左右，Ⅲ级围岩超过50%），因而二者实际上是共同承载的关系。

因此，设计中无须区分初期支护与二次衬砌谁是承载主体，而是应合理确定喷层与二次衬砌的强度匹配，使之基本同时达到最不利截面强度，并综合考虑经济性、耐久性、施工便利性、施工质量可控性等因素确定最为合理的支护方案。

11.4　支护参数优化的问题

11.4.1　隧道支护类型应用中存在的问题

我国铁路隧道设计规范和公路隧道设计规范中，均针对不同围岩等级提供了支护参数的参考值，且喷层厚度、锚杆长度与间距、钢架型号与间距、二次衬砌厚度等均为范围值。但在实际工点设计中，由于没有合理的计算方法和安全系数，因而支护参数的选择比较随意，且一般只区分浅埋、深埋两种类型（偏压隧道、高地应力大变形隧道等另行设计）。这种处理方法虽然方便了施工，但带来的问题是：不同地段的结构安全系数差异大，也不符合结构设计原理（不同地段的安全系数应基本相同）。

11.4.2　支护参数优化思路

由第2～4章可知，对支护参数影响最大的因素主要有围岩条件、埋深（以及构造应力）、地下水。围岩条件不同，其物理力学指标不同；当围岩的物理力学指标相同时,围岩压力主要与埋深(还有构造应力)有关。地下水对支护参数的影响主要体现在两个方面:一是影响初期支护的耐久性,当排水系统容易堵塞时,也会影响二次衬砌的受力和耐久性;二是影响初期支护强度与刚度增长过程,对施工过程中的安全系数影响大。

随着勘察设计手段的发展和施工装备及技术水平的进步,施工中已具备根据每座隧道的具体情况进行"个性化"设计的条件。在以自重应力场为主的情况下,建议按如下思路进行支护参数优化。

(1)围岩条件可以采用现有设计规范中的围岩级别或围岩亚级划分方法。

(2)同一种围岩条件以 150～200m 作为一个埋深段。

(3)每一个埋深段再根据地下水发育程度来划分支护类型。地下水发育情况可划分为潮湿(或点状)出水、淋雨状(或线流状)出水、涌流状出水三种。

11.4.3　对支护参数类型优化的建议

以下以Ⅳ级围岩为例,对以自重应力场为主的隧道,建议支护参数类型的优化见表 11-8。由表可见,与目前仅有 2 种支护类型(深埋、浅埋)的通用图或工点设计图相比,考虑埋深与地下水影响后,支护类型最多可达 15 种,大幅提高了经济性和科学性。

隧道支护参数类型优化表(以Ⅳ级围岩为例)　　表 11-8

埋深	$<H_p$	$H_p\sim200m$	200～400m	400～600m	600～800m
潮湿(或点状)出水	Ⅳ$_{a-1}$	Ⅳ$_{a-2}$	Ⅳ$_{a-3}$	Ⅳ$_{a-4}$	Ⅳ$_{a-5}$
淋雨状(或线流状)出水	Ⅳ$_{b-1}$	Ⅳ$_{b-2}$	Ⅳ$_{b-3}$	Ⅳ$_{b-4}$	Ⅳ$_{b-5}$
涌流状出水	Ⅳ$_{c-1}$	Ⅳ$_{c-2}$	Ⅳ$_{c-3}$	Ⅳ$_{c-4}$	Ⅳ$_{c-5}$

注:1. H_p 为深浅埋分界埋深。

　2. 本表仅列出最大埋深为 800m 的情况,当埋深更大时,可以进一步细分支护类型。

11.5　预应力与非预应力支护体系差异与选型问题

11.5.1　预应力与非预应力支护体系的安全系数和变形差异

预应力支护体系和非预应力支护体系在支护与围岩协同变形过程中,锚杆

(索)本身的受力是不同的,如图11-3所示,导致两者在结构安全性和变形控制能力方面存在一定的差异。

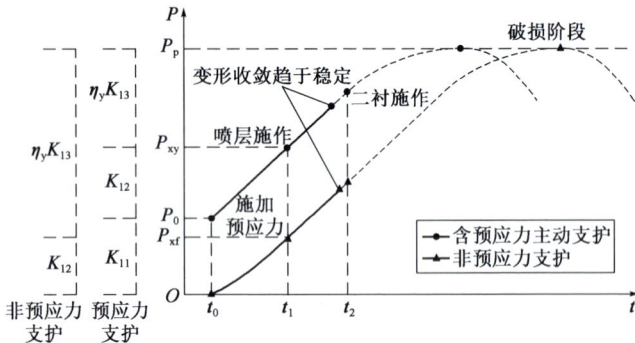

图11-3　预应力与非预应力支护体系锚杆支护力时程曲线示意

图11-3中,P_0、P_p分别为锚杆(索)的预应力设计值和承载能力设计值,P_{xy}、P_{xf}分别为预应力支护与非预应力支护时喷层施作时的锚杆轴力(可以表征喷层的施作时机),t_0、t_1、t_2分别表示施作预应力、喷层、二次衬砌的支护时机。

1)安全系数差异

(1)施工过程安全系数

由图11-3可知,当锚固系统采用非预应力锚杆时,由于锚杆灌浆料存在硬化时间,且锚杆必须随围岩变形而逐步承载,因此锚岩承载拱支护时机晚于预应力锚杆支护,锚岩承载拱的安全系数项$K_{11}=0$,导致支护体系早期安全系数小于预应力锚杆(索)支护系统。

(2)运营期总安全系数

锚岩承载拱与喷层、二次衬砌之间存在变形能力上的差异,因此需要根据其变形能力进行修正。

预应力锚杆支护中,$\Delta\sigma_{1y}$可表示为:

$$\Delta\sigma_{1y} = \left[\frac{P_p - P_{xy}}{2bs} + \frac{(K_2 + K_3)q}{2}\right] \cdot \tan^2\left(45° + \frac{\varphi}{2}\right) \qquad (11\text{-}7)$$

非预应力锚杆支护中,$\Delta\sigma_{1f}$可表示为:

$$\Delta\sigma_{1f} = \left[\frac{P_p - P_{xf}}{2bs} + \frac{(K_2 + K_3)q}{2}\right] \cdot \tan^2\left(45° + \frac{\varphi}{2}\right) \qquad (11\text{-}8)$$

式中,$\Delta\sigma_{1y}$、$\Delta\sigma_{1f}$为预应力锚杆支护与非预应力锚杆支护时,锚岩承载拱在喷层、二次衬砌共同承载阶段抗压强度的提高值；b、s 分别为锚杆（索）的环向间距和纵向间距；c_p 为围岩的进入塑性后的残余黏聚力；φ 为内摩擦角；q 为围岩压力设计值。

在相同隧道条件和喷层支护时机下，预应力锚杆支护与非预应力锚杆支护对比时，喷层施作时锚杆的轴力 $P_{xy} > P_{xf}$，因此 $\Delta\sigma_{1y} < \Delta\sigma_{1f}$。由此可知：当围岩较好时，锚岩承载拱在共同承载阶段的可变形能力可能弱于喷层及二次衬砌，即 $\eta_y = \eta_f = 1$，两种类型支护体系在运营期的总安全系数一致；对于软弱围岩，锚岩承载拱在与喷层、二次衬砌共同承载阶段，其变形能力受到内侧喷层与二次衬砌的制约，即 $\eta_f < 1$，且 $\eta_y > \eta_f$，预应力支护体系在运营期的总安全系数大于相同条件下的非预应力支护体系。

2）隧道变形控制差异

在不考虑围岩垮塌和局部块体破坏的情况下，隧道的变形主要由围岩和支护的刚度决定。由于预应力锚杆（索）可以及时施作预应力，充分发挥锚岩承载拱的支护强度和刚度，而非预应力锚杆，则需要考虑锚杆孔内砂浆的硬化过程，因此在总的变形控制方面，预应力支护体系要优于非预应力支护体系。但需注意的是，如果预应力支护体系的总变形能力小于围岩的允许变形量，则会导致围岩压力增大，进而又会影响总安全系数的大小。

11.5.2　预应力与非预应力支护体系的案例对比

以我国 350km/h 高速铁路双线隧道在 III、IV 级围岩的 400m 埋深条件为例，比较两种支护体系的安全系数。支护参数见表 11-9，两种支护体系仅锚杆类型不同，非预应力支护中锚杆采用 $\phi22mm$ 砂浆锚杆；预应力动支护中锚杆采用 $\phi25mm$ 低预应力中空注浆锚杆，预应力为 50kN。

350km/h 高速铁路双线隧道支护参数　　　　　　　　　　表 11-9

衬砌类型	喷射混凝土		系统锚杆	钢架	二次衬砌		
	拱墙 （cm）	仰拱 （cm）	长度(m)@间距 （m）	规格/部位/间距 （m）	拱墙 （cm）	仰拱 （cm）	环向配筋 （mm）
IIIb	12	—	3.0@1.2×1.5	格栅/拱部/1.2	40	50	—
IVb	25	25	3.5@1.2×1.2	型钢I18a/全环/1.0	45*	55*	$\phi20@200$

注：1. 带*号者为钢筋混凝土。

　　2. 二次衬砌钢筋混凝土采用 C35，素混凝土采用 C30。

　　3. 喷锚同时施作。

各级围岩的物理力学指标采用表1-12中的下四分之一分位值。400m埋深条件下的Ⅲ级围岩压力设计值为 $q=53kPa$，Ⅳ级围岩的围岩压力设计值 $q=269kPa$，安全系数计算结果见表11-10。

安全系数计算结果　　　　　　　　　　　表11-10

衬砌类型	支护体系	锚岩承载拱				喷层		二次衬砌	施工期	运营期
		K_{11}	K_{12}	η_y/η_f	K_{13}	ξ	K_2	K_3	K_e	K_{op}
Ⅲb	非预应力支护	0	0	1.00	27.29	1	7.17	7.19	34.46	41.65
	预应力支护	13.63	0	1.00	13.66	1	7.17	7.19	34.46	41.65
Ⅳb	非预应力支护	0	0	0.55	5.85	1	2.81	4.30	6.04	10.34
	预应力支护	1.31	0	0.71	4.54	1	2.81	4.30	7.35	11.65

由表11-10可知，对于Ⅲ级围岩，两种支护体系在运营期的总安全系数相等；对于Ⅳ级围岩，预应力支护体系安全系数大于非预应力支护体系。

11.6　钢架设置与钢架保护层问题

11.6.1　目前在钢架及其保护层设计方面存在的问题

钢架包括型钢钢架和格栅钢架。在钢架设置方面，目前较为通用的做法是在下列情况下设置钢架[6]。

（1）自稳时间很短的围岩，在锚杆或喷射混凝土支护发挥作用前，可能发生围岩失稳或坍塌危险时。

（2）浅埋、偏压隧道，当早期围岩压力增长快，需要提高初期支护的早期强度和刚度时。

（3）在难以布设锚杆、喷射混凝土的砂卵石、土夹石或断层泥等地层，大面积淋水地段，以及为了抑制围岩大的变形而增加支护抗力时。

(4)当需要施作超前支护,设置钢架作为超前锚杆或超前小导管的支承构件时。

(5)自稳时间短,初期变形大的地层,对地面下沉量有严格限制的情况。

在钢架的设计方面,一般采用工程类比设计,当采用计算确定时,对于型钢钢架,一般按多点支撑的荷载结构法计算,其荷载取值一般采用围岩压力(按设计规范中的松散荷载公式)的50%,或者采用4m或6m土柱;对于格栅钢架,采用与喷射混凝土共同形成的钢筋混凝土按荷载结构法计算。

在钢架保护层方面,《铁路隧道设计规范》(TB 10003—2016)没有具体规定,但在高速铁路隧道通用参考图中要求钢架的保护层厚度为外侧4cm、内侧3cm。《公路隧道设计规范 第一册 土建工程》(JTG 3370.1—2018)中规定,钢架与围岩之间的混凝土保护层厚度不应小于40mm,临空一侧的混凝土保护层厚度不应小于20mm;当采用锚喷单层衬砌时,临空一侧的混凝土保护层厚度不应小于40mm。

由上可见,目前在钢架设置方面存在的问题主要有:①是否设置钢架的判别条件多为定性条件,难以与理论计算建立联系;②钢架的计算荷载采用经验值,缺少理论依据。在钢架保护层设计方面存在的问题主要有:①保护层厚度为定值,没有与耐久性环境作用等级建立联系;②对保护层厚度进行规定的思想来源于地面钢筋混凝土结构,与隧道工程的受力特点和环境条件不符;③实际设计中往往为了设置钢架而不得不加大喷射混凝土的厚度,降低了经济性。

11.6.2 基于总安全系数法的钢架设计方法

如上所述,钢架作为支护结构的一部分时,主要用在需要早期受力和控制变形方面,因此,从结构设计的观点看,是否设置钢架与围岩压力增长速度、喷射混凝土强度增长速度、喷射混凝土结构层的受力形态有关。

根据总安全系数设计法,钢架设计计算思路为:对围岩压力增长曲线、喷射混凝土强度增长曲线、喷射混凝土和锚杆砂浆达到设计强度前的初期支护安全系数进行计算,再根据安全系数计算结果和结构受力形态(大偏心受压、小偏心受压)确定钢架选型。

具体的计算步骤如图11-4所示。

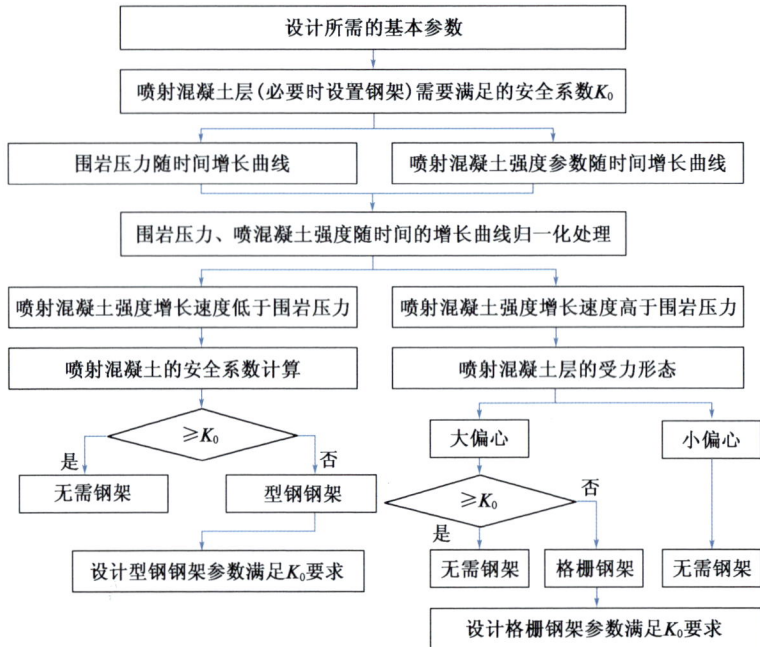

图 11-4　钢架量化计算方法流程图

（1）获取隧道基本信息

获取隧道的基本信息，包括：①隧道围岩的力学参数（重度、黏聚力、内摩擦角、弹性抗力系数）②隧道的断面形状与埋深；③喷射混凝土的设计参数；④隧道喷射混凝土必要时设置钢架需要满足的安全系数 k_0（该值需要根据工程重要性、工程地质条件、施工水平等综合确定）。

（2）获取围岩压力和喷射混凝土强度增长曲线

根据现场测试或者数值分析得到围岩压力的增长曲线，通过现场测试获取喷射混凝土物理力学指标随时间的增长曲线。

（3）计算施工阶段任意时刻的安全系数

根据步骤（2）中任一时刻的围岩压力值和混凝土的弹性模量与强度值，以及喷射混凝土层的荷载结构模型计算该时刻喷射混凝土的内力与安全系数。

（4）围岩压力增长曲线和喷射混凝土强度增长曲线对比

将步骤（2）中获得的围岩压力-时间曲线与喷射混凝土强度-时间曲线进

行归一化处理,并将两条经过归一化处理的曲线绘制在同一图表中,比较两条曲线增长速度,如图11-5所示。

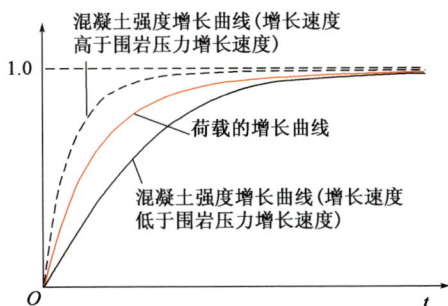

图11-5　喷射混凝土强度、围岩压力增长曲线归一化处理示意图

(5)是否需要设置钢架的判别

根据步骤(3)中得到的喷层偏心受压状态、安全系数以及步骤(4)中得到的围岩压力与喷射混凝土强度增长速度,综合判定是否需要设置钢架,包括以下几种情况:

①型钢钢架:如果喷射混凝土强度增长速度低于围岩压力增长速度,且混凝土达到设计强度前的施工过程中的安全系数低于设计值时(如可以采用1.8),则需要设置型钢钢架。

②格栅钢架:如果喷射混凝土强度增长速度高于围岩压力增长速度,但结构处于大偏心受压状态,则应采用格栅钢架。这主要是由于格栅钢架单独承受荷载的能力弱,但与喷射混凝土一起作为钢筋混凝土使用时的效果好。

③钢纤维喷射混凝土:如果喷射混凝土强度增长速度高于围岩压力增长速度,且结构处于小偏心受压状态,同时需要加大结构的延性时,宜采用钢纤维喷射混凝土。

(6)钢架参数的计算

当需要设置钢架时,按荷载结构模型和破损阶段法计算钢架的参数,包括型钢钢架和格栅钢架两种形式。

11.6.3　基于总安全系数法的钢架保护层设计方法

根据第7～9章的大量计算可知,除少部分隧道断面(时速160km、200km客货共线单线铁路隧道、20世纪90年代编制的时速140km单线电气化铁路隧道标准图）的喷层在边墙区域为大偏心受压外，其他隧道断面形式的喷层基本处于小偏心受压状态。

当喷层为小偏心受压时，由于喷射混凝土本身就是很好的承压材料，理论上可以不需要考虑钢架的耐久性问题。根据计算，在常规钢架间距条件下（钢架间距0.8~1.2m），即使钢架因耐久性不足而失效，喷层的安全系数也仅降低10%~15%，因此完全可以取消型钢钢架的保护层。

当喷层为大偏心受压时，需要考虑钢架的耐久性问题，但需要结合隧道结构特点和结构形式确定保护层厚度。对于复合式衬砌，由于在喷射混凝土内侧还有二次衬砌，因而可以降低钢架保护层厚度要求。这是因为，即使钢材（包括格栅钢架和型钢翼缘板）发生锈蚀，喷射混凝土因大偏心受力而开裂，但内侧的二次衬砌对其有支承作用，喷层不会发生垮塌，只是原先由喷层承担的部分荷载会转移至二次衬砌而已。因此，当喷层为大偏心受压时，建议型钢钢架仍可以不设置保护层，而格栅钢架因为需要传递钢筋拉力，保护层厚度采用20mm即可。

总之，如采用型钢钢架，不管是大偏心受压还是小偏心受压，均可不设置保护层；如采用格栅钢架，保护层厚度采用20mm即可。如果地下水有侵蚀性，格栅钢架的保护层还应满足相应的耐久性要求。

11.7　喷射混凝土的早期强度问题

11.7.1　不同规范对喷射混凝土早期强度的规定

《铁路隧道设计规范》（TB 10003—2016）对喷射混凝土早期强度的规定见表11-11。《公路隧道设计规范　第一册　土建工程》（JTG 3370.1—2018）规定，喷射混凝土1d龄期的抗压强度不应低于5MPa。可见，两个规范对喷射混凝土早期强度的要求不同，必然带来安全性与经济性上的差别。

铁路隧道喷射混凝土早期强度（单位：MPa）　　　　表11-11

喷射混凝土强度等级	龄期(h)	
	8	24
C25	2	10
C30	3	12
C35	4	14

11.7.2 对喷射混凝土早期强度的建议

采用总安全系数设计法对结构强度进行安全性计算时,采用的混凝土强度指标是抗压(拉)极限强度,是隧道结构形成后的安全系数,而施工过程中的安全系数需要根据第11.5节的方法进行计算。

对于早期强度,理论上只要喷射混凝土强度增长速度不低于荷载增长速度,或者混凝土达到设计强度前的结构强度(包含锚岩承载拱)安全系数不低于1.8,就能满足安全要求。如对喷射混凝土早期强度的要求过高,反而会因为结构柔度不足而使围岩压力增加,进而对结构安全不利。而如果早期强度过低,则需要增加较多的钢架或减慢施工速度,对安全性和经济性也是不利的。以下以时速350km高速铁路双线隧道Ⅳ级围岩无系统锚杆支护方式为例,说明喷层早期强度对结构安全性的影响。

为模拟早期强度对结构安全性的影响,采用C15和C30两种不同强度等级的喷射混凝土模拟替代早期强度低、高两种情况,C15和C30喷射混凝土的弹性模量分别为18.5GPa和25GPa。采用三维有限元模型(图11-6),对两种情况下拱部喷层与围岩接触应力随开挖面距离(即喷射混凝土厚度)的增加而变化的过程进行了计算。计算中所采用的隧道埋深为400m,喷射混凝土厚度为30cm,开挖步距为1m。计算得到的拱部喷层与围岩接触应力与开挖面距离的变化过程如图11-7所示,C15与C30喷射混凝土拱部接触应力的稳定值分别为1.66MPa、1.99MPa。可见,喷射混凝土早期强度越高,接触应力越大,对结构安全性越不利。需说明的是,真实

图11-6 喷射混凝土早期强度对安全性影响模拟的三维有限元模型

模拟早期强度对安全性的影响需要考虑弹性模量、强度与时间的变化关系以及具体的施工组织与施工方法,本节仅是说明不宜过高要求喷射混凝土的早期强度,因而采用简化的计算方法。

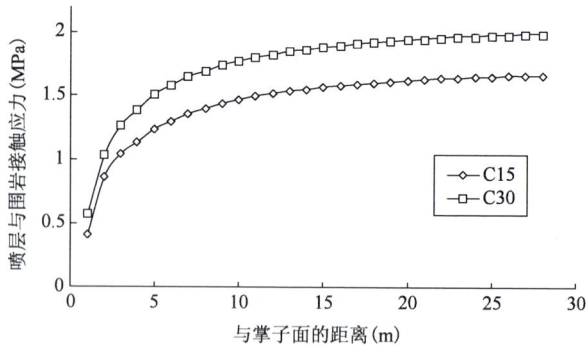

图11-7 不同喷射混凝土厚度时拱部接触应力变化曲线

因此,合理的早期强度应根据地质条件、地下水状况、施工速度、支护速度、施工方法等综合确定。当然,从设计角度对早期强度做出规定是必要的,这样便于设计中根据材料性能确定施工中是否需要采取附加措施,如封堵地下水、增加钢架、合理调整喷射混凝土性能等。

此外,为提高施工过程中对结构安全性判别的准确性,要关注地下水对喷射混凝土强度增长和弹性模量增长的影响,有条件时监控量测中可增加喷射混凝土强度与弹性模量的现场监测。

11.8　支护形式选择问题

11.8.1　目前支护形式设计中存在的问题

复合式衬砌的初期支护或锚喷单层衬砌的支护形式有多种划分方法。

按支护承载特性,隧道支护形式可分为主动支护与被动支护。主动支护是指深入围岩内部,直接提升围岩自承载能力或不需要随围岩变形而逐步受力的支护体系,主要措施有预应力锚索、预应力锚杆、注浆等;被动支护是指必须随围岩变形而逐步受力的支护体系,主要措施有非预应力锚杆、钢架、喷射混凝土、二次衬砌等。文献[94]提出,在隧道施工中采用主动支护主动控制围岩变形,充分发挥和调动围岩的自承载能力,是隧道现代修建技术的核心理念。

按主要承载构件,可以分为无系统锚杆支护、以锚为主的支护、锚喷组合支护等,其中无系统锚杆支护又可分为喷射混凝土支护、钢架+喷射混凝土支护、钢纤维喷射混凝土支护等;以锚为主的支护又可分为锚索支护、锚杆支护、锚索+锚杆联合支护、长锚杆+短锚杆组合支护等;锚喷组合支护又可分为强喷弱锚支护、强锚弱喷支护、弱喷弱锚支护、强喷强锚支护等。

不同支护构件在施工中出现的问题主要有:

砂浆锚杆的主要问题有:①重视程度不够,不做或少做现象较常见;②施工不规范以及与设计不符现象较常见(图11-8);③工装专业化程度低,以人工为主(图11-9)。

图11-8 锚杆施工不规范   图11-9 以人工为主的施工现场

喷射混凝土的主要问题有:①强度不足;②开挖面不平顺或局部存在空洞,质量不稳定(图11-10)。

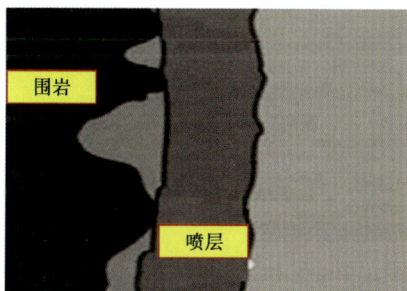

图11-10 开挖面不平顺

钢架的主要问题有:①重型钢架轻格栅钢架,工序复杂、安设困难、工效较低(图11-11);②接头对位困难,受力轴线不平顺,常常成为薄弱环节(图11-12)。

图 11-11　人工安装钢架　　　　　图 11-12　钢架接头连接差

由于不同支护构件的施工难度与质量控制难度不同，经常出现合理支护形式的争议。一种观点认为，设计支护构件和措施越多，施工工序越复杂，质量越难以保证，也影响施工进度与工期，应采用施工最方便、质量最可控的支护措施；另一种观点认为，各种支护措施各有其作用，施工中应配备满足设计方案实施要求的施工装备，加强质量控制。

11.8.2　合理支护形式选择

1）主动支护与被动支护的力学效应

主动支护措施中，超前注浆是通过直接改善围岩的物理力学指标从而提高围岩自承载能力，进而减少围岩塑性区的发展与塑性变形，降低围岩压力；预应力锚杆（索）的主要作用是提供开挖面压力并形成锚岩承载拱，减少围岩塑性区的发展与塑性变形，进而降低围岩压力，同时兼有少量改善围岩力学指标的作用。

被动支护措施中，非预应力锚杆、钢架、喷射混凝土、二次衬砌等有三方面的作用：一是直接承受围岩压力，二是加大围岩侧限力（σ_3）进而提高围岩本身抗压与承载能力，三是通过支护作用减少围岩塑性区的发展与塑性变形。

可见，不管是主动支护还是被动支护，均具有提高围岩本身抗压与承载能力的作用，但由于不同支护措施的施作时机（开挖前还是开挖后）、达到形成承载能力的时间、自身承载能力大小等方面存在差异，因而对控制围岩塑性区的发展、控制围岩塑性变形的效果不同，具体采用何种措施需要根据计算结果并综合多方面因素后确定。

2)支护形式选择

根据总安全系数设计法,采用相同的安全系数时,不同支护形式均可以设计出相应的支护参数方案,但需要综合考虑经济性、耐久性、施工便利性、施工质量可控性等因素确定最为合理的支护结构。经研究,随着隧道跨度的加大,主动支护的必要性越来越大;随着地应力的增加或应力强度比的增加(初始地应力/围岩强度),主动支护的重要性越来越凸显,需要的支护强度也越来越高。根据跨度和应力强度比等条件,隧道大致有相对应的合理的支护形式。

(1)当隧道跨度较小,应力强度比较低时,采用无系统锚杆支护形式较为合理。

(2)当隧道跨度较大,应力强度比较高时,采用短锚杆和喷射混凝土组成的弱喷弱锚支护形式较为合理。

(3)当隧道跨度大,应力强度比高时,采用以锚为的主支护形式较为合理。

(4)当跨度很大、应力强度比很高时,采用锚索、长锚杆、短锚杆、大厚度钢架喷射混凝土组合的强喷强锚支护形式较为合理,且支护必须具有较大的可变形能力。

(5)当跨度极大、应力强度比极高时,需采用以具有大变形能力、强喷强锚为基础的新型支护结构,但在新结构新材料等方面需进一步研究,如采用超高强度的锚索和锚杆、超高压力的预注浆、超高承载能力的型钢混凝土、钢管混凝土、预制高强钢筋混凝土等。

(6)当跨度较小但应力强度比很大或跨度很大但应力强度比较小时,以及跨度与应力强度比的其他组合情况,合理支护形式需要根据计算确定。

上述所谓的"合理支护形式"不是绝对的,应结合施工机具、施工习惯、造价、工期等多种因素按"具体问题具体分析"的原则确定,片面强调"必须采用主动支护"或"必须采用被动支护"都有不合理之处。正如桥梁结构,有简支梁桥、连续梁桥、拱桥、斜拉桥、悬索桥等多种类型,每种类型有其大致的合理跨度范围,但也不是绝对的、严格的与跨度相对应,不是一成不变的,需要根据多种因素综合比选确定。可见,隧道支护结构形式在一定程度上也具有与地面结构相同的特征。我国隧道有多种地质条件、多种埋深与地应力水平、多种断面形状与跨度,其支护结构形式也应该是丰富多彩的。

第12章

展　望

　　本书对总安全系数法的理论与方法体系进行了系统研究,包括隧道临界稳定断面与支护必要性判断、系统支护还是局部支护、围岩压力设计值计算方法、结构计算模型和总安全系数的计算及取值、基于总安全系数法的承载能力模型试验方法、结构变形分析与支护参数现场调整方法、支护强度-变形-时机一体化设计方法等。对总安全系数法在高速铁路双线隧道支护结构类型选择与支护参数优化、既有隧道支护结构安全性分析、隧道断面形式比选、高地应力软岩大变形隧道支护参数设计、超大跨度隧道支护参数设计、多洞空间小净距隧道支护参数设计、隧道初期支护分序支护设计等方面的应用进行了系统的研究,同时采用总安全系数法对隧道设计理念、锚杆有无作用、复合式衬砌初期支护与二次衬砌承载主体区分、支护参数优化方式、预应力与非预应力支护体系的选用、钢架设置与钢架保护层、喷射混凝土早期强度、支护类型选择等几个热点和争议问题进行了探讨。初步实现了隧道支护参数设计由"类比为主、计算为辅"转变为"计算为主、类比为辅",但仍有许多问题有待今后进一步研究,并对本设计方法加以修正与完善。

1)与现有设计规范进一步协调

　　《铁路隧道设计规范》(TB 10003—2016)和《公路隧道设计规范　第一册土建工程》(JTG 3370.1—2018)采用围岩基本质量指标BQ或围岩基本质量指标修正值[BQ]进行围岩分级[11,15],BQ和[BQ]的计算方法见式(12-1)和式(12-2),

基于 BQ 和[BQ]的围岩分级方法分别见表 12-1 和表 12-2。

$$BQ = 100 + 3R_c + 250K_v \qquad (12-1)$$

$$[BQ] = BQ - 100(K_1 + K_2 + K_3) \qquad (12-2)$$

式中:BQ——围岩基本质量指标;

　　[BQ]——围岩基本质量指标修正值;

　　R_c——岩石单轴抗压强度(MPa);

　　K_v——岩体完整性系数;

　　K_1——地下水影响修正系数;

　　K_2——主要软弱结构面产状影响修正系数;

　　K_3——初始应力状态影响修正系数。

铁路隧道围岩基本分级　　　　　　　　　　　表 12-1

级别	岩体特征	土体特征	围岩基本质量指标 BQ	围岩弹性纵波速度 v_p(km/s)
Ⅰ	极硬岩,岩体完整	—	>550	A:>5.3
Ⅱ	极硬岩,岩体较完整; 硬岩,岩体完整	—	550~451	A:4.5~5.3 B:>5.3 C:>5.0
Ⅲ	极硬岩,岩体较破碎; 硬岩或软硬互层,岩体较完整; 较软岩,岩体完整	—	450~351	A:4.0~4.5 B:4.3~5.3 C:3.5~5.0 D:>4.0
Ⅳ	极硬岩,岩体破碎; 硬岩,岩体较破碎或破碎; 较软岩或软硬互层,且以软岩为主,岩体较完整或较破碎; 软岩,岩体完整或较完整	具有压密或成岩作用的黏性土、粉土及砂类土,一般钙质、铁质胶结的粗角砾土、粗圆砾土、碎石土、卵石土,大块石土,黄土(Q_1、Q_2)	350~251	A:3.0~4.0 B:3.3~4.3 C:3.0~3.5 D:3.0~4.0 E:2.0~3.0
Ⅴ	较软岩,岩体破碎; 软岩,岩体较破碎~破碎; 全部极软岩及全部极破碎岩(包括受构造影响严重的破碎带)	一般第四系坚硬、硬塑黏性土,稍密及以上、稍湿或潮湿的碎石土、卵石土、圆砾土、角砾土、粉土及黄土(Q_3、Q_4)	≤250	A:2.0~3.0 B:2.0~3.3 C:2.0~3.0 D:1.5~3.0 E:1.0~2.0

续上表

级别	岩体特征	土体特征	围岩基本质量指标BQ	围岩弹性纵波速度v_p(km/s)
VI	受构造影响严重呈碎石、角砾及粉末、泥土状的富水断层带,富水破碎的绿泥石或炭质千枚岩	软塑状黏性土,饱和的粉土、砂类土等,风积沙,严重湿陷性黄土	—	<1.0(饱和状态的土<1.5)

注:A、B、C、D、E分别代表不同的岩性。

公路隧道围岩基本分级 表12-2

级别	围岩岩体或土体主要定性特征	岩体基本质量指标BQ或岩体修正质量指标[BQ]
I	坚硬岩,岩体完整	>550
II	坚硬岩,岩体较完整; 较坚硬岩,岩体完整	550~451
III	坚硬岩,岩体较破碎; 硬岩或软硬互层,岩体较完整; 较软岩,岩体完整,整体状或巨厚层状结构	450~351
IV	极硬岩,岩体破碎; 较坚硬岩,岩体较破碎~破碎; 较软岩,岩体较完整~较破碎; 软岩,岩体完整~较完整	350~251
	土体:压密或成岩作用的黏性土及砂类土,黄土(Q_1、Q_2),一般钙质、铁质胶结的碎石土、卵石土,大块石土	
V	较软岩,岩体破碎; 软岩,岩体较破碎~破碎; 全部极软岩及全部极破碎岩	≤250
	一般第四系的半干硬~硬塑的黏性土及稍密至潮湿的碎石土、卵石土、圆砾、角砾土及黄土(Q_3、Q_4),非黏性土呈松散结构,黏性土及黄土呈松软结构	
VI	软塑状黏性土及潮湿、饱和粉细砂层,软土	

理论上,由于BQ和[BQ]的计算考虑了多个因素,因而无须再对围岩进行分级,也就是说,围岩分级是连续的,而不是突变的,相应支护参数也应该是连续的。总安全系数法在理论上也可以根据围岩的具体条件设计出总安全系数相同但支护参数连续变化的支护结构。当然,为便于施工,支护参数需要采用分级变化。

如果能够得出不同BQ和[BQ]所对应的围岩物理力学参数,则可以实现总安全系数法与围岩分级方法的完全协调,这有待于今后进一步研究。

2)相关计算模型需要进一步深化研究

(1)第5.2.8节对组合拱模型进行探讨,即将锚岩承载拱与喷层作为由两种不同材料组成的组合拱结构,见图5-14。由于目前缺少类似组合拱结构基于破损阶段的安全系数计算方法,因此暂采用"修正容许应力法"进行安全系数计算。今后,如能得出锚杆-围岩-喷射混凝土组合结构基于破损阶段的安全系数计算方法,则组合拱模型仍有深入研究的必要。

(2)前文提出了初期支护和锚喷支护设计承载能力计算方法,并开展物理模型试验和现场测试研究,但总的来说试验研究的深度和广度仍有所不足,今后有条件时可以开展更大范围的现场试验和模型试验。

(3)由于锚岩承载拱、喷层、二次衬砌三层结构既有共同分担的荷载,又有各自承受不同的荷载,因此,整体结构如何设计是一个十分复杂的问题。第5.8.2节对多种荷载作用下隧道支护结构设计方法进行了探讨,有待今后进行更深入的理论研究。

3)地下水对围岩压力的影响有必要进一步研究

《锚杆喷射混凝土支护技术规范》(GB 50086—2001)第4.4.16条指出[95]:当地下水位较高或长期使用后隧洞可能放空时(指水工隧洞),设计中应校核锚喷支护在外水压力作用下的稳定性。条文解释指出:外水压力是水工隧洞的主要荷载之一,锚喷支护也不例外,据一些现场试验资料,当外水压力为1.4~1.6MPa时,喷层局部剥离,一般呈现黏结破坏。所以当外水压力较高、隧洞使用中放空时,必须校核其稳定性。外水压力值,可采用地下水位线以下的水柱高乘以相应的折减系数的方法进行估算(表12-3)。喷射混凝土支护与围岩是相互紧密贴合的两种不同的透水介质,在地下水位变幅小、补水和排水条件固定的情况下,在长期运行过程中将形成稳定的渗流场,这时作用在支护上的外水荷载是一种"场力"。

水工隧洞外水压力折减系数   表12-3

地下水活动分级	地下水活动情况	折减系数
1	无	0
2	微弱	0 ~ 0.25
3	显著	0.25 ~ 0.50
4	强烈	0.50 ~ 0.75
5	剧烈	0.75 ~ 1.00

总安全系数法中的围岩压力设计值暂没有考虑地下水的影响，今后有必要进一步研究。

4）开展全围岩压力实测研究

目前常用的围岩压力监测方法是在喷层与围岩之间埋置压力盒(图12-1)。该种测试方法得到的是"喷层与围岩的径向接触力"，只是围岩压力的一部分而不是全部围岩压力(如果是全部围岩压力，则会出现"不管围岩是否加固、外侧不管设置多少锚杆、锚索均不影响喷层受力"的矛盾)。

a)拱部   b)侧墙

图12-1 喷层与围岩接触压力测试元器件的埋设

建议今后对全围岩压力进行实测，可以采用的方法之一是：在相同围岩条件下，对比无系统锚杆支护结构、锚喷组合支护结构两种情况下的"喷层与围岩的径向接触力"，且两种支护结构的总安全系数基本相同。此外有条件时，可开展喷层与围岩之间切向应力的实测。

5）开展安全性与经济性问题研究

(1)初期支护劣化及对总安全系数的影响研究。第5.6节对锚杆的耐久性和地下水对喷射混凝土的侵蚀进行了介绍,但目前还无法量化地下水对初期支护劣化影响程度,今后有条件时可以开展相关试验研究。

(2)更为经济的安全系数取值研究。第5.4节提出了"运营期结构总安全系数不低于3.0~3.6,施工期总安全系数不低于1.8~2.1"的建议,并建议结合工程具体情况对总安全系数取值进行调整。这是根据大量设计案例进行计算后提出的一个建议值,是否经济,有待于今后根据大量实测进一步优化。

6)开展转换为概率极限状态设计法的相关研究

土木工程设计经历了容许应力法、安全系数法和概率极限状态法三个阶段,设计方法越来越科学。但由于隧道工程的特殊性,目前还不完全具备采用概率极限状态设计法的条件。铁道部门虽然发布了《铁路隧道设计规范(极限状态法)》(Q/CR 9129—2018)[12],但仅适用于隧道二次衬砌、明洞和洞门结构,并指出"锚喷衬砌和复合式衬砌的初期支护,可按工程类比法确定设计参数,施工期间应通过监控量测进行修正"。也就是说,锚喷衬砌和复合式衬砌的初期支护目前还难以采用极限状态设计法。

本书所建立的隧道支护结构设计总安全系数法,可以初步实现支护参数的安全性计算和定量化设计。今后可以在大量的试验和现场测试基础上,开展由安全系数设计法转换为概率极限状态设计法的工作。

参 考 文 献

[1] 巩江峰,王伟,王芳,等.截至2023年底中国铁路隧道情况统计及2023年新开通重点项目隧道情况介绍[J].隧道建设(中英文),2024,44(2):377-392.

[2] 交通运输部.2023年交通运输行业发展统计公报[N/OL].中国交通报,2024-06-18(2).DOI:10.28099/n.cnki.ncjtb.2024.001085.

[3] 陈学峰,刘建友,吕刚,等.京张高铁八达岭长城站建造关键技术及创新[J].铁道标准设计,2020,64(1):21-28.

[4] 郝哲,李伟,万明富.对大跨度隧道开挖中若干问题的思考[J].公路,2005(4):199-204.

[5] 吕宗强,赵东阳.溪洛渡地下厂房锚梁开挖精细化质量管控[J].云南水力发电,2021,37(1):132-137.

[6] 刘松涛,林毅,熊道品.向家坝水电站尾水隧洞大跨度、无拱座挂顶混凝土衬砌施工[J].四川水力发电,2011,30(3):23-27,36.

[7] 陈鹏,方丹,万祥兵,等.白鹤滩地下厂房结构动力特性及抗震分析[J].水力发电,2019,45(3):50-53,119.

[8] 冯夏庭,江权,向天兵,等.大型洞室群智能动态设计方法及其实践[J].岩石力学与工程学报,2011,30(3):433-448.

[9] 彭万兵.溪洛渡水电站导流洞卵石推移质采样方案及其输沙特性[J].四川大学学报(工程科学版),2014,46(S2):21-25.

[10] 邓铭江.深埋超特长输水隧洞TBM集群施工关键技术探析[J].岩土工程学报,2016,38(4):577-587.

[11] 中铁二院工程集团有限责任公司.铁路隧道设计规范:TB 10003—2016[S].北京:中国铁道出版社,2017.

[12] 中铁二院工程集团有限责任公司.铁路隧道设计规范(极限状态法):Q/CR 9129—2018[S].北京:中国铁道出版社有限公司,2019.

[13] 赵勇,等.隧道设计理论与方法[M].北京:人民交通出版社股份有限公司,2019:83-88.

[14] 重庆交通科研设计院.公路隧道设计规范:JTG D70—2004[S].北京:人民交通出版社,2004.

[15] 招商局重庆交通科研设计院有限公司. 公路隧道设计规范 第一册 土建工程：JTG 3370.1—2018[S]. 北京：人民交通出版社股份有限公司，2019.

[16] 杜守继. 软岩隧道锚杆支护机理的数值解析[C]//中国岩石力学与工程学会 锚固与注浆新技术——第二届全国岩石锚固与注浆学术会议论文集. 北京：中国电力出版社，2002：15-19.

[17] 晏启祥，何川，姚勇，等. 软岩小净距隧道施工力学效应研究[J]. 地下空间与工程学报，2005(5)：693-697.

[18] 来弘鹏，刘苗，谢永利. 黄土地区浅埋暗挖三连拱地铁隧道围岩压力特征研究[J]. 岩石力学与工程学报，2011，30(S1)：3103-3111.

[19] 陈建勋，姜久纯，罗彦斌，等. 黄土隧道洞口段支护结构的力学特性分析[J]. 中国公路学报，2008(5)：75-80.

[20] 吴梦军，黄伦海. 四车道公路隧道动态施工力学研究[J]. 岩石力学与工程学报，2006(S1)：3057-3062.

[21] 曲海锋. 扁平特大断面公路隧道荷载模式及应用研究[D]. 上海：同济大学，2007.

[22] 黄成造，严宗雪，骆晓，等. 扁平特大断面公路隧道结构支护参数优化探讨[C]//2008年全国隧道监控量测与反分析专题研讨会论文集. 2008：64-70.

[23] 陈建勋. 软弱地层隧道初期支护技术：钢架喷网锁脚锚杆组合结构[M]. 北京：科学出版社，2011.

[24] 郝哲，刘向峰，王来贵. 大跨度公路隧道开挖过程力学特性研究[M]. 北京：地质出版社，2010.

[25] 王应富，蒋树屏，张永兴. 四车道隧道动态施工力学研究[J]. 公路交通科技，2005(S1)：134-137.

[26] 郑颖人，朱合华，方正昌，等. 地下工程围岩稳定分析与设计理论[M]. 北京：人民交通出版社，2012.

[27] 肖明清，徐晨. 基于临界稳定断面的隧道围岩稳定性分析方法探讨[J/OL]. 岩土力学，2020(5)：1-9[2020-03-26]. https://doi.org/10.16285/j.rsm.2019.0697.

[28] 肖明清，孙文昊. 考虑环境作用的复合式衬砌结构设计方法探讨[J]. 铁道

工程学报,2009,26(12):55-59.

[29] 中铁第四勘察设计院集团有限公司. 时速350公里客运专线铁路双线隧道复合式衬砌[S]//铁路工程建设通用参考图:通隧〔2008〕0301. 北京:铁道部经济规划研究院,2008.

[30] 中铁工程设计咨询集团有限公司. 时速160公里客货共线铁路单线隧道复合式衬砌(普通货物运输)[S]//铁路工程建设通用参考图:通隧〔2008〕1001. 北京:铁道部经济规划研究院,2008.

[31] 长江水利委员会长江科学院. 工程岩体分级标准:GB/T 50218—2014[S]. 北京:中国计划出版社,2014.

[32] 中冶建筑研究总院有限公司. 岩土锚杆与喷射混凝土支护工程技术规范:GB 50086—2015[S]. 北京:中国计划出版社,2015.

[33] ZIENKIEWICZ O C, HUMPHESON C, LEWIS R W. Associated and non-associated visco-plasticity and plasticity in soil mechanics [J]. Geotechnique, 1975, 25(4): 671-689.

[34] 郑颖人,邱陈瑜,宋雅坤,等. 土质隧洞围岩稳定性分析与设计计算方法探讨[J]. 后勤工程学院学报,2009,25(3):1-9.

[35] 周敏娟,王海彦,胡宇庭. 开挖跨度对隧道围岩稳定性影响研究[J]. 中外公路,2015,35(6):226-229.

[36] XIAO M Q, CHEN X V. The composite lining total safety factor design method and cases study[C]. World Tunnel Congress,2019.

[37] BARTON N. Rock mass classification and tunnel reinforcement selection using the Q-system [C]//ASTM Special Technical Publication 1984. Philadelphia:[s. l.]. 1988:59-88.

[38] 高红,郑颖人,冯夏庭. 岩土材料最大主剪应变破坏准则的推导[J]. 岩石力学与工程学报,2007,26(3):518-524.

[39] 阿比尔的,冯夏庭,郑颖人,等. 岩土类材料应变分析与基于极限应变判据的极限分析[J]. 岩石力学与工程学报,2015,34(8):1552-1560.

[40] 李世贵,黄达,石林,等. 基于极限应变判据—动态局部强度折减的边坡破坏演化数值模拟[J]. 工程地质学报,2018,26(5):1227-1236.

[41] 朱建明,任天贵,明士祥,等. 基于三轴实验的软破岩石破坏准则的研究[J]. 中国矿业,1998(3):41-44.

［42］HOEK E，WOOD D，SHAH S. A modified Hoek‑Brown criterion for jointed rock masses［C］// HUDSON J A. Proceedings of the Rock Characterization, Symposium of ISRM. London：British Geotechnical Society，1992：209-214.

［43］卓莉，何江达，谢红强，等. 基于 Hoek-Brown 准则确定岩石材料强度参数的新方法［J］. 岩石力学与工程学报，2015，34（S1）：2773-2782.

［44］朱合华，张琦，章连洋. Hoek-Brown 强度准则研究进展与应用综述［J］. 岩石力学与工程学报，2013，32（10）：1945-1963.

［45］DENG P H，LIU Q S，HUANG X，et al. Sensitivity analysis of fracture energies for the combined finite‑discrete element method（FDEM）［J］. Engineering Fracture Mechanics，2021，251：107793.

［46］YAN C G，JIAO Y Y. A 2D fully coupled hydro-mechanical finite-discrete element model with real pore seepage for simulating the deformation and fracture of porous medium driven by fluid. Computers & Structures. 2018，196：311-326.

［47］DENG P H，LIU Q S，LU H F. A novel joint element parameter calibration procedure for the combined finite-discrete element method［J］. Engineering Fracture Mechanics，2022，276：108924.

［48］刘新荣，韩亚峰，周小涵，等. 软岩隧道锚渐进破坏演化特征的模型试验研究［J/OL］. 岩石力学与工程学报，2022，41（9）：1760-1770. DOI：10. 13722/ j. cnki. jrme. 2021. 1140.

［49］蔡美峰，何满潮，刘东燕. 岩石力学与工程［M］. 北京：科学出版社，2002，320-326.

［50］冯夏庭，陈炳瑞，明华军，等. 深埋隧洞岩爆孕育规律与机制：即时型岩爆［J］. 岩石力学与工程学报，2012，31（3）：433-444.

［51］DIEDERICHS M S. Mechanistic interpretation and practical application of damage and spalling prediction criteria for deep tunneling［C］//The 2003 Canadian Geotechnical Colloquium. Canadian Geotechnical Journal，2007，44（9）：1082-1116.

［52］徐晨. 深埋硬岩隧道开挖稳定性及柔性防护网快速施工工法研究［D］. 成都：西南交通大学，2017.

［53］PROFIT M，DUTKO M，YU J G，et al. Complementary hydro‑mechanical coupled finite/discrete element and microseismic modelling to predict hydraulic fracture propagation in tight shale reservoirs［J］. Computational Particle Mechanics，2016，3（2）：229-248

［54］关宝树. 隧道及地下工程喷混凝土支护技术[M]. 北京：人民交通出版社，2009：53-62.

［55］GOEL R K，JETHWA J L. Prediction of Support pressure using RMR Classification［J］. Proceeding of the Indian Geotechnical Conference，1991.

［56］国家铁路局. 城际铁路设计规范：TB 10623—2014[S]. 北京：中国铁道出版社，2015.

［57］肖明清. 小间距浅埋隧道围岩压力的探讨[J]. 现代隧道技术. 2004，41（3）：7-10.

［58］舒志乐，刘保县，李月. 偏压小净距隧道围岩压力分析[J]. 地下空间与工程学报，2007（3）：430-433.

［59］中华人民共和国交通运输部. 公路隧道设计细则：JTG/T D70—2010［S］. 北京：人民交通出版社，2010.

［60］刘继国，郭小红. 深埋小净距隧道围岩压力计算方法研究[J]. 公路，2009（3）：200-205.

［61］HOEK E,CARANZA-TORRES C T, CORCUM B. Hoek-Brown failure criterion ［C］//Proceedings of the North American Rock Mechanics Society. Toronto：Mining Innovation and Technology,2002:267-273.

［62］刘泉声，张伟，卢兴利，等. 断层破碎带大断面巷道的安全监控与稳定性分析[J]. 岩石力学与工程学报，2010，29（10）：1954-1962.

［63］王明年，王志龙，张霄，等. 深埋隧道围岩形变压力计算方法研究[J]. 岩土工程学报，2020，42（1）：81-90.

［64］李鹏飞，赵勇，张顶立，等. 基于现场实测数据统计的隧道围岩压力分布规律研究[J]. 岩石力学与工程学报，2013，32（7）：1392-1399.

［65］关宝树. 隧道工程设计要点集[M]. 北京：人民交通出版社，2003.

［66］中国建筑科学研究院有限公司. 工程结构可靠性设计统一标准：GB 50153—2008[S]. 北京：中国建筑工业出版社，2008.

［67］重庆市城乡建设委员会. 建筑边坡工程技术规范：GB 50330—2013［S］. 北京：中国建筑工业出版社，2013.

[68] TAN Y，SMITH J，LI C Q，et al. Calcium leach of a concrete lining under aggressive groundwater conditions[C]. World Tunnel Congress，2017.

[69] 中国铁路总公司. 铁路隧道监控量测技术规程：Q/CR 9218—2015[S]. 北京：中国铁道出版社，2015.

[70] 李书兵. 软弱围岩隧道机械化全断面爆破开挖初期支护受力特性研究[J]. 隧道建设(中英文)，2018，38(8)：1293-1302.

[71] 于丽，王志龙，杨涅. 机械化施工大断面高铁隧道围岩压力测试及分布特征研究[J]. 隧道建设(中英文)，2018，38(8)：1303-1310.

[72] 李焕坤. 山岭隧道初期支护受力变形影响因素研究[D]. 北京：北京交通大学，2019.

[73] 陈红宾. 超大断面隧道初期支护拱架承载作用机制研究[D]. 济南：山东大学，2018.

[74] 陈峰宾. 隧道初期支护与软弱围岩作用机理及应用[D]. 北京：北京交通大学，2012.

[75] 张德华，刘士海，任少强. 隧道喷射混凝土强度增长规律及硬化速度对初期支护性能影响试验研究[J]. 岩土力学，2015，36(6)：1707-1713.

[76] EIKREM K J，SAETREVIK K. Rock bolts as permanent support[C]. World Tunnel Congress，2017.

[77] 金强国. 郑万高铁隧道大型机械化施工支护优化[J]. 隧道建设(中英文)，2018，38(8)：72-83.

[78] 铁道部第二勘测设计院. 铁路工程设计技术手册(隧道)[M]. 北京：中国铁道出版社，1995.

[79] 罗建春，高菊如. 既有线铁路隧道病害分级方法与评价体系研究[J]. 现代隧道技术，2016，53(6)：12-17，24.

[80] 王建宇. 再谈隧道衬砌水压力[J]. 现代隧道技术，2003(3)：5-9.

[81] 王秀英，王梦恕，张弥. 计算隧道排水量及衬砌外水压力的一种简化方法[J]. 北京交通大学学报，2004(1)：8-10.

[82] 王秀英，王梦恕，张弥. 山岭隧道堵水限排衬砌外水压力研究[J]. 岩土工程学报，2005(1)：125-127.

[83] 肖明清. 隧道衬砌水压力计算与控制方法探讨[J]. 铁道工程学报，2017，34(8)：78-82.

[84] 中铁第一勘察设计院集团有限公司.铁路挤压性围岩隧道技术规范：Q/CR 9512—2019[S].北京：中国铁道出版社有限公司,2019.

[85] 肖祖通.木寨岭高地应力软岩隧道岭脊段支护结构受力特征研究[D].北京：北京交通大学,2017.

[86] BARTON N.Some new Q-value correlations to assist in site characterisation and tunnel design[J].International Journal of Rock Mechanics & Mining Sciences,2002(39):185-216.

[87] HOEK E,DIEDERICHS M S.Empirical estimation of rock mass modulus [J].International Journal of Rock Mechanics & Mining Sciences,2006 (43):203-215.

[88] HOEK E,CARRANZA-TORRES C T,CORKUM B,et al.Hoek-Brown failure criterion-2002 edition[C]// Proceedings of the Fifth North American Rock Mechanics Symposium(NARMS-TAC).Toronto:University of Toronto Press, 2002(1):267-273.

[89] 王梦恕,等.中国隧道与地下工程修建技术[M].北京：人民交通出版社, 2010.

[90] 谭忠盛,喻渝,王明年,等.大断面深埋黄土隧道锚杆作用效果的试验研究 [J].岩石力学与工程学报,2008,27(8):1618-1625.

[91] 陈建勋,王超,罗彦斌,等.高含水率土质隧道不设系统锚杆的试验研究 [J].岩土工程学报,2010,32(5):815-820.

[92] 陈力华,林志,李星平.公路隧道中系统锚杆的功效研究[J].岩土力学, 2011,032(6):1843-1848.

[93] 王建宇.锚杆是一种优化的隧道围岩支护形式[J].现代隧道技术,2014, 51(3):1-6.

[94] 肖广智.从当前铁路隧道衬砌典型病害谈设计施工改进措施[J].隧道建设(中英文),2018,38(9):23-29.

[95] 国冶金建设协会.锚杆喷射混凝土支护技术规范：GB 50086—2001[S]. 北京：中国计划出版社,2001.